让孩子成为优秀写作者的300种策略

美国学生
写作技能训练

[美] 珍妮佛·塞拉瓦洛◎著
冯 羽　蔡芸菲◎译

U0642719

The
Writing Strategies
Book

YOUR EVERYTHING GUIDE TO
DEVELOPING SKILLED WRITERS

北京科学技术出版社

谨以此书献给露西和卡尔。因为你们，我才成为作家和教授写作的教师。

THE WRITING STRATEGIES BOOK

First published by Heinemann, a division of Greenwood Publishing Group, Inc.,

361 Hanover Street, Portsmouth, NH 03801, United States of America

Copyright English version © 2017 by Jennifer Serravallo.

Chinese (Simplified Character only) translation rights © 2019 Beijing Science and Technology Publishing Co., Ltd.

著作权合同登记号　图字：01-2017-7462

图书在版编目（CIP）数据

　　美国学生写作技能训练 /（美）珍妮佛·塞拉瓦洛著；冯羽，蔡芸菲译 . — 北京：北京科学技术出版社，2019. 5（2025.10 重印）

　　书名原文：The Writing Strategies Book: Your Everything Guide to Developing Skilled Writers

　　ISBN 978-7-5304-9806-4

　　Ⅰ . ①美… Ⅱ . ①珍… ②冯… ③蔡… Ⅲ . ①英语 – 写作 – 美国 Ⅳ. ① H315

　　中国版本图书馆 CIP 数据核字（2018）第 188524 号

策划编辑：蔡芸菲
责任编辑：代　艳
责任校对：贾　荣
装帧设计：桑　聪
责任印制：张　良
出 版 人：曾庆宇
出版发行：北京科学技术出版社
社　　址：北京西直门南大街16号
邮政编码：100035
电　　话：0086-10-66135495（总编室）　　0086-10-66113227（发行部）
网　　址：www.bkydw.cn
印　　刷：北京捷迅佳彩印刷有限公司
开　　本：710mm×1000mm　1/16
字　　数：494千字
印　　张：27
版　　次：2019年5月第1版
印　　次：2025年10月第8次印刷
ISBN 978-7-5304-9806-4

定价：98.00元

致谢

　　每当我问其他教师"你介不介意试讲几节课，然后给我些反馈？你可以帮我做图表吗？"，得到的回复总是一句无比热情的"好的"。因此，本书中的策略均已经过教师的实测，书中那些来自学生的真实的习作和教师亲手制作的图表都让本书增色不少，这一切多亏了这些来自美国各州的教育工作者。

约翰·阿坎波拉	珍妮弗·弗里希	温迪·科莱尔	洛朗·斯奈德
杰克·奥崔	布鲁克·盖勒	萨拉·拉兹瑞申	林赛·斯图尔特
安德烈娅·巴彻勒	麦莉蒂·甘格	埃丽卡·麦金太尔	考特尼·蒂利
安娜·贝内特	塔拉·戈德史密斯	明迪·奥托	玛丽·埃伦·瓦劳尔
凯瑟琳·卡兹	巴布·戈卢布	阿莉莎·帕拉齐	切尔西·韦弗
杰米·德明科	贝丽特·戈登	萨曼莎·佩斯特里奇	雅姬·叶海亚
凯特琳·达德利	贝奇·哈伯德	罗宾·谢尔登	
黛安娜·厄尔本	梅甘·休斯	蒂亚纳·西尔瓦斯	
卡西·弗尔	伊丽莎白·基梅尔	劳里·斯米拉克	

　　非常感谢本书的编辑，感谢你们让这本书的品质得到了全方位的提升，感谢你们不断地鼓励我，给予我足够的耐心。没有你们，就没有这本书。

　　佐伊·赖德·怀特
　　凯蒂·伍德·雷

　　衷心感谢海涅曼团队的图书制作、设计及推广人员。感谢你们孜孜不倦地整理成堆的图表和各种申请表，感谢你们让这本书变得美观易读，感谢你们为本书出版做出的努力。

　　阿曼达·邦迪
　　埃里克·查立克
　　苏珊娜·海泽
　　维多利亚·梅雷吉
　　布雷特·惠特马什

　　最后要感谢我的家人：珍、洛拉和薇薇。你们是我灵感的源泉，也是我的挚爱。

习写作的"临时的脚手架"，目的不在于教学生如何写好一篇文章，而在于让学生学到与写作相关的知识，并能独立将这些知识应用到眼前和未来的写作之中。教师应成为学生写作的支持者、促进者，而非替代者，因此教师的反馈和指导应更具启发性和引导性，给予学生自主反思、学习提升的空间和弹性。教师在指导写作的过程中可以灵活采用各种课型。如何既顾及全班学生的发展，又关照到个体；既有集体教学，又有小组指导，甚至有一对一交流，体现差异化教学的原则和思想……这些严谨而规范的写作教学理念甚至是育人观念，都为本书定下了科学、权威的基调。

再说说系统性。本书内容自成体系，符合学生写作能力发展的逻辑和教学的规律。

对学生来说，写作既是一个复杂的过程，又是一个系统化工程。对教师来说，教授写作更需要系统化的教学思路和方法引导。作者基于对写作教学的长期深入的研究，用300个写作策略构建起庞大的写作知识网络，既没有简单地按照写作环节来编排内容，也没有按照文本类型的差异来组织内容，而以写作目标为骨架来构建全书。她选取了10个对于幼儿园至八年级学生最常见的写作目标：巧妙借助于图画进行写作、提升写作参与度、激发和收集灵感、突出重点和意义、合理安排结构、详细阐述、准确使用词语、拼写合乎规范、标点和语法正确、通过与写作搭档和小组合作提升写作水平等。这样的编排方式无疑遵循了写作内在的基本规律，循序渐进，体现了思维的螺旋式上升。作者也指出，仅靠单一的策略是无法实现写作目标的，要想完全实现某个写作目标，学生必须掌握多种策略，并根据不同的情况对这些策略加以灵活运用。

本书的系统性还体现在，具体到每个策略的教学指导都具有周期性和过程性，符合教学的规律。例如，针对"详细阐述"这个目标，本书介绍了许多为文章添加细节的策略，作者提示教师可以为学生设计为期6周的系统化课程和教学指导方案。第一周侧重学写虚构类叙事性文本，学习并练习"故事人物怎样说话？"的策略和"不要告知，而要描述：情感描写"的策略；第二周在第一周学习的基础之上，进一步学习关于场景描写的策略；第三周学习关于人物外部特征描写的策略……到第六周则学习用叙事手法来写知识性文本的策略。前后策略紧密联系，前面的是后面的铺垫，后面的又是对前面的检验和运用。

为了便于学生和教师学习和使用各种各样的策略，本书列出了形式各异的清单，比如写作角可供选择的物品的清单、订正清单、引导性问题清单、不同类型的优秀作品所具备的特点清单等。书中还有各种记录工作进度和计划安排的图表，有的适用于教师教学，如"班级情况表""一对一交流和小组指导时间表""单元教学计划表""轶事记录表""参与度盘点表"和"学习进度表"等；

更多的是有助于学生学习写作的工具，如写作目标记录卡、搭档提问清单、搭档评价表等。这些五花八门的图表和清单，既体现了教师教学思维的逻辑性和条理性，也符合写作训练的科学化、系统化原则；同时，各种表格和示意图的使用还体现了写作教学可视化的特点。

本书更是一本实用、有效的指导手册。

对写作的"教"和"学"的主体来说，最大的瓶颈是找不到合适而有效的教学方法和工具。而《美国学生写作技能训练》恰恰弥补了这一缺憾，为教师的"教"和学生的"学"提供了可供攀登的"脚手架"。首先，书中重点讨论的10个目标都是最常见也最需要学生达成的写作目标，能够最大限度地解决写作教学的现实困难。例如，就写作过程来看，最初的写作兴趣和情感态度的激发是起点，作者贴合实际，谈论了提升学生写作参与度的27个策略，以及选题立意时进一步激发和收集灵感的38个策略；从写作的核心技巧——布局谋篇来看，作者用40个策略详细介绍了"是写方方面面还是写某一次经历？""从写目录开始""注意各部分之间的过渡""列几份不同的提纲""首尾呼应""先有'骨架'，再有'血肉'"等知识。最后，作者还细致地讲解了关于"准确使用词语""拼写合乎规范"以及"标点和语法正确"的问题。这都为写作教学的具体展开提供了思路和借鉴。同时，上文提到的、书中各种可供参考运用的工作表格和教学工具，也为教师的教学提供了支持和资源。与每个写作目标相关的策略一览表详细罗列了每个策略适用的年级、文本类型和涉及的写作环节，让人一目了然。介绍每个具体的策略时，既有对策略的详细说明，也有示例、使用建议、范文研读和训练提示语，甚至有实际教学的图片展示，以及延伸阅读的资料来源。这样编排使得教师在运用这些策略教学时有法可循、有据可依。从实际操作来说，每个策略仅用一两页的篇幅来展示，十分简练，这也大大提高了教学的实效性。

整体来看，《美国学生写作技能训练》的确是一本针对3—15岁儿童写作意识培养、写作知识建构、写作能力发展的，集科学性、系统性和实用性于一身的写作教学百科全书，不管是对教师课堂教学指导、家庭课外辅导，还是对学生自主学习，都是十分实用的参考工具书。当然，中国的孩子有自身的特点，我们的写作教学也有特有的传统和优势，我希望语文教师、家长和学生在学习、借鉴和运用本书提供的思路、策略和资源的过程中，更多地思考适合我国儿童学习的经验和途径，更好地促进我国儿童读写能力的全面提升。

姚颖

北京师范大学教育学部副教授、硕士生导师、博士

中国少儿阅读教育研究中心执行副主任

目录

美国学生写作技能训练

第八章 目标 8

拼写合乎规范

302

第七章 目标 7

准确使用词语

266

准备开始

本书涉及的原则、研究、理论及本书用法

　　我一直想写一本关于写作策略的书。本书之所以能够完成，完全是因为此前出版的经典写作书给了我极大的帮助。有些书介绍的写作策略适合专业作家和大学生，其中包括诺亚·卢克曼（Noah Lukeman）、罗伊·彼得·克拉克（Roy Peter Clark）、珍妮特·布诺维（Janet Burroway）等人的作品。还有很多书汇集了对写作老师很有帮助的写作策略，其中包括拉尔夫·弗莱彻（Ralph Fletcher）和波尔塔卢皮（Portalupi）的"写作技巧课程"系列（Craft Lessons series）、巴里·莱恩（Barry Lane）的《写在"结尾"之后：创意写作教学》（*After "The End"*: *Teaching and Learning Creative*, 1993）、卡尔·安德森（Carl Anderson）的"写作策略讨论会"系列（Strategic Writing Conferences series，2008—2009）、唐纳德·格雷夫斯（Donald Graves）的很多著作、凯蒂·伍德·雷（Katie Wood Ray）的《奇妙的单词》（*Wondrous Words*, 1999）及其他文章、凯瑟琳·博默（Katherine Bomer）的著作、乔治娅·赫德（Georgia Heard）的著作、南希·阿特韦尔（Nancie Atwell）的《在初中当教师：终身学习适合青少年的读写教学方法》（*In the Middle: A Lifetime of Learning*

About Writing, Reading, and Adolescents，2014）等著作，以及露西·卡尔金斯（Lucy Calkins）的"单元学习"系列（Units of Study series）。本书旨在为大家整理一些我喜欢的、好用的写作策略，它们覆盖了各个写作环节的方方面面和所有文本类型，主要适用于幼儿园至八年级的学生。我想在各个方面给大家提供一些帮助。我尽量使语言和例子简练。当然，你可以在本书的基础上，用自己的语言详细讲解。书中策略的呈现非常有条理，即便是非常忙碌的教师也可以在短时间内找到最合适的策略。

读正文之前，你能花些时间读"准备开始"这个部分真是让我感到欣慰。通过这部分的介绍，你将大体了解本书的内容，从而加深对书中观点的理解，更加熟悉本书的结构。你将了解到的除了各种写作策略外，还有与之相关的其他方面的内容，包括"范文研读""训练提示语""示例""使用建议"等。你还将了解如何在本书中快速地找到想要寻找的内容——毕竟它并非一本必须通读每一页内容的书（除非你想这样做）。这个部分还有些"速成课程"，能让你迅速掌握一些重要的术语和概念（如"写作环节"和"文本类型"等），从而把本书的作用发挥到极致。最后，你还能学会如何调整本书介绍的策略，使之更好地适应自己班级的授课形式。

◎ 本书导读

你手中的这本书厚达400多页，但只要了解其结构，你就能在一两分钟内找到你所需要的内容。

完成本书的姊妹篇《美国学生阅读技能训练》（*The Reading Strategies Book: Your Everything Guide to Developing Skilled Readers*，Serravallo，2015a）后，我就开始创作这本书。我花了很长时间思考如何编排它的章节内容。我考虑过按照写作环节来编排，因为我坚定地认为写作者不仅要被教会如何写好文章，还要被教会如何在每个写作环节中不断地扩展自己的灵感。在寻找合适的写作策略时，许多写作者和写作老师都会问这样一个问题："我现在处于写作的哪一环节呢？"他们想找到适合这一阶段的写作策略。但是我的想法是："难道没有什么写作策略是可以在多个写作环节中使用的吗？"难道写作者只在订正的时候才考虑拼写吗？当然不是。难道写作者只在打草稿的时候才考虑如何写文章的开头吗？当然也不是，写作者在列提纲和润色的时候也会考虑开头。写作者会在什么时候给故事加上对话？他们可能在列提纲的时候就想好了，但要到打草稿或润色时才写上去。于是，我打消了按写作环节来编排本书的想法。（不过不用担心，每一个策略都说明了适用的写作环节，更多相关内容参见第15页。）

接下来我考虑过按文本类型来编排本书的内容：教如何写回忆录的内容为一章，教如何写虚构类文本的内容为一章，教如何写个人叙事类文本的内容为一章。我设想的是用单独的一章教学生写"说明书"类文章，然后用一章介绍如何写非虚构类的研究报告。此外，还有单独教写诗和写散文的章节。但是，这样编排同样会产生很多问题。因为有时不同文本之间的界线并不清晰，一首诗可能讲一个故事，也可能讲解某个知识。一篇非虚构类文章可能是叙事性的（自传），也可能是说明性的，还可能是两种文体的结合（文史资料）。与此同时，很多策略能应用在不同类型的文本中。例如，要写某个重要的地方的话，我既可以写一个发生在那里的故事，也可以写一篇非虚构类文章来介绍那个地方，还可以根据那个地方给人的感受写一首诗。

最后，我想到按照目标来编排本书的内容。这也是意料之内的事，因为所有读过我的作品和听过我过去5年演讲的人都应该知道我曾谈及哈蒂对有效课堂练习的研究（Hattie，2009），也应该了解我对于帮助学生树立清晰具体的学习目标的坚定态度。我认为为学生提供学习策略和及时反馈能在很大程度上提高他们实现目标的能力。有些写作目标也被称作好文章所具备的特点（Anderson，2005; Calkins，1994）、手法（Fletcher and Portalupi，2007; Ray，1999）或写作特色（Culham，2003, 2005），具体包括"合理安排结构""详细阐述"和"准确使用词语"等。还有一些是关于写作习惯的目标，包括"提升写作参与度"以及"激发和收集灵感"等。另外还有不属于以上两类的目标，包括"巧妙借助于图画进行写作"和"通过与写作搭档和小组合作提升写作水平"。我为本书选取的10个目标是我认为对幼儿园至八年级学生来说最常见的写作目标。

如何选择从哪个目标开始？

本书后面的每一章对应一个目标。每章的开头都介绍了这一章的目标是什么，以及它为什么重要，还介绍了应该如何判断它是否适合自己所教授的学生。为班级里的每个学生设定合适的目标非常重要。为了设定合适的目标，你需要充分了解学生的情况。你可以通过课程评估来了解学生的情况，也可以通过与学生交谈来了解他们每个人。你可能需要在学生写作时花些功夫观察他们，在一对一交流时了解他们的写作兴趣和写作预期。你可能还需要多给学生做一些正式的评估，比如让他们在规定时间内完成一篇作文。然后，你通过作文来评估学生是否掌握了你教授的那些写作策略。要想了解更多有关形成性评估和各年级学生预期水平的内容，请大家阅读安德森的《写作者测评》（*Assessing Writers*，2005）、卡尔金斯的《写作之路：表现性评估和学习进程》（*Writing Pathways: Performance Assessments and Learning Progressions,* Grades K—8, 2014）以及我的"读写能力训练教师指导书"系列（Literacy Teacher's Playbook series, 2013—2014）。

　　书中的10个写作目标没有按照特别严格的层级排列。它们并不是按照重要性或难易程度来排列的，而是按写作行为来排列的。例如，一个学生需要获得安排文章结构和细节描写这两方面的指导，我会先从"合理安排结构"开始讲，然后一直向下讲到"详细阐述"。可以这样理解：如果学生所写的细节毫无条理可言，那教他详细阐述的策略只会让他的文章变得更难理解。这样的层级划分主要受到卡尔·安德森及他的《写作者测评》的影响。

确定从哪个目标开始：可行的写作目标层级

巧妙借助于图画进行写作

提升写作参与度

激发和收集灵感

突出重点和意义

合理安排结构

详细阐述　　　　　　　　准确使用词语

拼写合乎规范　　　　　　标点和语法正确

通过与写作搭档和小组合作提升写作水平

　　第一个训练目标是"巧妙借助于图画进行写作"。这一目标主要想教学生用画草图或插图的方式来讲述故事、介绍事物和说服他人。这一目标背后所隐含的深意是即便孩子还不怎么会写字，也能够用自己已掌握的绘画技能来创作。随着学生年龄的增长，借助于图画练习写作并进行构思具有很重要的意义。你会发现这一目标不仅非常适合低年级学生，而且非常适合高年级学生，因为在图画的提示下写文章会让他们受益匪浅。

第二个目标是"提升写作参与度"，因为学生只有对自己的作者身份产生认同感、心无旁骛且有写作意愿，才能写出好文章。他们需要通过练习来提升写作参与度。

"激发和收集灵感"这一目标也排在本书靠前的位置，因为帮助学生找到合适的写作话题和灵感是非常重要的。做不到这一点会直接导致学生的写作参与度降低。虽然有些时候学生会根据提示写作，但我认为这不应该是写作的全部。这一章的内容能帮助你培养出灵感永不枯竭的写作者。

下一个目标是"突出重点和意义"。之所以以此为目标，是因为学生写的内容必须是相互关联的。文章要围绕某个想法、主要观点或时间段（有些故事只记叙某段时间发生的事情）展开，绝对不能东拉西扯、漫无目的。文章一旦没有重点，你就很难判断要添加或删除什么样的细节，也很难体现写作的意图和意义。

接下来的目标是"合理安排结构"。一篇文章必须有清晰的结构，这样读者才能理解文中的故事、论点或介绍的知识。一篇结构清晰且各部分（如开头、经过、结尾）都很翔实的文章有利于读者更好地把握文中的细节。

接下来是"详细阐述"和"准确使用词语"这两个目标，它们并列排在同一层级。这两个目标可以帮助写作者在现有结构的基础上添加更多内容，使文章变得更加丰满。通过学习如何详细阐述，学生能学会给文章添加适量的细节，而且这些细节既能传达文章的意思，又符合文本类型和文章结构的要求。"准确使用词语"这一章的策略主要教学生如何斟酌用词。这两个目标是紧密联系的，但是在教授相关策略的时候，可能还是分开教授更有效。

接下来的两个目标是"拼写合乎规范"和"标点和语法正确"——一个关于拼写，一个关于标点和语法。它们也并列排在同一层级。它们被排在靠下的层级并不是因为我觉得它们不重要，而是因为我觉得在其他目标实现得还不够理想的情况下，我更愿意指导学生先实现其他目标。只有确保写作内容翔实、细节组织得有条理，学生才有更多精力去检查拼写、考虑标点的选择和修改语法错误。

最后一个目标是"通过与写作搭档和小组合作提升写作水平"。如果你决定让学生组成搭档或成立写作小组（真心希望你这样做），那么这一目标可以贯穿每个学生一整年的学习。或许一次关于如何进行团队合作的学习就能让某些学生从中受益。

在教学过程中，我基本上按照上述顺序教授与各目标相关的策略来帮助学生提高写作水平。但是，我必须承认有例外。比如，某个学生写作产量很低是因为他没有什么想法，在这种情况下，我会先教他使用有关"激发和收集灵感"的策略。再比如，某个学生的文章结构需要改进，但他的文章中没有足够的细节可用于调整文章结构，在这种情况下，我会引导他努力思考，先想想还能写些什么内容，再调整文章的结构。

有些人可能会发现，这些目标中缺少关于"语气"和"技巧"的。尽管你不会在章节标题中看到这两个词，但通过学习各章中的策略，学生就能写出语气鲜明和技巧丰富的文章。写作者的语气从文章的很多方面都能体现出来，包括句式选择（属于第九章"标点和语法正确"）和词语选择（属于第七章"准确使用词语"）。写作者在写作过程中决定使用什么技巧也体现在文章的很多方面，包括所选择的细节（属于第六章"详细阐述"）和如何使文章变得流畅（属于第五章"合理安排结构"）。对我来说，一篇文章的好坏在某种程度上取决于"语气"和"技巧"，在阅读本书的时候你会看到这两个词在不同的章节中反复出现。

如何在某一章中选择合适的策略？第一部分：年级

每一章中的策略按照由易到难的顺序编排，最开始的策略主要适合经验不足的写作者，越往后的策略越适合经验更丰富的写作者。所有策略都有建议适用的年级范围，但根据年级编排策略其实是比较困难的，因此两者的对应并不需要那么严格。我通常会按照每个策略对应的适用年级授课，前提是这个年级的学生的写作水平均达到基准水平并符合正常的标准。当然，大家都知道，在全美国没有一个班级真的是这样的。因此，对于那些经验不足的写作者或者处于年级基准水平以下的学生，我的建议是找到适合他们的策略，也就是适用于更低年级学生的策略。反之，如果你教授的学生水平较高，那么就可以参考适用于更高年级学生的策略（比如一个水平高于一般的二年级学生的写作者可以使用适合四至八年级学生的策略）。事实上，即便是同一个学生也会在一学年开始时和结束时表现出不同的水平。因此，在学年开始时幼儿园老师会教授适合前书写（关于前书写的说明见文后"术语表"。——编者注）阶段学生的策略，而到学年结束时会混合教授适合幼儿园至一年级学生的策略。

如何在某一章中选择合适的策略？第二部分：文本类型

除了给出适用的年级，我还给出了每个策略所适用的文本类型。有时文本类型这一栏会写"不限"，这说明只要微调一下语言，该策略就能适用于任何类型的文本，包括知识性／非虚构类文本、观点性／说服性文本、叙事性文本和诗等。例如，"通过写诗寻找重点"（4.10节）这一策略是第四章"突出重点和意义"中比较靠前的策略，其核心是让学生把篇幅较长的文章（知识

每个策略所适用的年级请查阅每章中的策略一览表

关于与写作搭档和小组合作的

策略	年级	文本类型	写作环节
10.1 和搭档一起听清单词的读音	K—1	不限	订正
10.2 和搭档一起使文章更通顺	K—2	不限	润色，订正
10.3 看图讲故事	K—3	叙事性	讲故事，调整思路
10.4 讨论，然后写下来	K—8	不限	打腹稿，激发和收集灵感，调整思路，打草稿
10.5 许下（你能遵守的）承诺	K—8	不限	不限
10.6 让搭档提出质疑（让思路不断延伸）	1—8	不限	润色
10.7 告诉我，它说得通吗？	1—8	不限	润色
10.8 开辟搭档互动角	2—8	不限	不限
10.9 希望得到的／可以提供的帮助	2—8	不限	不限
10.10 PQP 反馈模式	2—8	不限	调整思路，打草稿，润色，订正
10.11 告诉我，它和我的写作意图相符吗？	3—8	不限	润色
10.12 礼貌地打断你的搭档	3—8	叙事性	打腹稿，调整思路
10.13 与搭档一起挖掘虚构的细节	3—8	叙事性	打腹稿，打草稿，润色
10.14 成立写作小组	4—8	不限	不限
10.15 通过讲故事来弄清不同的视角与立场	4—8	叙事性	调整思路，润色
10.16 告诉我，它是如何影响你的？	4—8	不限	润色
10.17 用符号做批注	4—8	不限	润色
10.18 提供书面反馈	4—8	不限	调整思路，打草稿，润色，订正
10.19 提供不同的修改版本	5—8	不限	润色

性、观点性或叙事性文本）浓缩成一首诗，让学生思考文章中最重要的词和他们最想表达的观点是什么。这一策略适合所有类型的文本。

还有些策略只适用于某一种类型的文本。例如，第五章"合理安排结构"中的策略"啊哦……糟糕……还好"（5.8节）主要是引导学生学习如何架构叙事性文本，即文章需要讲述故事人物遇到某个问题，这个问题会越变越糟，但最终会得到解决。另一个只适用于某一文本类型的策略是"精心打磨你的论点"（4.18节），它只适用于说服性文本。

尽管如此，还是有很多不同文本类型相互重叠的情况，有时我们很难将某一文本划分到某一类型。并非只有知识性文本才能让我们学到东西，虚构类文本同样可以教我们很多关于人生、世界和人性的道理。诗歌可以用来叙事 [如叙事诗《喜爱那只狗》（*Love That Dog*, Creech, 2001）]，也可以用来传达信息 [如道格拉斯·弗洛里安（Douglas Florian，1998）写的关于动物和昆虫的诗]。有些知识性文本也会使用叙事的手法来详细介绍一些知识，比如西摩·西蒙（Seymour Simon）的很多知识性图画书都使用了叙事手法。

了解学生所写的文本类型以及清楚课堂教授的文本类型有助于你为学生找到适合他们使用的策略。在第13—15页的图中，我列举了一些文本类型及其具体种类，并给出了它们的定义，以便你更好地制订教学计划，帮你对策略进行分类并将其融入实际的教学。

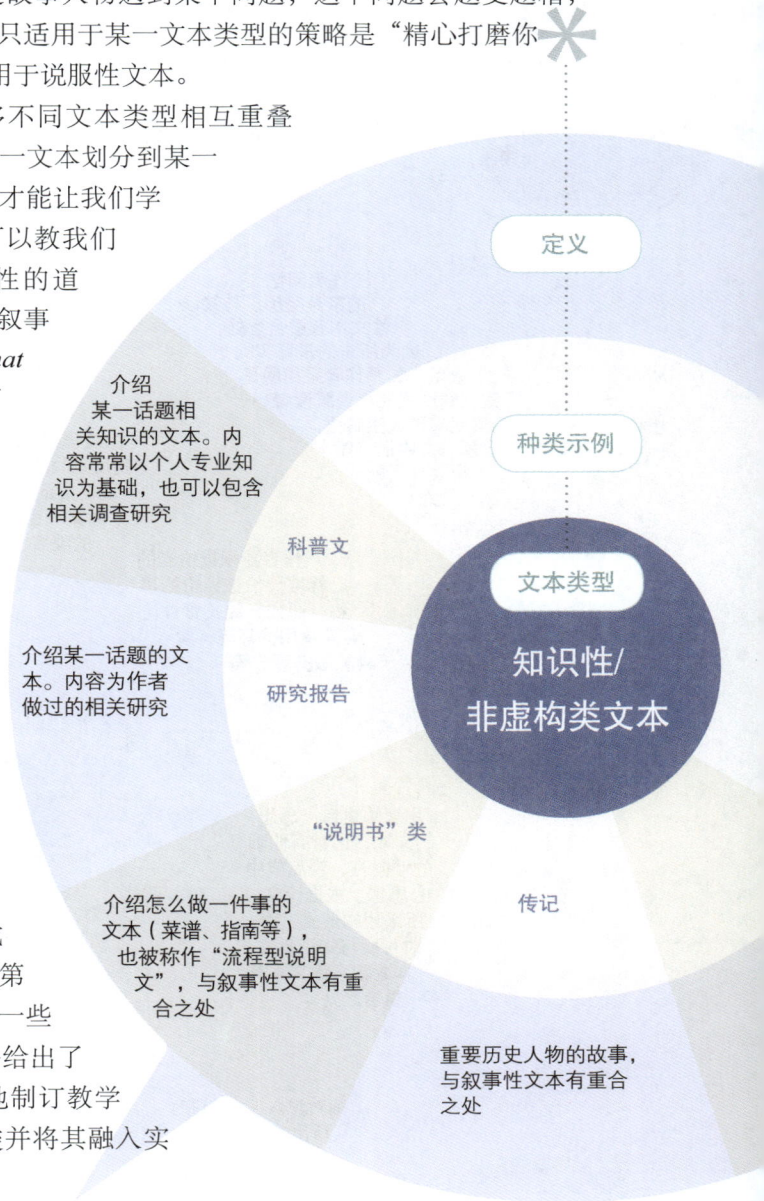

定义

种类示例

介绍某一话题相关知识的文本。内容常常以个人专业知识为基础，也可以包含相关调查研究

科普文

文本类型

知识性/非虚构类文本

介绍某一话题的文本。内容为作者做过的相关研究

研究报告

"说明书"类

传记

介绍怎么做一件事的文本（菜谱、指南等），也被称作"流程型说明文"，与叙事性文本有重合之处

重要历史人物的故事，与叙事性文本有重合之处

准备开始

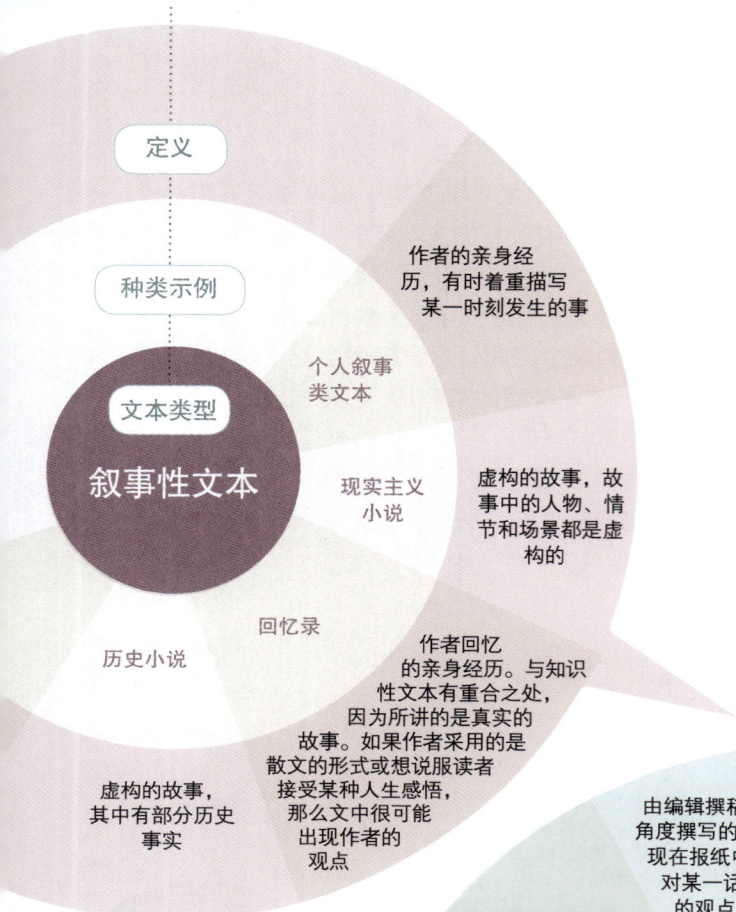

定义

种类示例

文本类型

叙事性文本

个人叙事类文本

作者的亲身经历，有时着重描写某一时刻发生的事

现实主义小说

虚构的故事，故事中的人物、情节和场景都是虚构的

回忆录

作者回忆的亲身经历。与知识性文本有重合之处，因为所讲的是真实的故事。如果作者采用的是散文的形式或想说服读者接受某种人生感悟，那么文中很可能出现作者的观点

历史小说

虚构的故事，其中有部分历史事实

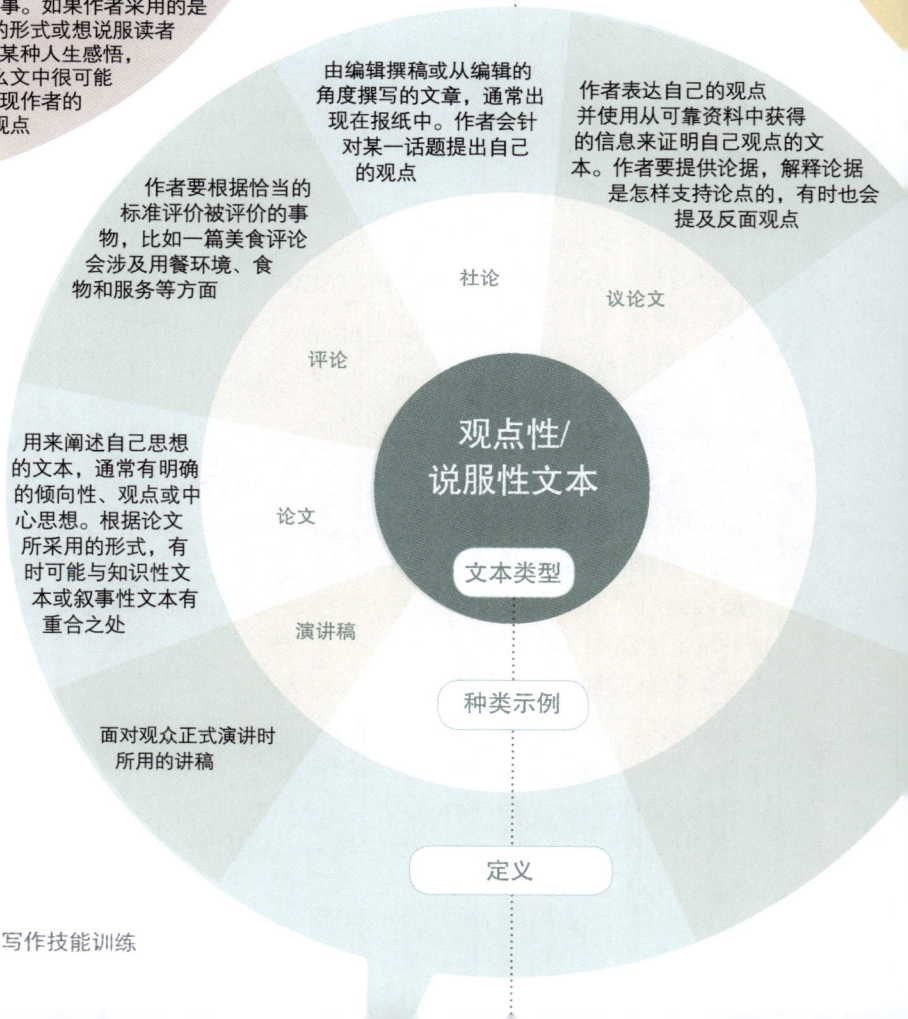

由编辑撰稿或从编辑的角度撰写的文章，通常出现在报纸中。作者会针对某一话题提出自己的观点

作者表达自己的观点并使用从可靠资料中获得的信息来证明自己观点的文本。作者要提供论据，解释论据是怎样支持论点的，有时也会提及反面观点

作者要根据恰当的标准评价被评价的事物，比如一篇美食评论会涉及用餐环境、食物和服务等方面

社论

议论文

评论

观点性/说服性文本

用来阐述自己思想的文本，通常有明确的倾向性、观点或中心思想。根据论文所采用的形式，有时可能与知识性文本或叙事性文本有重合之处

论文

演讲稿

文本类型

面对观众正式演讲时所用的讲稿

种类示例

定义

定义

种类示例

文本类型

诗

自由诗

不用押韵的诗，没有固定的形式

叙事诗

一首诗或多首诗的集合，主要讲述故事。常使用押韵的诗句，与叙事性文本有重合之处

俳句

短小的三行诗，起源于日本。通常是"短—长—短"的结构，最后一句常常有出其不意的效果

改编诗

用出现在散文和其他文章中的语句写成的诗

如何在某一章中选择合适的策略？第三部分：写作环节

写作过程中的各个环节其实并不是固定的。读一些作家的访谈录时，你会发现当被问到书是怎样写成的，作家们会给出五花八门的答案。有些作家提笔就写，有些作家写完初稿会反复修改，有些作家在写初稿前会做很多准备工作并列出提纲，有些作家则会花很长时间打腹稿，然后坐下来将想好的内容写下来。作家们还会用各种不同的术语来描述同一个写作环节，比如"预写""打腹稿"和"构思"说的是一个意思。尽管写作环节不尽相同，但基本上所有人都按照某个步骤来写作，正如唐纳德·默里（Donald Murray）所说的："在写作过程中，作者更多的是在接受某个想法，而不仅仅是在记录某个想法。在写的时候他们会不断思考，找到自己想说的话，边写边调整用词。最终的作品往往不是最初计划好的东西。这就意味着仅仅布置写作任务是不够的，你还需要教学生如何去写。"（1985，4）

让学生了解各个写作环节对他们来说是很有益的。有了这方面的知识，经过一段时间的学习，他们就会运用所学的知识，并选择适合自己的写作环

节来写作。

　　幼儿园至二年级的很多学生会按照这样的步骤写作：首先激发灵感，然后说出或画出计划要写的内容，之后就可以打草稿了——通常是先画画，再添加文字。他们通常会打几份草稿，然后选择一至两份去润色和订正（Calkins, 1994）。下面是一幅直观的写作环节图。我发现这个年纪的学生最有耐心的时候就是创作新作品的时候，不管他是在列提纲还是在打草稿。

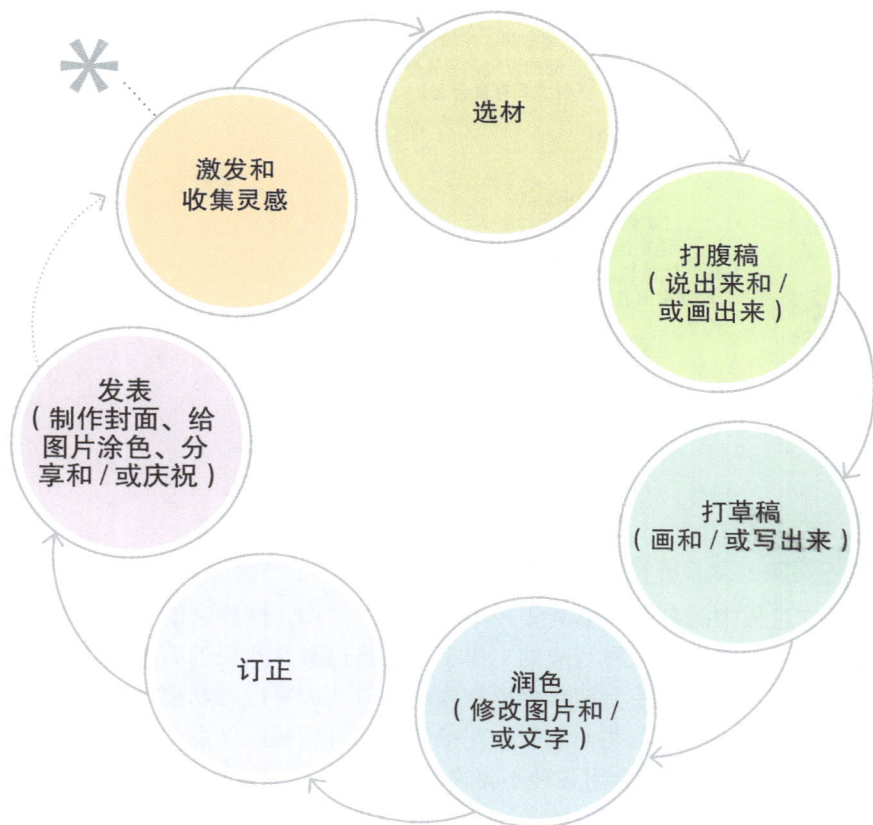

幼儿园至二年级的学生会以这样的顺序写作

　　在小学低年级阶段，大部分教师会帮助学生制作属于他们自己的写作文件夹，并为他们准备各种各样的稿纸。学生可以自己选择用单页稿纸还是用装订好的作文册。（想了解更多关于稿纸的内容，参见第17页和第27页。）

　　除了写作文件夹，一些幼儿园至二年级的教师会让学生准备一本简便的

幼儿园和低年级的学生使用的稿纸要留有较大的画画空间和标注空间

作文稿纸给学生留有画画的方框以及写字的横线。教师可以提供不同种类的稿纸。有的稿纸方框大、横线少，有的稿纸方框小、横线多；有的是单页的，有的装订成作文册

1.

2.

3.

写流程型说明文或记叙连续发生的事件的叙事性文本时，稿纸上通常要有序号

写知识性文本时，稿纸的样式要丰富多样，这样写作者才能自由地选择内容呈现的形式

写诗时，稿纸的每一行都要短一些，这样可以鼓励学生断行

笔记本——可以是用一小沓纸装订成的小本子，也可以是从文具店买的口袋笔记本。学生可以用这个笔记本来记录写作灵感和话题。

在这个一年级学生的写作文件夹里，一边放的是正在创作的作品，另一边放的是已经完成的作品。学生会自己选择稿纸，并将已经完成的作品收好，以便日后润色和订正。文件夹左边还放了一张红色"心灵地图"（Heard，2016），上面记录着一些可选的话题

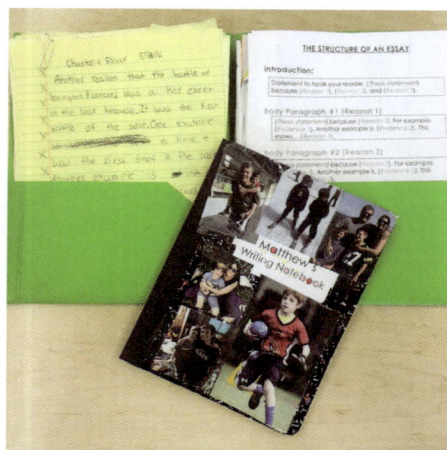

一个四年级学生的写作笔记本，里面记录了很多写作灵感、提纲和试写的段落，文件夹里装的是正在写的初稿

从三年级开始，教师会建议学生使用更为正式的写作笔记本。学生可以用这个笔记本收集灵感和调整思路，可以在打草稿前在本子上记录自己的各种奇思妙想，也可以记录今后可能会用到的写作话题和好词好句，还可以做不同的尝试，比如按不同的结构列提纲、写不同版本的开头以及设定不同的人物关系等（Fletcher，2003）。通常情况下，三年级以下的学生（包括一些三年级学生）还不太会在笔记本上修改。这些学生更适合在作文册上直接跨页面写作，因为他们没法把笔记本上修改过的大段文字誊写到初稿中。

三年级以上的学生的写作环节与低年级学生的略有不同，更接近第19页的图所展示的。

要知道学生并不一定会严格按照你介绍的步骤和顺序写作，重要的是让他们学会按照指导去收集灵感并不断地尝试用这些灵感写作。这就像默里总结的那样："写作环节不是线性的，而是循环往复的。写作者一次次地经历这样的写作环节，每一次都有不同的侧重点。这不是单一的过程，而是多次的往复。"（1985, 4）

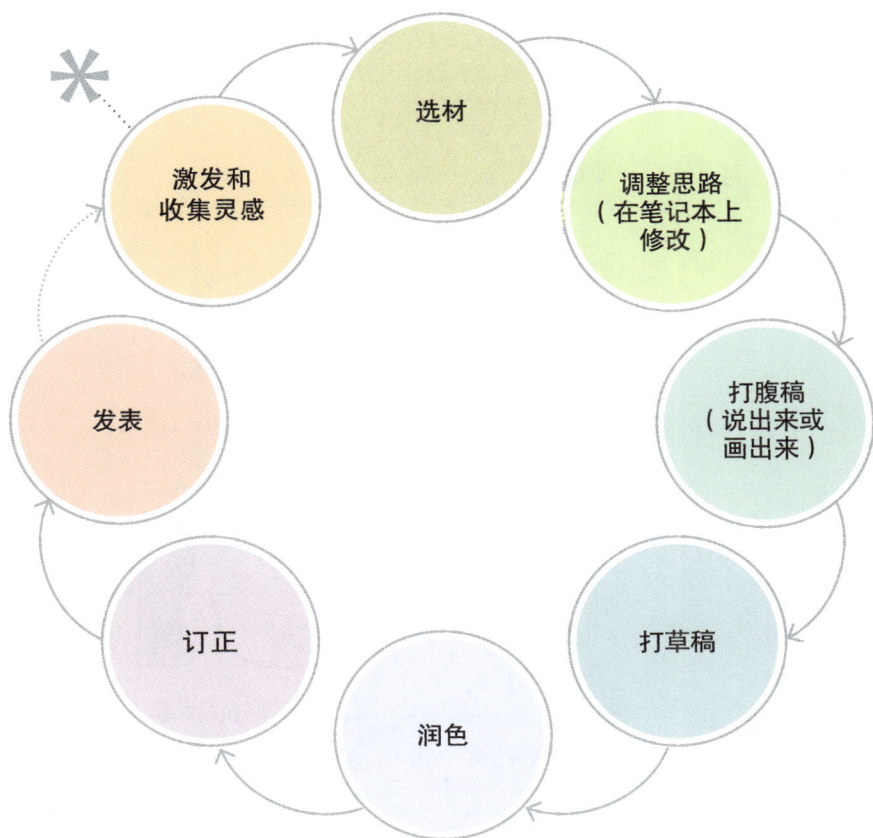

很多三年级及以上的学生会以这样的顺序写作

6.33 故事人物

适用对象
年级
4—8

策略 将你创造的人物想象成真实的人，想想他们说话时应有的细节（包括嗓音、语调、口音，以及使用的俚语和方言等）。不论列提纲还是修改文章，注意对话中的这些细节都能够帮助你刻画出与众不同的人物。

示例 你故事中的每个人物都应该有独特的说话方式，而且其说话方式要独特到即使没有对话提示语，读者也知道是谁在讲话。你可以从多方面来刻画。其中一个方面是人物讲话时的节奏。想想你的人物在说话时会使用言简意赅的短句还是冗长复杂的长句。另一个方面是俚语的使用。想想你的人物常常使用何种俚语，或者总爱把什么样的词或短语挂在嘴边。除此以外，你还可以想想你的人物有什么样的口音或者说什么方言，可以按照他们的读音用一些谐音字来表现他们的说话方式。

使用建议 这个策略可以分成几节课来教授：你可以用一节课讲人物说话的节奏，一节课讲俚语的使用，一节课讲方言，等等。

范文研读 教师可以以"稀奇古怪小朱迪……McDonald，2007）为例，告诉孩子们朱迪每次看到喜欢的东西都会说"真稀奇！"。这是作者为这个人物量身打造的一个语言特点，在生活中或者别的书中都不常见。

训练提示语

- 想一想你的角色会怎样说话。

故事人物

他说话的语气是怎样的？
说话大声
语气严肃

每句话长不长？ 说不说方言
新泽西口音
"hoogie"
"wooder"

讲不讲俚语？
"aint"
"bae"

➤ 把所写的故事人物当作真实存在的人。他／她会怎样说话？
- 嗓音　　- 俚语　　- 口音
- 语气　　- 方言

Chelsie Weaver

252

6.34 人物... 生

策略 读一读与你所写... 下那些作品所使用的... 使用相同的词汇或说话...

> **侧栏** 你可以在侧栏中找到某种策略最适合的对象，其中包括最适合学习的年级，也就是说我最有可能将这种策略教授给哪个年级的学生。然而，同一年级的学生的写作水平可能不尽相同，所以这只是一个大致的参考。此外，侧栏还列出了与某种策略相对应的文本类型和写作环节。想知道如何为学生选择最合适的策略，参见第22—24页。

范文研读 选范文时要找有对话的范文，并且该对话还能反映故事发生的历史时期。请看下面这个选自《在1876年上学》（*Going to School in 1876*, Loeper, 1984, 69）

"我才不怕她。"汤米说... says.)

"她只是个弱不禁风的..."

"她还没有木栏杆粗，...之力。"

男孩们一起笑了起来。

> **范文研读** 提供了一些可供参考的范文，这些范文向学生展示了写作技巧的实际应用。你可以使用我介绍的范文，也可以选用自己喜欢的作品。想了解更多关于范文的内容，从第30页开始阅读。

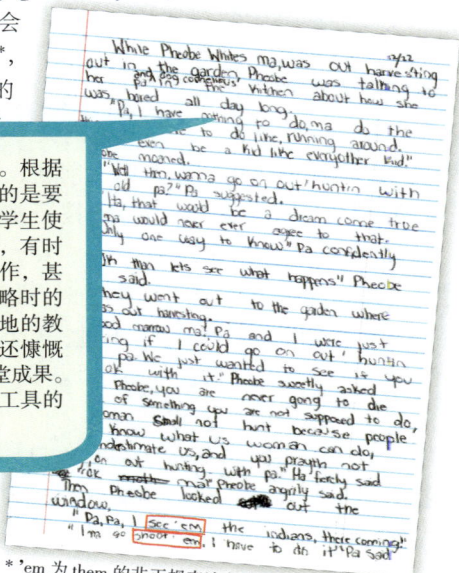

"你们几个家伙嘀咕什么呢？"一个严厉的声音说道。那是新来的帕森老师。"快回到座位上，都规矩点儿！"她一边喊，一边拿着教鞭敲打几个男孩的脑袋，"我绝不容忍任何捣蛋行为，如果被我发现，我非把你们揍扁不可！"

（"... I'll whale the daylight out of you!"）

读完这段文字，你会发现里面用到了"ain't"*，还有老师威胁捣蛋学生的"whale the daylight"*等表述...

> **视觉资料** 每一节都有。根据课程内容，我有时选用的是要点图，有时选用的是供学生使用的个性化写作目标卡，有时选用的是一些学生的习作，甚至是他们在练习某种策略时的课堂照片。来自全美各地的教师参与了本书的试用，还慷慨地与我分享了他们的课堂成果。想了解更多关于图表和工具的内容，参见第29—30页。

...这些词或说话方式。

> **延伸阅读** 几乎每一节都注明了用于延伸阅读的书目，它们主要说明了这些策略原始的出处以及让我产生灵感的作者。

*'em 为 them 的非正规表达方式。——编者注

适用对象

年级
4—8

文本类型
叙事性非虚构类，历史小说

写作环节
调整思路，润色

*ain't 可用来替代 am not、aren't、isn't、haven't 和 hasn't，许多人认为该用法不规范，常用于口语，编者...
*规... the ... out o...

延伸阅读
Finding the Heart of Nonfiction: Teaching 7 Essential Craft Tools with Mentor Texts (Heard, 2013)

◎ 逐步实现写作目标

一旦为学生树立了写作目标，你就要思考一下该如何帮助学生逐步实现目标。在此之前，你可以读几篇学生的日常习作，或者研究一下学生根据要求在限定时间内写的作文。接下来，我会更加具体地讲解如何应用策略和训练提示语，让你看看写作策略如何在课堂上发挥作用。

关于策略

你可以把目标看作"是什么"，把策略看作"怎么做"。在表述上，我把每种策略所包含的写作技巧或写作手法拆分成一连串切实可行的步骤。这样一来，成熟的写作者自然而然且无意识的行为变得清晰可见，从而让学生可以效仿。将这些策略教给学生并不意味着我们只是教学生如何写好一篇文章——我们着眼的并非某篇文章的写作——而是要向学生教授关于写作的知识，这样他们能够独立自主地将这些知识应用到眼前以及未来的写作中（Calkins，1994; Graves，1983）。在教授写作技巧和修改技巧的过程中，有关写作策略的指导是最有效的教学实践之一（Graham et al. 2012; Duke，2014）。

策略可以被视为"临时的脚手架"，用于帮助学生进行写作练习。在课堂上教师要教授学生"怎么做"，然后让学生在自己的辅助下练习。学习完一种策略后，学生必须明白他们还需要不断地独立练习。因此，教授策略的语言需要清晰明了，而且便于应用、易于推广，可直接应用于不同对象：学生在下课后仍然能够清晰地回忆起策略的内容；某一策略今天可以使用，明天还能继续使用，写这篇文章时可以使用，日后写其他的文章时同样可以使用。经过反复练习，学生便能自然而然地运用它们，而无须刻意提醒自己。这时，作为"临时的脚手架"的策略就会被"移开"，写作技巧却被学生牢牢地掌握了。

提及写作技巧、写作习惯、写作方式或写作手法时，每位写作者都能说出很多策略。本书囊括了我最喜欢的300种策略。不过，一旦你掌握了教授策略的表达方式，我相信你一定可以总结出自己的策略。

当学生努力完成某个写作目标的时候，你无疑要为他们提供多种策略来辅助练习。也就是说，仅靠单一的策略是无法实现写作目标的。要想完全实现某个写作目标，学生就必须掌握各种各样的策略，并将根据不同的情况灵活地运用它们。

例如，一个学生在详细阐述方面需要提升（确实很多学生都需要）。该生的想法很好，文章的结构也很清晰，但文章就是写得太短、太单薄，让读者觉得遗漏了很多重要的信息。这时你需要帮助这个学生，教他一些为这篇文

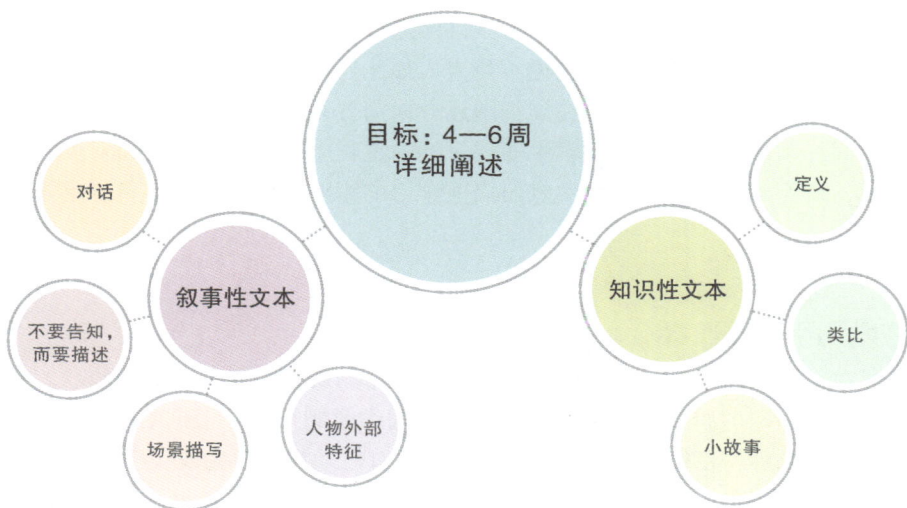

章添加细节的策略，再教他一些下一篇文章也能用到的策略，即便下一篇是不同类型的文本。教师可以参考下面的例子，它展示了在实现"详细阐述"这一目标时，学生在为期6周的课程中掌握一系列写作策略的过程。

第一周	学写虚构类叙事性文本。学习并练习策略"故事人物怎样说话？"（6.33节）和策略"不要告知，而要描述：情感描写"（6.14节）
第二周	学写虚构类叙事性文本。学习并练习策略"选择恰当的故事场景"（6.26节）和策略"不要告知，而要描述：场景描写"（6.13节），学会描写关于场景的细节
第三周	学写虚构类叙事性文本。本周第一次讨论会上先复习描写场景细节的策略，然后学习并练习策略"描写人物的外部特征"（6.20节），学会描写关于人物外部特征的细节
第四周	完成虚构类叙事性文本的学习。在教师的帮助下复习学过的所有策略。学写知识性文本，参考策略"补充细节，说明'具体是怎样的'"（6.23节），学习并练习如何添加进一步详细论述事实的信息
第五周	继续学写知识性文本。参考策略"进一步阐述事实"（6.22节），学习并练习如何为文章添加可靠的论据
第六周	继续学写知识性文本。参考策略"小故事也能做论据"（6.41节），学习如何使用叙事手法或小故事来进行详细阐述

由此可见，学生在实现一个写作目标的过程中需要使用多种策略，甚至涉及多种类型文本的写作。虽说不是人人如此，但这种情况还是会出现——如果学生在写叙事性文本时在详细阐述方面需要帮助，那么他在写知识性文本时同样需要帮助。在指导学生实现目标的过程中，教师需要不断对其进行评估，从而判断该生能否自主练习以前学习的策略，以及是否准备好学习新策略。

激励和引导写作者

　　在每节课上，学生不仅能从教师对于策略的解说和示范中有所收获，还能从练习策略时得到的反馈、提示以及帮助中学到东西。根据哈蒂（Hattie）的研究，这种与目标密切联系的反馈能非常有效地帮助学生成长（2009）。因此，仅仅告诉学生做什么，甚至是告诉他们怎么做，都是不够的。我们需要在学生练习的时候给予他们支持和帮助，让他们看到自己是多么接近目标，在他们遇到困难时帮他们找到问题所在。

　　在给予学生提示和反馈时，我会很小心地把握适度原则，因为我总会忍不住想要帮学生解决所有的问题，并且长篇大论地解释或做过多的展示。但我发现，如果让学生在练习中占主导地位，而我只是克制地说一些短语或简洁的句子，学生就会做更多的事，并最终更为享受学习的过程。当你就学生的文章给予他们指导和反馈的时候，一定要牢记教学的最终目标是培养独立的写作者，让他们在没有教师帮助的情况下也能灵活地运用学到的各种策略。

　　训练提示语不仅简洁，而且与策略的内容紧密相关，这主要是为了确保训练提示语能为我所教授的策略提供有力的支持。因此，如果一个学生正在练习某个激发灵感的写作策略，那么我是不会指导他如何拼写很难拼的单词的。除了要让语言紧扣策略的内容，我还会提醒自己不要被学生写的具体内容困住。这是非常容易犯的错，最终我可能只是帮某个学生修改了他的一篇文章，而其他学生完全不会想到这样的修改方法也适用于其他的文章。例如，不要说"你可以写你家的狗。你还记得哪些具体的事？比如你收养它的那天或者某天遛狗时发生的事？"，而要说"你已经想好话题了，回忆一下与话题有关的具体事情"。这两种训练提示语都与从重要事件中寻找灵感的策略相关，但是第二种更利于学生消化和吸收，从而在今后写不同话题的文章时应用相关的策略。

◎ 创造适宜的课堂环境，提升写作的独立性

学生需要花费大量的时间练习写作和熟悉写作的各个环节。他们需要来自教师的不同形式的指导，其中包括班级讨论、小组课以及一对一交流。在写作量大、热情高且效率高的课堂上，教师会被解放出来：他们可以根据学生的写作目标找时间和学生交流，而学生通常也会很努力地写作。但这种情况并不会自然发生，教师需要悉心营造良好的写作环境，表明自己对学生的期望，为学生提供可以用来独立解决问题的资料和资源。如果学生不会举一反三，他们的写作效率就会很低，通常只会在教师的桌边排长队，等待教师给予他们认可、帮他们修改文章或解决问题。

我给予学生的反馈可以分为以下几类：

- **表扬** 指出学生做得好的地方（如"你通过查看单词墙就把这个常见词拼写出来了"）；
- **指示** 指导或者要求学生尝试某事（如"重写一遍结尾，确保它能够给读者留下一些思考的空间"）；
- **转移方向** 指出学生目前正在做的事，然后转移到另一件事上（如"你列出了你知道的具体事实。我们先来列出章节的标题，再列举事实吧"）；
- **提问**（如"你能通过下定义的方式提供更多的细节吗？"）；
- **提示句子的开头** 在指导学生讲故事的时候，或者当学生与写作搭档或写作小组一起学习写作的时候，为学生提供一些有用的句式，这样学生可以重复使用这些句式并用自己的话将句子补充完整（如"从前……然后……最后……"）。

使目标清晰可见

当你帮助学生确立了合适的目标后，我建议你开个目标确立讨论会，与该生一起讨论这一目标（Serravallo, 2012, 2013a, 2013b, 2014）。在讨论会上，你需要把学生的作品放在你们之间的桌子上。通过提出一系列引导性问题，让学生思考自己的优势是什么以及接下来要在哪些方面继续努力。学生可能需要拿其他人的作品与自己的做比较；还可能需要一份清单，上面需列出不同类型的优秀作品所具备的特点，以供他在回顾自己的作品时参考。如果你想锻炼学生的写作耐力或帮他提高写作量，就要让他查看一下"参与度盘点表"（详见第66页）。其实关键就在于你要仔细选择呈现给学生的学习内容，帮助他看清他的优势和劣势。研究表明，如果目标是由学生自己确立的（而不是由你直接告诉他他需

要以什么为目标），那么他在向着这一目标努力的过程中会更有动力（Pink，2011）。

在目标确立讨论会上，你可以给学生发一张书签或目标卡，表示学生即将开启新的写作之旅。这张卡片可以用来记录学生的具体目标（如学习添加更多有意义的细节），也可以用来记录你为了让学生实现这一目标而给他提供的写作策略。这些策略有时需要教师记录，有时则需要学生自己记录。

让写作目标和写作策略清晰可见可以帮助学生提升写作独立性并取得成功

写作角

在教室里开辟一个写作角可以为学生提供便于自行阅览的资料，有助于他们自己解决一部分问题。写作角并不是学生写作的地方，而是一个摆有书架或壁柜的空间，专门用来放置写作者所需的资料及材料。你可以选择在写作角放置多种多样的物品，如何选择物品主要取决于你的学生学会使用的资料及材料有哪些以及学生的年龄和写作水平。以下是可供选择的物品的清单：

- 不同种类的作文稿纸（第17页展示了一些幼儿园至二年级学生常用的稿纸；三至五年级的学生需要用黄色记事本来打草稿，用活页纸来给第二稿润色，最后用有边框和装饰花纹的漂亮稿纸来誊写终稿）
- 制作封面的材料（彩色硬纸板等）
- 订书机
- 固体胶棒或胶水，用来粘贴裁剪过的初稿，或在初稿上粘贴插图框及其他材料
- 修改用的纸条（很窄的纸条，带有几条横线，可以粘在页面的空白处，让学生有更多的空间来添加内容）
- 词典
- 同义词词典
- 可以上网查资料的平板电脑或笔记本电脑（已将常用的网站或网页添加到浏览器的收藏夹中）
- 将常用图表装订在一起的活页夹
- 与写作相关的图书，如弗莱彻的《作家笔记：解锁潜在的写作天赋》（*A Writer's Notebook: Unlocking the Writer Within You*，2003）或由保罗·亚内科斯库（Paul Janeczko）汇编的《穿越迷雾：给年轻诗人的建议和启示》（*Seeing the Blue Between: Advice and Inspiration for Young Poets*，2006）
- 荧光笔
- 剪刀
- 用来润色和订正的彩笔
- 便利贴
- 可以发表作品的报刊清单，或者学生杂志征稿的通知单
- 作者简介模板
- 用来制作封面的装饰纸
- 用来粘贴书脊的强力彩色胶带
- 大小各异的标签（用来给装饰好的封面和页面添加标题和作者姓名）
- 活页装订夹
- 空白本子
- 三孔打孔器
- 一览表及其他可以用来展示策略内容的图表

一年级的写作角

展示当前学习内容的图表，可以帮助学生回忆课堂上学过的策略，培养学生写作的独立性

包括一览表和图形组织者在内的写作工具（已经在课堂上讲解和使用过的），学生可根据自己的需求随时取用

可供学生选择的各种作文稿纸，包括单页纸和装订好的作文册，这些稿纸有的方框大、行数少，有的方框小、行数多

订书机，方便学生添加新的页面或装订修改用的纸条

可供学生随时取用的书写用品，包括用来润色和订正的绿色和蓝色彩笔，用来裁剪草稿的剪刀以及用来装饰和涂色的马克笔和蜡笔

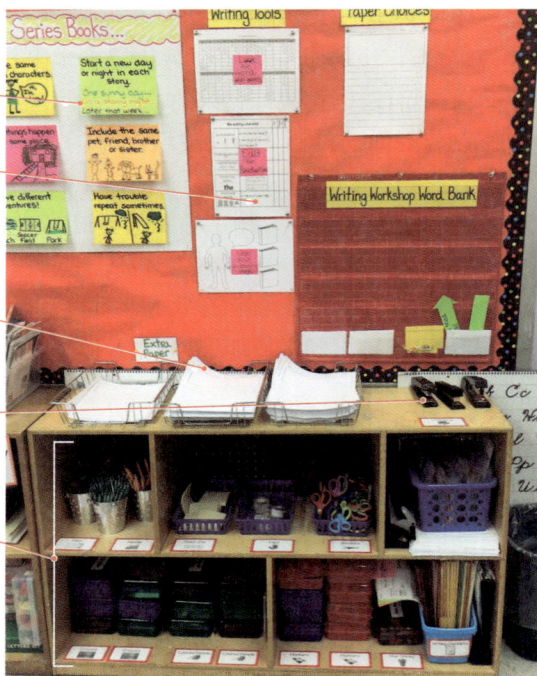

四年级的写作角

按照小组分开摆放的装有学生初稿的文件夹

应用于各写作环节的不同种类的稿纸，放在盒子里并贴好了标签

书写用品，包括用来润色和订正的彩笔和用来添加细节的便利贴等等，学生可以在各个写作环节取用

工具盒，装有曾经使用过的旧图表以及其他有用的提示贴，学生可以拿来参考，自主解决问题

用来装饰美化和发表作文的工具，包括马克笔和彩色铅笔

用来裁剪草稿的剪刀和胶带

有助于学生润色的范文和参考资料，能够激发写作灵感的图书

图表和工具

在"智慧图表书系"（Smarter Charts book series, 2012, 2014）和"数字校园课程"（Digital Campus course, 2014）中，玛乔丽·马蒂内利（Marjorie Martinelli）和克里斯廷·姆拉兹（Kristi Mraz）力证，如果以视觉资料来补充文字或演说内容，就更容易给信息接收者留下深刻的印象。想一想你是否也有同感。我受到他们的启发，尽力为本书的每一种策略都添加了视觉资料，它们有些是学生的习作，有些是图表，还有些是在讨论会上给学生使用的写作工具和策略卡片。这样做主要有两个目的：第一，我希望借此帮助你（也就是我的读者）在浏览本书的过程中快速获取自己所需的信息，这些现成的视觉资料能够帮助你更好地消化从书中学到的内容；第二，我希望这些视觉资料能够作为很好的例子，向你展示学生会写出什么样的作文以及课堂上应该展示什么样的图表，这样你的学生才能更好地去使用它们，并且牢记你所教授的内容。

如果你对制作图表或视觉资料还比较陌生，我强烈推荐你去阅读玛乔丽和克里斯廷这两位专家的著作。在这里，我稍微讲解一下什么才是有用的图表和工具，并列举一些你在本书中会看到的图表和工具的类型。

对学生有所帮助的图表或工具具备哪些特征？

许多教师都无私地给我发来了他们在课堂上使用的图表以及在写作活动中抓拍的照片；他们还试讲了这本书中的策略，并制作了相应的视觉资料；他们甚至还在课余时间组织了一些活动，比如边吃比萨饼边讨论图表的制作，这给了我更多的灵感。我非常感谢他们。我在"致谢"部分列出了他们的名字。在收集到的所有视觉资料中，我选择使用的视觉资料具备以下共性：

- 非常清晰，而且极为简单；
- 通常字数很少；
- 包含图标、图片、彩色字符等，便于学生快速定位和检索关键信息；
- 适合学生的年龄和阅读水平；
- 有明确的标题来说明图表的主题。

你完全可以借鉴或使用本书中提供的图表和工具，等掌握了其中的技巧之后，你也可以自己制作图表。例如，你可以用自己学生的作品替换书中所用的学生习作；使用班上学生更为熟悉的范文；调整视觉资料以使其更容易被学生理解。亲自参与图表制作会使其更加契合你的课堂教学内容，而且融入学生的创意。长此以往，学生也会更加愿意使用它们。若想寻找更多自制图表的灵感，可以参考凯特·罗伯茨（Kate Robert）和玛吉·罗伯茨（Maggie Robert）所著的《读写教育 DIY》（*DIY Literacy,* 2016）——他们甚至认为字写得不怎么好看也不影响自制图表！

示例性图表 这种类型的图表含有注释性文本，通常节选自大师佳作、学生习作或教师的示范作文。教师添加的标注框或注释可以强调某种策略的用途。这种图表可以和班上学生一起制作——教师可以准备有节选文本的图表，然后让学生根据教师所写的说出注释的内容

工具 工具可以在学生独立练习某种策略时给他们提供帮助。学生可以把这些工具塞进文件夹里，或夹在笔记本里，在独立练习或者与搭档或小组成员一起练习时拿出来参考。教师可以提前制作好，也可以在讨论会上和学生一起制作

流程图 能清楚地显示使用某种策略的各个步骤。在描述步骤的文字旁边添加图片或者图标会更有帮助。大多数教师一般不会把各个步骤用多个完整且复杂的句子描述出来，而会从每步中摘出几个关键词写在上面

图表和工具的类型

看看本书的每一小节中出现的图表和工具，你会发现它们的种类十分多样。不过，你大可只把它们看作示例。例如，我在某小节中使用的是流程图，你完全可以制作一张内容图表来教授该策略。本书中出现的图表和工具可以分成6类，其范例和介绍分别在本页和下页上方。这6类图表分别是：

- 示例性图表
- 工具
- 流程图
- 指令图表
- 内容图表
- 写作笔记示范

范文

当我的第一本书完稿后，编辑问我是否想加上"致谢"这个部分。我说当然！我有太多人要感谢了，但说实话我以前从来没有写过"致谢"。于是，我从书架上取下五六本海涅曼出版社的书，把每本书的"致谢"都读了一遍。我并不是想参考这些书中的致谢名单，而是想看看那些作者是怎样写"致谢"的。我了解了它们的结构和长度，感受到了它们的语调和节奏。之后，我总结了一

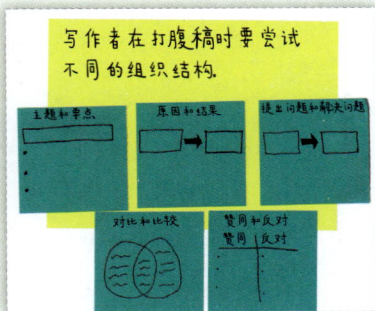

指令图表 指令图表按照文本类型、优秀作品的特点（"写结构清晰的论文"）和写作步骤（"创造虚构类作品的人物时……"）将一系列策略集合起来。它可以用来提醒学生过去一段时间已经学了哪些策略，并在学生实际运用这些策略时提供相应的说明。当教室的墙壁上贴满了各种图表的时候，指令图表就可以派上用场了——淘汰充满细节的单一策略图表，取而代之的是将几个策略整合成一个的指令图表

内容图表 这种图表能为练习写作的学生提供可能会用到的参考信息，比如学生喜爱的范文中常用的并且学生会将它们用在自己作文中的象征手法，或者表明文本结构的图形组织者

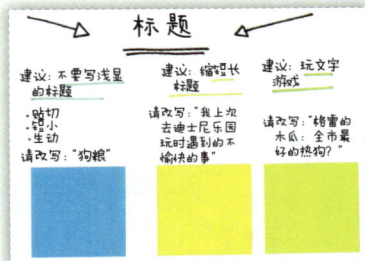

写作笔记示范 写作笔记示范为学生提供了现成的视觉参考资料、直观的示范和可供练习的文本（Roberts and Roberts, 2016）

些专业图书中"致谢"部分的主要特点，然后动笔给自己的书写了"致谢"。

"想把文章写好就要学会运用相关的写作手法，还要学会做一项非常复杂的工作，那就是区分'它是什么'与'它是怎么写的'。"（Ray，1999，10）如果这是现实中作家在做的事，难道我们不应该教给学生吗？引导学生学习其他作家（范文作者）的作品，选取一些恰好与他们想写的形式和文本类型相似的作品，学生可以"像作家一样"研读这些范文，学习写作者在写作时必须运用的写作手法和策略，并将学到的技巧应用到自己的写作中，正如弗兰克·史密斯（Frank Smith）所说的："教师要确保学生读到一些阅读资料，这些资料最好来自某一时间段里他们所喜爱和崇拜的作家。教师必须运用这些作家的影响力，因为他们在不知不觉中就会成为学生的合作伙伴。"

在介绍一些策略时，我列出了一些你可以使用的范文。其中不乏体现儿童文学写作特点和写作手法的书，比如《奇妙的单词》、《写作神偷》（*The Writing Thief,* Culham, 2014）、《范文》（*Mentor Texts,* Dorfman and Cappelli, 2007）以及《非虚构类范文》（*Nonfiction Mentor Texts,* Dorfman and Cappelli, 2009）等等。

如果你想在教学中使用范文，那就要考虑用不同的方式来和学生一起研读它们。一种方式是先告诉学生今天要教授的策略是什么，然后从范文中找一个例子，向学生简单地展示如何使用这一策略以及如何将其应用到自己的

写作中。另一种方式是提问。使用这种方式时，你要向学生展示关于某种写作手法的一个或多个例子，然后让学生带着问题去研究这些例子，比如"这个作者是怎样使用逗号的？她这样使用的目的是什么？"或"对比一下这3篇文章的作者在写开头的时候所运用的手法。一个精彩的开头需要具备哪些要素？"。然后，学生可以在你的指示下组成搭档或者分成小组（当然也可以一个人）去探索和发现。在这个过程中，学生通常会对某一写作手法有更深刻的理解和感悟（Ray，1999）。

这些范文你可能会多次提及，因此你可能需要在写作角单独留出一个空间来存放它们。在进行一对一交流和小组指导时，你可以选取一些范文放在手边，这样你在需要向学生展示的时候随手就可以拿到。

◎ 如何将本书所讲的策略灵活运用到你的课堂中？

我是一名专门研究读写教育的教师，主要依据的理论来自南希·阿特韦尔、唐纳德·格雷夫斯、唐纳德·默里、露西·卡尔金斯等人的著作以及哥伦比亚大学教育学院的读写项目。我认为写作工作坊（Writing workshop）这种教学形式在均衡读写教学体系（balanced literacy framework）中最为有效。我会将本书的内容融入各种形式的课程，包括微型课、小组课、分享式写作课、互动式写作课等等。与此同时，当我在一对一交流和小组课中根据学生的个人目标为他们提供指导时，本书还可以帮助我进行差异化教学。要想更多地了解这种写作教学方法，我建议你读一读露西·卡尔金斯的《写作教学的艺术》（*The Art of Teaching Writing*, 1994）、《写作教学的单元学习》（*Units of Study for Teaching Writing, Grades 3—5*, 2006），以及介绍写作工作坊的奠基之作，包括《写作：教师与学生并肩作战》（*Writing: Teachers and Children at Work*, Graves, 1983）、《作家教写作》（*A Writer Teaches Writing*, Murray, 1985）及《在初中当教师：终身学习适合青少年的读写教学方法》等。

如果你也赞同写作工作坊这种写作教学形式，可以看看接下来的两个部分，它们介绍了一些关于单元教学和差异化教学的想法。如果你采用的是其他的写作教学法，可以参照第37页的"配合多种读写教学法使用的写作策略"，了解如何用其他方式使用本书中的策略。

单元教学设计

在一学年的学习中，班里的学生会从结构化的单元教学中受益匪浅。每个单元都包含围绕同一目标的一系列课程，向学生介绍文本类型、优秀文章的特点或写作习惯。每个单元的教学通常持续4周或16—20个教学日，在这个过程中学生会一次或者多次体验写作的各个环节。单元教学结束时，学生至少会完成一篇作文以展示他们学到的内容。

设计一个单元的教学内容时可以从以下几个方面入手。

• 首先，明确你想让学生学习的内容是什么。教学成果也被称为教学目标、核心问题、基本要点或目标技能（Wiggins and McTighe, 2011）。

• 其次，选择一些范文。更多关于范文的内容参见本章第30—32页。

• 再次，我建议你按照要教授的文本类型的写作过程写一篇文章，或者根据你将在该单元重点教授的写作行为和优秀文章的特点练习一下。这样做的好处有很多，概括起来有两个：一，可以充分了解你在教学过程中会遇到哪些潜在的问题和挑战，这样才能在学生遇到这些问题和挑战时清楚地告诉他们该如何解决和应对；二，可以提前准备好教师示范作文。

• 最后，设计写作前的评估和写作后的评价，它们可以很简单，比如一句简单的提示语，要求学生在限定时间内写一篇文章，文本的类型是你们马上要练习的类型。这样能够让你更清楚地把握学生写作水平的发展动向，更好地设计适合全班学生的课程，以及更充分地了解学生的个体需求，这样你在一对一交流时和上小组课时就能给学生提供更具针对性的指导了。

接下来你要做的是为学生制作他们要遵循的写作环节表，以及在每个环节中教授策略的进度。如果你是四年级的教师，你的单元教学计划表大概如下所示。

第一周	激发和收集灵感	激发和收集灵感	激发和收集灵感	激发和收集灵感	选材
第二周	调整思路	调整思路	打腹稿和打草稿	打草稿	润色
第三周	润色	选材	调整思路	调整思路	打腹稿和打草稿
第四周	润色	订正	订正	发表	庆祝

按照上面的例子，我将引导学生通过一系列的课程学习激发和收集更多的写作灵感。到第五天，他们会从中选择一个灵感继续延伸和扩充。接下来，他们会花两天的时间在笔记本上修改和调整自己的思路，再花两天的时间打草稿。我会用几节课来讲授如何润色，并鼓励学生用课堂上学到的策略和他们所知的其他策略去润色并完善自己的文章。当然，有些学生可能还停留在打草稿那一步，而有些学生已经开始润色了。然后，我会要求他们再选择一个灵感，重复以上的步骤——调整思路、打腹稿、打草稿、润色。这样，他们就能够运用所学策略写出两篇文章，还可以根据我提出的建议订正了。到倒数第二天，我们会一起制作封面、选择标题，或者给文章配上插图。最后一天，我们要一起庆祝创作过程中的努力付出。

规划好单元教学的具体内容后，你就可以通过阅读本书或其他写作教程来寻找最合适的课程。例如，我的单元教学目标是虚构类叙事性文本的写作，那么我可能会参考下方的单元教学计划表。

第一周	激发和收集灵感 3.1记录重要人物的事迹	激发和收集灵感 3.2记录情感强烈的瞬间	激发和收集灵感 3.5描绘自己的内心世界	激发和收集灵感 3.10用剪贴簿记录生活（然后写作）	选材 4.7通过提问突出重点
第二周	调整思路 5.8啊 哦……糟糕……还好	调整思路 5.29准备多场景故事板	打腹稿和打草稿 6.4演出来，写下来	打草稿 6.9"还发生了什么？"	润色 6.13不要告知，而要描述：场景描写
第三周	润色 6.33故事人物怎样说话？	选材 4.15把重点放在画面上	调整思路 5.35首尾呼应	调整思路 5.36运用"跷跷板"结构	打腹稿和打草稿 5.39先有"骨架"，再有"血肉"
第四周	润色 6.43适当虚构	订正 8.18使用拼写检查功能	订正 9.8巧用"发生了什么？"来检查句子	发表 4.4拟定文章的标题	庆祝 （参见附录）

组织一对一交流和小组指导

等学生开始独立写作后，你就可以在教室里来回走动，跟学生一对一交流了；当几位学生有共同的目标或需要使用相同的策略时，你也可以开展小组指导。这种面对面的交流和小组指导能够帮你进行差异化教学，提供更适合学生个人目标的策略，给予学生指导性练习。

在这个过程中有两样东西可以帮到你：一样是时间表，确保你每周和每位学生都能讨论1—2次；另一样就是轶事记录表。

制作一对一交流和小组指导时间表

制作时间表的第一步就是制作一张班级情况表，上面有学生的姓名、写作目标以及我可能会讲授的策略。这张表能让我迅速判断哪些学生可以分成一组（因为他们有共同的目标或需要相同的策略），哪些学生需要差异化教学（因为他们写的文本类型和写作目标与众不同，或者他们的写作能力和其他同学不一致，需要学习更简单或更复杂的策略）。请参考右上角的表格。

一旦确定哪些学生适合小组指导，我就会在时间表上的"小组指导"那一栏中写上他们的名字（参考右边的表格）。每组大约有3个学生，我会给每个组10分钟左右的时间。其他学生我会安排在一对一交流时指导。每次交流通常有5分钟左右的时间。想了解更多关于一对

班级情况表可以让老师总体了解班级情况，并及时对全班学生和小组成员进行相应的指导

每周制作一份一对一交流和小组指导时间表能够帮助我在学生独立写作时最大限度地利用时间来进行差异化教学

一交流的教学方法，可以参考卡尔·安德森的《进展如何：与学生交流的实用指南》（*How's It Going? A Practical Guide to Conferring with Student Writers*，2000）。

真实情况是我们很少能百分之百地按照时间表的安排去做。事实上，我常常需要调整周计划，因为事情总会有一些变化。例如，我发现某个学生需要多练习一下某种策略，或者某个学生不再需要学习我打算讲授的策略了，因为他的表现告诉我他已经能够在写作中使用它。不断调整计划说明我想更贴近学生的需求。虽然会实时调整安排，但是提前列好计划能让我在学生独立写作时更高效地利用时间。如果学生无法得到指导或小组指导超时了，我能够在第二天做出相应的调整，以确保后面的安排如期进行。我会在每天的计划中留出5—10分钟的时间以应对一些意料之外的事。

在教授学生新策略和帮助他们练习已经学过的策略的过程中，这种简单的记录能够帮助我了解学生在这段时间里的进步情况

制作轶事记录表

除非你有过目不忘的能力，一般说来要记住每次一对一交流和小组指导的各种细节和琐事，以及你教给每个学生的策略和他们的反馈是不可能的。我建议你用轶事记录法去记录这些。（关于轶事记录法的说明见文后"术语表"。——编者注）

我常常在课堂上使用左边的表格。每个学生都有属于自己的一张表格，这样我就能清楚地看到每个人在一段时间里的进步情况。学生的目标会列在表格的右上方，在辅导学生的过程中我会记录下日期、学生展现的优势（写在左栏）及学生还需要帮助的地方（写在右栏）。在一对一交流或小组指导结束后，我会在当天的记录下方画一条横线以与下次的记录隔开。在下一次的一对一交流或小组指导中，我会对照之前记录的内容，帮助学生复习上一次学习的策略，看看他们是需要进一步巩固还是可以学习新内容。你可以用自己喜欢的方式记录这些信息：如果你喜欢电子文档的形式，可以使用"印象笔记"（Evernote）这样的软件记录；如果你喜欢传统的

形式，可以使用活页夹、笔记本或双面插袋文件夹。最重要的是用于记录的工具要便于携带，不能太笨重。只有适合你的，你才会真正使用它。

配合多种读写教学法使用的写作策略

也许你的学校还没有采用写作工作坊这种教学形式，或者你已经设计了以写作工作坊为基础的写作教程，抑或你需要采用某种必修的教程。不论情况如何，本书提供的写作策略都会对你的教学大有裨益，可以帮助学生培养独立写作的能力和娴熟的写作技巧。在下面的表格中，我罗列了本书的几种使用方法，可以帮助你提高写作教学水平，不论你采用何种教学模式。

写作教学模式或教程	本书的使用方法
单元教学	单元教学的内容对全班教学而言十分有价值，同时还可以为一对一交流和小组指导提供一些契合单元教学目标的思路。不过，任何一位教材编写者都无法真正了解坐在你面前的学生，更无法根据学生最新的测试结果所反映出来的问题来指导和帮助他们。本书能够帮助你为不同的学生制订有针对性的差异化教学方案
写作练习——每日5练	这是一种高度自主的写作练习。在练习期间，学生可以继续完成之前没有当堂完成的作文，也可以自主选择写自己想写的内容。本书中的写作策略和视觉资料能够辅助他们进行这样的写作练习
"校内生活""我是小作家""作家养成记""个性写作"之类的完整写作课程	在教材比较详细的写作教程中，教师有明确的单元教学计划（包括教案和活动）可以参照，还可以利用教材提供的范文进行授课。有些老师发现，将步骤清晰具体的写作策略教给学生能够帮助他们达成课程的目标。有些老师则更喜欢使用教材中的范文来重点讲解一些写作手法。在这样的课程中，很多作业没有给学生留下太多的选择余地，甚至可能直接规定了写作内容。本书的内容，尤其是涉及激发和收集灵感的章节，能够发掘学生心中已有的想法 在配合此类课程使用本书时，我主要将本书作为写作策略的集合，帮助我在学生独立写作的过程中（即小组指导和一对一交流时）进行差异化教学

写作教学模式或教程	本书的使用方法
根据提示语、任务或主题写作	如果你习惯规定写作话题或给出相关提示语，本书提供了一些策略，可以帮助你把写作任务拆分成具体可行的步骤。例如，不要要求学生"为一篇文章写一句中心思想句"，相反，你可以在书中找到具体的步骤，告诉学生如何一步一步去做。除此以外，提示语通常只告诉学生要写什么，而本书中有很多可以帮助学生提升作品质量的策略
读写教程的教材中所包含的写作练习	教材中的写作练习通常只告诉学生要写什么，而不会教他们怎么写。本书中的策略可以在你教学生"怎么写"时为你提供支持和帮助。此外，这种类型的习作大多只需根据教材内容略作润色和订正。本书中的策略能在写作环节方面拓展学生的视野，尤其是有些策略可以帮助他们打开思路，找到属于自己的写作话题
日记	如果你让学生每天通过写日记的方式练习写作，那么你需要查看一下他们的日记的内容和质量，从而判断是否需要为他们找一些合适的策略来提升日记的质量。通常，在没有人指导的情况下，学生一学年所写的日记在风格、结构和手法上都不会有太大的变化。通过学习本书中的策略，学生可以写出更多元的话题、使用更丰富的结构、添加更多种类的细节，书写也会变得更加规范
关于学科内容以及学术研究的写作	涉及某些学科（如科学课、社会科学课和数学课等）的写作通常关注的是学科内容本身（如独立战争、水循环、勾股定理等），而写作技巧和写作策略往往退居次位。这时，你可以考虑使用本书中的策略，从而使学科内容的教学与优秀写作技巧的教学达到平衡，这样有助于学生更好地呈现自己对于学科内容的理解和消化
非正式的写作练习	你可能偶尔会让学生做一些比较随意的写作练习，比如给他们一些图片或者让他们"自由写作"。本书能在课程设计上为你提供一些帮助（参见第33—34页的"单元教学设计"），从而让你更好地辅导学生，为他们提供一些可用于独立写作的策略

策略可以被视为"临时的脚手架",用于帮助学生练习写作。

——珍妮佛·塞拉瓦洛

第一章
目标 **1**

巧妙借助于图画进行写作

◎ 这个目标为什么很重要?

在学生能够写字之前就可以对他们进行写作指导了,而且很多人都认为这是很有必要的。教会学生巧妙借助于图画进行写作,可以让学生自由地去创作不同类型的文本,并且让他们知道自己在能够费力听清读音并写下字词之前很久,就已经能够理解字词的意思了 (Ray and Glover,2008;Glover,2009;Ray,2010)。有些人将这个阶段称为前书写阶段,在这个阶段"学生开始认识到写作是一种沟通形式,他们在纸上所写(画)的内容能够传达信息"(Mayer,2007,35)。

从事儿童早期教育的你可能在想:"学生仅仅通过画画来'写作'的课堂会是什么样的呢?那还能称得上'写作'吗?"简单来说,就课程结构而言,这样的课程与小学高年级的写作课基本相同,教师甚至还能向学生讲授优秀习作的特质并培养学生养成好的写作习惯。例如,在写作之前教师可以花点儿时间展示和讲解范文,并与学生分享自己的心得体会,从而帮助学生做好准备。有时,这样的讲解可以以微型课的形式呈现,教师可以教学生一些写作策略（如本章提到的策略）。有时，教师可以选择读一本深受学生喜爱且适合大声朗读的图画书，和学生一起讨论插画师是如何通过图画讲故事的，或者说是如何讲解关于某一话题的知识的。教师还可以给全班学生朗读一个学生的习作，并且讲解一下这个学生在尽力借助于图画记录自己的想法时所使用的策略。然后，把时间留给学生，让他们来重新做一篇"作文"（通过图画来讲故事、讲解关于某个话题的知识或让读者信服某种观点），或者让他们修改正在做的"作文"。简而言之，就是让学生为写作做准备，打草稿，然后进行润色，但这些工作主要（或者只能）通过画画来完成。教师需要指导学生专注于某个话题或者故事，教他们如何添加细节，甚至同他们合作，使他们画出的图画更易于理解。

要想很好地借助于图画进行写作，孩子需要学会在纸上画出能够向读者传达自己想法的符号，从而呈现自己的所见所闻（比如，我在讲一个故事，故事的内容是有一次我和妈妈一起去动物园，那么我的读者应该在画上看到我和我的妈妈）。同时，孩子画出来的画还应该能够被"反复阅读"，这样他们才能够与别人分享自己的创作，或者在日后修改。上美术课对他们来说很有帮助，这样他们能够独立创作，并且不会在创作时感到沮丧。可以说，本章中的一些策略旨在提高学生的具象／表征性绘画（representational drawing）能力。

在能够流畅地写作之后，学生仍可能出于某些原因需要借助于图画来辅助自己的写作。在整个小学阶段，图画都被用作规划写作内容的工具，所以当学生主动借助于图画将自己的想法表达出来后，他们在打草稿时能更多地参考这些图画以获得更多的细节，还能省出更多的时间给写作过程中的其他环节。

因此，本章介绍的策略适用于3岁以上的孩子，只要他还需要借助于图画来进行写作（但通常到小学二年级左右孩子就不太需要了）。

◎ 这个目标是否适合我的学生？

处在萌发阶段的阅读者及更早阶段的阅读者很适合将此作为第一个目标。对那些认识字母不太多、不太了解字母读音，或者刚刚意识到字母和读音的关系的孩子来说，他们可以学习借助于草图或图画来写作和讲故事。等到要标图注和写句子的时候，他们就会懂得写作的首要目标是沟通了。为了了解学生的语音意识，你可以进行一项测试，让他们辨别不同字母的名称和读音。（关于萌发阶段的阅读者、语音意识以及字母名称和读音的说明见文后"术语

表"。——编者注)

在本书的每一章中都有一些写作策略适用于处于前书写阶段早期、中期和后期的孩子,你只需将这些策略略微加以简化或调整。例如,关于"提升写作参与度"的章节(第二章)中的写作策略可以引导学生通过练习去屏蔽外界干扰,更加专注于自己的写作。关于"突出重点和意义"的章节(第四章)中的写作策略可以帮助学生确保自己所写的内容都紧扣主题。关于"合理安排结构"的章节(第五章)中的写作策略可以教学生如何用3页的篇幅写出一个故事的开头、经过和结尾。关于"详细阐述"的章节(第六章)中的写作策略可以教学生如何在自己的文章中加入不同种类的细节(当然,对处在前书写阶段的学生,你最好向他们讲解如何在图画中加入这些细节)。本书还有专门介绍拼写的章节(第八章),其中包含如何使用字母表这样的入门级策略,非常适合那些刚刚学会字母名称和读音的孩子。因此,如果你打算从本章开始教授,我建议你把其他9章也浏览一下,这样能让你产生更多想法。

其实,我纠结于是否将本章中的策略与其他9章中的策略分开介绍,因为一篇优秀作文需要具备的特质和写作环节既可以让小学高年级学生学习,也可以让低年级学生学习(Ray and Glover,2008)。但是,我还是认为把所有借助于图画来进行写作的策略放在一起比较好。同时,我也要给各位教师一些提示:即便你的学生借助于图画进行写作,你也可以在本书的其他章节中找到一些相关策略来指导他们;即便你的学生使用常规方式进行写作,你也可以尝试用本章中的一些相关策略来指导他们。

如前文所述,对已经学会字母名称和读音甚至已经开始写词、写句子但词不达意的学生来说,学会借助于图画进行写作也很重要。在会写字之前,用画画的方式表达自己的想法对小学低年级学生而言是很有益的。能够流畅地写字之前,孩子需要格外努力才能听清单词的读音并将听到的内容记录下来,以至于他们有时会忘记自己想要说的内容,或者写出来的内容比自己想要写的内容简单得多。对幼儿园、一年级甚至二年级的学生来说,花些时间用画画的方式来交流想法或创作故事可以帮助他们先把精力集中在想要表达的内容上,然后用与之相应的词语写出来。

关于巧妙借助于图画进行写作的策略一览表

策略	年级	文本类型	写作环节
1.1 边画边说	前书写阶段	不限	打草稿
1.2 在图画中指一指	前书写阶段	不限	大声讲述图画内容，润色
1.3 像讲故事一样复述图画内容	前书写阶段	叙事性	讲故事
1.4 用讲解的方式讲述图画内容	前书写阶段	知识性/非虚构类	大声讲述图画内容
1.5 添加细节，让图画更易于理解	前书写阶段—K	不限	打草稿，润色，订正
1.6 给你的图画做标注	前书写阶段—K	不限	打草稿
1.7 思考"如何表达更清晰？"	前书写阶段—K	不限	润色，订正
1.8 让图画与你脑海中的画面相吻合	前书写阶段—1	不限	打腹稿，打草稿，润色
1.9 由左向右画或写	前书写阶段—2	叙事性，知识性/非虚构类	打草稿
1.10 拿出之前的作品润色	前书写阶段—2	不限	打草稿，润色
1.11 画人物，也要画地点	前书写阶段—2	叙事性	打草稿，润色
1.12 跨页面写作	前书写阶段—2	叙事性，知识性/非虚构类	打腹稿，打草稿，润色
1.13 画展现变化的一系列图画	前书写阶段—2	叙事性，知识性/非虚构类，流程型说明文	打草稿
1.14 用圆圈和直线画画	前书写阶段—2	不限	打腹稿，打草稿
1.15 用不同的形状画画	前书写阶段—2	不限	打草稿
1.16 摸一摸再画	前书写阶段—2	不限	打草稿
1.17 努力画，不停笔	前书写阶段—2	不限	打草稿
1.18 放飞想象，动手制作	前书写阶段—2	不限	打腹稿，打草稿

1.1 边画边说

适用对象

年级
前书写阶段

文本类型
不限

写作环节
打草稿

策略 写作时你无须保持安静！你可以大声说出自己正在写或者画的内容。当你大声地说出一些新内容后，你可以把这部分内容写下来或画下来。

使用建议 你会发现，允许孩子们在写作或阅读时自言自语能够让他们更高产且更专注。听到自己大声说出想法后所产生的反馈正是孩子们所需要的。在指导学生的时候，你可以提示他们添加更多内容，帮助他们厘清细节，还可以使用下面的训练提示语来引导他们解释自己所写或所画的内容。

你要弄清楚学生创作的文本的类型，并据此对提示语做出相应的调整。例如，"还发生了什么事？"更适合叙事性文本，而"关于这件事你还知道些什么？"更适合知识性或非虚构类文本。

训练提示语

- 还发生了什么事？
- 噢，等一下，那个人是谁？
- 接下来她会怎么做？
- 噢，我明白了。然后呢？
- 他说了些什么？
- 我很好奇他们在哪里。
- 你刚才说 _____ 。（复述学生给你讲的故事，在图画中指出相应的部分。）

延伸阅读

Already Ready: Nurturing Writers in Preschool and Kindergarten（Ray and Glover，2008）

策略 当向别人复述你所画的内容时，试着在图画中指一指。手指指到图画的哪个部分，就说出关于那个部分的全部内容。

使用建议 这一策略可以帮助孩子用语言描述，甚至是详尽描述他所画的图画。它适合"任何"类型的文本。你很可能需要根据孩子创作的文本的类型来调整训练提示语。因此，你首先要围绕孩子所写或所画的内容问一些问题，搞清楚他创作的是什么类型的文本：他想通过文本表达什么？他是在讲一个故事吗？还是想讲解一些知识，抑或罗列一些信息？当孩子想要画或者写一个故事时，你要注意指导他们使用叙述性语言，而不仅仅是罗列信息或者做图注。（两者的区别就好比一个孩子说"我和妈妈去了动物园。我们穿过大大的拱门，走进了动物园"，而另一个孩子却说"动物园，妈妈，我，从这里进去"。）

训练提示语

- 这是个故事吗？告诉我首先发生了什么，其次发生了什么，在那之后又发生了什么。
- 我看你的图画好像在讲解某些知识。给我讲讲吧。
- 那是什么？
- 那边有什么？
- 你能指一指画中的其他部分，然后告诉我你写了或者画了什么吗？
- 你的图画包含了很多信息呀！

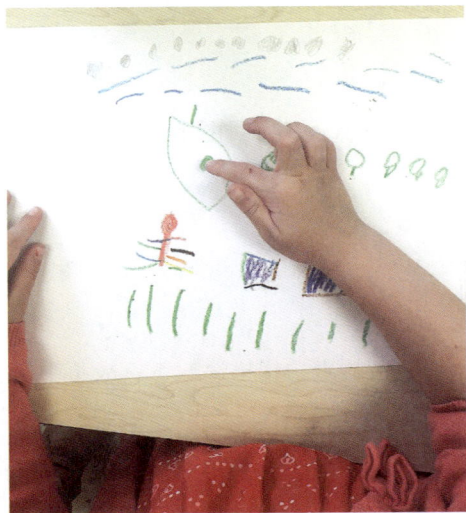

适用对象

年级
前书写阶段

文本类型
不限

写作环节
大声讲述图画内容，润色

延伸阅读
Already Ready: Nurturing Writers in Preschool and Kindergarten（Ray and Glover，2008）

适用对象

年级
前书写阶段

文本类型
叙事性

写作环节
讲故事

策略 用手指一指你的画，指出哪一幅画（或者画的哪一部分）是故事的开头。像讲故事一样讲一讲画中的人物说了什么和做了什么。接着讲下一幅画（或者画的下一部分），像讲故事一样继续讲下去。指着最后一幅画（或者画的最后一部分），像讲故事一样把它讲完。

示例 当我把我的画"读"给别人听时，我要想想我的画到底讲了个什么故事。画画的时候，我会设定一些角色（人或动物），我还会想想发生了什么事，以及角色说了什么、做了什么。当我"读"自己的画时，我要让它听起来像一个故事。我不会说："这是我，这是溜冰场，这是我的溜冰鞋。"（指着要展示给学生的画，给出一个不正确的例子，即仅仅给画中的各个部分"做图注"。）相反，我会像讲故事一样讲："有一次，我和妈妈一起去了溜冰场，换好溜冰鞋后立刻走上冰面。真滑呀！我说道：'妈妈，你要抓紧我的手，别让我摔倒啦！'"你听出二者的区别了吗？当我描述人物说了什么和做了什么时，就好像在讲故事一样。

使用建议 你可以在笔记本上把孩子讲故事时所说的话记录下来。有些教师会直接把学生的话记录在学生的稿纸或者图画纸上，但很多人认为这样做会在学生能够写字的时候对他们的主观能动性和自信造成负面影响。大人在孩子的纸上写字，可能会向孩子传递一个信息——如果没有大人写下的字，孩子努力想要表达的意思就毫无意义，而这个信息会对孩子以后尝试借助于文字或图画进行写作产生不良影响（Ray and Glover，2008）。

训练提示语

● 你告诉了我这些人物都做了什么。接下来我们再添加一些他们说的话吧！

● 像讲故事一样讲一讲。

● 这个部分还发生了什么？

● 找到讲述故事开头的那幅画。

● 故事的结局是什么？

● 不要用简单的一句话来结尾！像讲故事一样描述一下。故事中的人物说了什么？做了什么？

延伸阅读
Already Ready: Nurturing Writers in Preschool and Kindergarten（Ray and Glover，2008）

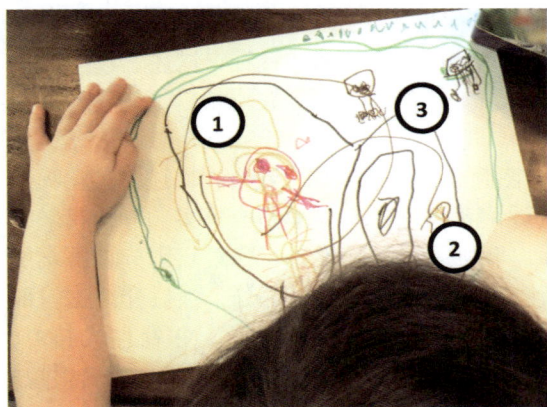

1. 杰克准备去帮帮伊兹。"我来啦！"那是他的脚和眼睛。"我来啦！"杰克说道。
2. 他飞过去救伊兹，结果自己也被困住了。不过伊兹有个钩子，那是一个带魔法的钩子，魔法钩子帮助她逃出来了。这是一些魔法粉，一撒她就逃出来啦！
3. 我们再画一个伊兹。看，她逃出来啦！她还会飞！即使再被困住，她也可以用魔法粉帮自己脱身。她一直跑，然后碰到了一个小幽灵，那是一个很友善的小幽灵。

适用对象

年级
前书写阶段

文本类型
知识性/非虚构类

写作环节
大声讲述图画内容

延伸阅读
I Am Reading: Nurturing Young Children's Meaning Making and Joyful Engagement with Any Book（Collins and Glover，2015）

策略 再来看看你的画。指出你想用来介绍重要知识的那一部分或者那一幅画。接着看下一部分或者下一幅画，看看它描述了哪些关于话题的新事实。

示例 如果我想用文字或图画介绍知识，那么我会在口述时让它听起来像教材一样。我会告诉读者我写了或画了哪些事实。下面我来给你们展示一下要怎样做。我画了一只霸王龙，我对它十分了解，所以我画了很多细节。我会指着霸王龙的某一部分，然后介绍这一部分的具体内容："霸王龙的下巴超级大，牙齿也很大、很锋利。"接着，我会指着另一部分，介绍那一部分的具体内容："霸王龙的手臂很短，它跑的时候只用到腿。"

使用建议 请参考1.3节的"使用建议"，了解如何记录学生在讲述图画的内容时所说的话。

训练提示语

- 这幅画想介绍什么知识？
- 指一指图画的某个部分，然后说说我能从中学到什么。
- 你还知道其他相关的事实吗？
- 图画的这个部分想介绍什么知识？
- 像老师一样讲解一下。
- 你的画描述了有关这一话题的很多事实！

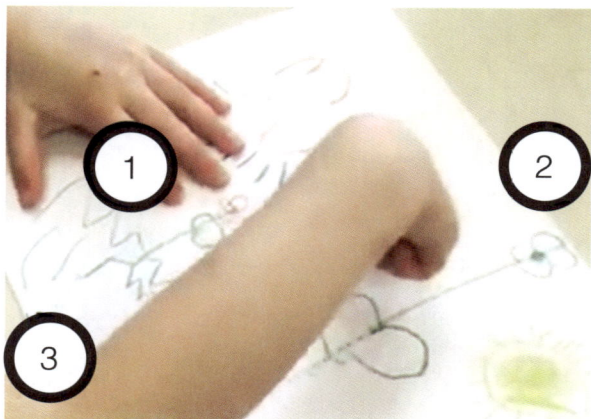

1. 阳光使这朵花不断生长。
2. 太阳升起来了，这朵花还在生长。
3. 地下的根也在不断地生长。

策略 仔细观察你的画，想一想还可以添加什么细节，然后把它们添加上去。

使用建议 关于详细阐述的章节列出了许多鼓励学生添加多种细节的策略（包括6.3节的"对话框让人物不再沉默"，6.26节的"选择恰当的故事场景"，6.40节的"用动作体现人物特点"）。将这些策略进行调整后，可以用它们来帮助处于前书写阶段的学生学习如何添加细节。本策略则可以帮助学生将抽象的图画变得形象而具体。例如，一个学生画了一个圆圈和两条竖线来代表一个人，你可否引导他画上眼睛？画上胳膊？一个学生在人的周围画了一个长方形来代表房子，你可否鼓励他加上屋顶或门，让它更像一座房子？

训练提示语

- 那是什么？你能再添加一些细节吗？
- 你想添加些什么细节？
- 我看到一个 _____ 和 _____。_____ 还有其他部分吗？
- 你又添加了更多细节，现在我明白你画的是什么了！
- 我看到你又添了些细节。你觉得这对你的画有帮助吗？

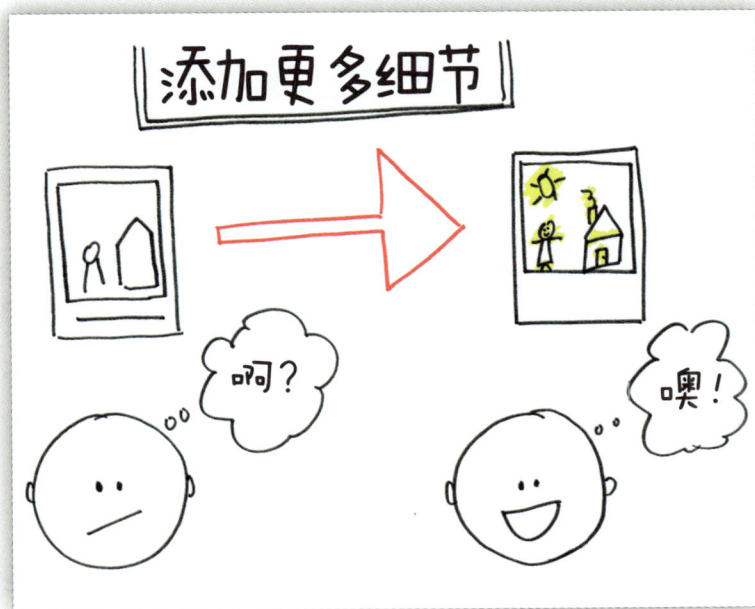

适用对象

年级
前书写阶段—K

文本类型
不限

写作环节
打草稿，润色，订正

延伸阅读
Writing for Readers: Teaching Skills and Strategies（Calkins and Louis，2003）

适用对象

年级
前书写阶段—K

文本类型
不限

写作环节
打草稿

策略 指着画的某个部分，说说你画的是什么。然后，慢慢地再说一遍，把你听到的每个音对应的字母都写在图画相应部分的旁边。

使用建议 倘若学生通过足够的练习已经可以用图画表述自己的故事和表达自己的想法，并且可以借助于图画讲故事或介绍知识，你就可以教授本策略了。让学生过早地进行传统的写作会使他们过于在意自己能否写出字词，而忽视优秀作文所需具备的特质。要想确定学生是否适合使用本策略，你可以考虑进行一项测试，让他们辨别不同的字母和读音。如果你确定学生对字母与读音之间的对应关系已经有了意识，还可以在关于拼写的章节（第八章）中找到其他策略来帮助学生听清读音并写下对应的字母。

训练提示语

- 你听到的音是什么？
- 慢慢地说出那个词。
- 什么字母发那个音？
- 写下那个字母，再说一遍那个词。

延伸阅读：
One to One:The Art of Conferring with Young Writers（Calkins, Hartman, and White, 2005）

LEAF（叶子）　FLOWER（花）
RAIN（雨）
SUN（太阳）
SEED（种子）

1.7 思考"如何表达更清晰？"

策略 看看你的画（或作文）。想一想："我的画看起来像什么？我能不能画得更清楚些？"指着你的画说出你画的是什么。想一想自己能否再加点儿什么或做点儿什么改动，让别人也能看懂你的画。

使用建议 有些学生做精细动作的能力强，能够轻松地作画，并且时不时会回顾自己在纸上画下的略显随意的符号。本策略恰恰对这类学生很有帮助。它能够督促学生对自己的作品进行润色和订正，从而让其他人也读懂他想要表达的意思。通过回顾，学生还有机会为自己的画添加更多的细节。

训练提示语

- 告诉我你画的是什么。
- 你画的每个部分都分别讲了什么？
- 一起来看这个部分。你能再画得清楚些吗？
- 一起来看这个部分。它呈现出你想表达的内容了吗？
- 你觉得其他人能看出你画的是什么吗？你还能做点儿什么改动或加点儿什么吗？

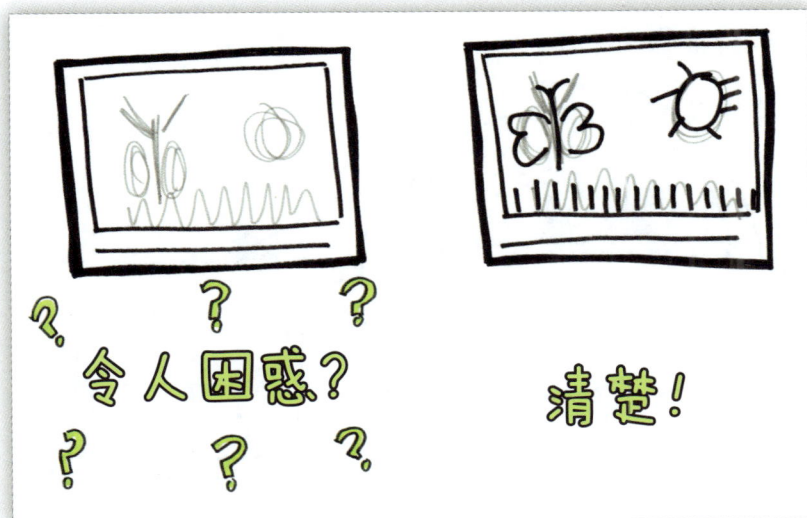

令人困惑？

清楚！

适用对象

年级
前书写阶段—K

文本类型
不限

写作环节
润色，订正

延伸阅读
Already Ready:Nurturing Writers in Preschool and Kindergarten（Ray and Glover，2008）

适用对象

年级
前书写阶段—1

文本类型
☐ 不限

写作环节
打腹稿，打草稿，润色

策略 闭上眼睛想一想你要写什么或画什么。睁开眼睛，尽可能地把脑中所想的全部细节都写在或画在纸上。添加完所有的细节后，再次闭上眼睛努力想想："我还漏掉了什么？"然后，睁开眼睛看看自己还能再补充什么细节。

示例 我试着想象我要写或画的故事。（向学生示范闭着眼睛思考。）我想象我和爸爸还有姐姐在沙滩上玩耍。我睁开眼睛。（简单地画出海浪、沙滩还有两个线条简单的人。）我再次闭上眼睛，想想还有哪些细节没有在画中体现。（闭上眼睛，说出思考的内容。）天气很热，所以我们坐在一把沙滩伞下。我要把这些细节也画上去！（睁开眼睛，在天空画一个大大的太阳，再在沙滩上画一把沙滩伞。）

训练提示语

- 闭上眼睛，想想你要画什么。
- 你脑海里浮现出什么样的画面？
- 我们一起看一下你的画。你还能添加什么细节？
- 你准备画些什么？
- 有没有漏掉什么细节？

延伸阅读：
One to One: The Art of Conferring with Young Writers（Calkins, Hartman, and White, 2005）

1.9 由左向右画或写

策略 按照图书的排版方式来创作，这样你的读者才能看懂！用图画来描述一系列事情的经过时，要由左向右画。如果要跨页面写作，一定要从第一页开始，再到下一页。

示例 我想讲的故事是，有一次我堆了一座沙堡，但是海浪把它冲垮了。我要想想最先发生的是什么：我拿着我的小桶堆了一座沙堡。我要把这些内容都画在左边。然后海浪来了！我要把它画在右边。这样我的读者就知道故事从这里开始（指指页面的左边），然后发展到这里（指指页面的右边）。

使用建议 为了了解学生是否知道图书是如何排版的，你可以用"印刷概念测试"（Concepts About Print, Clay, 2000）来评估。尽管该测试通常用于评估处于萌发阶段的阅读者的知识和技能，但也可以帮助你了解学生需要怎样的写作指导。该测试主要评估学生是否了解封面、封底和扉页等的概念，是否知道从哪里开始阅读，是否知道单词和字母的区别以及标点的用途，等等。在阅读和写作中强调由左向右的方向有助于你指导学生学习关于读写的新概念。

训练提示语

● 告诉我你要从哪里开始写？

● 那是中间的一页，是用来写故事中间部分的内容的。第一页在哪里？

● 我们要确保从左边开始写。这里是左边。

● 你刚刚把故事的开头写在了第一页！太棒了！那接下来的内容该写在哪一页？

● 你的故事是按照图书的排版方式来写的！开头写在了第一页，经过写在了第二页，结尾写在了最后一页！这样会让你的读者更容易读懂。

曲调：你在睡觉吗？

由左向右
由左向右

由上向下
由上向下

我们要由左向右写
我们要由上向下写

是的，我们就要这样做
是的，我们就要这样做

适用对象

年级
前书写阶段—2

文本类型
叙事性，知识性/非虚构类

写作环节
打草稿

延伸阅读：
One to One: The Art of Conferring with Young Writers（Calkins, Hartman, and White，2005）

适用对象

年级
前书写阶段—2

文本类型
不限

写作环节
打草稿，润色

策略 把你上次写的作文或画的画拿出来再看一遍。想一想："我还可以做些什么？还可以添加或者修改哪些内容？"

示例 重读自己的作品意味着我有多种选择。我不能只想着："前几天写完的作文算彻底完成了。"我可以把它再润色一下。润色方式包括补充细节、修改内容、调整结构、删减不必要的叙述以及添加全新的内容。

使用建议 请注意，我在示例里介绍了几种不同的润色方式，每次只需教授学生一种。我不会把这5种方式都放在一节课上教完。如果你的学生是第一次接触这些润色方式，你可以把本策略拆分开来，适当结合本章的其他策略，单独教授每种方式。

本策略能够锻炼学生的耐心，使他们不断优化自己的旧作，而非写完或画完就置之不理了。本策略对某些学生而言比较难以掌握：对那些还处在前书写阶段的学生来说，他们还没有学会用词语表达意思，因此每次重读自己的旧作时可能都会有不同的感受；对那些刚学会写单词甚至句子的学生来说，他们可能会用自创的拼写方式去写作，因此重读时很难认出自己到底写的是什么。因此，一篇3页的"作文"今天可能讲的是一个公主离开城堡后找到一匹马的故事，明天可能就变成列着几项信息的知识性文本，再过几天又可能变成一个关于消防员的故事，这一切都取决于画是否形象具体。综上所述，本策略的适用对象是那些对自己的写作意图留有印象的学生、愿意重读自己旧作的学生以及能够根据自己形象具体的图画或作文复述的学生。

训练提示语

● 我们一起来重读这篇作文。（不仅仅读单词，还要指着图画说出作者表达的意思。）

● 你发现它没有表达出自己所想的意思。那么，再补充些内容，让它表达得更清楚吧。

● 你还记得自己写了些什么吗？

● 这部分讲了什么？

● 你是作者！由你决定是否添加或改动内容。

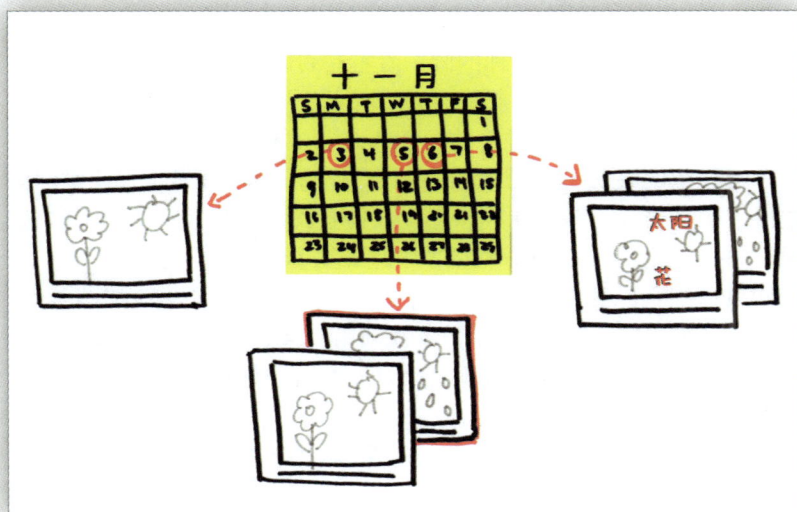

适用对象

年级
前书写阶段—2

文本类型
叙事性

写作环节
打草稿，润色

策略 不要让你的人物孤零零地站在纸上！确保你的画表明了人物和他所在的地点。再次检查你的画，看看是否既有人物也有地点。

示例（边画边说出自己的想法。）我想讲的故事是，有一次我去河边玩，把岸边的石头翻开想看看下面有什么东西。首先，我要确保把故事中的人物画下来。让我想想，人物有我（画下来），还有我姐姐（画下来）。其次，我们不能孤零零地站在纸上，我要再画上有关故事地点的细节。那里应该有一条河（画下来），我还想添加些细节，比如在河里画些石头（画下来）。我通常夏天去那里玩，所以我要再画一个太阳表示天气很热（画下来）。让我再看看有没有漏掉人物和地点信息。

范文研读 你可以找任何一本学生喜欢的图画书来向他们展示，让他们看看插画师在讲故事时是如何展现故事场景的。

训练提示语

- 你的故事里有哪些人物？
- 画上人物。
- 我看到你的故事里有3个人物。
- 你开始画故事发生的地点了。你还想再补充一些细节吗？
- 故事发生在什么地方？你能画出来吗？

延伸阅读：
In Pictures and in Words: Teaching the Qualities of Good Writing Through Illustration Study（Ray, 2010）

策略 在创作有多页篇幅的作文或图画时，每一页的内容都应该围绕同一话题，但每一页的内容还应该与其他页的有所区别。写完或画完第一页后，想一想："下一页的内容该有哪些不同呢？"继续这样做，直到完成。

使用建议 本策略在调整后既适用于叙事性文本，也适用于知识性文本。如果学生创作的是叙事性文本，那么整篇文章就应该围绕同一个话题（我去沙滩玩耍时发现了恐龙化石），而后的每一页都应该讲述后续发展的事件，即每一页讲的都是一个新事件。如果学生创作的是知识性文本，那么整篇文章也需要围绕同一个话题（恐龙、芭蕾舞或纽约市），每一页的内容都要有所不同，因为每一页介绍的是同一话题的不同事实。你要留心观察，时刻准备好去帮助那些刚刚学习使用有多页稿纸的作文册的学生，从而避免每一页的内容都相同，或者每一页的话题都不一样。

训练提示语

- 从这一页到下一页会有哪些变化？
- 这一页讲了什么？那这一页呢？你要怎么体现它们的不同？
- 你说那一页讲的是 _____。所以这一页应该有所不同。
- 你告诉我你想讲解的知识是 _____。那么在这一页你写了什么？下一页你又写了什么？再下一页你想要写什么？
- 你一共写了3页，每一页的内容都不一样，但都围绕同一话题！

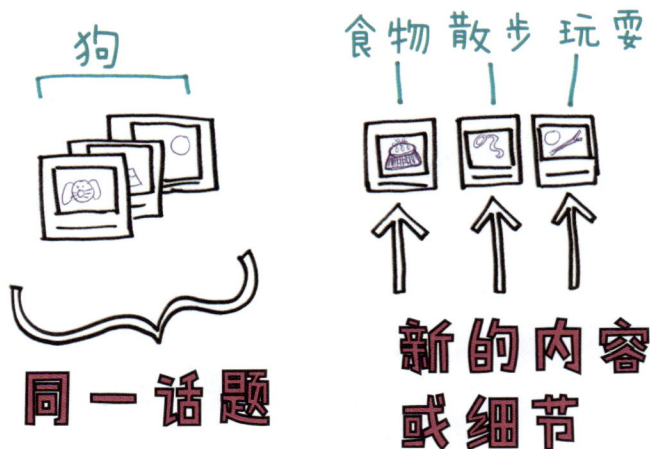

适用对象	
年级	前书写阶段—2
文本类型	叙事性，知识性/非虚构类
写作环节	打腹稿，打草稿，润色

延伸阅读：
Already Ready: Nurturing Writers in Preschool and Kindergarten（Ray and Glover，2008）

策略 想一想画中的事物在现实生活中的移动或变化。先画一幅画来展现事物初始的状态，然后画一幅画来展现它的变化，再画一幅画来展现它后续的变化。

示例 我想画一些画来展现植物由种子变成花的生长过程，我要在每一页都画出它的不同和变化。在这一页，我要画一粒埋在地下的种子。在下一页，我要画一粒发芽的种子，它的生命发生了变化，我的画要展现这种变化。再下一页，我要画一株幼苗。在第四页，我要画一株已经长大的植物。

使用建议 你可能会发现，给一些孩子一本3页（或更多页）的作文册，能够帮助他们了解故事的结构或事情的发生过程，帮助他们理解事物随着时间的推移所发生的变化，因为每一页都描述了一件事。然而，有些孩子常常会在作文册的每一页写或画关于不同话题的内容。本策略对这样的孩子颇有裨益，可以帮助他们将描述某一事物或动作的一系列图画画在同一页或多个页面上，并确保它们有关联。

范文研读 你可以在教室的图书角找一本简单的图画书来向学生展示书中每一页都是有变化的。例如，《洗衣日》（*Laundry Day*, Hjemboe, 2000）展示了一家人洗衣服的一系列动作。《吃一吃，印一印》（*Eat It, Print It*, Vernali, 2000）则展示了多种水果和蔬菜，并且告诉读者可以将它们刻成印章，然后蘸上颜料将图案印在纸上。

训练提示语

- 那是谁？发生了什么？
- 她接下来做了什么？
- 你能在另外一张纸上画下下一部分的内容吗？
- 她接下来会做什么？

延伸阅读：
Nonfiction Craft Lessons: Teaching Information Writing K–8（Portalupi and Fletcher, 2001）

策略　想象你用简单的直线和圆圈（或椭圆）画画。闭上眼睛，用手指在空中比画比画，用一些圆圈和直线画出脑海中出现的画面。睁开眼睛，把脑海中的画面用圆圈和直线画在纸上。

使用建议　首次教授本策略时需要给学生做一下示范。边画边说出自己的想法："我画小兔子脑袋的时候是该画个圆还是该画条线呢？我应该画个圆。那它的胳膊呢？嗯，画两条线更合适一些。"

训练提示语

- 心里想着你要画的画面。现在用手指在你想象的画面上比画比画。
- 接下来你想象的是它的哪个部分？应该用圆圈还是直线画？
- 现在睁开眼睛把它画在纸上。
- 回想接下来要画的内容时你可以再把眼睛闭上。
- 我看出来你画的是什么了！用圆圈和直线画画很管用呢！

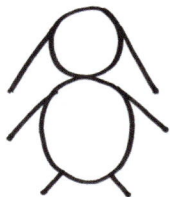

适用对象
年级 **前书写阶段—2**
文本类型 **不限**
写作环节 **打腹稿，打草稿**

适用对象

年级
前书写阶段—2

文本类型
不限

写作环节
打草稿

策略 观察你想要画的事物的某个部分，问问自己："这看起来是什么形状的呢？"然后把它的形状画下来。按照同样的方法用不同的形状画出其他各个部分，直到你把所有部分都画下来。再回过头来看看整体，把细节补充完整，使这幅画与你设想的一致。

示例 当我想要画某个东西的时候，我有时会担心自己画不出来。但是现在我学会了一个部分一个部分地画。我现在能分辨出我想画的东西的形状了。比方说，我想画一个人，可以说："我不知道怎么画！"我还可以说："脑袋是圆形的，所以先画一个圆圈。"然后，我可以把脖子看成长方形的，再画一个长方形。人的身体是一个更大的长方形，就像这样去画。（边画边向面前的学生讲解步骤。）

使用建议 使用本策略时，你可以鼓励学生去观察身边的东西（如一件物品、一幅画或者一本书），也可以让他们想象自己脑海中的东西（"闭上眼睛，想象一下……"）。

训练提示语

- 你看到什么形状了？
- 你想先画哪个部分？
- 画那个部分时你用了一个圆圈，它看起来确实像 _____。
- 你说不清那部分是什么形状的？用你的手指描一下。

1.16 摸一摸再画

策略 先用手摸一摸你想画的东西，边摸边想："它是什么形状的？它有多大？它和我之前画的东西有什么联系？"用手感知完你要画的东西后，就可以拿起笔开始画了。

使用建议 我非常喜欢用本策略教学生画具象的人物。本策略可以教会学生把胳膊画在肩膀上，而非脑袋上。很多学生这个时候才第一次意识到脑袋以下身体以上的部位是脖子。还有些学生会在一只手上画十几根手指，但是在摸了自己的手指之后，他们才注意到每只手有5根手指。本策略还能帮助学生在画画时注意物体的比例，比如注意到人的身体比脑袋大。

本策略仅对理解三维的物体有用，另外教师还要注意提醒学生，在未经允许的情况下不要随意触碰他人。

训练提示语

- 当你触摸它的时候，你知道它的形状了吗？
- 你发现了什么？
- 现在试着在纸上画出一样的形状。
- 你画了一个 _____。这和那个东西有什么联系？

适用对象

年级
前书写阶段—2

文本类型
不限

写作环节
打草稿

1. 摸一摸。

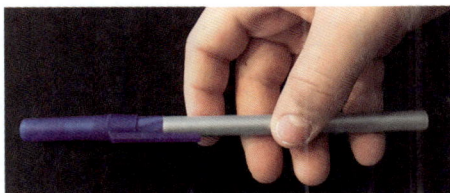

2. 它是什么形状的？

3. 画下来。

1.17 努力画，不停笔

适用对象

年级
前书写阶段—2

文本类型
不限

写作环节
打草稿

策略 把你想表达的都画下来，尽力而为即可。最好不要用橡皮，也不用担心自己画得不完美。然后添加一些细节，或者开始画一幅新作品。

示例 写作时需要把自己的想法都写下来或画下来，但有时不能苛求完美。画画时你只需尽力而为，然后将你的故事或者书"读"给我或者你的搭档听。没有人要求你必须画得和画家一样好。

使用建议 我并不想把本策略教授给那些不介意自己粗心大意的学生，本策略对那些因为追求完美而迟疑不前的学生来说"刚刚好"，毕竟4—6岁的孩子根本不可能做到完美。（甚至大多数成年人也无法做到，不是吗？）就目前的写作阶段而言，我们的目标就是教会学生画形象具体的画，从而让他们自己和其他人都看得懂。

训练提示语

- 在脑海中想象一个画面。你打算怎么画出来？
- 我看到你画了 _____ 和 _____。我能看出来那是 _____。
- 你画了 _____，所以我能看出来那应该是 _____，而不是 _____。
- 你一定能行。尽自己所能去画吧。

延伸阅读：
One to One:The Art of Conferring with Young Writers（Calkins, Hartman, and White, 2005）

构思。

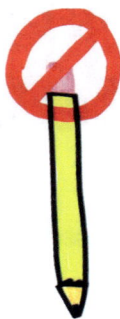
不要涂改！

画出来。

1.18 放飞想象，动手制作

策略 想一想你在生活中看到的有文字的地方，比如标牌、说明书、故事书、知识性文本、购物清单等。"我要写什么呢？"去写作角选择合适的稿纸后，你就可以开始写啦！

使用建议 给学生提供不同类型的稿纸可以为他们的写作提供多种选择。小小的长方形稿纸可以用来制作标牌；页面下方有横线的稿纸可以用来制作故事书；画有几个大方框的稿纸可以用来制作食谱或说明书；把几张稿纸订在一起做成的作文册可以用来制作故事书或知识性文本。在分享式和互动式写作课中所进行的仿写能够帮助学生理解不同类型的稿纸适合不同的写作目的、文本类型或形式。你还可以在写作角制作一张展板，在上面展示不同种类的稿纸及其在现实生活中适合承载的文字内容。

训练提示语

- 你想要写什么？
- 或许选择合适的稿纸能给你点儿启发。
- 嗯，我们来想一想哪种稿纸适合你想写的内容。
- 听上去你已经有想法了，现在来选稿纸吧。
- 制作故事书的话，用作文册很不错。你可以把开头写在第一页，把经过写在第二页，把结尾写在最后一页。

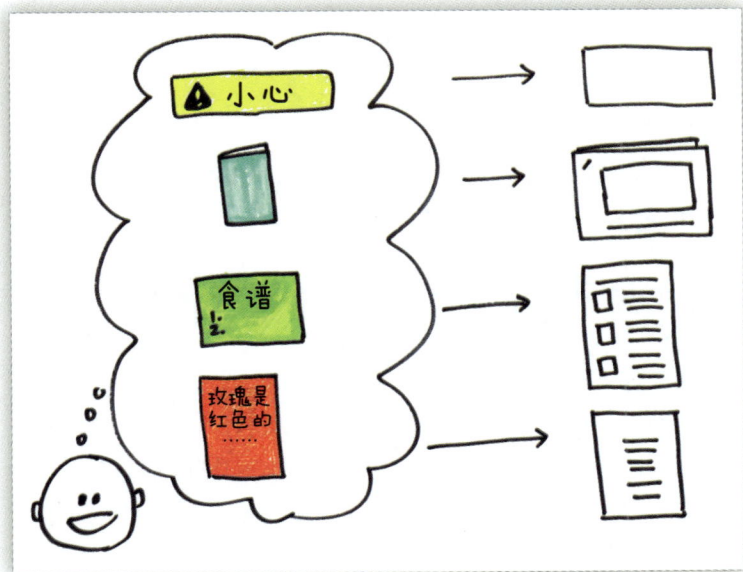

适用对象

年级
前书写阶段—2

文本类型
不限

写作环节
打腹稿，打草稿

延伸阅读：
Interactive Writing:How Language & Literacy Come Together, K-2
（McCarrier, Pinnell, and Fountas，1999）

提升写作参与度

培养独立性，提高写作量，使学生对自己的作者身份产生认同感

◎ 这个目标为什么很重要？

有过写作经历的人都说写作很难，有时甚至是件苦差事。正如多萝西·帕克（Dorothy Parker）的那句名言所说："我讨厌写作，但我喜欢写完之后的感觉。"当然，并非所有人都这么认为，而作为教师的我们也必须承认，基本上所有孩子都无法对写作"一见钟情"，即便专职作家有时也难以静下心来写作。

想写出好文章，就要注意力高度集中并且进行严格的自我约束。你要热爱写作并投身其中，即便并非爱它的全部，也要爱它的某些方面：也许是因为写作时迸发的灵感和创造力让人感到兴奋；也许是因为写作不仅仅是为了记录，更是在探索未知，探究接下来要发生的事情；也许是因为写作能让你获得读者的认可并为此激动不已。

优秀的作家需要发挥主观能动性。他们甚至会在写作内容和文本类型还没确定的情况下就开始写作。他们总有办法找到合适的话题，也明白写作的目的，更加懂得自己写下的文字拥有何种力量（Calkins，1994；C.Anderson，2005）。

但问题是，这可以言传吗？我们能否教会孩子饱含热情地写作？我们能否教会他们积极地投身到写作中，并且与作品产生共鸣，让他们不仅仅满足于"我按照老师的要求去做就可以了"，而让他们真正地"找到写作的感觉"？我们能否帮助他们把自己当作真正的作家，了解自己独特的写作风格，快乐地去写作？我想我们可以做到。

◎ 这个目标是否适合我的学生？

在判断学生是否需要提升写作参与度方面的指导时，我最喜欢用的工具是参与度盘点表（图2.A；Serravallo，2010，2013b，2014，2015a）。有些教师可能对这种工具比较熟悉，他们经常用它来了解学生在阅读时的相关行为。其实，将它用在写作中也能帮助我们更多地了解学生。对不熟悉这种工具的教师来说，这个表格其实就是观察学生行为的工具。在一段完整的写作时间里，教师可以观察和记录学生的行为和参与迹象（取代了通常的一对一交流或小组指导）。教师可以记录的事情包括：学生起身削铅笔、上厕所以及倒水喝的次数；写了多少字；写了多久后便开始失去耐心；花了多长时间构思；用了多长时间打草稿。然后，教师便可以通读记录下的信息，在其中找寻全体学生的规律，并依此设计提升学生写作参与度的教学方案。

学生的写作量能体现他们的写作参与度。就像利用阅读日志来记录阅读进度从而确定学生的阅读量一样，我们可以通过观察学生在指定时间内写完的行数（或页数）来确定他们的写作量。某个学生某一次的写作量小可能仅仅意味着他花费了大量时间去构思，但如果他每次的写作量都很小，就说明他并没有在写作上下功夫，或在写作的时候分心了。正如斯蒂芬·金（Stephen King）在《写作这回事：创作生涯回忆录》（*On Writing:A Memoir of the Craft*, 2000, 173）中所说的："唯有通过多读多写才能真正地学会写作。你看，这不仅仅是怎么做的问题，更是做多少的问题。阅读能够让你得到很多问题的答案，但只有大量写作才能帮助你学会怎么做。唯有通过实践才能真正地掌握。"

教师姓名：　麦克纳利　　　　　　日期：10月20日

姓名	时间/环境 10:00—10:10 安静	时间/环境 10:10—10:20 安静	时间/环境 10:20—10:30 楼道里 有噪声	时间/环境 10:30—10:40 安静	时间/环境
	SET Plan	✓	✓	P	
	✓	✓	P	✓	
	✓	P	WC	D	
	✓	HR	D	D	
	✓	✓	D	D	
	P	P	✓	✓	
	WC	✓	✓	✓	
	SET	✓	P	✓	
	SET	✓	P	P	
	✓	✓	✓	P	
	Plan	Plan	✓	✓	
	✓	✓	✓		

WC—@writing center 在写作角
SET—setting up, sharpening pencils, arranging papers 做准备，削铅笔，摆好稿纸
P-meeting w/ partner 与搭档交流
✓ —writing 写作中
HR—hand raised 举手
D-distracted, disengaged 分心，参与度不高
Plan-planning 构思中

图2.A 参与度盘点表

我们应该对写作量提出什么要求呢？其实，影响写作量的因素有很多。在图2.B中，你可以找到我对各年级学生在一段时间内的写作量的大致要求。当然，这里的写作量指的是学生在笔记本或稿纸上自由写作的内容的多少，而润色和订正通常指学生对旧作做出一些调整，而不会写新内容。表格中的预估写作量基于学生手写而非打字的速度。预估数值参考了《写作之路：表现性评估和学习进程》一书并略有改动。

年级	预估写作量
幼儿园*	20分钟内完成1—2页的作文，其中包含一幅配有图注和/或一行简短文字的草图
幼儿园下	25分钟内完成3页的作文，其中每页都包含一幅草图和一句话
一年级上	25分钟内完成3页的作文，其中包含3幅草图和1—3行文字
一年级下，二年级上	30分钟内完成2—3页的作文，其中包含草图和2—5行（作文本标准行）文字
二年级下	30分钟内完成2—3页的作文，其中包含几幅草图和5—8行（作文本标准行）文字

三年级	35分钟内完成1—1.5页的作文
四年级	35分钟内完成1.5—2页的作文
五至八年级	35—40分钟完成2—4页的作文

图2.B 预估写作量

*在美国的基础教育体系中，幼儿园（kindergarten）属于小学，只有一学年，接收5—6岁的孩子。——编者注

我们在阅读课的最后通常会让学生回顾自己作为阅读者的经历——想想自己美好的阅读经历与不愉快的阅读经历，自己喜欢读和读不下去的书，自己在何时何地才会阅读，等等。其实，在写作课的最后也可以使用同样的方法。你可以参考吉姆·沃帕特（Jim Vopat）的《微型写作课》（*Micro Lessons in Writing*, 2007a）和南希·阿特韦尔的《在初中当教师：终身学习适合青少年的读写教学方法》这两本书中的表格，或者自己制作一个。图2.C 列举了一些比较好的问题，它们都是从以上两本书中精选出来的。

"我是一个怎样的写作者？"

姓名

你为写作做了哪些准备？

你最喜欢的写作素材是什么？

哪些事情会拖延你的写作？

什么会激发你的写作灵感？

你会给其他写作者提什么建议？

你（或者其他人）是怎样学习写作的？

你最喜欢和最不喜欢的文本类型分别是什么？为什么？

你喜欢在哪里写作？你最好的一篇作文是在哪里完成的？为什么？

作为一个写作者，你最大的优势是什么？

要想成为一个更好的写作者，你需要从哪方面提高自己的写作能力？

图2.C 改编自吉姆·沃帕特的《微型写作课》和南希·阿特韦尔的《在初中当教师：终身学习适合青少年的读写教学方法》

我们能否帮助他们把自己当作真正的作家，了解自己独特的写作风格，快乐地去写作？我想我们可以做到。

——珍妮佛·塞拉瓦洛

关于提升写作参与度的策略一览表

策略	年级	文本类型	写作环节
2.1 营造良好的写作环境	K—8	不限	营造良好的写作环境，做写作前准备
2.2 想象写作完成的情景	K—8	不限	不限
2.3 仔细倾听，真心称赞	K—8	不限	不限
2.4 利用教室里的图表	K—8	不限	不限
2.5 作文"完成"后，开始写下一篇	K—8	不限	激发和收集灵感，润色，订正
2.6 写作就是解决问题	K—8	不限	不限
2.7 选择最合适的笔	K—8	不限	不限
2.8 笔不离手	K—8	不限	不限
2.9 让搭档提醒自己保持良好的写作状态	K—8	不限	不限
2.10 屏蔽"这里写得不够好"的声音	K—8	不限	激发和收集灵感，打草稿
2.11 提早为写作制订计划	1—8	不限	调整思路
2.12 重读之后继续写	1—8	不限	不限
2.13 把有助于写作的物品放在身边	1—8	不限	营造良好的写作环境，做写作前准备
2.14 设定激励性目标	1—8	不限	激发和收集灵感，调整思路，打草稿
2.15 拆分写作时间	1—8	不限	激发和收集灵感，调整思路，打草稿
2.16 感觉自己写不下去了？去阅读吧！	1—8	不限	激发和收集灵感，调整思路，打草稿
2.17 想想你的目标读者是谁	2—5	不限	调整思路，打草稿，润色
2.18 坚持课外写作	2—8	不限	不限
2.19 向搭档求助	2—8	不限	不限
2.20 尝试不同的润色方式	3—8	不限	润色
2.21 你为何写作？	3—8	不限	不限
2.22 踏踏实实，一步一个脚印	3—8	不限	不限
2.23 你的目标：白纸黑字	3—8	不限	不限
2.24 养成好习惯	3—8	不限	不限
2.25 时时刻刻心系写作	4—8	不限	调整思路，打草稿，润色
2.26 先用写作发泄情绪，再完成写作任务	4—8	不限	做写作前准备
2.27 制订实际的目标	4—8	不限	不限

2.1 营造良好的写作环境

适用对象

年级
K—8

文本类型
不限

写作环节
营造良好的写作环境，做写作前准备

策略 想一想你最好的作文是在哪里完成的。回想一下那是个什么样的环境。将它的特点记下来或画下来。在学校或家里为自己营造一个相似的写作环境。

使用建议 我个人完全不能忍受在杂乱无章的环境中写作，那样会让我的大脑也变得混乱。我喜欢看起来令人愉悦的环境：我需要的所有东西都井然有序地摆放在身边，一伸手就能够到。读大学的时候，我的所有论文都是在宿舍里写的，但我的一些朋友只能在图书馆里写。良好的写作环境能够有效地提高写作效率。本策略可以帮助那些需要在课外完成写作的学生在家里营造一个良好的写作环境。作为教师，你可以灵活一些，允许学生自由选择自己想坐的地方，而非一定要坐在自己的课桌前。

范文研读 和学生一起聊聊他们所熟知并且喜爱的作家的写作环境。很多作家都会在自己的个人网站上描述自己的写作环境或者展示相关的照片。

训练提示语

- 你的写作空间需要有哪些东西？
- 你喜欢安静的环境还是有背景噪声的环境？
- 你喜欢的写作环境是什么样的？
- 你来描述一下。
- 说一说你理想的写作地点。给我描述一下那是个什么样的地方。
- 把它画下来！

延伸阅读
Independent Writing: One Teacher—Thirty-Two Needs, Topics, and Plans（Cruz，2004）

2.2 想象写作完成的情景

策略 当你感觉精神不济或注意力开始分散的时候，可以试想一下你完成写作的情景，从而让自己重新集中注意力。想象你写完的文章被目标读者阅读的情景。设想一下那会是篇什么样的文章，然后朝着目标努力写作。

范文研读 选一篇与学生想写的文章相似的范文给他们看，这样能够帮助他们预见结果。你可以选择一本文本类型相似的书，甚至一本话题相同的书。看一本已出版的书或许能够使他们深受启发。"我也想这样开头，"他们可能会说，"我也可以使用这样的图表。"他们很有可能不仅从这些作品中找到灵感，进而完成他们手头的创作，而且能在这个过程中学会一些修改作文的小技巧！学生对范文的自主选择性越高，他们的写作积极性就越高。试想一个一年级学生说："我要向我最喜欢的作家莫·威廉斯（Mo Willems）学习，在我的文章中使用对话框。"

训练提示语

- 我们一起来看看这本书会给你带来什么灵感。
- 有没有你特别喜欢的书？把它拿出来，我们一起找找灵感。
- 你为什么喜欢这本书？
- 想象一下你的书和这本书一样已经完成了。描述一下你想象的情景。

写不下去了？

重新让自己集中注意力！

1. 想想你的目标读者。

2. 想象你的文章完成的情景。

3. 继续写作。

适用对象

年级
K—8

文本类型
不限

写作环节
不限

延伸阅读
A Quick Guide to Reviving Disengaged Writers, 5−8（Lehman, 2011）

2.3 仔细倾听，真心称赞

适用对象

年级
K—8

文本类型
不限

写作环节
不限

策略 把你的作文大声读给你的搭档听。他的任务就是发掘你作文中精彩的部分。当他听到自己喜欢的内容时，他会打断你，然后你们一起在精彩片段旁的空白处做标记。

示例 写作的时候，你的内心有时会产生一丝疑虑。你可能会想："谁会想要读我写的东西呢？"你可能会对自己说："这部分没有保留的意义。"这时你就需要找个朋友来帮帮忙。但他并不是来帮你把你觉得不好的地方改好，而是来鼓励你继续写下去。

使用建议 在课堂上组成搭档或写作小组能够让学生们互相帮助。这种同伴间的互相影响往往比教师施加的影响更有效。更多关于学生如何在写作各个环节互相帮助的建议，请参见第十章。

训练提示语

- 放心大胆地把你的作文大声读给你的搭档听。
- 作为搭档，你要仔细倾听，找到值得称赞的部分。
- 告诉他你最喜欢哪个部分。
- 告诉他初稿中哪里写得不错。
- 告诉他哪部分内容充满了力量。

延伸阅读
A Quick Guide to Reviving Disengaged Writers, 5–8（Lehman, 2011）

美国学生写作技能训练

2.4 利用教室里的图表

策略 当你感到才思枯竭时，环顾一下教室的墙壁，看看能否在墙上找到与你写的内容相关的图表或范文。想想你的作文写到哪一步了，以及你想把它写成什么样的。从墙上的图表中找找可用的小贴士，然后接着写。

示例 写作时我们常常会出现注意力不集中和精神不济的情况，这都是很正常的。一出现这样的情况，我们就要第一时间抓住自己的思绪。首先要意识到自己没有在全神贯注地写作，其次要利用教室里的一切来帮助自己跳出走神的状态或摆脱挫败的情绪。

使用建议 若你决定使用本策略，就意味着你的教室中贴有可供使用的图表。一般来说，能够帮助学生独立完成写作的图表包括适用于某种特定文本类型或某个写作环节的一般性指导图，以及教师和学生一起制作的图表。（更多关于图表的信息，请参考右栏"延伸阅读"所推荐的马蒂内利和姆拉兹的"智慧图表书系"。）

训练提示语

- 你觉得写不下去的原因是什么？
- 想想教室里有没有什么东西能帮到你。
- 我注意到你已经发现自己走神了！这是第一步，接下来你该做些什么？
- 你写到哪一步了？哪张图能帮到你？

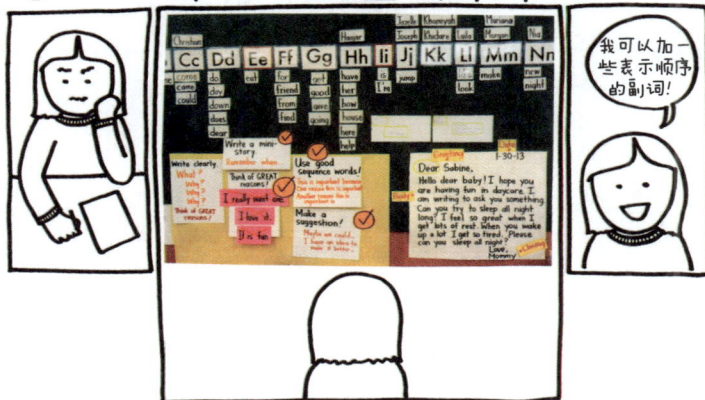

延伸阅读
Smarter Charts, K–2:Optimizing an Instructional Staple to Create Independent Readers and Writers（Martinelli and Mraz, 2012）

年级

K—8

文本类型

不限

写作环节

激发和收集灵感，润色，订正

策略 当你觉得作文已经完成（你已经把要写的都写了，也仔细检查过，并且没有什么要改的了），可以另翻一页或重新拿一张纸，开始写新的作文。在教室里找找相关的图表，看看如何写开头。

使用建议 本策略中的"完成"带引号是因为很多作家都会告诉你，文章只有在交稿后才算真正完成了，在此之前总是需要不断修改。教会学生将"完成"的作文放在一旁并开始写新的作文，可以帮助他们提高效率，多写些东西，但这绝不意味着让他们把"完成"的作文扔在一边不管。随着你教给学生的润色和订正方法越来越多，你可以将这些方法整理到一张表上。这张表便可以作为参考，让学生了解什么时候需要使用这些方法再修改一下手头的文章，什么时候可以认定手头的文章已经"完成"（就目前来看），可以开始写下一篇了。随着学生不断学习新的润色和订正方法，这张表也会不断被修订，因为它需要与课堂的教学进度同步。换句话说，不要在这张表上添加学生还不能独立使用的策略。下面的表格来自一年级上学期的课堂。

训练提示语

- 说说你都检查了什么。
- 我们再看一遍你的文章，看看它是否完成了。
- 现在你写完了，你接下来要做什么？
- 教室里的哪张表可以帮助你开始写下一篇文章？
- 我注意到你认为这篇作文已经"完成"了（就目前来看），而且你已经开始写新文章了。你真是个有计划的小作家！

你写完了吗？检查一下吧。

	完成
我写的是一件具体的小事	
我有充分的细节描写（包括我说的话，做的事以及自身感受）	
我检查了常用词	
该大写的地方都大写了 One day	
句尾的标点也加上了 . ! ?	

好了！你写完了！可以写下一篇了。

延伸阅读

One to One: The Art of Conferring with Young Writers（Calkins, Hartman, and White, 2005）

2.6 写作就是解决问题

策略 首先你要认识到自己的问题是什么，然后看看教室里有哪些资料或者哪个小伙伴能够帮你解决问题。尝试找到一个解决方法，如果它不奏效，就换个方法试一试。

示例 优秀的作家都知道自己会遇到问题，这是写作的一部分！我们在写作时常常会遇到始料未及的挑战。有时我们会发现当前的文章结构不行，需要重写。有时我们会觉得大脑一片空白，完全没有新想法。但只要有问题就一定能找到解决方法。到那时，我们不仅仅是小作家，更是解决问题的小能手！我们决不退缩！决不！

使用建议 本策略和本章前面介绍的另一策略"利用教室里的图表"一样，都假定教室中有一些可以帮助学生的资料，并且你已经教会学生如何去使用它们了。例如，小学教室中的单词墙*能够帮助学生认识和拼写高频词；如果你和学生分享过一些范文，那么学生可以将这些范文放在手边，在写作时自己拿来做参考，这会对他们很有帮助。有时候问题主要出在学生所在的教室有太多干扰，他们需要寻找新的写作空间。和学生一起思考和讨论，列出可能出现的问题以及相应的参考资料和解决方法。你还可以将以往教授过的其他策略和本策略结合起来解决问题。

训练提示语

● 教室里的什么东西能解决你的问题？

● 没错，你可以借助于那张表。

● 你要做一个解决问题的小能手。你打算怎么做？

● 我看你写不下去了。我们一起来看看有什么办法能解决这个问题。

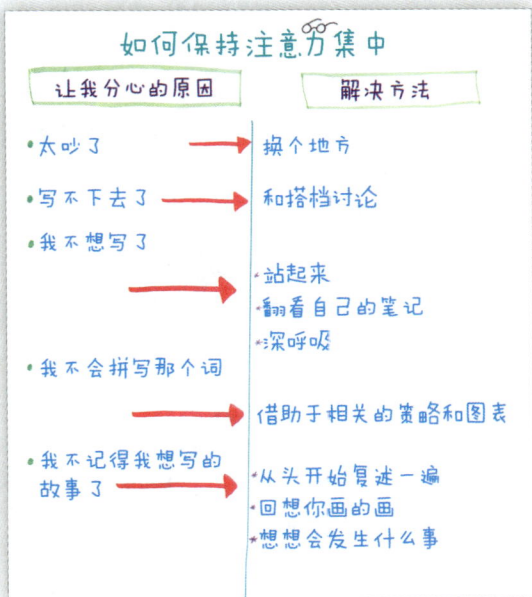

如何保持注意力集中

让我分心的原因	解决方法
太吵了	换个地方
写不下去了	和搭档讨论
我不想写了	站起来 / 翻看自己的笔记 / 深呼吸
我不会拼写那个词	借助于相关的策略和图表
我不记得我想写的故事了	从头开始复述一遍 / 回想你画的画 / 想想会发生什么事

适用对象

年级
K—8

文本类型
不限

写作环节
不限

*关于单词墙的说明见文后"术语表"。——编者注

延伸阅读

One to One:The Art of Conferring with Young Writers（Calkins, Hartman, and White, 2005）

选择最合适的笔

延伸阅读
The Essential Don Murray:Lessons from America's Greatest Writing Teachers
（Murray，2009）

策略 试一试不同类型的笔，看它们在纸上书写起来是否顺滑，会留下什么样的笔迹。选择最合适的笔可以帮助你更好地写作。

使用建议 你可能不理解我为什么要花整页的篇幅来写关于选笔的策略。唐·默里的书曾经提到文具对于写作的重要影响，读到那里我回顾了一下自己作为作家的经历。每当开始一个新的写作项目，我都会跑到文具店买些笔。教师们一定也有相似的感受——开学前去采购新文具的激动、领取新办公用品的喜悦。难道你不觉得学生在写作时也会因此感到兴奋吗？想想你的写作角以及你为他们准备的文具。难道班上所有人都必须使用相同的记号笔和原木铅笔吗？学生们难道不会因为有各种各样的中性笔、彩笔和顺滑的圆珠笔可选择而兴奋不已吗？尤其是在面对枯燥的润色和订正工作时，他们根本不愿全心投入，这时丰富多样的文具显得尤为重要。露西·卡尔金斯和帕特·布莱克曼（Pat Bleichman）在《修改的艺术》（*The Craft of Revision*, 2003）一书中便给出了相似的建议：为学生提供专门的"修订笔"（可以是绿色的或者紫色的！）能够让他们对修改自己的作文更感兴趣。

训练提示语

● 你想用这支钢笔（铅笔）来写作吗？

● 这支笔在写作时好用吗？

● 你觉得什么样的文具用起来比较顺手？

● 写作角里有没有你喜欢用的文具？

选择最合适的笔！

写起来顺滑吗？

笔迹好看吗？

你会选哪一支？

策略 把笔握在手中，开始写作（或把手放在电脑键盘上，不要乱动！）。即便中途停笔，也要把笔牢牢握住，随时准备继续写（或将双手时刻放在键盘上），直到写完再放下笔（或让手离开键盘）。

使用建议 本策略听起来可能有些奇怪，但事实上很多学生都会在写作中途停顿时把笔放下。他们有时是在考虑用词，有时是在回想词的写法，有时就是停下来歇歇。每次这样做之后，他们都需要再次拿起笔来并调整好书写姿势，这些动作都会降低他们的写作速度，影响写作量。这就好比开车时把脚放在刹车上，刚加速就踩刹车。只有一直把脚放在油门上（手中拿着笔），才能提高驾驶效率（写作量）。

训练提示语

- 握住你的笔！
- 你可以停下来思考，但要一直把笔握在手里，以便随时写下你想写的东西。
- 我要站在你旁边，看着你写一会儿。
- 笔不要离手，你能做到！

耐心箴言

永不言弃！

笔不离手！

深呼吸，继续写！

脚踩油门不放松！

胜利就在眼前！

适用对象

年级
K—8

文本类型
不限

写作环节
不限

延伸阅读
"Pump Up the Volume"
（Moore，2013）

适用对象

年级
K—8

文本类型
☐ 不限

写作环节
不限

策略 当你发现自己注意力开始分散、精力开始减退，你可以让自己的搭档督促自己找回良好的写作状态。你的搭档只要发现你没有全心投入写作，就给你一些温和的提醒，比如"加油！""你可以的！"或者"我迫不及待想看你今天写的内容！"。

示例 写作时，我想让你和你的搭档挨着坐，这样便于你们在课堂上立刻进入搭档互动的环节，也意味着你的帮手就坐在你身边。有时有他人的支持和帮助比一个人单打独斗更容易帮助你找回良好的写作状态。如果你发现自己在写作时很容易分散注意力，可以让搭档来监督你。虽然他们自己也要写，但如果用余光看到你好长时间没写一个字或趴在桌子上睡着了，他们可以温和地提醒你继续努力。或者，在不影响自己写作的前提下，他们可以暂停一下，看看你的进展，再给你点儿鼓励。

训练提示语

- 提醒你的搭档。
- 你会说些什么来鼓励搭档？
- 你可以说："_____（人名），你可以的！从头读一下你写的内容，然后继续写。"
- 你可以说："_____（人名），搭档互动时间到了，我迫不及待想看看你今天写了什么。"

延伸阅读
"Pump Up the Volume"
（Moore，2013）

> **搭档要互相帮助和鼓励！**
>
> **他们可以说：**
>
> ＊"你可以的！从头读一下你写的内容，然后继续写。"
>
> ＊"搭档互动时间到了，我迫不及待想看看你今天写了什么。"

2.10 屏蔽"这里写得不够好"的声音

策略 屏蔽脑海中阻拦你开始写作（或继续写下去）的声音。拿起笔就要不停地写。当你听到脑海中出现让你停下来的声音，屏蔽它们。重新将注意力集中在写作上。

示例（本节的示例主要适用于在笔记本上选材的学生，当然你也可以将其略作调整，用来指导那些在打草稿时犹豫不决、无从下笔的学生。）拉尔夫·弗莱彻曾说过："你最重要的读者就是你自己。"（1996）你可以将平时产生的灵感记在笔记本上，并且不必担心他人的评价。你可以不拘一格地去记录，深知自己现在写下的内容只是日后一篇佳作的起点。记总比不记强。你不必将这些内容保留下来，更不必将其完善成一篇佳作。记录可以帮助你思考，而且往往会让你有意想不到的收获。

范文研读 斯蒂芬·金在《写作这回事：创作生涯回忆录》中说过："你可以去写，你也应该去写，你只要有足够的勇气开始，就会成功。"

训练提示语

- 你的文章是个安全的地方，大胆写出你心中所想的。
- 你似乎在想什么。别做修改，直接把想法写下来。
- 来写吧。一直写，不要停，屏蔽那些自我怀疑的声音。
- 大胆尝试，有我陪你。
- 你太厉害了！就这样一直写下去，别去想它是否完美。

适用对象	
年级	K—8
文本类型	不限
写作环节	激发和收集灵感，打草稿

延伸阅读
Breathing In, Breathing Out: Keeping a Writer's Notebook（Fletcher, 1996）

适用对象

年级
1—8

文本类型
不限

写作环节
调整思路

策略 想想你正在写的文章，问问自己想写一篇怎样的文章。然后把目标大声告诉你的搭档，或者在页面的空白处写下一份简要的写作计划，列出你今天打算完成的写作任务。边写边对照计划检查完成情况。

使用建议 对那些不知道如何提升写作水平的学生来说，你可以在课堂上给他们提供以往使用过的图表，或者在一对一交流中给他们提供一些工具。对有些学生而言，开始写作前与搭档进行简短的交流能帮助他们确立目标和进入状态。而对另一些学生而言，与教师一对一交流能帮助他们明确写作计划，教师或者学生可以在交流过程中把计划记录下来。

训练提示语

- 你今天想达到什么目标?
- 列出你今天想达到的3个目标。
- 在页面边缘的空白处记下你的计划。
- 把你的计划告诉你的搭档。一旦你大声说出来，就要言出必行!
- 你的计划能让你更专注!

延伸阅读

One to One: The Art of Conferring with Young Writers (Calkins, Hartman, and White, 2005)

2.12 重读之后继续写

策略 把你写好的部分再读一遍。重新投入到你的写作中。拿起铅笔，就像没有停下过一样继续写。

使用建议 留意那些要花费很长时间才能进入写作状态的学生，包括那些爱削铅笔、爱上厕所和故意在教室里绕远路扔垃圾的学生。他们需要在别人的指导下才能在一段写作结束后再次进入写作状态。本策略最适合他们！而且本策略不仅能提高学生的参与度，还能提升写作质量。回顾上次写的内容才能让文章连贯清晰。本策略还能和其他有关润色的策略一起使用。学生在重读之后，不仅能接着上次的内容继续加入新内容，还能发现完成的部分需要做哪些修改。

训练提示语

- 重读一遍。
- 回顾自己上次写了什么。
- 重读以后，你首先要做些什么？
- 你还记得上次写到哪儿了吗？来回顾一下。
- 你是否觉得自己很难再次进入写作状态？
- 重读的时候想象自己重新写了一遍，然后拿起笔继续写。

重新读，继续写！

 ① 重读。

 ② 回顾。

 ③ 继续写。

适用对象

年级
1—8

文本类型
不限

写作环节
不限

延伸阅读
One to One: The Art of Conferring with Young Writers（Calkins, Hartman, and White，2005）

把有助于写作的物品放在身边

适用对象

年级
1—8

文本类型
不限

写作环节
营造良好的写作环境，做写作前准备

策略 想一想什么东西能让你安心（让你调整到最适合写作的心境）或给你带来灵感（激发新的想法）。将它们放在身边，它们将有助于你进入写作状态。

使用建议 刚开始写这本书的那一天，我清理了书桌，摆上了孩子们最近的照片，修剪了院子里的绣球花，并收集了一摞我最喜欢的关于写作教学的书。这些近在咫尺的物品能给我带来灵感，还能帮助我进入写作状态。显然，让学生每天都带这样的物品到教室并在开始写作前摆出来是不太可能的，但你可以考虑让他们制作一些能放进书桌的物品，然后在写作的时候拿出来。例如，你可以让学生用能够激发他们灵感的照片或图片装饰他们的作文笔记本或文件夹。你还可以让学生列出或画出他们在家写作时想要摆放的物品，这样他们在教室里也能由此找到灵感。

训练提示语

- 什么样的物品能给你提供新想法？
- 想一想有什么物品能让你放松身心。
- 什么物品有助于你写作？
- 令你感到舒服的写作环境需要摆放哪些物品？
- 如果你不能随身携带那些物品，你能否用图片来代替呢？

延伸阅读
Breathing in, Breathing Out: Keeping a Writer's Notebook（Fletcher, 1996）

策略 想想你在一段写作时间里能写多少行字。给自己设定一个激励性目标来促使自己写得更多。在稿纸上数出计划写的行数，然后在这一行标一个点代表今天的写作目标。看看你能否达到甚至超过今天的目标。

使用建议 津瑟说过："通过不断写作来学会写作，这是至理名言。它之所以是至理名言，是因为它说的是对的。要写好的唯一方法就是强迫自己每天都写。"（2001，49）在大多数课堂上，学生都是用笔写作的，一般不会使用可以统计字数的电子文档。我发现让学生依据自己想写的行数标出目标行的方式很直观，而且这种量化的方式能够帮助他们写得更多。学生年龄和纸张样式不同，"合适的"目标应该是多少行也不尽相同。如果你想帮助学生确定一个比较实际的目标，可以把他们聚在一起，让他们"火力全开"写5分钟，中间不要停顿。然后，让他们数一数自己写了多少行。再依据总的写作时长（25—40分钟），用数出来的行数分别乘以5、6、7或8。最后，按照算出的行数在稿纸相应的那一行旁边标一个点。当然，没有人可以"火力全开"地写满40分钟，但这样计算出的行数可以作为一个激励性目标鼓励学生一直往下写。

训练提示语

● 查看一下你的目标。你已经写了15分钟了，还剩15分钟。你写了一半了吗？

● 你的点标在那里了。你觉得还能再多写几行吗？

● 挑战你自己！把标的点再向下挪几行吧。

● 你实现了既定目标！我们再来定个新目标吧。

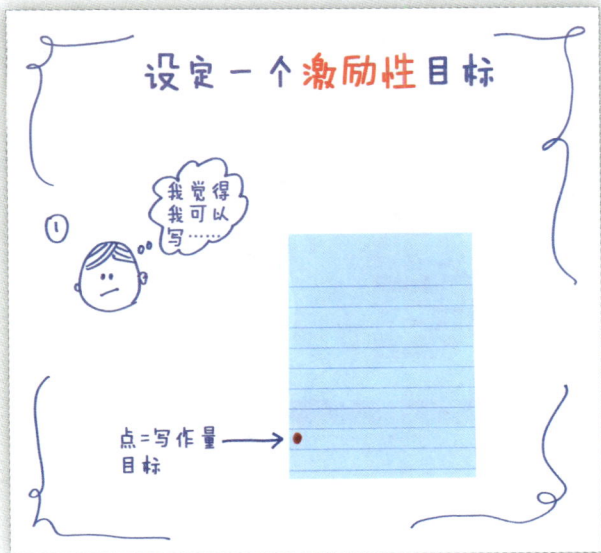

设定一个**激励性目标**

我觉得我可以写……

点＝写作量目标

适用对象

年级
1—8

文本类型
不限

写作环节
激发和收集灵感，调整思路，打草稿

延伸阅读
A Quick Guide to Reviving Disengaged Writers,5–8（Lehman，2011）

拆分写作时间

年级
1—8

文本类型
不限

写作环节
激发和收集灵感，调整思路，打草稿

策略 将写作时间分成一段一段的。为自己设定一个目标（确定要写的行数或字数），然后设置计时器或看表记下时间，开始写！考虑一下自己能否实现目标，还是需要在接下来的时间段（5分钟）调整目标。要让自己在每个时间段都有所突破。

示例 有时，写作的那段时间显得既漫长又难熬。这时就需要设定短期小目标，这样我们才能从容应对。你可以采用计时的方式，也可以定好休息前需要完成的行数或页数。然后开始写，直到迎来下一次短暂的休息。

训练提示语

- 你想写多少分钟再休息？在此期间你觉得自己能够写多少行或多少页？
- 我们来试试你一分钟能写多少吧。
- 在接下来的30分钟里，你想休息几次？每个时间段你想写多少行？

延伸阅读
A Quick Guide to Reviving Disengaged Writers, 5–8（Lehman, 2011）

停！

休息一下 ☺

姓名：_____

今天的写作目标

1. 填表；
2. 贴贴纸；
3. 写！

行数/页数	时间	✓ = 完成

策略 如果你发现自己词穷了或者写不下去了，那就该停下来做点儿别的事。你可以找一篇文本类型或话题相同的文章来读一读。你或许能从那篇文章的内容或表述方式中获得灵感。等有了灵感，你就可以继续写了。

范文研读 在写作角放置相关的范文可以帮助学生形成主动阅读的意识，并且让他们在没有灵感的时候有所参考。当然，把范文放在写作角之前，教师如果能和学生一起大声朗读并学习它们，那么它们作为写作范例所起的作用会更大。

训练提示语

- 你写不下去的时候会找什么样的文章来看？
- 你写不下去的原因是什么？
- 你没有灵感了吗？什么样的书能给你灵感？
- 你在文章结构上犯难了吗？你应该看哪篇范文呢？
- 你想读哪位作家的书？
- 根据你想写的话题，那位作家的书是不错的参考。

适用对象

年级
1—8

文本类型
不限

写作环节
激发和收集灵感，调整思路，打草稿

写不下去了？

这里有一些可以激发灵感的书！

文本类型	书	节选
现实主义小说	《每一次善举》	That afternoon, I walked home alone. When I reached the pond, my throat filled with all the things I wish I would have said to Maya. Each kindness I had never shown.
非虚构类	《濒危的北极熊》	The **Artic** is home to the polar bear, the world's biggest land **predator**. In the Arctic Circle, a large part of the sea remains frozen all year. This area is called the ice cap. In winter, the sea around the ice cap freezes, too. Polar bears spend the fall, winter, and spring hunting on the frozen sea.
历史小说	《红色长筒袜间谍》	Uncertainty settled over the city like soot. Suspicions skulked through the cobblestone streets like alley cats. Rumors multiplied like horseflies. Spies were everywhere. Some spied for the British, loyal to the king. Others spied for the Patriots, loyal to Washington's army.
诗歌	《水上乐曲》	Reflection Water is a magic mirror Showing earth and sky, Revealing the fairest to the careful eye What is up is down, What is far is near; A truth so fragile Only eyes can hear "Reflection" by Jane Yolen (1988)

延伸阅读
What You Know by Heart: How to Develop Curriculum for Your Writing Workshop（Ray, 2002）

适用对象

年级
2—5

文本类型
不限

写作环节
调整思路，
打草稿，
润色

策略 想一想你的文章是写给谁看的，或者说你想让谁读你的文章。为你的目标读者画一幅速写，或在桌子上放一张他的照片（如果这样有帮助的话）。这样，当你写作的时候，你就好像在和这个人说话一样。

使用建议 如果学生的目标读者比较抽象，不是可以具象到一幅画或一张照片上的某个人或一群人，那么他只能通过想象，随时提醒自己读者是谁。低年级学生更喜欢真真切切地看着他们的"读者"去写作。

训练提示语

- 你希望谁来读你的文章？
- 写作的时候要想着你的读者。
- 你可以假装在和那个人说话，这样你就知道该在作文中写什么了。
- 要心怀读者。
- 写这些内容的时候就像你在跟某人说话一样！
- 因为你在写作时心怀读者，我才能听到更多你自然流露的心声。

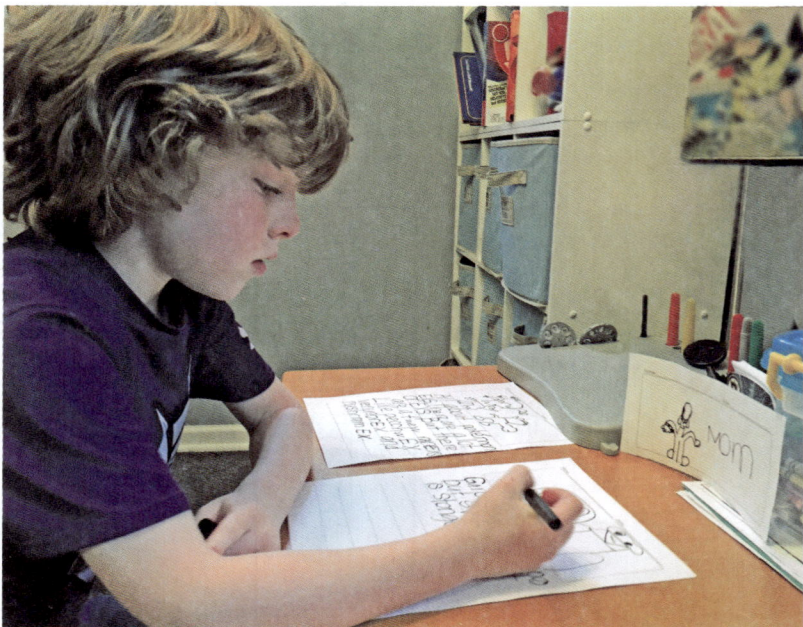

2.18 坚持课外写作

策略 想一想你最感兴趣的话题是什么，最吸引你的文本类型是哪种。选择自己最感兴趣的话题或文本类型来写作，不管你在学校里正在学习的是什么。

示例 有时我们写作是因为学校布置了作业，但有时我们写作纯粹是因为喜爱。作为学生，有时你并不能自主决定写作内容。不过，尝试一下新的写作内容对你而言非常美妙，因为你会发现某种自己原来不了解现在却十分喜爱的文本类型，而在课堂上学到的某些内容有时却无法令你感到兴奋。此时就是坚持课外写作的好时机。这样做能够帮你保持写作热情，让自己的写作不被课堂所束缚。

使用建议 简·约伦（Jane Yolen）曾经说过："我从来没有文思枯竭过，因为我总是同时写很多东西。如果一篇写不下去了，我就去写别的。"鼓励学生坚持课外写作能够让他们的写作量达到最大！

范文研读 本策略需要学生独立应用，因此在没有课堂指导的前提下，为学生准备一些有指导作用的范文将很有帮助。

训练提示语

- 你最喜爱的文本类型是什么？
- 你最关心的话题是什么？
- 你想在课外写些什么内容？
- 我们来讨论一下在课外你要怎样写作吧。

> **写作项目 混搭**
>
> | 选择一个话题 | 选择一种文本类型 |
> |---|---|
> | ·某种动物 | ·议论文 |
> | ·本国以外的某个国家 | ·说服性信函 |
> | ·某个社会问题 | ·科幻小说 |
> | ·时事 | ·现实主义小说 |
> | ·某次尴尬的经历 | ·回忆录 |
> | ·某个令人激动的瞬间 | ·研究报告 |
> | ·你最喜欢的名人 | ·日记 |
> | ·某个爱好 | ·信件或者电子邮件 |
> | | ·知识性文本 |
>
> 你可以就任何话题进行写作！
> 你会写些什么？
> 你会在什么时候写？
> 你将如何发表你的文章？

适用对象

年级
2—8

文本类型
不限

写作环节
不限

延伸阅读
Independent Writing: One Teacher—Thirty-Two Needs, Topics and Plans（Cruz，2004）

适用对象

年级
2—8

文本类型
不限

写作环节
不限

策略 不论写到了哪一步，只要觉得自己写不下去了，就可以向搭档求助，他或许能够帮你重新找到感觉。跟他聊一聊自己想写的内容、遇到的挑战和行文的思路。边说边思考。一旦你发现自己说出了一些想写下来的话，就赶紧继续写。

使用建议 为学生安排固定的写作搭档，让他们有机会向搭档求助，并且在教室里设定一个专门的区域让学生进行这种互动，这样做对学生而言简直就是及时雨。谁没有在写作中遇到瓶颈后打电话向朋友求助的经历呢？本策略适用于写作中的任何一个环节，可以帮助那些还在思考写作内容的学生，也可以帮助那些需要搭档帮自己检查语法问题的学生，还可以帮助那些需要别人帮自己检查作文格式的学生。更多关于如何在写作中与搭档合作和互助的内容参见第十章。

训练提示语

- 教室里有没有人能帮帮你？
- 和 ＿＿＿＿＿ 找个安静的地方聊一聊，看看你们能否帮到彼此。
- 你跟她大声交谈的内容是否帮你想到了一个可行的解决方案？
- 说出自己的困惑。
- 说说你为什么写不下去了，以及你觉得自己需要什么样的帮助。

延伸阅读
A Writer Teaches Writing
（Murray，1985）

给朋友"打电话"

① 问.
你能帮我吗？

② 讨论.
- "我在想……"
- "我的问题是……"
- "或许我应该……"
- "你觉得……"
- "我觉得我可以……"

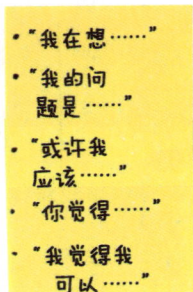

③ 写.
我知道啦！

2.20 尝试不同的润色方式

策略 找出初稿中写得不够好的部分。重新拿出一张纸，试想用一种截然不同的方式去写那一部分会是什么样的，然后把它写下来。再拿出一张纸，再用另一种全新的方式去写。回顾你的两种尝试，选出更适合用在终稿里的。

示例 或许你曾经在修改初稿时只零星地改了几个词语。描写一件外套时，你会把"白的"改成"雪白的"；你会把"我姐姐大吼大叫，"改成"'滚出去！'我姐姐喊道。"这样的润色会改善你的作文，但润色的本质是要你重新审视自己的作文，尝试从一个全新的角度去看它。你可以问自己的一个十分有用的问题："要是……会怎样？"然后，把润色当作一次大胆的尝试。

使用建议 总有学生会跑过来问你："其实我想要做不同的尝试，但我真的不知道要怎样做。"这时你就要引导学生去参考教室里相关的图表，而这些图表可以帮助他们想起你曾经教授过的构思和润色方法。适用于不同文本类型和写作目的的润色策略参见第四至六章。

训练提示语

- 你想尝试对哪一部分进行润色？
- 尝试用不同的方式来润色。

> 在辛西娅·劳伦特的短篇故事《流浪狗》中，一只小狗在大街上游荡，这时一个名叫桃瑞丝的小姑娘看见了，想要把它带回家。这个故事的主题是你应该怜爱和关心小动物。
>
> 我在阅读故事时关注的第一个细节就是"快过来，小狗狗"，这表明桃瑞丝对小狗的喜爱，以及她想要和它成为好朋友。同时也表明桃瑞丝可归的小狗。
>
> 我在阅读

> 我在阅读故事时关注的第一个细节就是"我也不知道这只小狗是从哪里来的，但是我确定它今后要生活在哪儿"。这说明尽管桃瑞丝刚把这只小狗带回家的时候莱西并不怎么喜欢它，但是在熟悉了之后，他很快就接纳了它。

- 先大声把想写的说出来，然后记下来。
- 回顾自己的备选方案，看看哪一个是最好的。
- 在重读自己的初稿时想一想："要是……会怎样？"

延伸阅读
A Quick Guide to Reviving Disengaged Writers, 5–8（Lehman, 2011）

适用对象

年级
3—8

文本类型
不限

写作环节
润色

2.21 你为何写作?

适用对象

年级
3—8

文本类型
不限

写作环节
不限

策略 想一想自己正在写的文章。想一想你为何要写它。想一想你最在意这篇文章中的什么内容,以及你究竟为何要将它写出来。

示例 有时你会觉得写作很难,需要耗费大量的精力!因此,对任何一位写作者而言,关注自己的写作目的、保持写作热情,以及跟自我进行简短的对话来提醒自己写作的原因等都是非常重要的。想象自己完成终稿的情景可能会对你有所帮助;明确自己想要传达的信息以及这些信息对他人的重要性可能也会对你有所帮助。但如果你觉得写作只是为了完成作业或者完成老师布置的任务,那就会感觉困难重重。尝试着想想你写手头这篇文章的目的是什么,或者在写一篇新文章时,从开始就想清楚自己的写作目的是什么。

使用建议 学生在要完成指定的写作任务时,最好不要使用本策略。在这种情况下,你可考虑使用"别人的话题,你的想法"(4.13节)这一策略。

训练提示语

- 想想你最关注文章中的什么内容。
- 你为什么选择写这样一个话题?
- 为什么你对这样一个话题能产生共鸣?
- 想想你是否愿意继续写这篇文章。

延伸阅读
A Quick Guide to Reaching Struggling Writers, K–5(Cruz, 2008)

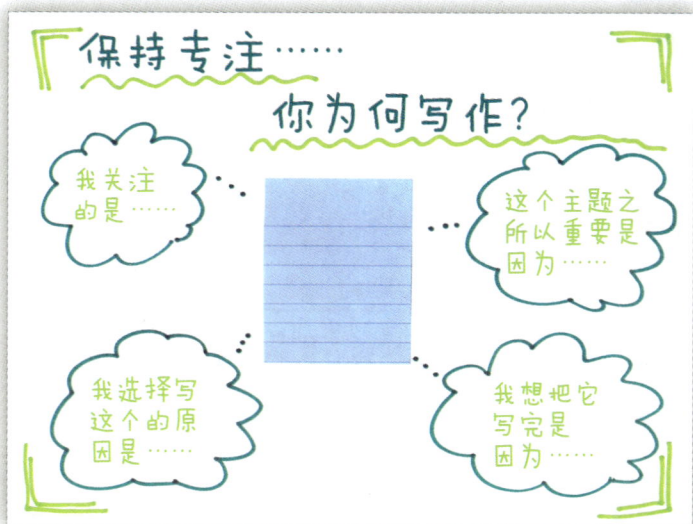
保持专注……
你为何写作?
我关注的是……
这个主题之所以重要是因为……
我选择写这个的原因是……
我想把它写完是因为……

2.22 踏踏实实，一步一个脚印

策略 不要聚焦于整篇文章，而只关注某一部分。先写这一部分，写完再思考下一部分你想写什么，然后写那一部分。如此一来，不知不觉中你就写完了整篇文章！

使用建议 对很多我认识的人来说，光是写书这个想法就让他们觉得压力很大，以至于还没开始就放弃了。我的建议是不要去想整本书的内容，而去考虑某一章的内容。然后，列出这一章的提纲，再一部分一部分地写。如果想的是要写一整本书，你就会被眼前艰巨的任务压垮。只有设定切实可行的目标，你才能够突破自己！虽然学生不需要去写一本200页厚的书，但想到要写一篇议论文或整整两页的故事，他们也难免会感到压力颇大。因此，你可以考虑将文章分成几个部分，让学生每次完成一个部分，这样做能够减轻他们的压力。

范文研读 学生可能喜欢听一些作家的写作故事，这样的故事在很多作家的个人网站上都能找到。

训练提示语

- 你想写的是哪一部分（也许是很小的一部分）？
- 你能把整篇文章分成几个部分吗？
- 你不需要今天就把整篇文章都写完。想一想你先从哪个部分开始。
- 关注某一部分。
- 想想你接下来要做什么。
- 根据今天的写作时间，我觉得你设定的目标切实可行。

每次只写一个部分

构思这一部分。

试着写下来。

构思下一部分。

只写那个部分。

……直到完成整篇文章！

适用对象

年级
3—8

文本类型
不限

写作环节
不限

延伸阅读
Bird by Bird:Some Instructions on Writing and Life（Lamott，1994）

适用对象

年级
3—8

文本类型
不限

写作环节
不限

延伸阅读
A Writer Teaches Writing
（Murray，1985）

策略 如果你在写作时感觉卡住了，可以尝试清空大脑，不要去想那些你拿不准的技巧和策略。你只需关注一件事——白纸黑字（在纸上写下文字）。你可以在重读文章时再尝试使用其他的技巧和策略。

示例 你们已经学习了很多策略，可以让自己的作文重点突出、结构清晰、细节充实。你的脑海中可能充满了英语语法、努力拼对的单词，以及准确使用动词和名词以让文章简洁有力的知识。然而，这些知识有可能成为你写作的羁绊，阻碍你写下脑海中的想法。你可以在写完之后润色和订正。也许听到 C. J. 彻里（C. J. Cherryh）说的这句话后你会很高兴："写的东西再糟糕也不要紧，只要你能好好地修改。"

训练提示语

- 试着写点儿什么。
- 不要在意你的作文是否完美，你应该关心今天能否写点儿什么。
- 为自己设定一个写作量的目标。我们现在只关注数量，随后再关注质量。
- 你做到啦！在纸上写些东西会帮你形成良好的写作惯性。

感觉卡住了？

1. 清空大脑。
2. 专注于写下文字。
3. 随后再润色。

策略 要养成经常写作的好习惯，你可以规定自己每天都要在固定的时间、固定的地点进行一定量的写作。为自己制订一个具有挑战性的目标，并用表格记录下自己的进步情况。

使用建议 本策略能帮助学生在规律的课内写作之外形成良好的写作习惯。那些经常写作（最好是在课内和课外都写作）的学生能够更加专注于写作，从而提升写作的参与度。

范文研读

成为优秀作家的10个步骤。

写。

多写点儿。

再多写点儿。

比上次再多写点儿。

不想写的时候写。

想写的时候也写。

有话说的时候写。

没话说的时候也写。

每天写。

坚持写。

——布赖恩·克拉克
（Brian Clark）

训练提示语

- 你每天打算写多少字？
- 来订个计划吧。
- 如果让你制订一个常规的写作计划，那个计划应该是什么样的？
- 你有没有一个专门用来写作的地方？
- 每天有没有一个固定的时间是适合你写作的？
- 挑战你自己。

章节名称	策略数量	10/20	10/23	11/9
巧妙借助于图画进行写作	18	1	6	6
提升写作参与度	27	18	18	20
激发和收集灵感	38	26	27	34
突出重点和意义	25	7	9	10
合理安排结构	40	18	21	23
详细阐述	45	16	17	29
准确使用词语	31	10	12	12
拼写合乎规范	22	5	7	16
标点和语法正确	35	4	6	16
通过与写作搭档和小组合作提升写作水平	19	6	6	8
合计	300	111	129	174

适用对象

年级
3—8

文本类型
不限

写作环节
不限

延伸阅读
The Essential Don Murray:Lessons from America's Greatest Writing Teacher
（Murray，2009）

2.25 时时刻刻心系写作

适用对象

年级
4—8

文本类型
不限

写作环节
调整思路，打草稿，润色

策略 不仅要在写作时间里思考你的写作话题，离开书桌后也要一直思考它。看看生活中发生的事能否和你的写作话题相联系，或者为你的写作带来启发。把这种联系带回书桌前，以便在写作时间里进一步思考。

示例 当你非常看重自己的写作时，你会从写作话题的角度去观察自己的生活。你打开音乐广播，主持人选择的歌曲好像和你的写作话题有关联似的；你翻开报纸，头版头条竟然也和你的写作话题有联系；你的伙伴们在讨论网络上一段很火的视频，它还是和你的写作话题相关！之所以会发生这样的情况，是因为你一心只想着自己的写作话题，所以你把它与你生活中的任何事都联系了起来。想要做到这一点，你必须在非写作时间里也想着你的写作话题。这样做能在你写作的时候为你的文章注入更多的能量。

训练提示语
- 在离开教室后的非写作时间里，怎样才能让你的想法保持鲜活？
- 在非写作时间里你会想些什么？
- 昨天有没有发生可以和你所写的文章联系起来的事情？

延伸阅读

What You Know by Heart:How to Develop Curriculum for Your Writing Workshop（Ray，2002）

策略 如果生活中的一些事情让你在写作时分心了，那你不妨先花5分钟时间快速写出那些事情和你的感受，把那些不愉快统统发泄到纸上。然后翻到下一页（既是字面意思也是比喻意义），开始完成课堂上的写作任务。

使用建议 我在明尼阿波利斯参加2015年全美英语教师会议时，一位中学教师在一次圆桌谈话会上介绍了这个策略。这位聪明的教师说自己的学生经常在走进教室后还想着刚刚发生在走廊里的各种戏剧性事件。这时他不会让学生压抑情绪，直接开始写作文。他理解学生需要时间来消化这些他们日常需要处理的事情，这样他们才能更好地完成一天的写作任务。

训练提示语

- 来吧，先花几分钟时间大胆地将自己的情绪抒发出来，写在纸上。
- 你已经花时间把情绪都发泄到纸上了，现在准备好开始写作了吗？
- 你已经花了几分钟发泄了，现在该开始写作了。
- 先发泄情绪，这样你才能更加专注。
- 你看起来已经平静下来了。我想你现在可以和我们一起开始写作了。

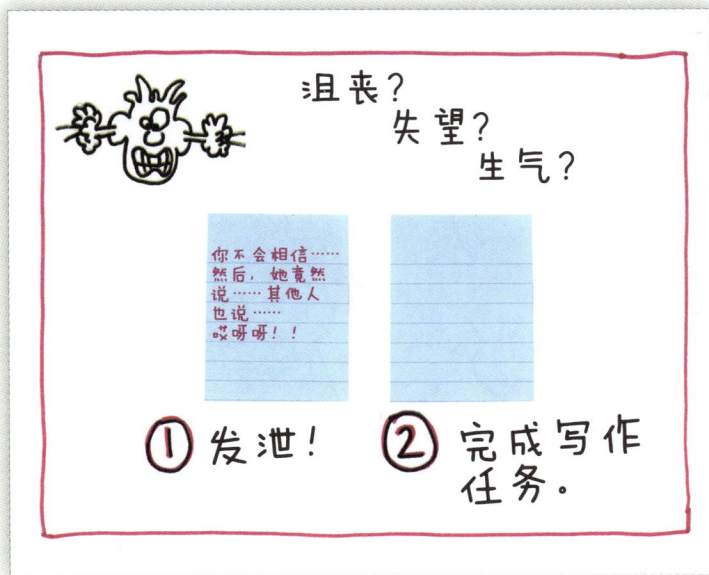

适用对象

年级
4—8

文本类型
不限

写作环节
做写作前准备

延伸阅读
Micro Lessons in Writing:Big Ideas for Getting Started（Vopat，2007a）

2.27 制订实际的目标

适用对象

年级
4—8

文本类型
不限

写作环节
不限

策略 你写不下去的原因有可能是你的期望值有点儿不切实际。告诉你自己："我今天要尽全力去写，这样就足够了。"写好之后，你可以回过头看看怎么润色会让文章更好。

示例 有时写不下去的原因是作者过于追求完美，想在写初稿时就把一切都写好，这种想法反而让他束手束脚。制订实际的目标可以使眼前的写作任务变得切实可行。另外，与自我进行简短的对话能够帮助你消除疑虑，让你接受自己今天写的内容，相信这就是你最好的水平，而且你可以经常修改和完善它。

训练提示语

- 告诉我你今天想完成的目标是什么。
- 你觉得你的目标切实可行吗？
- 你要怎样做才能制订一个更实际的目标呢？
- 想一想你今天能做些什么。
- 你觉得什么会阻碍你完成写作？

延伸阅读
A Writer Teaches Writing
（Murray，1985）

阻碍你写作的声音：
"必须完美！"
"我要今天把它写完！"
"如果我今天没办法把它写好，那我为什么要花时间写它？"
"我做不到！"

鼓励你写作的声音：
"我觉得我今天只要做到 ＿＿＿ 就可以了。"
"让我看看今天能写些什么。明天我还可以重读和润色。"
"没有人的初稿是完美的！我以后还可以完善它。"

将个人的热情和兴趣融
入写作是进行独立写作、自
主写作以及终身写作的关键
一步。

——珍妮佛·塞拉瓦洛

第三章

目标 3

激发和收集灵感

◎ 这个目标为什么很重要?

罗伊·彼得·克拉克在《作家自救指南:210个方案解决每位作家都会遇到的问题》(*Help! for Writers: 210 Solutions to the Problems Every Writer Faces*, 2011) 中说过,好的写作惯性是成为高产作家的重要因素。不去写的话就永远不会写。只要开始动笔,哪怕很少的内容也会促使你越写越多。

有些人认为很多作家不用去苦心寻求写作灵感,因为总是有灵感会找上门,这主要是因为他们在生活中能保持头脑清醒并且时刻心系写作(Murry, 1985)。如果你的学生暂时还不具备这种素养,本章中的很多策略能帮助他们找到一些写作话题和灵感。这些策略能帮助他们感知周围的事物,成为敏锐的观察者。

写作者在写作时不仅要依赖于当下自己与世界发生的联系,还要具备回顾过去的能力(Murry, 1985)。本章中的一些策略正是关于如何在记忆中找寻潜在写作素材的。

很多作家的写作都得益于不断收集那些易被遗忘的事件,即使当时

他们并不知道那些事是否对自己的写作有帮助或者是否与自己的写作有关
(Fletcher, 2003)。本章中的一些写作策略鼓励三年级及以上的学生养成在笔记
本上做记录的习惯，这本笔记本可以帮助他们储存灵感，也能帮助他们对一
些事物做出反应和反馈。这样做的学生仿佛拥有了一家"灵感银行"，可以一
次又一次地"提款"（查阅）。

　　我们难免会遇到指定的写作任务，比如写大学的学期论文、专题报道、
考试作文等等。不过，很多人都能够根据自己所关心的事物确定自己的写作
话题。将个人的热情和兴趣融入写作是进行独立写作、自主写作以及终身写
作的关键一步。

◎ 这个目标是否适合我的学生？

　　研究表明，若学生能够自主选择写作话题，便意味着他们的写作由自己
掌控，其写作水平也会因此得到提高（Thomas, 2016）。不过，并非所有人都
能轻而易举地选好写作话题。本章中的策略和目标主要适用于以下几种学生：
在自由写作时间里无从下手的学生；常常抱怨自己写不下去的学生；直接说
"我不知道要写些什么"的学生。如果遇到那些眼巴巴指望你给他们提供写作
话题的学生，你就应该"授之以渔"，教给他们激发和收集灵感的策略，而非
"授之以鱼"。要想找出适合本章目标的学生，你需要关注的是那些学完收集
写作灵感的策略后仍然感到不知所措的学生，或者最终仍然无法在写作话题
清单上罗列很多内容的学生。

关于激发和收集灵感的策略一览表

策略	年级	文本类型	写作环节
3.1 记录重要人物的事迹	K—8	不限	激发和收集灵感
3.2 记录情感强烈的瞬间	K—8	个人叙事，回忆录，诗歌，观点性/说服性	激发和收集灵感
3.3 仔细观察某件物品	K—8	不限	激发和收集灵感，打草稿
3.4 从看照片开始	K—8	不限	激发和收集灵感，调整思路，打草稿
3.5 描绘自己的内心世界	K—8	不限	激发和收集灵感
3.6 重读一遍找找规律	1—8	不限	激发和收集灵感
3.7 用写作改变世界	1—8	观点性/说服性（信件、演讲稿、标语等）	激发和收集灵感
3.8 探索你的世界	1—8	不限	激发和收集灵感
3.9 采访他人，发掘写作话题	1—8	观点性/说服性，叙事性	调整思路，打草稿，润色
3.10 用剪贴簿记录生活（然后写作）	1—8	不限	激发和收集灵感
3.11 收集范文，寻找话题	2—8	不限	激发和收集灵感
3.12 用喜爱的物品做引子	2—8	不限	激发和收集灵感
3.13 从人物开始写	2—8	以虚构类为主	激发和收集灵感，调整思路
3.14 聆听并描述声音	2—8	以诗歌为主	激发和收集灵感，打草稿
3.15 今天记录，明天写作	2—8	不限	激发和收集灵感
3.16 给自己布置写作任务	3—8	不限	激发和收集灵感
3.17 从环境中获取灵感	3—8	不限	激发和收集灵感
3.18 参观你的家	3—8	叙事性（个人叙事，回忆录，虚构类）	激发和收集灵感
3.19 记录常常发生和某一次发生的事	3—8	个人叙事，回忆录，诗歌	激发和收集灵感

策略	年级	文本类型	写作环节
3.20 写其他文本的灵感可能就在眼前	3—8	不限	激发和收集灵感
3.21 使用能够引起话题的句子	3—8	诗歌，叙事性，散文	激发和收集灵感，打草稿
3.22 学写改编诗	3—8	诗歌，叙事性，散文	激发和收集灵感，打草稿
3.23 使用重复性语句	3—8	以诗歌为主	激发和收集灵感，打草稿
3.24 发挥想象："要是……会怎样？"	3—8	叙事性虚构类	激发和收集灵感
3.25 混搭各种故事元素	3—8	虚构类	激发和收集灵感
3.26 词语联想	3—8	不限	激发和收集灵感，调整思路
3.27 能记录在社交媒体上的同样能记录在笔记本里	4—8	不限	激发和收集灵感
3.28 自问自答	4—8	不限	激发和收集灵感
3.29 收集"触发点"	4—8	不限	激发和收集灵感，润色
3.30 列出隐藏在话题下的子话题	4—8	不限	激发和收集灵感
3.31 有目的地放飞思绪	4—8	不限	激发和收集灵感
3.32 抽象的问题，具体的例子	4—8	不限	激发和收集灵感，打草稿
3.33 浏览报纸	4—8	叙事性虚构类	激发和收集灵感
3.34 了解陌生的话题	4—8	不限	激发和收集灵感
3.35 制造人与自然的冲突	4—8	叙事性	激发和收集灵感，调整思路
3.36 在生活中寻找人物和灵感	4—8	不限	激发和收集灵感
3.37 记录关键时刻	4—8	叙事性	激发和收集灵感
3.38 从强有力的观点开始写	4—8	观点性/说服性，回忆录	激发和收集灵感

3.1 记录重要人物的事迹

策略 列出你生命中最重要的人。可以从某个人开始，列出有关这个人的全部记忆，然后一点一点地写下有关他的事情。

使用建议 几乎所有关于激发灵感的策略都能用来帮助写作者进行任何文本类型的写作。就像上面提到的，本策略显然能用来帮助学生进行叙事性文本和回忆录的写作。不过，只需将语言略作调整，你便可以将它应用于现实主义小说的写作（列出那些对你来说很重要的人，把那个人当作一个小说人物，写一个现实中可能会发生的故事），甚至是历史小说的写作（想出一个对你来说很重要的人，想象他生活在另一个时代或地方，想一下他会遇到什么样的问题，创作一个发生在那个时代的故事）。本策略还能应用在各种文本的不同种类中。一个重要的人物可以出现在散文中（想出一个对你来说很重要的人，想一下你对他的看法，记录他对你而言很重要的几个原因，以此作为简要的提纲），也可以出现在传记中（想出一个对你来说很重要的人，在时间轴上将他人生中的重大事件标注出来，再把每个事件写在不同的页面上）。

范文研读 在《格林爷爷的花园》(*In Grandpa Green*, Smith, 2011) 中，格林爷爷按照他记忆中的人和去过的地方将树修剪得形态各异。每一件园艺作品都折射出他记忆中某个隽永的时刻，也再现了他在一生中所扮演的不同角色。

训练提示语

- 说出那些对你来说很重要的人。
- 列出与这些人有关的事情。
- 哪些记忆令你印象深刻？翻到新的一页，开始写作。

延伸阅读

Launching the Writing Workshop (Calkins and Martinelli, 2006)

- 奶奶
- 当她去世的时候
- 当她带我去吃冰淇淋的时候
- 当她带着我跑步的时候
- 我和妈妈去医院看她的时候

爸爸
- 带我玩游戏
- 带我放风筝
- 带我去骑自行车

妈妈

3.2 记录情感强烈的瞬间

策略 选择一种强烈的情感（如担忧、恐惧、尴尬、激动、喜悦等等），回忆与该情感有关的时刻。试着用细节来体现那一刻的情感。

使用建议 凯瑟琳·博默（Katherine Bomer）在《写作本身才是一切》（*The Journey Is Everything*, 2016）中分享过一个相关的策略，那就是用"热点"开篇，并鼓励学生边写边想。要想实践博默的策略，你可以让学生以某种强烈的情感开篇，然后自由写作，描述自己为什么会对这一话题产生这样的感受。这样做对构思观点性文本或说服性文本（如学术论文或演讲稿）很有帮助。

范文研读 读一本人物带有强烈情感的图画书，尤其是那种情感会发生变化的，看看那些情感是如何给作者带来灵感的，以及作者是如何在故事中体现那些情感的。你可以参考邦妮·贝克（Bonny Becker）所著的《大熊的访客》（*A visitor for Bear*, 2008）。

训练提示语

- 以描写强烈的情感开头。列举出记忆中与那种情感相关的时刻。
- 那是一种很强烈的情感！想一想你在何时会产生那种情感。
- 你已经有一些与这种情感相关并且可以用来写故事（或诗歌）的想法了，我们再选另外一种情感来写吧。
- 哪些强烈的情感能给写作带来好想法？

情感	想法
开心	当我们吃巧克力饼干的时候
担忧	想到萨姆不再和我做朋友的时候
恐惧	当我在商店里找不到妈妈的时候
伤心	当杰西嘲笑我的鞋的时候
生气	当我把陶罐摔碎的时候

适用对象

年级
K—8

文本类型
个人叙事，回忆录，诗歌，观点性/说服性

写作环节
激发和收集灵感

延伸阅读
Explore Poetry（Graves, 1992）

仔细观察某件物品

适用对象

年级
K—8

文本类型
☐ 不限

写作环节
激发和收集灵感，打草稿

策略 找一件对你来说很重要的物品，一部分一部分地仔细观察它。调动所有感官，直白地描述你看到了什么。通过和其他物品做比较来描述你看到的。再描述一下你看到它的感受。

使用建议 学生在教室里可能找不到值得观察的物品。使用本策略时，你可以要求学生从家里带来一些对他们来说意义非凡的物品。通过教授本策略，你可以让学生在走出教室后也能找到写作灵感，无论是在放学回家后、周末或假期中。

训练提示语

- 一部分一部分地观察。
- 描述这一物品，不要只说出每个部分的名称。
- 再花些时间观察那一部分，用更多的语言去描述你所看到的。
- 试着调动其他感官。你还能补充些什么？
- 这让你想起了什么？

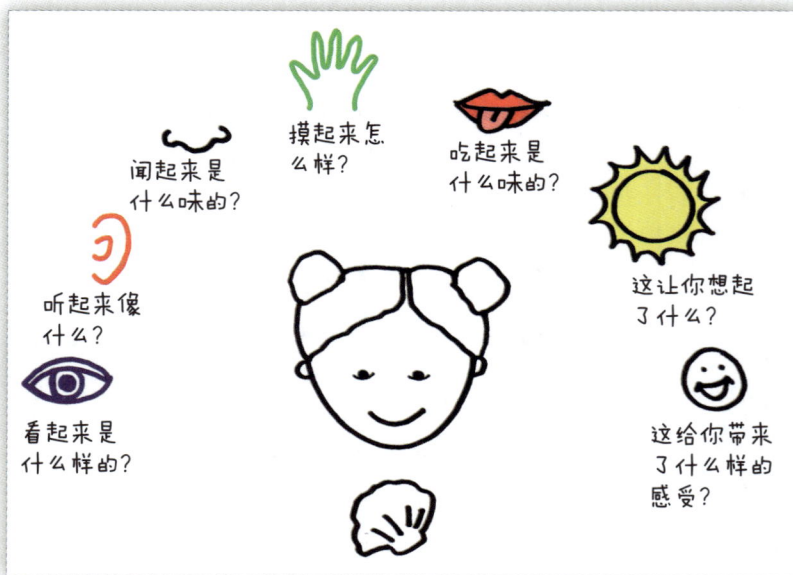

延伸阅读
What You Know By Heart:How to Develop Curriculum for Your Writing Workshop（Ray, 2002）

3.4 从看照片开始

策略 收集一些照片（向家人求助并征求他们的同意！）。仔细观察某张照片，试图回味拍照的那个瞬间，想想你看到、听到、闻到和感受到了什么。记录下你记忆中的那个时刻，尽可能多地描述细节。

使用建议 本策略略作调整后可以应用在特定文本的写作中。例如，学生正在学习历史小说或叙事性非虚构类文本的写作，你可以让学生观察展现人物的历史照片。仔细观察，思考上面的人可能是谁，他过着怎样的生活，拍照时他所处的环境是怎样的。试着以第一人称或第三人称描写一个以他为主角的场景。

训练提示语

- 仔细观察照片。
- 你还记得什么？
- 给我讲讲当时的情景，这样我就能想象出当时的画面，仿佛我就在现场一样。
- 你能想象回到当时的场景吗？
- 我当时并不在场，给我讲讲你所记得的一切。

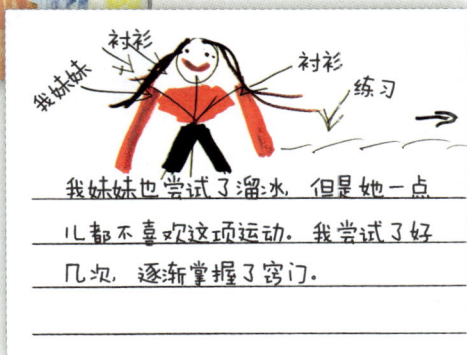

适用对象

年级
K—8

文本类型
不限

写作环节
激发和收集灵感，调整思路，打草稿

延伸阅读
A Quick Guide to Reaching Struggling Writers, K–5（Cruz, 2008）

描绘自己的内心世界

适用对象

年级
K—8

文本类型
不限

写作环节
激发和收集灵感

策略 在笔记本上或一大张纸上画一个大大的心形。在上面写出或简略地画出一些你最关心的话题。人物、地点和事物等都可以列进去。

使用建议 学生感到迷惑不解、不知道从何处下手时，准备"点子库"以供他们自主参考是一个不错的方法。让学生描绘出自己的内心世界，甚至是做一张照片拼贴画放在文件夹里或贴在笔记本上，这可以为他们提供灵感，供他们反复查看。

训练提示语

- 什么是你最关心的？把它写在中心位置。
- 我们一起来想想对你而言很重要的地点。我们可以一边想，一边做记录。
- 你可以画出草图，也可以写出关键词来提醒自己。
- 那是个很大的话题。想想那个话题是否包含一些子话题。

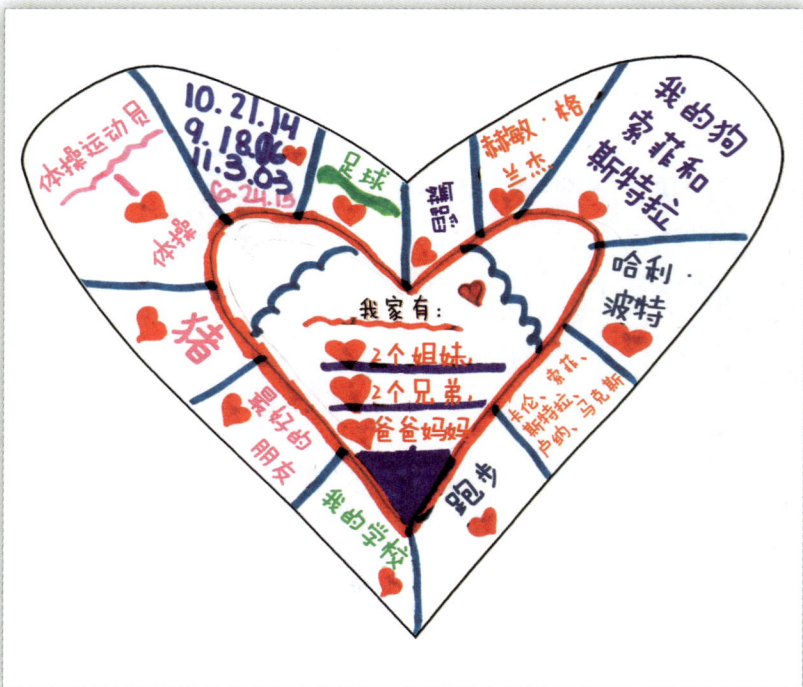

延伸阅读
Awakening the Heart: Exploring Poetry in Elementary and Middle School(Heard, 1999); *Heart Maps:Helping Students Create and Craft Authentic Writing*（Heard，2016）

3.6 重读一遍，找找规律

策略 将你的笔记、初稿甚至已经出版的作品重读一遍，看看能否从中发现什么规律。当要写的小说、诗歌和散文的话题与你喜欢写的那些话题一样时，想想自己有没有新想法。

范文研读 南希·阿特韦尔探讨过"领地"对于作家的重要性（2014），这里的"领地"指的是那些可以反复写作的话题。一个话题可以写一辈子，因为作家可以把同一话题写成不同类型的文本，也可以从更小的角度或者更大的层面去讨论它，还可以从全新的视角去审视它。和全班学生一起阅读大家都喜欢的一位作家的作品，并讨论该作家的"领地"。和学生一起讨论作家是如何就常见的主题、话题、观点和人物反复地写作，却让每部作品都给读者耳目一新的感觉的。例如，帕特丽夏·珀拉蔻（Patricia Polacco）所写的家庭故事的灵感都来源于她的童年。罗尔德·达尔（Roald Dahl）在他大多数的故事里都会加点儿魔幻元素。他还会在故事一开始就让孩子的父母死去，比如在写《詹姆斯与大仙桃》（*James and the Giant Peach*）、《查理和巧克力工厂》（*Charlie and the Chocolate Factory*）和《女巫》（*The Witches*）时；或者创造出悲惨的父母形象或成人角色，比如在写《玛蒂尔达》（*Matilda*）和《蠢特夫妇》（*The Twits*）时；另外，他的故事中善良可爱的孩子总是会取得最终的胜利。

训练提示语

- 重读你的笔记时，什么样的话题会不断地出现在你眼前？
- 你发现自己总爱写某些话题。对于这些话题你怎么看？
- 再写一篇话题相同的文章，你有没有其他的好点子？
- 没错！你可以尝试其他文本类型。你想要选什么样的来写？

适用对象

年级
1—8

文本类型
不限

写作环节
激发和收集灵感

延伸阅读
A Quick Guide to Reaching Struggling Writers, K–5（Cruz, 2008）

3.7 用写作改变世界

适用对象

年级
1—8

文本类型
观点性/说服性
（信件、演讲
稿、标语等）

写作环节
激发和收集
灵感

策略 想一想有哪些事是你希望看到的或者是你希望改变的。这样的事往往能帮你想到一些写作话题。然后，想想谁有能力改变它们，这样做可以帮助你一开始就锁定自己的目标读者。

范文研读《咔嗒，咔嗒，哞》（*Click Clack Moo：Cows that Type*，Cronin，2000）这本图画书可以作为写作新手学写说服性文本的一个范例，虽然书中的内容与改变世界无关，而是关于改变自己的生存状况的。这本有趣的书讲的是一些奶牛要求农场主不乐翁给他们提供电热毯（因为夜晚的谷仓非常冷）。这个故事能让学生懂得：如果目标读者定位准确且文章富有说服力，那么文字就会被赋予强大的力量。乔治·埃拉·莱昂斯（George Ella Lyons）的《世界上的水》（*All the Water in the World*，2011）一开始讲知识，但在全书的结尾向读者发出了呼吁，号召大家重视水的价值，不要浪费和毁坏地球上有限的水资源。其他优秀的范文还包括美国国会议员和历任总统的政治演讲稿，以及一些专栏文章。

训练提示语

- 列出几件你期待能有所改变的事。
- 你希望世界上哪些事发生改变？
- 你想到了一个很好的点子。你觉得什么人有能力改变这种状况？这个人就是你的目标读者。
- 你可以这样开头："我希望……"
- 你可以这样开头："我想要改变……"
- 你觉得自己想要写什么样的说服性文本（信件、演讲稿还是标语）？

改变想法　说服性文本　表达观点

问题	目标读者	种类
缩短在校时间	校长、教学主管、校董事会	- 信件 - 演讲稿
在室内玩球	父母	- 信件 - 谈话
延长午餐时间	校长、老师、教学主管	- 谈话 - 议论文 - 信件
课间休息时和睦相处	学生	- 海报 - 演讲稿
配备更多休闲设施	校长、辅导员	- 信件 - 标语 - 演讲稿

延伸阅读
*For a Better World:
Reading and Writing for
Social Action*（Bomer and
Bomer，2001）

3.8 探索你的世界

策略 带着你的笔记本在你的学校、社区或家里转一转。观察周围是什么样的，以及它还可能是什么样的。在笔记本里记下你所观察到的一切。根据这些观察结果动手写点儿什么。

使用建议 如果在你教授本策略时，学生正在学习某种特定文本的写作，你可以通过带有引导性的语言，解释一下"它还可能是什么样的"的具体含义。在写虚构类文本时，学生会想到在那个地点可能发生的事，或者自己目睹的一件事，教师可以让学生更改一些事实以使叙事变得更吸引人。如果学生正在练习说服性文本的写作，写"它还可能是什么样的"就意味着学生要根据自己的观察来改变某人对某事的看法，或说服某人做某事（例如，学生走进学校食堂发现，它供应的是品质不高的午餐，这就会促使他写信给校长，建议食堂提供更健康的食物）。学习写知识性文本的学生需要在日常生活中通过探索周围的世界来找到让他们深受启发的话题或者他们想让其他人了解的话题。如果你的学生恰好没有在学习写某种特定的文本，本策略就显得更加灵活开放，教师只需鼓励学生记录下自己观察到的一切，之后学生就能不时翻阅这些笔记，进而产生写作灵感。

训练提示语

● 你刚刚四处走动的时候看到了什么？

● 你说出了你所看到的一切。现在让我们一起来想象一下它还可能是什么样的。

● 你说出了你所看到的一切。你觉得哪些地方应该有所改变？

● 根据你对周围环境的观察，你想改变的是哪些地方？

● 回顾一下可写的话题，哪一个最能激发你的写作灵感？

观察练习

* 看看周围.

* 集中观察一个物体或区域.

* 思考：它还可能是什么样的？

* 想象那样的画面.

* 把你的观察结果记在本子上！

写！写！

年级
1—8

文本类型
不限

写作环节
激发和收集灵感

延伸阅读
A Quick Guide to Teaching Persuasive Writing, K–2
（Taylor, 2008）

3.9 采访他人，发掘写作话题

适用对象

年级
1—8

文本类型
观点性/说服
性，叙事性

写作环节
调整思路，打
草稿，润色

策略 找一些对你来说很重要且你想要帮助的人，问问他们需要什么样的帮助以及你可以为他们做些什么。记录下他们的回答。回顾他们的回答，看看能否找到你所关心的话题。

示例（本节的示例适用于说服性文本的写作；关于其他文本的引导性语言，参见"使用建议"）以下的这些问题可用来采访你的家人、邻居或学校的工作人员。

- 有没有我能帮你解决的问题？
- 你能想到哪些与你的期待不符的事？还有哪些事是你想改变的？
- 想想有哪些事我能帮到你？

使用建议 采访某人的理由有很多。就那些激发你写作灵感的策略而言，上面提到的策略对写说服性文本（包括信件、演讲稿、社论、标语等）的写作者来说是很有用处的。你选择采访某个人还可能是因为你对他的故事或者他的人生经历很好奇。你觉得了解这些能给你自己的叙事性文本带来灵感（例如，采访祖父母从而了解他们的童年）。在关于详细阐述的章节（第六章）中，我们提供了关于采访策略的不同引导性语言，可以帮助学生在采访中获得更多的细节，从而将其添加到文章中。

训练提示语

- 你想采访谁？
- 我们来想想你要问他什么问题。
- 选择他人能够回答的问题很关键。
- 回顾你的采访记录。作为写作者，哪些内容更能吸引你？你想怎么帮助他？
- 你有什么好方法能帮助他吗？

延伸阅读

A Quick Guide to Teaching Persuasive Writing, K–2（Taylor, 2008）

发掘 未知 话题

成为小记者

* 采用提问技巧
→ 采访认识的人

- 有没有我能帮你解决的问题？
- 你能想到哪些与你的期待不符的事？还有哪些事是你想改变的？
- 想想有哪些事我能帮到你？

记得写下来。

策略 收集重要的物品和照片来帮你回忆某个瞬间。一段时间过后再次翻看这些东西可以勾起你的回忆。将你记得的东西写下来。

示例 作家在一生中常常会记录一些难忘的瞬间，这些瞬间能给他们之后的写作带来灵感。记录这些瞬间的方式之一就是准备一本剪贴簿或文件夹。选择粘贴在剪贴簿上或夹在文件夹中的可以是演唱会或球赛的票根，也可以是你妈妈放在你便当盒里的纸条，还可以是照片或从杂志上剪下来的图片，它们可以帮助你回想起生命中重要的事件、人物或地方。

使用建议 低年级学生制作剪贴簿时，可以在文件夹的封面上或能够插入文件夹的纸上剪贴。三年级及以上的学生可以在笔记本的封面或部分内页上剪贴。

训练提示语

- 家里有什么样的剪贴材料能在你写作时勾起你的回忆？
- 为了记住某些事情，哪些东西可以收集起来贴在本子上？
- 计划一下在未来几周里你要收集哪些东西。

适用对象
年级 1—8
文本类型 不限
写作环节 激发和收集灵感

延伸阅读
Breathing In, Breathing Out: Keeping a Writer's Notebook（Fletcher, 1996）

适用对象

年级
2—8

文本类型
不限

写作环节
激发和收集灵感

延伸阅读

A Quick Guide to Reaching Struggling Writers, K–5（Cruz, 2008）

策略 将你喜爱的文章重读一遍。想想那些能让你产生共鸣的内容，它们之所以让你产生共鸣，可能是因为你有类似的经历，也可能是因为你熟悉相似的话题。再想想那些无法让你产生共鸣的内容，它们之所以不能让你产生共鸣，可能是因为你的经历与之完全不同，也可能是因为你的知识让你看到了事物的另一面。在阅读过程中，请你记下被其他作者的作品所激发的写作灵感以及你由此发现的写作话题。

示例 很多作家都会告诉你这样一个事实：优秀的作家一开始都是读者。我们能从已有作品出版的作家和班里同学那里学到很多东西。我们常常讨论如何学到更多的写作技巧，但事实是我们能从作者所写的话题中学到很多东西。在阅读一本书的时候，我们可以试着想想自己是如何与之产生共鸣的（"我也可以写那个话题！""我也遇到过类似的事情！""这让我想起了一个发生在类似地方的故事，我可以把它写出来！""我家里也有一个这样的人，我可以把他的故事写出来！""我很了解这个话题！"），还要想想那些无法引起共鸣的内容（"我的经历与之相反。""我可以那样写！""我不太了解这个作者写的甲话题，但是我了解乙话题！"）。这些都能帮助你发现生活中可写的话题。

训练提示语

- 哪些内容能让你产生共鸣？
- 这篇文章中你比较熟悉的话题是什么？
- 这篇文章中你不赞同的观点是什么？你能写点儿什么？
- 根据你读过的内容，列出一些关于写作话题的想法。

重读你喜爱的文章　发掘话题

产生共鸣的内容是……　没有产生共鸣的内容是……

3.12 用喜爱的物品做引子

策略 在脑海中想一件对你来说很重要的物品。你甚至可以简略地将它画下来。以这件物品为引子开始写作。你可以描述它（传递信息），也可以写写它为何如此重要或者它给你带来了何种想法（表达观点），还可以以该物品为主角写一个故事（记叙事件）。

范文研读 《威威找记忆》（*Wilfred Gordon MacDonald Partridge*, Fox, 1989）是一本很感人的书，讲述了一个小男孩与敬老院里的一些老人成为好朋友的故事。很多人都说其中的一位老奶奶已经什么都不记得了，但是威威通过帮她收集物品唤起了她的记忆。他收集的每件物品都能帮助老奶奶记起老奶奶和他在一起的美好时光。

训练提示语

- 简略地画出脑中所想的物品。
- 你打算怎样去写这件物品？
- 这件物品让你想起／感觉到／回忆起了什么？
- 列出这件物品让你产生的想法。
- 你从一件物品上发掘了两种写作思路！

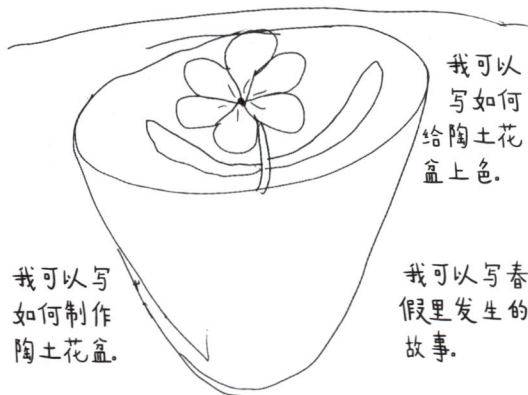

> 当我看到这个花盆的时候，我发现它是陶土做的，上面什么图案都没有。于是，我给它上色，上了一些绿色，还上了一些黄色、蓝色和红色。当我看到这个花盆的时候，我正在墨西哥休春假，于是它成为我的一件旅行纪念品。
>
> 我可以写如何给陶土花盆上色。
>
> 我可以写如何制作陶土花盆。
>
> 我可以写春假里发生的故事。

适用对象

年级
2—8

文本类型
以虚构类为主

写作环节
激发和收集灵感，调整思路

延伸阅读

Time for Meaning: Crafting Literate Lives in Middle & High School
（Bomer, 1995）

策略 创造一个故事人物。你可以基于你所认识的某个人创造人物，也可以将某些人的特质综合起来，还可以基于你对现实中某个人物的观察来创造。想一想："这个人物会遇到什么问题？会有哪些需求？"

使用建议 你可能需要用一系列的引导性语言来帮助学生琢磨自己的人物。例如：

- 人物想要什么？需要什么？
- 喜欢什么？不喜欢什么？
- 人物的优点是什么？缺点是什么？
- 外貌特征如何？
- 这个人物的生活中还有谁？这些人是如何影响他的？
- 让他感到安全的地方是哪里？让他感到害怕的地方是哪里？

训练提示语

- 列出你的人物的性格特点。
- 你可以通过想象获得写作灵感。想想自己是否认识一些与文中人物类似的人。你也可以从他们身上汲取灵感。
- 设定一个人物，列出他可能会遇到的问题。
- 根据你设定的人物性格特点，那确实是一个很现实的问题／需求。
- 你对人物已经有了一些想法。不妨再进一步问问自己为什么有这样的想法。

3.14 聆听并描述声音

策略 听听周围的声音：机器的声音、物体移动的声音、落叶的声音、车辆的声音等等。以某种声音作为诗的韵律，并用自己的语言填词。

使用建议 本策略和关于详细阐述的章节（第六章）中的相关策略不同，并非要教学生用拟声词来展开描写。本策略旨在教学生感知周围声音的节奏，并根据节奏确定诗的韵律。

范文研读 格温德琳·布鲁克斯（Gwendolyn Brooks）的《我们真酷》（*We Real Cool*, 1999）读起来就仿佛台球馆里有人伴随着爵士乐的节拍喃喃自语。《想当鼓手的女孩》（*Drum Dream Girl*，Engle, 2015）讲的是一个有着中国、非洲和古巴血统的女孩打破了长久以来古巴不让女性敲鼓的禁忌的故事，书中文字的韵律呼应了鼓点的节奏。

训练提示语

- 你听到了什么？
- 打出你听到的声音的节拍。
- 你准备怎么描写那种声音？
- 想想那种声音的节奏和韵律。
- 如果你把它写进诗里，需要重复的内容是什么？
- 你还想加入什么细节？

声音的魔力

♪ 那是什么声音？

♪ 它让你想起了什么？

♪ 你如何用文字描述它？

情感
伤心、好奇、担心、
开心、愤怒、关心

回忆　故事？　短篇小说　诗？

适用对象

年级
2—8

文本类型
以诗歌为主

写作环节
激发和收集灵感，打草稿

延伸阅读
Explore Poetry（Graves, 1992）

3.15 今天记录，明天写作

适用对象

年级
2—8

文本类型
不限

写作环节
激发和收集灵感

策略 想一下你要怎样记录随时出现的想法。你需要随时随地携带笔记本。要不时翻看一下，看看有没有能用在写作中的好点子。

示例 如果你在写作的时候时常感到手足无措或脑袋空空，不知道要写些什么，那么每天记录自己的想法就是你最该尝试的策略，这样每次写作的时候你总能在其中找到灵感。很多作家都认为用随身携带的袖珍笔记本记录让他们眼前一亮的词句是很有用的。这样一来，当有时间深入探究某个话题时，他们就有丰富的资料可以选择了。

使用建议 和本章中的某些策略一样，本策略旨在指导学生进行课外写作。"像作家一样生活"意味着思考与写作相关的事情或真正写作的时间不仅仅局限于写作课的40分钟里。

范文研读 和学生分享《有了想法你会怎么做？》（*What Do You Do with an Idea?*，Yamada，2014）这本书，学习如何悉心"呵护"自己的想法。

训练提示语

- 来想想你要怎样收集你的想法，这样才能在未来的某一天把它们用于你的写作。
- 你能回忆起在写作课外产生想法的瞬间吗？
- 我们想一下，要是出现这种情况你要怎么办？
- 想象自己正身处产生想法的地方。你觉得是什么激发了这一想法？
- 通过在脑中一遍又一遍地回想来记住这个想法。

延伸阅读
What You Know by Heart:How to Develop Curriculum for Your Writing Workshop（Ray，2002）

今天记录，明天写作

1）随时随地携带便利贴或小笔记本！

2）每天都花些时间收集并记录你的想法。

3）动用你的全部感官，记录你所感知到的一切。

3.16 给自己布置写作任务

策略 通过给自己布置一项写作任务来训练自己的观察能力和思考能力。用具体的语言（如"描述""比较"等）说明你的写作任务。试着不间断地写5—10分钟，将精力集中在你的任务上。

使用建议 目标读者是成年人或专业人士的写作指南大多会提供一些写作练习。这些练习虽说通常都是简短的热身练习，但有时能唤醒写作者大脑中沉睡的部分或者让他想起一些不常使用的词。你可能需要给学生提供一些可供选择的练习题目，但一段时间后，许多学生便能自己给自己出题了。以下题目可以供你参考。

- 描述一下你家里 / 海边 / 最喜欢的地方的味道 / 景象 / 声音。
- 比较一下常见的具体事物和抽象事物、具体的人物甲和人物乙、两个相似的具体人物 / 地点 / 事物或者两个迥异的具体人物 / 地点 / 事物。
- 你听到某个具体的人物 / 地点 / 事物时会产生何种感受？

范文研读

业余人士才会期待灵感降临，我们其他人都是踏踏实实地做事。(Fig, 2009)

训练提示语

- 你的写作任务是什么？
- 努力写，不要停。
- 你在完成自己布置的写作任务时真专注！

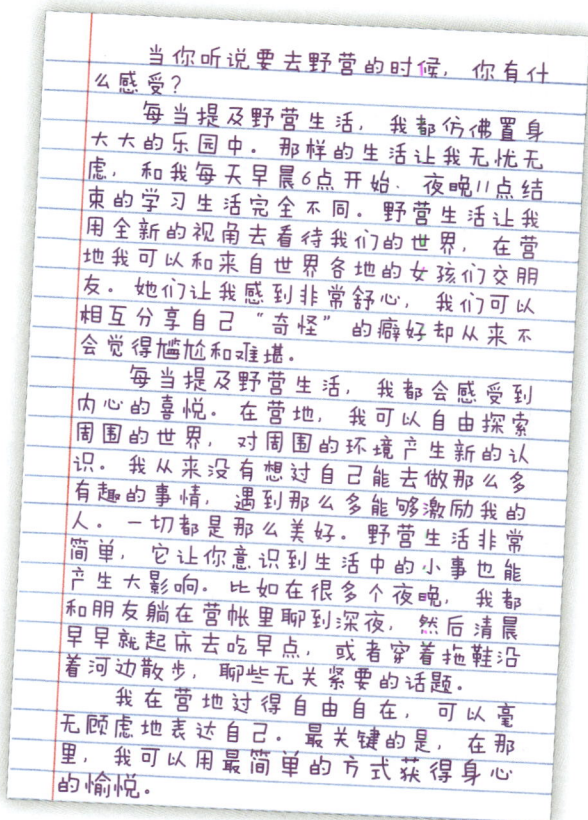

当你听说要去野营的时候，你有什么感受？

每当提及野营生活，我都仿佛置身大大的乐园中。那样的生活让我无忧无虑，和我每天早晨6点开始、夜晚11点结束的学习生活完全不同。野营生活让我用全新的视角去看待我们的世界，在营地我可以和来自世界各地的女孩们交朋友。她们让我感到非常舒心，我们可以相互分享自己"奇怪"的癖好却从来不会觉得尴尬和难堪。

每当提及野营生活，我都会感受到内心的喜悦。在营地，我可以自由探索周围的世界，对周围的环境产生新的认识。我从来没有想过自己能去做那么多有趣的事情，遇到那么多能够激励我的人。一切都是那么美好。野营生活非常简单，它让你意识到生活中的小事也能产生大影响。比如在很多个夜晚，我都和朋友躺在营帐里聊到深夜，然后清晨早早就起床去吃早点，或者穿着拖鞋沿着河边散步，聊些无关紧要的话题。

我在营地过得自由自在，可以毫无顾虑地表达自己。最关键的是，在那里，我可以用最简单的方式获得身心的愉悦。

适用对象

年级
3—8

文本类型
不限

写作环节
激发和收集灵感

延伸阅读
Breathing In, Breathing Out:Keeping a Writer's Notebook（Fletcher, 1996）

3.17 从环境中获取灵感

适用对象

年级
3—8

文本类型
不限

写作环节
激发和收集灵感

策略 找个地方（或者想象一个地方，或者看着某个地方的照片或图画，想象自己在那里）安静地坐下。调动所有的感官去感受，然后记录一下那里是什么样的。想想那里给你什么样的感觉，你比较看重那个地方的哪些方面。当你觉得灵感来了，就可以开始写作了。

使用建议 如果你想让学生身临其境地去感受某个地方，可以建议他们在全班外出活动时使用本策略，也可以在课外写作时使用。引人注目的场景照片、书中的插图和画作等都可以放在写作角作为激发学生灵感的资料。

范文研读 可以考虑与学生分享一些书，这些书中的某个地方对故事产生了至关重要的影响，几乎赶上了故事中的人物。和学生一起想想作者最初是如何从这个地方获得写作灵感的。可以参考帕特里夏·麦克拉克伦（Patricia MacLachlan）的《又丑又高的莎拉》（*Sarah Plain and Tall*, 1985）和《云雀》（*Skylark*, 1994）。

训练提示语

- 你计划观察哪里？
- 咱们就观察一下这里吧。说说你注意到了什么。
- 这个地方给了你什么样的感觉？
- 不要分心，注意当下的环境。

延伸阅读
Help! for Writers:210 Solutions to the Problems Every Writer Faces（Clark，2011）

从环境中获取灵感

　　我坐在我家厨房的一角。妈妈烤的麸皮松饼的香味四溢，飘进我的鼻子里。当妈妈吃维生素片时，维生素片的锡纸包装会发出沙沙作响。当妈妈洗碗时，流水的声音会在我耳边响起。我仿佛感受到温水在我手上流动。弟弟的拼图、小卡车、小汽车散落在厨房里。厨房给我的感觉是快乐的，因为我的家人常常聚在厨房里。厨房之所以重要，是因为它既是吃饭的地方，也是我们一家人团聚的地方。

　　然而，厨房带来的并非只有幸福的回忆和感觉。在那里，你可以根据我们看表时的神情判断我们是否要迟到了（我们经常迟到）。在那里，还有我弟弟每次进入崩溃模式时发出的高分贝尖叫，以及吐司炉里没有被我们及时取出的吐司散发的焦味。

3.18 参观你的家

策略 从儿时记忆里的家的某处开始，写下你看到的各种细节以及每个角落带给你的回忆，带着你的读者慢慢地参观你的家。

示例 创作故事的灵感往往就隐藏在某个实实在在的地方。你的所见所闻都能够让你回忆起某件难忘的事或者在那个地方不断上演的一幕。我来带你们参观一下我家里的一间房间吧。注意看我是如何描写那个地方的，又是如何把发生在那里的回忆穿插进去的。

> 在我和我姐姐的房间的地板上，铺着一块地毯。上面到处是斑驳的污迹，有的是我们做美术作业时不小心弄上去的，有的是指甲油洒了后留下的。我们的衣柜超级棒，它很大，能挂很多东西。打开衣柜背后的门，就能走进小阁楼里，妈妈常常在那里放置和回收捕鼠器。我和姐姐睡在两张并排摆放的单人床上。我还记得每当她打呼噜把我吵醒的时候，我都会在黑暗中拿枕头砸她。

使用建议 使用本策略的时候可以将地点改一下。例如，你可以写最喜欢的度假地点、你放学后常去玩的地方或者你爷爷奶奶的房子。

训练提示语

● 等一下。你在那个地方看到了什么？

● 想象一下在那个地方会发生什么故事。

● 回忆一下你在那个地方度过的时光，把与之相关的故事灵感记录下来。

● 对于那个地方你已经有些想法了，现在再来看看你家的其他地方。

● 一个地方可以让你迸发出这么多写作灵感，是不是很神奇？

参观我的家

那扇不会说话的紫色大门，我第一次打开是为了欢迎我的第一个朋友进屋，当时我才6岁。还有那并排摆放的两张白色沙发，每张上面都有乱七八糟的笔迹，有些是我学步期乱涂乱画的，有些是我做手工作业时不小心弄上去的。即便我轻轻踩上去也会吱吱作响的实木地板对我可不怎么友好，每次我想偷偷上楼睡觉都会被发现。爸妈的房间里有一张特大号床，上面铺着泰普尔床垫，那简直是个完美的睡觉地点，尤其是在雷雨天或者我实在不想上楼自己睡的时候。我妹妹的房间里有两张并排摆放的单人床，其中一张曾经是我的。这里是周日一大早我和妹妹玩角色扮演游戏的绝佳场地，我们会分别扮演哈利·波特和臭名昭著的伏地魔，一边从一张床跳到另一张床上，一边喊着"阿瓦达索命"或"魂魄出窍"。

适用对象

年级
3—8

文本类型
叙事性（个人叙事，回忆录，虚构类）

写作环节
激发和收集灵感

延伸阅读
James Howe, personal communication

适用对象

年级
3—8

文本类型
个人叙事，回忆录，诗歌

写作环节
激发和收集灵感

策略 想想那些在生活中一次又一次发生的事情。再想想其中有没有哪一次特别令人难忘。令人难忘的原因可能是那一次发生了什么特别的事，也可能是某人说了什么话，还可能是你有了什么特别的感受。一点点地写出那一次发生的故事。

示例 每个人在生活中都会遇到一次又一次发生的事情。有时那是一种传统，比如我们家在平安夜总会吃一顿七鱼宴。小时候，我每年夏天都会去爷爷奶奶家待上两周。我和姐姐以前总是在长途旅行中打打闹闹。我可以在笔记本上列出很多"常常发生的事"。然后，我可以只关注某一件事情，不断在脑海中回忆它发生时的情景，再想想有没有哪一次特别令人难忘。那一次的经历往往能写成一个不错的故事！

范文研读 辛西娅·赖兰特（Cynthia Rylant）所著的《山中旧事》（*When I Was Young in the Mountains*, 1982）就是一本关于过去常常发生的事情的回忆录。本策略鼓励学生先列出多件往事，然后选取一件写成故事。要想更好地理解本策略关于"某一次"的内容，你可以阅读那些明确关注"某一次"的叙事性作品，比如马拉·弗雷齐（Marla Frazee）所著的《过山车》（*Rollercoaster*, 2003）。

训练提示语

● 回忆一下那些发生过很多次的事。

● 想想有哪些事每年都会重复发生。

● 想想哪些事是你每天都会做的。

● 在常常发生的事中选出一件，不断地回忆。

● 哪一次是最特别的呢？

延伸阅读
Writing a Life:Teaching Memoir to Sharpen Insight,Shape Meaning—and Triumph Over Tests（Bomer，2005）

> # 你的人生很重要！
> ## 回忆你生命中的往事
>
> 1. 回忆一下那些发生过很多次的事。
>
> 2. 想想哪一次最难忘：
>   发生了什么？
>   说了什么话？
>   你有什么样的感受？
>
> 3. 一点点地写出那一次发生的故事。

策略 将你写在笔记本上的话题重读一下，想想你打算进行何种文本的写作。试着将之前写过的话题以新的文本类型写出来。打开笔记本，翻到新的一页，试着写一写，看看是否可行。

使用建议 在某些写作课中，上一单元可能学习写虚构类文本，下一单元可能就会学习写另一种截然不同的文本，比如学写说服信。对一些学生来说，这样的转变很突兀，他们一开始会感到束手无策。本策略恰巧能帮到他们，让他们发现自己本子上记录的想法其实还可以应用于其他文本类型的写作，从而使他们通过已知且熟悉的内容去尝试新的文本类型，获得新鲜的写作体验。

范文研读 找到一位风格多变、擅长写各种文本的作家，向学生讲解同样的想法和话题是如何应用在其他类型的文本中的。例如，埃洛伊斯·格林菲尔德（Eloise Greenfield）的诗集《爱的诗歌》（*Honey I Love*, 1995）、回忆录《童年——一部三代人的回忆录》（*Childtimes: A Three-Generation Memoir*, 1979）以及小说《科亚·德莱尼，好女孩也忧伤》（*Koya Delaney and the Good Girls Blues*, 1992）围绕的都是相同的话题——童年和家庭。

训练提示语

- 你在笔记本上找到了哪些可以用的话题？把它们列出来。
- 想象一下怎样将那个话题用于新的文本类型。
- 真不错！你在那个故事中发现了3个新话题。
- 看看你写的内容里是否有你关心的话题。笔记本里还有哪些你关心的话题？

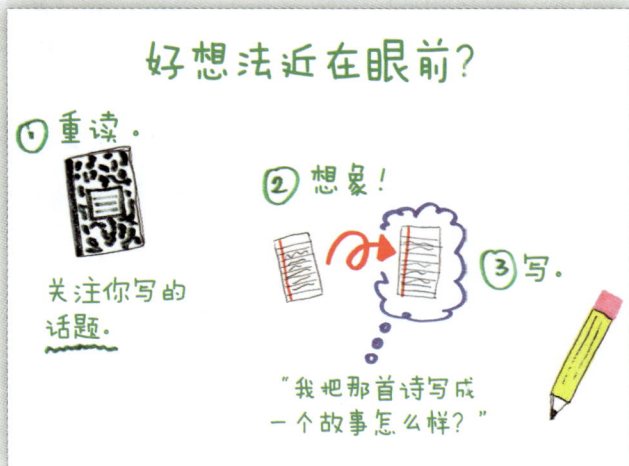

好想法近在眼前？

① 重读.
关注你写的话题.

② 想象!

③ 写.

"我把那首诗写成一个故事怎么样？"

适用对象

年级
3—8

文本类型
不限

写作环节
激发和收集灵感

延伸阅读
What You Know by Heart: How to Develop Curriculum for Your Writing Workshop (Ray, 2002)

3.21 使用能够引起话题的句子

适用对象

年级
3—8

文本类型
诗歌，叙事性，散文

写作环节
激发和收集灵感，打草稿

策略 在文章开头使用能够引起话题的句子，或者借用"金句"（这句话可能摘自你的笔记，或者选自其他作家的作品，抑或是你从别处偶然听到的）。写下这句话时仔细品味其中的含义，并快速引出你要写的内容。

使用建议 下图列出了一些能够引起话题的"金句"。鼓励学生回顾自己的笔记，在其中寻找能够用于诗歌开头的某句话或某个短语；也可以让学生在摘抄到笔记本上的经典语句中找到可以激发灵感的句子。

范文研读 乔治·埃拉·莱昂斯的《我的家乡》（*Where I'm From*，1993）可以作为很多孩子学习写诗的跳板。她的网站（www.georgeellalyon.com/where.html）上还有很多描写家乡的诗，都套用了这首诗的模板。

训练提示语

- 试着写完这一句。这个开头让你想到了什么？
- 你现在有很多可以引起话题的句子。再回头看看，有没有想到自己要写什么？
- 你下一句要写什么？
- 读读第一句话。不要停笔，继续写下去（也不要怀疑自己！）。写初稿时，把想到的写下来就行了。

延伸阅读
Explore Poetry（Graves, 1992）

借用

"金句"！

- ✳ 现在是时候去（做）……
- ✳ 我是一个……的人
- ✳ 风呼呼地吹……
- ✳ 我来自……
- ✳ 它过去常常……但现在……
- ✳ 在很久以前……

3.22 学写改编诗

策略 找一些印刷品（厨房里的食品袋、标识牌、报纸上的文章、一封信等等），看看上面的哪些文字可以用于诗歌的开头。尝试将词语重新排列或重复一些句子。

使用建议 对一些学生来说，从学写改编诗*开始学习写诗是一个不错的选择，因为他们可以使用原始资料中现有的词。有时在写完后，学生还想进一步完善它。有时改编诗能作为学生的跳板，帮助他们学会写叙事性文章，甚至散文。本策略的一个更复杂的变体是训练学生对原始资料有清晰的意识并且做出回应。例如，原始资料是报刊上的文章，学生所创作的改编诗就要与文章的主题或传递的情感相关。

训练提示语

- 先把你找到的词都写下来。
- 停下来想想你都写了些什么。你能加上自己的语言或想法吗？
- 体会文字间的韵律。你该怎么写才能延续这种感觉？
- 根据你目前已写的内容向自己提问，看看能否激发新的灵感并使用自己的语言。

有机食品

更安全？
更有营养？

并不明确。
查看标签。在去商店前收集资料。

杀虫剂。
食品添加剂。
环境。

农产品的生产困境

原始资料：《有机食品：更安全？更有营养？》

适用对象

年级
3—8

文本类型
诗歌，叙事性，散文

写作环节
激发和收集灵感，打草稿

* 关于改编诗的说明见文后"术语表"。——编者注

延伸阅读
Explore Poetry (Graves，1992)

3.23 使用重复性语句

适用对象

年级
3—8

文本类型
以诗歌为主

写作环节
激发和收集灵感，打草稿

策略 平日里多留意一下你反复听到的句子和不断重复的动作。将它们变成你的诗中的重复性语句。思考一下你想写的诗是关于什么话题的，然后在重复性语句之间加入你自己的语言和细节。

示例 当我回顾自己的一天，回想那些反复听到别人说的话时，我想到的是每天打招呼时说的话："你好吗？""我很好，你呢？""今天天气不错！"我可以写一首以"你今天好吗？"作为每节首句的诗。然后，在每节其余的部分写上我真正想要表达的内容，只要它们不和社会标准相悖就可以了（如"还不错／如果你想听真话／我有坏消息告诉你／那你呢？"）。除此之外，我还想到了我对我的孩子们反复说的话，比如"拜托啦！快点儿！我们马上要迟到啦！"。有时，我会为说这样的话感到后悔不已。我可以把那句话作为重复性语句写成一首诗，想象一下如果我没有催促他们会发生什么（如"我看着你／站在水坑里／扫了一眼彩虹旋涡"）。

训练提示语

- 回顾你的一天，想想你有没有反复说什么话。
- 想想你一天中的某个时段，比如说每天上午。你有没有反复说什么话或做什么事？
- 你找到了一句一直重复的话。你想要围绕它写一首什么样的诗？

延伸阅读
Explore Poetry（Graves，1992）

3.24 发挥想象："要是……会怎样？"

策略 想出一件在你的生活中真实发生过的事情。想象"要是……会怎样？"，以便获得有关人物、情节和主题的新想法。

范文研读《第90号大街上什么也没发生》（*Nothing Ever Happens on 90th Street*，Schotter, 1999）讲的是一个小女孩写家庭作业的经过。作业要求描写邻里间发生的事，小女孩一开始觉得很难写，因为邻里间什么事也没发生。后来，她开始发挥自己的想象："要是……会怎样？"最后，她创作了一个虚构的故事。故事的开头是她掰碎了手中的蛋糕卷，蛋糕屑散落一地。然后发生了什么呢？成群的鸽子涌过来抢食；婴儿车里的婴儿看到后手舞足蹈，结果他手中的球掉在了地上；球一直滚到街上，然后骑自行车送比萨饼的人不小心碰到了球，摔倒了……

训练提示语

- 我们先来讲一件真实发生的事情。给我讲讲发生了什么事。
- 现在一起发挥想象："要是……会怎样？"尝试改变故事中的一个人物。
- 想象问题发生了变化。会出现什么新问题？
- 想象场景发生了改变。如果那个故事发生在别处，接下来会发生什么事？
- 从那个故事中你学到了哪些生活经验？将故事稍作改动，然后想象一下它的发展会有什么不同。

要是……会怎样？

1. 想出一件在你生活中**真实**发生过的事情。
2. 发挥想象："要是……会怎样？"
3. 放飞你的想象，想出：
   新人物
   新情节
   新主题

适用对象

年级
3—8

文本类型
叙事性虚构类

写作环节
激发和收集灵感

延伸阅读
Help! for Writers: 210 Solutions to the Problems Every Writer Faces (Clark, 2011)

3.25 混搭各种故事元素

适用对象

年级
3—8

文本类型
虚构类

写作环节
激发和收集灵感

策略 做一个3栏的表格：一栏写"人物"，一栏写"地点"，一栏写"主题"。将相关的想法列在对应的栏中。从每一栏中选一个词，问自己"要是……会怎样？"，再写一段故事简介。然后，重复此练习。

训练提示语

- 你对自己要塑造的人物有什么想法吗？
- 首先想想现实生活中那些与你年龄相仿的人。
- 重温一下你的笔记，找找上面的人物观察记录，那些内容可能有助于你写好人物。
- 你想到的场景有哪些？
- 列出一些可能用得上的主题。
- 你可以找一些源于自己生活的主题，也可以在你读过的书中找找主题。

人物	地点	主题
·老妇人	·公园	·适应
·8岁女孩	·医院	·友谊
·面包师	·餐厅	·差异
·双胞胎的妈妈	·房子	·合作
·医生	·海滩	·勇气

我可以写一个关于（人物）的故事，他／她遇到了一个关于（主题）的问题。这个故事发生在（地点），当时……

延伸阅读
Kate Messner，*NCTE Workshop* (2015b)

3.26 词语联想

策略 在稿纸中央画一个圈，在圈里写出一个与话题相关的词。将圈中的词和其他与之相关的词用线连起来。每个分支下的词可以与话题相关，也可以是支撑话题的细节。完成后看看自己所画的联想图，看看哪些词与话题关系甚远，哪些词与话题密切相关。然后开始打草稿，记得使用你之前想到的一些词语。

训练提示语

- 来随意联想一下。然后在旁边添加上与话题相关的词。
- 想想有哪些词或短语。
- 不要考虑太多，重点在于大家一起开动脑筋。
- 回顾一下你列出的所有词和短语。
- 哪些词与话题关系比较远？
- 词与词之间有什么联系？
- 对于这个话题，你现在有什么想法？
- 你可以从哪个角度切入这个话题？

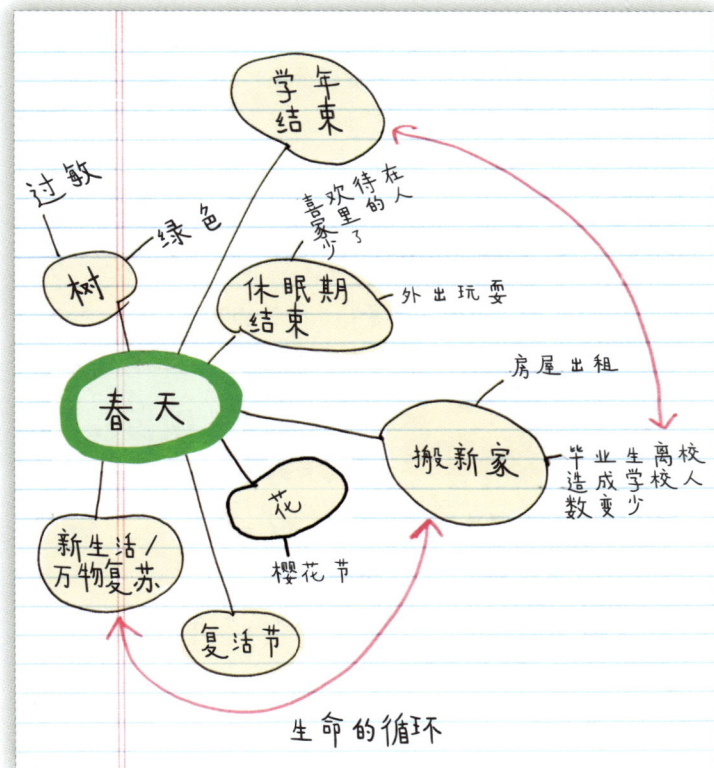

延伸阅读
A Writer Teaches Writing (Murray, 1985)

适用对象

年级
4—8

文本类型
不限

写作环节
激发和收集灵感

策略 抓住生命中你认为重要或值得分享的瞬间，用手边能找到的东西记下要点。写作的时候根据随手记下的要点去发掘写作的灵感。

示例 回忆一下那些让你灵感迸发的瞬间：那些让你情不自禁掏出手机拍照并分享到社交媒体的瞬间，那些让你按捺不住在社交媒体上发表了140字感言的瞬间。在那样的瞬间，你可能会情不自禁地说："这个很重要。这个很关键。"（只要你不是吃个午饭都要发微博的那种人，这样的瞬间可能确实很重要。）你可能还会情不自禁地想："这些内容肯定有人看，我很期待别人的留言。"在生活中，当你四处走动时，你总是会遇见新朋友，见到前所未见的景象，产生某种强烈的感受，这时你会说："这个有点儿意思，我得把它记录下来。"你可能会随手记在一张纸巾或口香糖包装纸上，还可能记在背包里的笔记本上。这些你在生活中收集到的要点可以用作故事、诗和散文的开头，甚至用作主要内容。

训练提示语

- 你现在就可以练习这个策略。想一想，过去的几小时里有没有发生什么值得分享的事？
- 有没有哪个瞬间是别人同样感兴趣或者想听你讲述的？
- 你能抓住哪些要点？
- 从过去短短的几小时里，你就找到了3个可以用于写作的要点。你可以在下午和晚上继续练习本策略。

#值得记录在社交媒体上

什么样的瞬间是值得记录的？

今天有什么事是值得分享的？

怎样才能记录某个瞬间？
你如何把这个瞬间分享给别人？
你能把它写成一个故事、一首诗或一篇散文吗？

试一试！

策略 如果你已经对文章有了初步的想法，比如有了一个话题，但是不知道围绕这个话题写什么，也不知道怎样写，这时你可以试着"采访自己"，并在纸上记录整个过程。问自己以下几个问题：这个想法为什么很重要？可以朝哪个方向去写？如果这样写，会得到一篇什么样的文章？是否遗漏了什么？这样，你才能全方位地考量自己的想法。

使用建议 在你讲解本策略时，你建议学生在采访自己时所问的问题可能需要根据文本类型以及目标读者进行调整。例如，探讨知识性文本的话题时，你需要问自己："还有哪些信息比较重要？我还知道哪些与这个观点相符的细节？我还可以怎样讲解这个话题？"如果你在写回忆录，可能就需要问自己："关于那个瞬间，我还记得什么？我想要体现出它在哪些方面的重要性？"

训练提示语

- 重读一下，问自己一个问题。
- 如果要采访自己，关于这篇文章，你会问哪些问题？
- 我们一起探讨一下这个想法吧。
- 那个问题很有帮助！对于这个话题要写些什么，你又有了新想法。

采访我自己
《独立宣言》包含哪些内容？

提问： 关于独立我想说的是什么？
回答： 我想让我的读者明白独立对殖民地居民来说有多重要，因为独立对现在的人来说已经不算什么了。但在当时，独立还是一种非常激进的想法。我还想说的是，那时推崇独立也是一件很冒险的事，但是独立太重要了，人们只能奋不顾身。

提问： 为什么人们要把怒火发泄在英国国王身上？
回答： 我想说的是，虽然当时殖民者反对的法律是由英国议会制定的，但是大家都把矛头指向了英国国王乔治三世。这一点很重要，因为它说明即便人们有一个明确的目标，仍然会有一些错误的观点。

提问： 我想传达的信息是什么？
回答： 我想传达的信息是，《独立宣言》非常伟大，追求独立固然很危险，但是人们非常迫切，以至于不去考虑它的危险性。

适用对象

年级
4—8

文本类型
不限

写作环节
激发和收集灵感

延伸阅读
Breathing In, Breathing Out: Keeping a Writer's Notebook (Fletcher, 1996)

3.29 收集"触发点"

适用对象

年级
4—8

文本类型
不限

写作环节
激发和收集灵感，润色

策略 时刻留意那些眼下看起来对写作并没有实际用途的生活中的小事。将这些收集起来，日后可以借助它们开始自己的写作，或在修改文章时为文章增色。

示例 在《呼吸之间：作家的笔记本》(*Breathing In, Breathing Out: Keeping a Writer's Notebook*, 1996) 中，作者拉尔夫·弗莱彻介绍了以下几种写作"触发点"。

● 奇闻逸事：那些出现在电台采访里、报刊上的事件或者你爸爸吃早饭时提到的事情。

● 问题：用好奇的眼光去看待生活。遇到问题，尤其是那些不易解答的问题时，马上记录下来。

● 琐碎的事情：你的回忆、你弟弟说过的好笑的话、八月夜晚蝉的鸣叫声……这些都是无法分类的"小事情"。

● 清单：故事中的人物可能会用到的名字、你去过的地方、未来可能会用到的文章标题。

● 名言警句：其他人的作品中的"金句"，或者你偶然听到的俏皮话，当然也可以是你自己编的俏皮话（即便你还不知道如何把这些句子用在自己已写或想写的文章中）。

使用建议 上面"示例"所列的每一项都可以单独作为一个策略来教授或使用。教学生使用笔记的不同方法时，你可以考虑用几节课的时间来教授本策略。

训练提示语

● 你能想到哪些"触发点"？

● 你打算写下哪类事情？

● 首先，在日常生活中关注某些事会很有帮助。你想把关注点放在哪个方面？

延伸阅读
Breathing In, Breathing Out: Keeping a Writer's Notebook (Fletcher, 1996)

睁大00竖起👂
奇闻逸事！
问题！
琐碎的事情！
清单！
名言警句！

3.30 列出隐藏在话题下的子话题

策略 找一个你曾写过但仍然对之满怀热情的话题。列出这个话题包含的子话题和想法。独自或与搭档一起想一想如何从这些子话题中找到写新文章的灵感。

示例 例如，我曾经写过一个和爸爸去看棒球比赛的故事。在这个故事里，还有很多值得回顾的子话题：棒球、竞争、球迷、和爸爸一起度过的时光等等。我可以就其中一个子话题展开写作，也可以从一个新的角度去写一写原来的那个话题。

范文研读 通过阅读某位作家的作品，你常常能发现其作品之间的联系。举个例子，你看派翠西亚·波拉蔻（Patricia Polacco）的作品时，会发现她是一位现实主义小说家，她所写的故事都来源于她童年的真实生活，比如她大部分的故事都是关于年轻人与老年人相处的，故事的灵感其实都来源于她和奶奶芭芭雅嘎相处的经历。虽然每个故事都不尽相同，但故事的主题是相同的。再举个例子，在凯特·梅斯纳（Kate Messner）的非虚构类作品中，有两部分别是《在花园里，在泥土里》（*Up in the Garden and Down in the Dirt*, 2015c）和《雪上，雪下》（*Over and Under the Snow*, 2011），前者描写了地上和地下的生命，后者则描写了冬日里地上和地下的生命。

训练提示语

- 还记得你最喜欢的话题吗？
- 你为什么喜欢那个话题？
- 列出那个话题所包含的一些子话题和想法。
- 没错，那确实是那个话题的关键内容。那么，还有没有其他重要的内容呢？
- 说说有哪些子话题。

适用对象

年级
4—8

文本类型
不限

写作环节
激发和收集灵感

延伸阅读
A Quick Guide to Reaching Struggling Writers, K-5 (Cruz, 2008)

适用对象

年级
4—8

文本类型
不限

写作环节
**激发和收集
灵感**

延伸阅读
*What You Know by
Heart:How to Develop
Curriculum for Your
Writing Workshop*（Ray，
2002）

策略 找到任何一个你感兴趣的想法，然后开始写，一直写，不要停笔。不要将自己禁锢在一开始的想法里，要尝试放飞思绪，全方位地发掘新想法。然后回过头看你写下的内容，把其中比较切题的新想法用笔圈起来或标记出来。

训练提示语

- 放飞思绪，寻找新想法。
- 想一想它让你想到了什么。你接下来会写些什么？
- 再看一下自己所写的内容。有没有发现什么隐藏的新想法？
- 摆脱原有的想法。先反思，后好奇，再放飞思绪。

那是一个令人惬意的春日，我不禁想起几周前世界还是一片萧瑟，而现在阳光明媚，绿意盎然，生机勃勃。这让我想到了"坚韧"这个词，想到了生命复苏的强大能力。就像那次我参加自行车比赛时摔倒了，然后被送往医院。但我并没有放弃，简单包扎后我仍然坚持完成了比赛（虽然那时只有我一个人在比赛）。我想起了湖边发生的很多事情：夏天在湖里游泳、遛我那只疯狂的狗对了！那次它直接甩脱了狗链，害得我们直到日落才找到它。

由观察到的事物过渡到了某个深刻的观点

由某个观点→过渡到"某个"故事

发散思维，联想到在同一地点发生的其他故事

关注某个特殊的回忆

策略 想想那些对我们的世界而言具有重大意义的抽象概念或问题。再想出一个可以帮你进一步探究这些概念或问题的具体事例。选一种文本类型，试着写一写。

训练提示语

- 这个问题让你想到了什么？
- 说起这个问题，你有哪些看法？
- 列出与这一问题相关的一些话题。
- 具体的例子是什么？
- 想一下你想写一篇什么类型的文章。

在纸上列出问题

贫穷　和平　战争　竞赛　家庭　动物权利　不公平　公正

① 选择一个问题。

② 想出具体事例。

③ 选择一种文本类型。

适用对象

年级
4—8

文本类型
不限

写作环节
激发和收集灵感，打草稿

延伸阅读
For a Better World: Reading and Writing for Social Action (Bomer and Bomer, 2001)

3.33 浏览报纸

适用对象

年级
4—8

文本类型
叙事性虚构类

写作环节
激发和收集灵感

策略 浏览报纸或新闻网站的每个板块，寻找能够激发你架构故事的要点。把真实的故事（一只猫走失了，几个街区以外发生了大火，一场婚礼）改编成虚构的故事。想一想你想保留哪些真实的细节，你要虚构哪些故事元素（人物、背景、问题）。

训练提示语

- 一起来看看今天的报纸。浏览新闻时，咱们一起记下那些可以作为写作话题的词语。
- 你读到了什么？它能如何激发你架构故事？
- 不要漏掉那些常常被忽略的版面，比如婚礼公告、警情通报等。
- 一篇报道中可能隐藏了很多有助于编故事的要点，让我们一起把它们列出来。

浏览报纸

报纸中的事件或者词语都有可能能用在你的故事里。

- 为什么没有人愿意成为特朗普政府的副总统，这可以引出这样一个故事：她是学校足球队队长，为人却很霸道，没有人愿意和她一队。

- 一位年轻的女性被迫加入了哥伦比亚革命武装力量。这可以引出这样一个故事：一个男孩/女孩加入了学校里很受欢迎的一个小团体，但是那个小团体里的领头人物却操控他/她去做一些很疯狂的事。

- 有一篇报道介绍了一款超音速吸尘器，但是它非常贵。这可以引出这样一个故事：有一架新型宇宙飞船，人人都想拥有它，可它的标价竟然高达1000亿美元。

延伸阅读
Help!for Writers:210 Solutions to the Problems Every Writer Faces（Clark，2011）

3.34 了解陌生的话题

策略 在图书、杂志或者报纸中找到一篇你完全不了解其话题的文章。抱着开放的心态去读它，让作者所写的内容激发你的写作灵感。

训练提示语

- 哪些话题是你完全不熟悉却有兴趣去了解的?
- 阅读你选择的文章时，试着列出自己在写作时可能会用到的要点。
- 根据目前所读到的内容，想到什么好点子了吗?
- 你仅仅从第一章就想到了这么多好点子!
- 你打算写一篇什么样的文章?

陌生 话题?

号外

1. 对于你很感兴趣却不了解的话题，可以找一些文章来读。
   - 图书
   - 杂志
   - 报纸

2. 抱着开放的心态去阅读。

3. 让阅读激发你的写作灵感。

适用对象

年级
4—8

文本类型
不限

写作环节
激发和收集灵感

延伸阅读
Help! for Writers:210 Solutions to the Problems Every Writer Faces (Clark，2011)

适用对象

年级
4—8

文本类型
叙事性

写作环节
激发和收集灵感，调整思路

策略 构思一个人物与自然（一场风暴、一种动物、一种地形）产生冲突的情节。想象一下在面对冲突时人物会发生怎样的变化。

使用建议 本策略可以用几节课的时间来教授。你可以以《罗密欧与朱丽叶》（*Romeo and Juliet*，Shakespeare，1595）为例向学生介绍人与人之间的冲突。还可以以彼德·雷诺兹（Peter Reynolds）的《味儿》（*Ish*, 2004）为例来介绍人与自我之间的冲突。这个故事讲述了一个小男孩从怀疑自己的艺术天赋，到最终明白他的画追求的是"神似"（味儿）的过程。可以多和孩子们分享这类故事。

范文研读 威廉·史塔克（Wiliam Steig）的《勇敢的艾琳》（*Brave Irene*, 1986）和盖瑞·伯森（Gary Paulsen）的《手斧男孩》（*Hatchet*, 1987）就是很好的例子，两者都把人对自然的挑战作为故事的主要冲突或问题。你只需朗读书中的少数片段（甚至只是故事梗概），就能够让学生理解你的意思。然后，你可以再次回归内容本身，和学生一起讨论故事中的"外部环境"和"内在故事"，看看作者是如何描写暴风雪或森林里的恶劣条件的（"外部环境"），又是如何讲述人物克服困难、逐渐成长和改变的（"内在故事"）。

训练提示语

● 你对所写的人物已经有了明确的想法。

● 想一想他 / 她会遇到什么样的困境。举几个例子。

● 故事中的人物会遇到什么样的困境？

● 想想那个困境，再想想人物在解决问题时会发生怎样的变化。

冲突
（在我们喜爱的书里）

人与自我
《考拉小路》（福克斯）
《糟糕，身上长条纹了！》（香农）

人与人
《我的红发臭老哥》（波拉蔻）
《课间休息女王》（奥尼尔）

人与自然
《勇敢的艾琳》（史塔克）
《手斧男孩》（伯森）
《鬼眼树》（马丁·阿尔尚博）

人与社会
《自由之夏》（怀尔斯）
《朋友》（戈伦博克）
《手镯》（内田）
《伴你高飞》（邦婷）

延伸阅读
Nonfiction Craft Lessons: Teaching Information Writing K–8（Portalupi and Fletcher, 2001）

策略 去一个没去过的地方，只需带上笔记本、善于倾听的耳朵和善于观察的眼睛。捕捉一路上所见之人的对话和细节特征。记下你观察到的和想象到的与人物有关的全部信息。

使用建议 本策略可以让学生走出教室，去看外面的世界，因此在集体外出活动前向全班学生教授本策略最合适。当然，你也可以向那些要在课外进行独立写作的学生、小组或者班级教授这个策略。

训练提示语

- 到了一个没去过的地方后，试着留意身边的人，看看是否有人适合成为故事人物。
- 在那里，仔细聆听别人的对话，记下那些你觉得可能有用的对话。
- 你会留意聆听哪些内容？
- 为了写好自己的文章，你想捕捉那个地方的哪些细节？

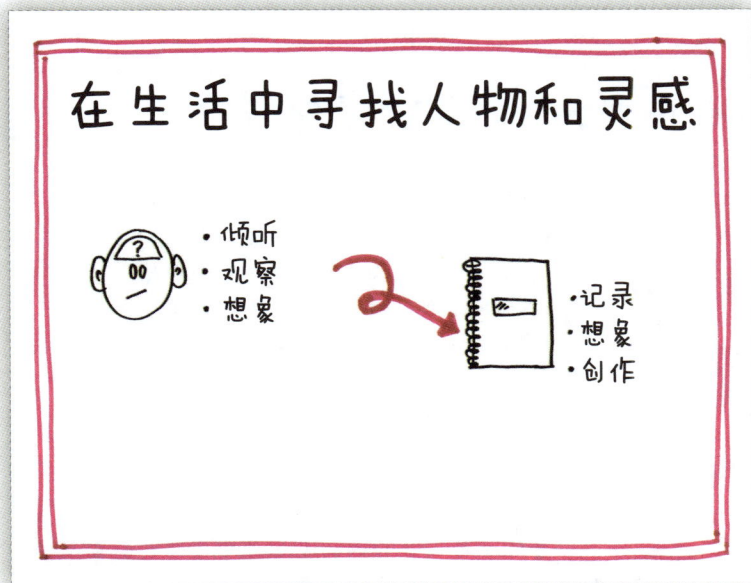

适用对象

年级
4—8

文本类型
不限

写作环节
激发和收集
灵感

延伸阅读
*Help! for Writers:
210 Solutions to
the Problems Every
Writer Faces* (Clark，
2011)

3.37 记录关键时刻

适用对象

年级
4—8

文本类型
叙事性

写作环节
激发和收集灵感

策略 回忆并记下你生命中重要且意义非凡的时刻（第一次或最后一次做某事，事情发生转变的时刻，克服困难的时刻，等等）。然后选取其中的一个时刻，试着写一个故事。

使用建议 经过适当调整，本策略不仅可以用于写个人叙事类文本或回忆录，还可以用于写其他类型的文本。学生可以通过改变自己经历中的一些细节来写一篇虚构类文章。此外，对一些重大时刻的描写和反思能够帮助学生写出主题句，而后由此写出一篇散文。

范文研读 和学生分享一个以作家的真实生活为灵感创作的故事，比如派翠西亚·波拉蔻的《谢谢您，福柯老师》(*Thank You Mr. Falker*, 1998)。它讲的是小派翠西亚与阅读障碍抗争，并最终在老师的帮助下克服这一障碍的故事。

训练提示语
- 你能想起一个在你生命中意义非凡的时刻吗？
- 想想你第一次或最后一次做某事的情形。
- 你产生某种强烈情感的时候是怎样的？选择一种情感，描写当时的情形。
- 试着写下一些想法，过一会儿再想想哪个能展开写成一篇文章。
- 你已经写下了很多想法。选一个展开写写吧。
- 你可以先把故事讲出来再写。

延伸阅读
Writing a Life: Teaching Memoir to Sharpen Insight, Shape Meaning—and Triumph Over Tests (Bomer, 2005)

关键时刻

重要的瞬间
- 我第一次和朋友而非父母走路到镇上；
- 我第一次用自己的钱买东西；
- 我第一次把礼物送给我很在意的朋友；
- 我姐姐从我们的房间搬出去的时候；
- 刚上中学时，有一天每科都布置了作业，第二天还有两场考试，我突然意识到读中学比读小学辛苦得多；
- 我从泳池边的跳台上跳了下去。

↓

　　我告诉自己别往下看，眼睛却直勾勾地看着泳池底。我的呼吸变得急促。不是站在下面看别人跳，而是向下看那些看我的人，这种感觉是那么的恐怖和刺激。"就向前一步，"我心想，"这样你就做到了。"但那绝不是简单地向前迈一步，而是要把自己从跳台上扔出去。我不知道风要把我带到哪儿，也不知道入水那一刻的感觉是什么样的。

3.38 从强有力的观点开始写

策略 在笔记本上写下一个强有力的观点。随意去写，写得多奇怪都没关系，可以使用一些语气强烈的词和短语，比如"总是""没有人""每个人""决不"或"一定"等。把这个论点当作跳板自由写作，想到哪儿就写到哪儿。

使用建议 为了帮助学生自由写作，你可以为他们提供一些能使"对话"进行下去的提示语，让他们运用这些提示语在多种想法之间自由过渡。这样的提示语包括："我不确定，但是可能……""但另一方面……""一些人认为……但我认为……"。

训练提示语

- 提出观点时，让你的语气更强烈些，可以使用类似"每个人""一定"和"决不"这样的词或短语。
- 即便你并非百分百地认同这个观点也没关系。把它写下来，看看能由此写点儿什么。
- 开始自由写作。
- 下一句写"而另一方面……"，看看能继续写些什么。
- 不要在写作过程中评判自己，一直写就可以了，不要停。

> 父母总是要为孩子的行为负责。
>
> 人们总是说，父母有责任养育出富有责任感和同情心且对社会有益的人。当然，每当看到电视新闻里那些做了坏事的人，人们都会问："什么样的父母能养出这样的孩子！？"提出这样的问题意味着父母要为孩子愚蠢的错误和可怕的行为负责，但这真的是父母的责任吗？在什么情况下，孩子的自由意志会起主导作用，并且把父母教给他们的道德观念抛在脑后？而另一方面，一些父母会忽视或虐待孩子，但有的孩子最终不但行为得体，而且还下定决心不去重复养育他们的人所犯的错。这又是怎么回事呢？我们到底应该去责怪谁？

延伸阅读
The Journey is Everything:Teaching Essays That Students Want to Write for People Who Want to Read Them (Bomer, 2016)

突出重点和意义

◎ 这个目标为什么很重要?

　　读者通常期待一篇文章重点突出并且表达了作者的个人观点。例如,读一篇有关总统候选人的专栏文章时,你肯定知道作者不会大篇幅地介绍企鹅。而且,因为这是一篇专栏文章,你期待文章里不仅仅有介绍候选人的内容,还应该有作者的观点,即作者认为谁更适合成为国家领导人。读戴维·塞达里斯(David Sedaris)的回忆录时,我们知道自己肯定会被逗笑,同时也期待看到他所讲的故事融入了他的人生经历,或者说他通过分享自己的经历来表达自己的观点,这样我们在读完故事后能有所收获。即便是只能借助于图画讲故事的写作者也可以学学如何突出文章的重点内容,这样在写故事时才不会拖沓、毫无重点。比方说,教师可以教他们找到故事中最有趣的部分,然后只讲述那个部分。

　　那么,写作者在哪个环节才能确定文章的重点并确定文章想表达的观点呢?如果去采访不同的写作者,你大抵会听到不同的回答。有些写作者会在写之前就确定重点,但这并不意味着一切会按计划进行。写作本身就是一种"探索行为",写作者在写作的过程中完全有可能发现新的重点、角度、意义或观点（Murray, 1985, 18）。因此，对有些人来说，重读自己写好的文章，重新思考自己真正想表达的观点，然后据此进行润色是更为合理的做法。在指导学生写作时，教师要让他们在写之前想好文章的重点，但也要让他们在写作过程中怀着开放的心态去面对新出现的想法（让学生在纸上漫无目的地写对他们没什么好处，除非他们还处在激发和收集灵感的阶段）。本章中的策略将帮助学生在打草稿前、打草稿时和打草稿后发现并列出自己的写作重点。

　　本章所介绍的策略还可以结合其他章节的策略一起使用。说到底，文章的观点和意义并非通过一句话就能表达出来——写作者为了突出文章的意义，常常会添加或略去一些细节。就像拉尔夫·弗莱彻说的那样："每一部分、每一个词的取舍都取决于它与全文的关系。"（1993, 4）此外，写作者选择的文本类型和文章结构都对突出重点和表达文章的观点有影响。就像刚刚所提到的，观点性文本不仅仅要把重点放在话题上，还要表达写作者对该话题的看法。而知识性文本可以把重点放在一个话题上，也可以聚焦于某个子话题。至于故事，则可以把重点放在时间线上（描述某一场景或时刻），也可以突出故事的意义（着重于某种信息或主题）。

◎ 这个目标是否适合我的学生？

　　你可以通过阅读学生的作品并与他们交流来判断学生是否需要帮助和支持来达到本章的目标。你可以问他们"你觉得自己的文章主要是关于什么的？"，然后根据他们的年龄、写作水平以及选择的文本类型来分析他们的回答。例如，创作叙事性文本的学生既可以重点描写某个时间段发生的事（比如写一次坐过山车的经历，而非写游玩一天所发生的全部事情；或写假期里的一天发生的事情，而非写在迪士尼乐园度过的一周），也可以重点表达某个主题（比如不仅写出了自己坐过山车的经历，还选取了独特的视角，突出克服内心恐惧的重要性）。创作知识性文本的学生既可以写"有关……的一切"（比如写有关狗的一切），也可以让重点再突出一些（比如写"达尔马提犬"），甚至更具体一些（比如写"达尔马提犬是很棒的宠物！"）。同样，如果学生写的是观点性文本，那么你需要考虑学生是把重点放在某个话题上（如"乱丢垃圾"），还是某个观点上（如"我们不能乱丢垃圾"），甚至是更为复杂的想法上（如"乱丢垃圾不仅有碍观瞻，还破坏了环境"）。看看他们在文中描写的细节是支持文章的主要观点或重点，还是使重点发生了偏移。那些说不清自己文章的重点以及不会根据重点选取细节材料的学生，都能在学习本章中的策略后有所收获。

读者通常期待一篇文章重点突出并且表达了作者的个人观点。

——珍妮佛·塞拉瓦洛

关于突出重点和意义的策略一览表

策略	年级	文本类型	写作环节
4.1 确保图画和文字相符	K—2	不限	打草稿，润色
4.2 着重描写某一时刻	K下—3	叙事性	激发和收集灵感，选材，调整思路
4.3 寻找核心	2—8	叙事性	润色
4.4 拟定文章的标题	2—8	不限	激发和收集灵感，选材，调整思路
4.5 大山还是小石子？	2—8	不限	激发和收集灵感，润色
4.6 聚焦于重要时刻	4—8	个人叙事，回忆录	选材，润色
4.7 通过提问突出重点	4—8	不限	选材，调整思路，润色
4.8 找到你感兴趣的部分	4—8	知识性/非虚构类，观点性/说服性	选材，调整思路，润色
4.9 心怀读者，明确目的	4—8	不限	选材，调整思路
4.10 通过写诗寻找重点	4—8	叙事性，知识性/非虚构类，观点性/说服性	选材，润色
4.11 大幅删减	4—8	不限	选材，润色
4.12 标出最能体现观点的句子	4—8	不限	润色
4.13 别人的话题，你的角度	4—8	不限	选材，调整思路，打草稿
4.14 借助于搜索引擎寻找联系	4—8	知识性/非虚构类，观点性/说服性	激发和收集灵感，选材，调整思路
4.15 把重点放在画面上	4—8	不限	调整思路，润色
4.16 在收集的素材中寻找主题	4—8	不限	调整思路
4.17 做重点突出的"电梯演讲"	4—8	不限	调整思路，润色
4.18 精心打磨你的论点	4—8	观点性/说服性	激发和收集灵感，调整思路，选材
4.19 问自己"是这样吗？"	4—8	不限	调整思路，润色
4.20 在草稿纸上写一写	5—8	不限	润色
4.21 聚焦于一个问题	5—8	不限	激发和收集灵感，调整思路，选材，打腹稿
4.22 你想解决什么问题？	5—8	观点性/说服性	润色
4.23 通过打草稿寻找重点	5—8	不限	打草稿，润色
4.24 根据可用的资料调整写作重点	5—8	知识性/非虚构类，观点性/说服性	选材，调整思路，润色
4.25 使用主动动词描写重点	5—8	知识性/非虚构类，观点性/说服性	调整思路，润色

适用对象

年级
K—2

文本类型
不限

写作环节
打草稿，润色

延伸阅读
One to One: The Art of Conferring with Young Writers（Calkins, Hartman, and White, 2005）

策略 确保每一页中的文字和图画都相符。仔细观察图画的每个部分，再读一读文字；做出修改，使图画和文字相符。

示例 对图画书而言，插图或照片通常是文字内容的延伸。图画和文字之所以要相符，是因为两者描述的是同一时刻（在故事书中），或讲述的是同一话题／子话题（在知识性文本中）。我们一起读几本大家最喜爱的图画书，看看作者是如何做到文字内容与图画既相符又各有侧重的。

使用建议 小学低年级学生在学习用文字写作之前，会用画画的方式写作。面对这样的学生，你需要调整本策略中的训练提示语，鼓励他们观察自己的图画，确保他们计划要写的和实际所写的一致。

训练提示语

- 仔细看看图画的每个部分。
- 现在你知道你画了些什么。再来读读文字吧。
- 文字和图画的每个部分是不是完全相符？
- 你觉得哪些需要修改，图画还是文字？或者都要改？
- 让图画和文字相符。
- 我赞同你的说法，图画和文字确实相符。
- 你自己试着修改其他页的内容，确保图画和文字相符。

Merridy Ghagey

4.2 着重描写某一时刻

策略 画一条时间轴，在上面列出故事中的每一件历时5—10分钟的事情。回头看时间轴，用星号标出你认为最重要的小圆点（事情）。然后开始打草稿，从事情发生的第一分钟写到最后一分钟。问问自己："我写出自己想写的故事了吗？还是我需要加上时间轴上的另一个'小圆点'才能把故事讲清楚？"

使用建议 学会着重描写故事中的某一时刻往往是学生学习突出重点的第一步，这比学习突出某一主题和意义更为具体和明确。当学生开始着重描写某一时刻时，你会发现他们的故事突然变短了许多，这是意料之中的事。指导学生时，你通常需要把突出重点的策略与详细阐述的策略结合起来使用（更多关于详细阐述的内容参见第六章）。

范文研读 我在这里推荐几本我喜爱的书，教师可以用它们来给学生展示作家是如何在较长篇幅的写作中仍把重点放在某一时刻的。这些书包括：珍·尤伦（Jane Yolen）的《月下看猫头鹰》(*Owl Moon*, 1987)、戴夫·皮尔奇（Dav Pilkey）的《小报童》(*The Paperboy*, 1996)、马拉·弗雷齐的《过山车》、安琪拉·约翰逊(Angela Johnson) 的《难以说再见》(*The Leaving Morning*, 2000)，以及伊丽莎白·帕特里奇 (Elizabeth Partridge) 的《口哨》(*Whistling*, 2003)。

训练提示语

- 我们先来画一条时间轴并标出小圆点。每个小圆点代表一件事。
- 用星号标出你认为最重要的小圆点。
- 如果只写一个小圆点代表的故事，你觉得能否把自己想说的说清楚？
- 那样能否做到聚焦于某一时刻？
- 你的计划就是写一个聚焦于某一时刻且观点突出的故事！

我的假期

墨西哥

在泳池中 我和罗拉跳进泳池

我爸爸和奥利弗 罗拉和我
计划把游泳圈从爸爸和奥
利弗那里拿回来

适用对象

年级
K下—3

文本类型
叙事性

写作环节
激发和收集灵感，选材，调整思路

延伸阅读
Craft Lessons: Teaching Writing K–8, Second Edition (Portalupi and Fletcher, 2007)

适用对象

年级
2—8

文本类型
叙事性

写作环节
润色

策略 重读自己的故事，问问自己："哪些部分是最重要 / 最令人激动 / 最有趣的？"框出故事中最重要的部分。确保那个部分是篇幅最长的。

使用建议 学生们很可能会根据一时的兴趣选择最重要的部分。等学会在阅读时思考文章的主题，他们可能会想："我的文章最想传达的中心思想和信息是什么？"这个想法能帮助学生把心思放在文章的重点和观点上，同时也意味着他们在写作时能够想到自己要传达的信息。本策略旨在教学生将重点放在中心思想和主要信息上，难度略大，更适合稍有写作经验的学生。

范文研读 读一读短篇故事或者图画书，比如《亲朋自远方来》（*The Relatives Came*, Rylant, 1993）。在这本书中，故事的重点是亲戚来做客的场景，而不是他们在往返途中的经历。赖兰特把故事的开头和结尾一笔带过，但在描述做客的场景时却用了很多页的篇幅。

训练提示语

- 你觉得你的故事想讲什么？
- 文章的中心思想是什么？
- 重读你的文章，找出传达主要信息的部分。
- 框出那个部分。
- 看来文章的核心并不是你花最多时间去创作的那个部分。你还能添加其他的细节吗？

延伸阅读
Raising the Quality of Narrative Writing
（Calkins and Kesler, 2006）

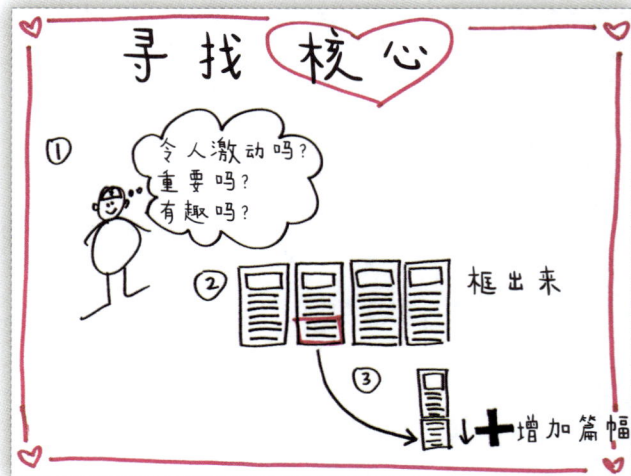

4.4 拟定文章的标题

策略 开动脑筋，为你的文章想一些标题。写出十几个标题，然后一一查看，并问自己："哪一个最贴合我想在文章中表达的观点？"

使用建议 你可以用本策略帮助学生在打草稿之前就拟定标题。一般情况下，他们一开始选好的标题往往到后面再看就没那么贴切了，但是使用本策略对于学习如何突出重点是很好的练习。本策略还可以这样调整使用：学生在写完初稿后列出一些标题，并选出最贴切的一个，然后一边想着这个标题一边对初稿进行修改，力求突出重点。

默里曾经指明好标题应具备的特征（1985），这可以帮助学生不拘泥于那些浅显和乏味的标题。他认为好标题应该贴切、短小、生动、明确（反映写作者对主题的个人观点和独特视角）和有力（仔细选择动词！）。关于应该抱持怎样的态度去拟定标题，默里还给出了一些有用的建议。我最喜欢的建议包括：把长标题进行浓缩，留下精华；选取一个自己喜欢的标题，只修改其中的一个词；心中想着主题，时常回看标题，确保你所选用的标题最贴合你的写作意图。

训练提示语

- 写一个宽泛的标题，再写一个具体的标题。
- 删去其中的一些词。
- 用更准确的词替换其中的一些词。
- 这个标题太长了。我们把它改短一点儿会怎样？
- 拟标题的时候可以玩一玩文字游戏。
- 看着标题问自己："哪一个最贴合我想在文章中表达的观点？"

适用对象

年级
2—8

文本类型
不限

写作环节
激发和收集灵感，选材，调整思路

延伸阅读
A Writer Teaches Writing(Murray,1985);
In the Middle:A Lifetime of Learning About Writing,Reading,and Adolescents (Atwell, 2014)

大山还是小石子?

年级
2—8

文本类型
不限

写作环节
激发和收集灵感，润色

延伸阅读
In the Middle: A Lifetime of Learning About Writing, Reading, and Adolescents（Atwell, 2014）

策略 不要写太宽泛的话题或观点，而要写具体看得见的经历、人物、地点、时间等等。用"不要写（大山），要写（小石子）"这句话来引导自己缩小范围、突出重点。

示例 不要直接描写冬天，而要描写冬日里的某一天。观察周围的环境，然后通过细节描写给读者带来身临其境的感觉。

不要直接描写冬天，而要通过描写冬日里某一天发生的事来讲述这件事对某个人的重要性。

不要直接描写冬天，而要具体描写在冬日里茁壮生长的某种生物。像诗人一样从全新的角度去观察它，用描写和比喻的手法来刻画它。

范文研读 针对某个常见且宽泛的话题，找一些类型不尽相同的文本，你会发现它们的写法也各不相同。例如，图画书《比利·推特和他的蓝鲸宠物》（*Billy Twitters and His Blue Whale Problem*, Barnett, 2009）用幽默的方式讲述了一个小男孩因为做事情不负责任而从父母那儿得到一头蓝鲸做宠物的故事。这本书可以拿来和妮古拉·戴维斯（Nicola Davies）的非虚构类图画书《大蓝鲸》（*Big Blue Whale*, 2000）做对比，也可以和维拉吉·班莎利（Viraj Bhanshaly）的诗《蓝鲸》（"Blue Whale"）做对比。这首诗一开始讲述了作者对蓝鲸有误解，到后来转为欣赏蓝鲸，并最终有了保护它们的欲望。

训练提示语

● 那是个宽泛的话题，你能想到它的哪些方面？
● 对于那个话题，你想到了哪些具体的经历？
● 你想到了哪些具体的人物或地点？
● 写一写你可能经历的事情。
● 在写作中突出重点能给读者带来身临其境的感觉。

4.6 聚焦于重要时刻

策略 想想某段回忆和当时发生的所有事情。想想那段回忆之所以重要的原因，还有那段回忆带给你的感受。找出你认为的那段回忆中最重要的一部分，并就这一部分写一些自己的想法以及它如此重要的原因。尝试去描写某一时刻中一个较小的片段，一点点地去描述它。

示例 从小事写起可以帮助你表达更加深刻的思想。例如，我可以写在我8岁那年的夏天，我在爷爷奶奶家度过了两周的时光。但如果让我回想那段时间里所有美好的记忆，我想我会聚焦在某个能够体现祖孙之情的瞬间。那种浓浓的爱是我想在文章中体现的最重要的东西。在这种情况下，我可能不会写我们参加卡丁车比赛的事，尽管那是一件趣事。我更倾向于选择在那两周中发生的一些小事，比如奶奶第一次教我做肉丸——在奶奶的厨房里，我站在她身边，她把家传秘方教给我。和我戴着头盔在赛道上驰骋相比，我觉得这件事更能体现我们之间的爱。在打草稿的时候，我会一点点地详细描述那段记忆中的这一部分，让读者和我一起去感受那段时光。

使用建议 一个写作者能发掘出多少重要的时刻主要取决于他在写作上的熟练程度和经验。对年龄小的学生而言，你可以让他们选择能写成一个好故事的时刻，而非选择那些意义深远的重要时刻。再简单点儿，你还可以鼓励他们聚焦于更短的时间段。

训练提示语

- 在这些回忆中，你想要聚焦于哪一时刻？
- 将整个故事在脑中过一遍。选一个小而重要的片段去写。
- 我要把你告诉我的所有小片段都记下来。然后你来告诉我你要选哪个，好吗？

聚焦

适用对象

年级
4—8

文本类型
个人叙事，
回忆录

写作环节
选材，润色

延伸阅读
*Small Moments:
Writing with Focus,
Detail, and Dialogue*
(Calkins, Smith, and
Rothman, 2013)

4.7 通过提问突出重点

策略 当发觉自己写的话题过于大而宽泛，你可以通过提问帮自己抓住重点。可以问自己："我真正想说的是什么？我最好奇的是什么？我最想知道的是什么？我是怎么看待和理解这一话题的？"

示例 你可能会在写作过程中发现自己所写的话题覆盖面太广。如果是写故事，你可能想把两周的假期里发生的所有事情都写下来，而事实上你需要缩小范围，选取几个时间点来写而非记流水账；或者你给出了太多人物背景信息，而事实上你需要推动故事情节发展。如果你写的是非虚构类文本，你可能会发现自己写的话题太宽泛，大部分写作者需要写一整本书才能够涉及其中的方方面面。一旦出现这些情况，就意味着你需要突出重点。问自己一些问题可以帮助你弄清楚自己真正想写的是什么，以及你最想深入探讨的是话题的哪些方面。

范文研读 你可以选择一系列文本来辅助本策略的讲授，这些文本需要体现话题从宽泛到具体的差别。例如，你可以找一本名为《海洋》的书，再找一本《鲸鱼》和一本《座头鲸》。你可以引导学生思考自己所写的话题，看看缩小范围后会怎样。

训练提示语

● 你真正想说的是什么？
● 这个话题中最重要的是什么？
● 为了缩小话题，你会问自己哪些问题？
● 问了那个问题后，你打算怎么写 / 改动 / 添加细节 / 润色呢？

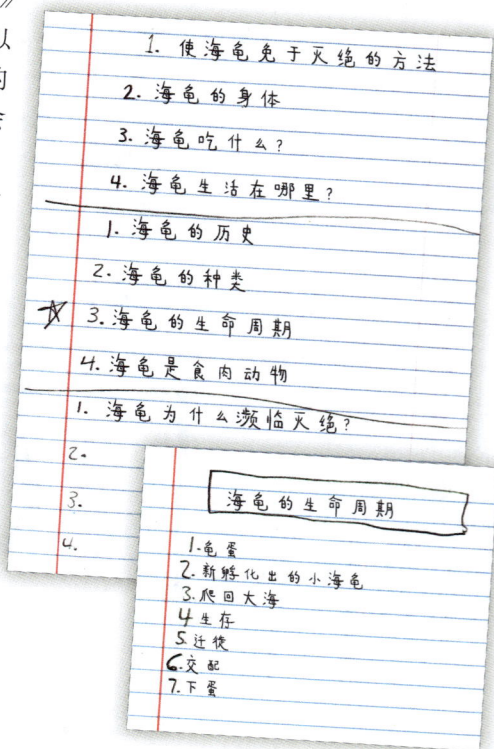

策略 想想你的话题中有哪些方面最能让你产生共鸣。找到你感兴趣的部分，发掘你的真实想法、感受和看法，然后只就那个部分进行写作。

示例 我们要围绕去纽约上东区博物馆参观的经历写一篇随堂作文。在参观回来的路上，我们发现上东区的人行道上没有什么垃圾，雪也被清扫过了。但是在布朗克斯区，我们看到满地的垃圾和积雪混在一起，太恶心了。我们开始思考为什么会出现这样的差别。我们采访了附近的一些居民，获得了一些信息。但是此时，我需要跳出来问问自己为什么会如此关心这件事。我最关心的是这件事的哪个部分？个人认为是"公平"。我们生活在同一座城市，但是有些区域却享有更加优质的公共卫生服务。我想给市长写一封信，为布朗克斯区争取更好的卫生环境。看到了吗？我就是这样把一个比较大的话题——城市的垃圾处理问题——缩小成一个写作重点的，甚至连目标读者也被我缩减到了一个人。

范文研读 你可以通过一篇短篇的博客（说服性文本）来向学生展示一个宽泛的话题如何受作者自身兴趣的影响而变得更有倾向性／更具独特视角／更突出重点。迈克尔·摩尔（Michael Moore）的博客《有关弗林特市饮用水危机的10件事，他们不能说的让我来告诉你》（"10 Things They Won't Tell You about The Flint Water Tragedy: But I Will"）可以供你参考。

训练提示语

- 对于这个话题你的真实感想是什么？
- 你为什么想写这个话题？
- 简单聊聊你的看法。
- 开始动笔时，你对这个话题有什么感想？现在你有什么感想？
- 在你所写的内容中找到最重要的部分。
- 如果你写的偏离了你想写的，你要怎么做才能回到正题？

适用对象

年级
4—8

文本类型
知识性/非虚构类，观点性/说服性

写作环节
选材，调整思路，润色

找到你**感兴趣的部分**！

1. 想想你的**话题**。
   → 哪些方面最能让你产生共鸣？

2. 找到你感兴趣的部分。
   → 你的真实想法和感受是什么？

3. **就写它了**！

延伸阅读
The Revision Toolbox: Teaching Techniques That Work (Heard 2002)

4.9 心怀读者，明确目的

适用对象

年级
4—8

文本类型
不限

写作环节
选材，调整思路

策略 想想你的写作目的是为了说服读者、娱乐读者还是教育读者。再具体想想你最想让谁来读你的文章。突出话题的重点，或找好切入话题的角度。

示例 希望你已经选好要写的话题了，它应该是你最关心的内容。此外，你需要考虑的另一件重要的事是文章的读者定位。这篇文章的读者是谁？他们为什么会对这篇文章感兴趣？

例如，我想给那些刚刚养狗的人写一篇文章，那么我会写知识性文本，向我的读者介绍如何养狗、他们所需的用品，还有训练狗的一些小技巧。但如果我是一个孩子，想要说服父母在家里养狗，那么我可能会写一封劝说信。这样一来，我的重点就不再是介绍有关狗的一切了，而是重点强调我是一个负责任的人，并且已经准备好在家里养狗后照顾它的日常生活。

训练提示语

- 你的目标读者是谁？他们最感兴趣的是什么？
- 哪一种文本类型最适合你的写作目的？
- 说一说你的写作目的。
- 现在确定了目标读者和话题。我们来想一想要从哪个角度切入话题吧。

话题：狗

目标读者	写作目的	文本类型／角度
刚开始养狗的朋友	提供信息／讲解	知识性文本／如何养狗
爸爸、妈妈	说服	信件／为什么家里要养狗
同班同学	娱乐	故事／我们第一天养狗的趣事

延伸阅读
Finding the Heart of Nonfiction: Teaching 7 Essential Craft Tools with Mentor Texts (Heard, 2013)

策略 想想你要在故事／非虚构类文本／散文中写的话题。想想这一话题让你联想到什么画面、带给你什么感受以及让你想用什么样的语气。写一首关于该话题的诗，然后带着这个问题去读你的诗："根据我在诗中所写的内容，这一话题的核心是什么呢？"

使用建议 本策略还能够指导学生选择用词，与第七章中的策略"由短到长，再由长到短"（7.21节）比较相似。

训练提示语

- 重读你的文章，试着把它改写成一首诗。
- 看看你写的诗。你保留的重要细节是什么？
- 如果将这几页初稿浓缩成一首诗，想想你要用到哪些词。
- 重读你的诗。它的重点是什么？
- 再回到你的文章上，删去不必要的部分，详细阐述与重点相关的部分。

适用对象

年级
4—8

文本类型
叙事性，知识性/非虚构类，观点性/说服性

写作环节
选材，润色

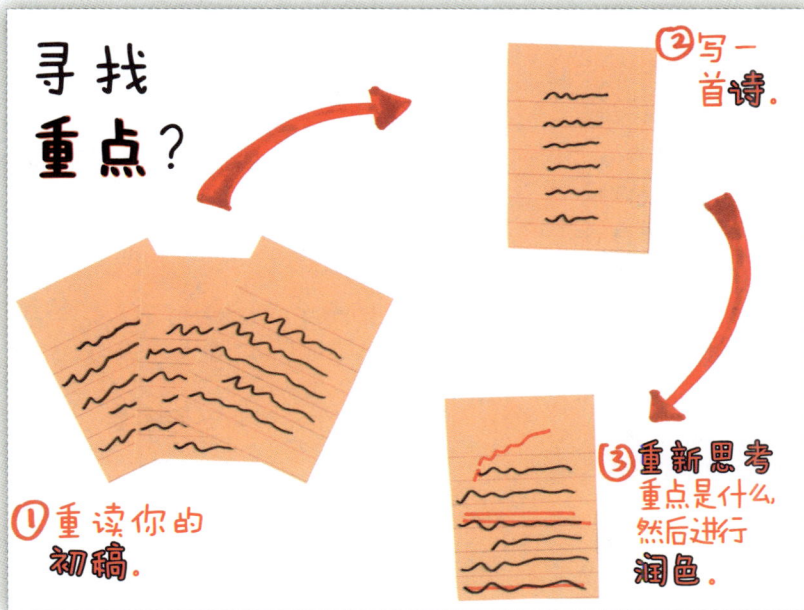

寻找重点？

① 重读你的初稿。

② 写一首诗。

③ 重新思考重点是什么，然后进行润色。

延伸阅读
Explore Poetry (Graves, 1992)

适用对象

年级
4—8

文本类型
不限

写作环节
选材，润色

延伸阅读

In the Middle, Third Edition: A Lifetime of Learning About Writing, Reading, and Adolescents (Atwell, 2014)

策略 思考或者用笔写下自己写作的主要目的（可以是中心思想、主要论点或主题）。重读你的初稿，删去那些偏离或无益于写作目的的内容。

范文研读 把写好的文字删去对写作者来说是一件很难的事！有时候，想想删去的部分还可以用在别的文章里可能会让他们好受些。还有些时候，写作者应该明白，他们要删去的内容对全篇文章而言其实是一种拖累，删去以后会使文章更加清晰明了、重点突出、目的明确。如果你的学生能够理解，就把斯蒂芬·金的这句话读给他们听："杀死汝爱，杀死汝爱，哪怕这样做会伤透你那自我膨胀的小作家之心，也要杀死汝爱。"（2000，222）

训练提示语

- 说出你要突出的重点。
- 最重要的观点／主题／论点是什么？
- 你希望你的读者读完能获得什么？
- 咱们一部分一部分地读。告诉我你要保留哪些部分，删去哪些部分。
- 这部分似乎和你想要突出的重点关系不大。你觉得应该把它删去吗？
- 我知道这样做很难，不过我觉得有必要删去。就像你说的，这对你想要突出的重点没有什么帮助。
- 等到写下一篇文章再用它吧。

删去什么？✂ 保留什么？

1. 说出你要突出的重点.
2. 思考：最重要的观点／主题／论点是什么？
3. 一部分一部分地读. 问问自己："这和我要突出的重点相关吗？"
4. 虽然很难，但还是删去这部分吧，等到写下一篇文章再用它.

例子：　删减前　　　删减后

Jackie Yehla

4.12 标出最能体现观点的句子

策略 读一遍你的文章。标出最能体现文章观点或中心思想的一句话。如果需要修改或重写那句话，就放手去做吧。心里想着那句话，再把整篇文章读一遍。思考一下：为了衬托那句话，你要如何修改其他的内容；为了突出那句话所说的重点，你要删去哪些内容。

使用建议 在说服性文本（议论文、演讲稿、评论）中，选取的那句话通常是陈述论点或某种观点的句子。在诗歌中，那句话可能是不断重复的诗句或者诗的首句或末句。在叙事性文本中，那句话通常是由叙述者或故事主角所说的总结性话语。在知识性文本中，你要鼓励学生去导语和结尾中寻找：那句话不仅陈述了文章的话题，还指出了写作者切入话题的角度或者写作者的主要观点。

训练提示语

- 你觉得你的文章最想表达的是什么？
- 阅读全文，找一句最能体现文章观点的句子。
- 你已经找到突出文章重点的那句话了。重读一遍文章。
- 你要怎样删减／修改／添加内容来突出重点呢？
- 说一说为什么那句话最能体现你的观点。
- 你找到的那句话能够帮你把握文章的重点。

适用对象

年级
4—8

文本类型
不限

写作环节
润色

延伸阅读
Explore Poetry (Graves, 1992)

适用对象

年级

4—8

文本类型

不限

写作环节

选材，调整思路，打草稿

策略 当你需要按老师布置的作文题目写作，或者需要就已经给出的材料／提示语写作的时候，思考一下自己该如何巧妙地选择写作的角度。列出与布置的题目或者给出的材料／提示语相关的各种角度和想法。从中选取一个角度并打草稿。

示例 记者经常要进行指定话题的报道。他的上司可能会说："去报道一下22号公路上的交通事故吧。"不过，优秀的记者不会仅报道那些显而易见的内容，比如事故的当事人、现场状况、事发地点、事发时间以及事故原因等，还会去深度挖掘背后的故事。虽然那些事实很重要，但是找到吸引读者的点和独特的报道角度更重要。有些记者的报道可能会把侧重点放在事故的某位当事人身上以及是谁造成了这起事故。有些记者的报道可能由这起交通事故联想到开车玩手机的现象，并且给读者带来除这起事故以外的信息和思考。还有些记者可能会去挖掘那段公路上发生的所有事故的共性，并且查阅关于提高公路安全的法规。不管是写考试作文，还是完成老师甚至是你未来的老板布置给你的写作任务，你都可以写出自己独特的角度。

训练提示语

● 开动脑筋想一想，你能从哪些角度去写那个话题。

● 哪些想法与那个话题相关？

● 最平常的写法是 _____。尝试更新颖的角度，不要太直白。你打算怎么写？

● 你这个写作角度挺特别的。

延伸阅读

Help! For Writers: 210 Solutions to the Problems Every Writer Faces (Clark, 2011)

你的角度是什么？

有时你要写的题目是指定的：

写写学校的巧克力牛奶。

最平常的角度是……

我认为学校要提供巧克力牛奶。 或 我认为学校不应提供巧克力牛奶。

不要采用这么平常的角度！ 平常

什么角度比较特别？你还能想到什么？

我认为每周有两个体育课的学校要提供巧克力牛奶。

我认为学校每周五应该提供巧克力牛奶。

你还能想到什么特别的角度吗？

Diana Erben

策略 在网络的搜索引擎中输入你的话题，看看会出现哪些与你的话题相关的文章、博客、广告和帖子，思考这些内容反映了哪些不同的角度。读完后思考："我对哪个子话题／角度最感兴趣？我的文章应该从哪个角度切入？"

示例 我知道目前持枪权在美国是一个热度很高的话题，因此我想写一篇与之相关的文章，但是不知道从哪个角度去写。我在搜索引擎里输入"美国持枪权"后得到了很多可能的角度和子话题。我查到有一个组织叫"妈妈们要求美国政府在枪支管控上有所作为"，这显然是一个呼吁枪支管控的组织。我还看到许多有关美国枪支暴力和大规模枪击案的具体案例，我可以深入研究其中的任何一个。还有一些将美国的持枪权和其他国家的持枪权进行对比的网页。除此以外，网上还有一些政治家就持枪权发表的言论和表明的立场。基于以上的搜索结果，我对妈妈们的角度更感兴趣一些。虽然枪支管控是一个政治问题，但是从那个组织切入能帮助我更好地理解这一话题背后的普通人的经历和故事。

训练提示语

- 搜索你的话题，看看相关的内容。
- 列出那些与你的话题相关的子话题和切入角度。
- 哪些是你意料之外的？
- 哪些是你感兴趣的？
- 想想你想写关于哪方面的文章。
- 有没有什么内容是你意料之外的？那些意料之外的内容中有什么是你感兴趣的？

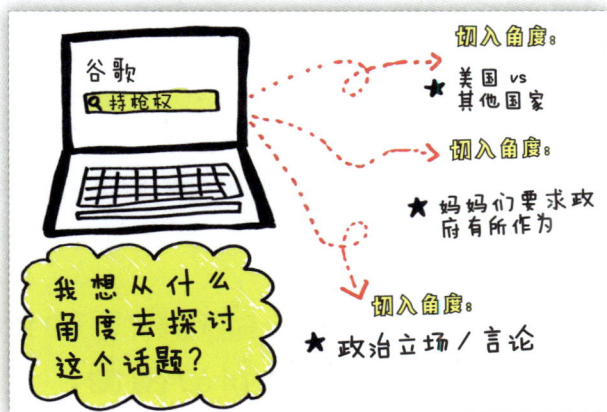

适用对象

年级
4—8

文本类型
知识性/非虚构类，观点性/说服性

写作环节
激发和收集灵感，选材，调整思路

延伸阅读
Help! For Writers: 210 Solutions to the Problems Every Writer Faces (Clark, 2011)

适用对象

年级

4—8

文本类型

☐
☐ 不限

写作环节

调整思路，润色

策略 在打草稿之前和写完之后都要停下来问问自己："一想到这个话题，我的脑海中就会出现什么样的画面？哪个画面最能代表文章的话题？"通常你想到的画面就是文章核心的内容。之后去给文章润色时要确保你写的细节能够描绘出那个画面。

示例 我刚刚重读了一遍我之前写的一个故事，那个故事讲的是我小时候有一次偷偷溜进姐姐的房间里，趁她睡觉的时候剪了她一缕头发。我在故事中描述了很多细节，但在讲完故事后我发现我脑海中挥之不去的是这样一个画面——姐姐第二天早晨发现头发被剪后脸上的表情。她的脸上充满了惊恐、伤心、遭背叛和困窘的神情。我打算再读一遍，确保自己至少在描写那个场景的部分准确地把握了那种感觉。我并不想把自己写成一个幸灾乐祸的人，也不想把这个故事写得刺激有趣。其实，这件事带给我的感受更多的是后悔。

训练提示语

- 重读你的文章，想想什么是最重要的。
- 在打草稿之前看看你能否把重点聚焦在某个画面上。
- 一想到这个话题，你的脑海中就会出现什么样的画面？
- 如果画草图有用，那就画吧。这样也许能帮助你把握重点。
- 什么画面能代表你的话题？
- 你可以说："我看见了……"

延伸阅读

A Writer Teaches Writing
(Murray, 1985)

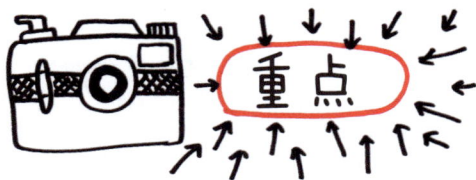

重点

1. 停一下。你想到了什么样的画面？哪个画面最能代表你的话题？

2. 重读一下。确保你写的细节符合你想到的画面。

4.16 在收集的素材中寻找主题

策略 在打草稿之前，翻阅一下你收集到的所有素材。然后想想："在我收集的素材中，有没有什么是反复出现的？"制订一个写作计划，重点关注主要观点或主题。

示例 只有收集过写作素材的学生才能使用本策略。笔记本是收集素材和灵感的上佳选择，当然学生也可以把几个月内完成的初稿和终稿翻出来再看一遍。

本策略适合有写作经验的学生，因为它需要学生在阅读方面具备一定的认知能力。若你发现学生在阅读中具备了整合信息和解读文本的能力，那就说明他们适合使用本策略。当发现其他作者的作品表达的主要观点和自己的想法相契合时，他们就可以在写作时试着表达类似的观点。

训练提示语

- 翻阅你收集的素材。
- 你有没有在众多细节中发现什么规律？
- 你最想写一篇关于什么的文章？
- 你的故事想要突出什么主题？
- 你的知识性文本想要突出的主要观点是什么？

哪些想法总是反复出现？

我把姐姐的洋娃娃藏了起来，还撒了谎，于是我遇到了大麻烦。
*撒谎会伤害到别人。

我跟欺负我和姐姐的邻居打起了雪仗。
*要通过反抗捍卫自己的尊严。

父母让（害羞的）我在餐馆点菜。
*独立和勇于发声很重要。

二年级的时候老师把我已经离异的父母叫到学校开会。
*成年人为了孩子聚在一起。

- 勇敢、勇气
- 语言能带来伤害，也能让你更强大。
- 在"学习成年人如何行事"与"在成长过程中表现得像个成年人"之间保持平衡。

延伸阅读
A Writer Teaches Writing (Murray, 1985)

4.17 做重点突出的"电梯演讲"

适用对象

年级
4—8

文本类型
不限

写作环节
调整思路，
润色

* 关于电梯演讲的
说明见文后"术语
表"。——编者注

策略 想想你的初稿或你打算写的文章。假如你想把它的中心思想介绍给潜在的出版方，那么你需要做一次"电梯演讲"*，即用三五句话来说明，令对方相信这篇文章充满了感染力。确保这几句话能够囊括文章的中心思想或关注的主要问题，并且能够作为文章的"卖点"。

训练提示语

- 你的想法中最重要的是什么？
- 试着把它推荐给我。
- 你的文章囊括了很多重要信息。现在试着用三五句话把它讲出来。
- 把这个想法推荐给别人，删去那些非"卖点"的内容。
- 从你的演讲稿中完全可以看出你对这个观点的强烈情感！
- 如果你觉得这一点是最重要的，那就重读一下自己的文章，看看你是否充分地突出了这一点。

> 有个孩子没有犯错，却在日后后悔不已？这是一个生动且真实的故事，讲述了一个孩子是如何懂得友谊和第二次机会的重要性的。故事发生在一个平凡的小镇，这很容易让读者产生共鸣。故事中形象丰满的人物得到了读者的理解，仿佛就是读者身边的人一样。

4.18 精心打磨你的论点

策略 首先在初稿中提出自己的论据。然后，回到初稿上，画出那些可能作为论点的句子、要点或想法。找出这些后，用不同的方式对它们进行改写。最后，看看这些改写的句子，问问自己："哪一句最接近我想表达的内容？我最想论证的是什么？"

示例 我比较关心教育委员会提出的削减本镇预算的议题。他们声称要裁掉一半的图书管理员，我不能冷眼旁观、听之任之。我决定给教育委员会写一封信，这封信必须清楚而强烈地表达我的观点。首先，我列出了一些要点。接下来，我要精心打磨我的论点。我要开动脑筋想一些备选的论点，看哪一个最接近我想表达的内容。（随后向学生展示，列出5个或更多个备选的论点，比如图书管理员对学校至关重要；没有图书管理员，学校将不再完整；图书管理员能让孩子喜欢读书等。）

训练提示语

- 画出那些重要的句子。
- 找出关键的一句话。
- 用不同的方式改写那句话。想想还能怎么说。
- 用不同的词去写，你还能怎样表达自己的论点。
- 看看你写下的全部论点。哪一句最贴切？
- 你最希望就哪个论点展开写作？
- 我能看出你选的是你真正在意的论点。

说些什么？！

看看自己的初稿，然后

1. 标出那些可能作为论点的句子、要点或想法；
2. 问问自己："它可以作为我的论点吗？"；
3. 用不同的方式改写那些句子；
4. 回头看你改写的句子，看看哪一句最接近你想表达的内容。

Barb Golub

年级
4—8

文本类型
观点性/说服性

写作环节
激发和收集灵感，调整思路，选材

延伸阅读
Breathing Life into Essays (Calkins and Gillette, 2006)

适用对象

年级
4—8

文本类型
不限

写作环节
调整思路，润色

策略 结合所选的话题，想想自己有哪些独特的观点、见解或者想法。问问自己："是这样吗？还有哪些内容是我该说却还没说出来的？我要从什么角度去写才能让文章更具特色且重点突出？"将你的思路写下来，进一步向自己提出质疑。

使用建议 不论学生在进行何种文本的写作，本策略对他们而言都很重要。对写知识性文本的学生来说，他们大可不必把有关鲨鱼的全部知识点都写出来。本策略可以鼓励学生去思考他们对于鲨鱼的一些想法，然后通过描写细节或陈述事实把自己想表达的写出来。对写议论文的学生来说，提出这样的质疑对他们陈述论点很有帮助。而对写诗或叙事性文本的学生来说，回答"是这样吗？"这个问题可以帮助他们总结经验教训或者明确主题或主要信息。

训练提示语

- 关于这个话题你能说点儿什么吗？
- 什么还没有被提到？
- 问问自己："是这样吗？"
- 你可以说："关于这个话题我必须说的是……"
- 找一个不同的角度。

发现你的独特角度

1. 找一个你非常了解的话题！

2. 读一些专家写的文章。

3. 问问自己："什么内容在我看来很特别？" "我为什么会对____有强烈的感受？"

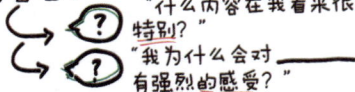

4. 记下你觉得特别和重要的内容。
   ★ 和你的目标读者分享你感兴趣的内容
   - 讲解
   - 娱乐
   - 说服

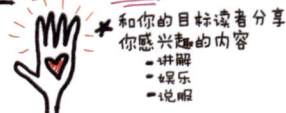

Josephine Sinagra

延伸阅读
In the Middle, Third Edition: A Lifetime of Learning About Writing, Reading, and Adolescents (Atwell, 2014)

策略 将初稿放在一旁，在草稿纸上随意地写写。可以写关于初稿话题的内容，还可以写决定选用的细节、打算尝试的有利于突出重点的其他细节以及文章给予读者的感受等等。这不是说让你重新写一遍文章。你要做的是重新读一读你在草稿纸上写的内容，再看看初稿，想想应该如何润色。

使用建议 优秀作文不仅重点突出，还有其他许多特点。本策略能帮助学生写出具备这些特点的优秀作文。教师可以将本策略略作调整，指导学生写一写他们自己的写作经历，这可以帮助他们找到自己关注的重点。这是一种元认知 * 的方式，它适合写作经验比较丰富的学生。另外，教师可以让学生通过不同的方式去思考自己的写作（比如用多种方法写导语），这样不仅有助于学生抓住重点，还有助于阐述细节，甚至优化文章的结构。

训练提示语

● 列一张清单。

● 提出一些问题并回答。

● 不是让你重写一遍，而是让你像在草稿纸上演算数学题一样解决问题。

● 根据草稿纸上的内容，你有了几个新的写作方向。

● 问问自己："还有没有漏掉的内容？"然后在草稿纸上回答这个问题。

● 问问自己："真正的问题是什么？"试着写下你的答案。

改编自南希·阿特韦尔的《在初中当教师：终身学习适合青少年的读写教学方法（第三版）》

适用对象

年级
5—8

文本类型
不限

写作环节
润色

*关于元认知的说明见文后"术语表"。——编者注

延伸阅读

In the Middle, Third Edition: A Lifetime of Learning About Writing, Reading, and Adolescents (Atwell, 2014)

4.21 聚焦于一个问题

适用对象

年级
5—8

文本类型
不限

写作环节
激发和收集灵感，调整思路，选材，打腹稿

策略 想想你的文章所聚焦的生活 / 社会问题（比如霸凌现象、种族问题、贫困问题、动物权益保护问题等）。思考一下，关于这个问题你必须说些什么，你要选取什么细节以使这个问题更具现实意义。

使用建议 与本策略类似的一个策略是"抽象的问题，具体的例子"（3.32节），它可以指导学生进行有关社会问题的写作。而本策略的侧重点是让学生在阅读他人的文章时注意作者是如何选取与文章所探讨的问题相关的细节的。

范文研读 与学生分享一本篇幅短却有力度的书：劳拉·瓦卡罗·希格（Laura Vaccaro Seeger）的《霸凌牛》（*Bully*, 2013）。在这本书里，她的写作目的与她想传达的信息都通过图画和她写的细节清晰而突出地表现出来了。

训练提示语

- 你的文章想聚焦的问题是什么？
- 关于这个问题你必须说些什么？
- 我们来一起想想你要选取哪些细节。
- 这篇文章要怎么写？大声地陈述一下。
- 如果是写故事，你需要考虑的是主题。用一句话概括你的主题。
- 如果是写非虚构类文本，你需要考虑的是主要观点。
- 如果是写观点性文本，你需要想好论点和论据，并用一句话概括。

延伸阅读
For a Better World: Reading and Writing for Social Action (Bomer and Bomer, 2001)

你的文章聚焦的问题是什么？

霸凌现象

包括：霸凌者和被霸凌者的对话

包括：细节 / 场景；霸凌者的家庭 / 问题的根源

包括：霸凌发生的场景；思考 / 反思这样的行为

你要选取什么细节以使这个问题更具现实意义？

4.22 你想解决什么问题?

策略 想想你的文章内容。问问自己:"这篇文章想要解决的核心问题是什么?"你所陈述的观点或提出的问题就是全文的重点。再读一遍初稿,确保你所选取的细节能够说明问题或者解决问题。

示例 我们需要完成一篇随堂作文,内容是给校长写一封信,说说学校午餐的事。我们要关注的核心问题是什么?我觉得是学校的午餐太难吃了,品质也不好,我认为孩子们需要更多有营养和可口的食物。重新读一遍初稿,确保选取的细节能帮助解决这一问题。我们举的第一个例子是汉堡太干了,使用的面包是白面包而不是燕麦面包。这就说明了问题,因为"干"说明不好吃,"白面包"说明它没有什么营养。(继续读文章剩下的部分,鼓励学生去判断文中细节的实际作用,讨论一下这些细节能否突出重点,以及是怎样突出重点的。)

训练提示语

- 你的文章想要解决的问题是什么?
- 试着把问题陈述出来。
- 一起来读读你的文章的第一部分,看看其中的细节能否解决这一问题。
- 你为什么要选取那个细节?
- 你还想添加其他什么细节来帮助解决这一问题?

我有99个问题,

➡ 想想你的文章内容,问自己:

"我想解决的问题是什么?"

➡ 你的回答就是全文的重点.

➡ 再读一遍初稿,确保你所选取的细节能够解决问题.

但我的文章只关注一个.

Barb Golub

年级
5—8

文本类型
观点性/说服性

写作环节
润色

延伸阅读
A Writer Teaches Writing (Murray, 1985)

适用对象

年级
5—8

文本类型
不限

写作环节
打草稿，润色

策略 抓住与你想传达的信息相关的念头或直觉并写下来可以成为你写作的开端。充满激情地快速写作，不要评判自己写得好不好，更不要迟疑。写作的过程其实是在纸上思考的过程，你可以通过打草稿的方式去发现你想表达的中心思想。然后，将草稿放在一旁，理清你的写作重点，再写一份草稿。

使用建议 最适合使用本策略的或许是那些手写速度很快或打字很流畅的学生。写完一遍后，将草稿放在一边，再写一遍，这看起来更像是那些喜欢修改文章且写作经验丰富的写作者乐于去做的事。

训练提示语

- 试着边写边思考。
- 大胆写吧，不要评判自己写得好不好。
- 问自己一个问题，然后回答它。
- 尝试换一种思路。
- 回过头看你的草稿。能找到你想表达的想法吗？
- 现在你知道写作的重点了，写出完整的初稿吧。

延伸阅读
A Writer Teaches Writing
(Murray, 1985)

打草稿

①跟着感觉走。

②充满激情地快速写作。

③回顾并思考。

★ 什么是最重要的？
★ 草稿把我指引到哪个方向了？
★ 什么才是重点？

策略 开动脑筋想想你乐于研究和感兴趣的话题。搜集可用的资料（出版物、网上资源、专家访谈等），以便进行更深入的研究。根据搜集到的研究资料，调整写作范围或话题。

示例 例如，你对法医学很感兴趣，但在图书馆里只找到了一本与之相关的书。于是你上网搜索，发现找到的大部分文章对你来说都太难理解了。你可以说"从头再来！我要重新选个不同的话题来研究！"，或者说"和这个话题相关的内容是什么？我要怎么转变一下话题？这样我就能找到一个自己仍然感兴趣的话题，它或许还是和法医学相关"。接下来，你可以扩大你的研究范围，把法医学作为其中的一部分，再写科学领域其他与之相关的职业。你还可以把写作范围扩大到打击犯罪，文章的一部分写警察和法律在遏制犯罪中所扮演的角色，另一部分写法医学的作用。你还可以读一些法医学书籍，看看能否在书中找到一些潜在话题。

训练提示语

- 什么内容与你的话题相关而且研究起来很有趣？
- 你为什么不读读找到的资料，看看能否从中找到可以切入话题的角度？
- 如果你扩大一下你的话题范围呢？这个话题能否成为一个更大的话题的一部分？
- 调整你的写作范围。

适用对象

年级
5—8

文本类型
知识性/非虚构类，观点性/说服性

写作环节
选材，调整思路，润色

延伸阅读
Energize Research Reading and Writing: Fresh Strategies to Spark Interest, Develop Independence, and Meet Key Common Core Standards (Lehman, 2012)

4.25 使用主动动词描写重点

适用对象

年级
5—8

文本类型
知识性/非虚构类，观点性/说服性

写作环节
调整思路，润色

策略 想想你的话题。用"我想了解……"来开头，用主动动词（如"导致""与……发生冲突""发展"）写一个完整的句子。多写几个句子备选，然后选择最能体现自己想法的那句话。

使用建议 请注意，本策略会让学生的话题或研究范围缩小。当他们打算研究某一话题时，缩小话题意味着提供信息的资料和资料来源都受到了限制。本策略最好和前一个策略"根据可用的资料调整写作重点"一起使用，这样可以防止学生过早地将精力放在这个缩小的话题上，从而确保他们写出好文章。

训练提示语

- 使用主动动词，比如"导致"，用一个完整的句子概括你的主题。
- 用"我想了解为什么／怎么样／什么时候……"开头。
- 就是这样！再找几个词试试，看看你对哪一个最感兴趣。
- 还有哪些动词可以在主题句中使用？

延伸阅读
The Craft of Research
(Booth, Colomb, and Williams, 2008)

我们可以把文章的结构
看作人的骨骼或房屋的框架。
没有骨骼的身体就是一摊烂
泥，没有框架的房屋会坍塌。

——珍妮佛·塞拉瓦洛

第五章
目标 5

合理安排结构

◎ 这个目标为什么很重要？

我们可以把文章的结构看作人的骨骼或房屋的框架。没有骨骼的身体就是一摊烂泥，没有框架的房屋会坍塌。写作者或许有能力选择一个合适的话题并且添加丰富的细节，但如果他不能建构一个好框架，不能有条理地组织好内容，那么读者就会感到困惑。本章中的一些策略能够帮助学生学会考虑文章的整体结构，确保结构既符合文本类型的需要，也能体现文章主题。

除了考虑整体结构，还要考虑文章的各个部分。我们还是用房屋做比喻：一座坚固的房屋需要有坚实的地基、垂直的墙面和角度恰当的屋顶。写文章时，写作者需要学习如何写吸引人的开头、如何拿捏文章主体的长度，以及如何写好结尾。如果每个部分都不够扎实，那么整篇文章的内容就会变得含糊不清，读者可能会没兴趣继续阅读（如果开头写得不够好的话），也可能在读完之后感到很不满意（如果结尾 / 结论 / 结局写得不够好的话）。因此，本章中有关安排结构的策略不仅适用于全篇文章的规划，还可以帮助写作者改善文章的各个部分。其中的一些策略可以同时应用在全篇结构和局部结构的建构上（例如，使用"跷跷板"结构，即写作者在写作时在两个话题、想法或时刻之间来回切换，这种结构既可以用于全篇，也可以用于某个部分）。

◎ 这个目标是否适合我的学生？

通常学生们在写作方面的成长不会保持一致的步调。下表（图5.A、图5.B和图5.C）按照年级列出了一般情况下学生在学习架构叙事性、知识性以及观点性文本的结构时的进度。这3张进度表很大程度上是依据卡尔·安德森的《写作者测评》和露西·卡尔金斯的《写作之路：表现性评估和学习进程》总结而成的。我希望借助于这些表格，你能够知晓从哪里着手指导学生，并且根据他们所展现的安排文章结构的水平来判断下一步要怎样指导他们。

	K	1	2	3	4	5	6	7	8
按顺序记叙	X	X	X	X	X	X	X	X	X
有开头		X	X	X	X	X	X	X	X
有结尾		X	X	X	X	X	X	X	X
叙事结构为：提出问题—解决问题			X	X	X	X	X	X	X
用"上升情节"营造紧张氛围			X	X	X	X	X	X	X
挖掘故事核心					X	X	X	X	X
展现控制故事节奏的能力						X	X	X	X
有目的地打乱叙事顺序（如运用闪回等手法）						X	X	X	X
根据主题或重要性来调整文章结构							X	X	X

图5.A 叙事性文本学习进度表

	K	1	2	3	4	5	6	7	8
随意列出能支持观点的原因或事实	X	X	X	X	X	X	X	X	X
有引言		X	X	X	X	X	X	X	X
有结论			X	X	X	X	X	X	X
根据种类/原因将事实分类					X	X	X	X	X
在开头使用过渡词					X	X	X		
所列的原因具有相同分量或者同等重要，细节/事实有条理					X	X	X	X	X
文章的结构有一定的逻辑（如先列出最重要的内容或能够推出结论的信息）					X	X	X	X	X
使用较复杂的过渡词去体现信息之间的关系						X	X	X	X

图5.B　观点性文本学习进度表

	K	1	2	3	4	5	6	7	8
将信息列出来	X	X	X	X	X	X	X	X	X
尝试将相关信息放在一起，有些信息会交叉		X	X	X					
将同样或相关的信息放在不同的篇章或段落中		X	X	X	X	X	X	X	X
使结尾／结论与话题相关		X	X	X	X	X	X	X	X
使引言与话题相关			X	X	X	X	X	X	X
使用过渡词				X	X	X	X	X	X
引言和结论都能从某个角度体现话题					X	X	X	X	X
文章的结构有逻辑（如先使用最吸引人的信息吸引读者）						X	X		X
有话题和子话题（在每部分中用分段或列出小标题的方式表明话题和子话题）						X	X		X
各章节/部分是并列的（具有相同分量或同等重要）						X	X	X	X

图5.C　知识性文本学习进度表

关于合理安排结构的策略一览表

策略	年级	文本类型	写作环节
5.1 写句式重复的书	前书写阶段—1	清单/句式重复的书	打草稿
5.2 说说、画画、写写	K—2	叙事性，知识性/非虚构类	口述，打草稿
5.3 加上一页，删去一页	K—2	叙事性，知识性/非虚构类，观点性/说服性	润色
5.4 将某一页换个位置	K—2	叙事性，知识性/非虚构类，观点性/说服性	润色
5.5 是写方方面面还是写某一次经历?	K—2	叙事性，知识性/非虚构类	口述
5.6 学写"说明书"类文章	K—8	流程型说明文	调整思路，打草稿，润色
5.7 按顺序写	K—8	不限	调整思路
5.8 啊哦……糟糕……还好	1—3	叙事性	调整思路
5.9 充实主体内容	1—3	叙事性	润色
5.10 问与答	1—3	知识性/非虚构类	调整思路，打草稿
5.11 让故事结束在那一刻	1—4	叙事性（记录某一时刻）	打草稿，润色
5.12 用人物说的最后一句话来结尾	1—8	叙事性	打草稿，润色
5.13 从写目录开始	1—8	知识性/非虚构类	调整思路
5.14 按特点分解话题	1—8	知识性/非虚构类，观点性/说服性	调整思路
5.15 按种类分解话题	1—8	知识性/非虚构类，观点性/说服性	调整思路
5.16 注意各部分之间的过渡	1—8	叙事性，观点性/说服性，知识性/非虚构类	润色
5.17 给诗断行	1—8	诗	润色
5.18 动笔前打腹稿	2—8	不限	调整思路
5.19 制造紧急状况	2—8	叙事性	调整思路，润色
5.20 非虚构类文本的引子	2—8	知识性/非虚构类	调整思路，润色
5.21 对话式引子	2—8	知识性/非虚构类，观点性/说服性	调整思路，润色

策略	年级	文本类型	写作环节
5.22 根据目标读者选择要写的信息	2—8	知识性/非虚构类	调整思路
5.23 画出页面布局	2—8	知识性/非虚构类	调整思路
5.24 列几份不同的提纲	3—8	观点性/说服性，知识性/非虚构类，叙事性	调整思路，润色
5.25 摊开稿纸，把握整体结构	3—8	不限	润色
5.26 把初稿裁剪开	3—8	不限	润色
5.27 详细描绘（而非概括）以制造悬念	3—8	叙事性	打草稿，润色
5.28 运用重复结构	3—8	不限	调整思路，打草稿，润色
5.29 准备多场景故事板	3—8	叙事性	调整思路
5.30 用"提出问题—解决问题"的结构写说服性文本	3—8	观点性/说服性	调整思路，打草稿
5.31 详叙还是略叙	4—8	叙事性	润色
5.32 尝试不同的文本类型或结构	4—8	不限	润色
5.33 一级标题，二级标题，三级标题	4—8	知识性/非虚构类	调整思路
5.34 衡量各部分的重要性	4—8	观点性/说服性，诗，知识性/非虚构类	润色
5.35 首尾呼应	4—8	不限	调整思路，打草稿，润色
5.36 运用"跷跷板"结构	4—8	不限	调整思路，打草稿，润色
5.37 用主要观点来结尾	4—8	不限	打草稿，润色
5.38 设计相互呼应的双线情节	4—8	叙事性	调整思路，打草稿
5.39 先有"骨架"，再有"血肉"	4—8	不限	打草稿
5.40 从相反的角度切入	5—8	叙事性，观点性/说服性，知识性/非虚构类	调整思路，打草稿，润色

适用对象

年级
前书写阶段—1

文本类型
清单/句式重复的书

写作环节
打草稿

*关于图书分级系统的说明见文后"术语表"。——编者注

延伸阅读

Units of Study in Opinion, Information, and Narrative Writing, Grade 1 (Calkins and colleagues, 2013)

策略 当你学会了一些固定句式中的常见词之后,你就可以写一本句式重复的书了。想想你想写一本关于什么主题的书。每一页都使用一些相同的词,但要记得至少改变其中的一个词。确保图画和文字相符。

使用建议 这种图书结构能够强化学生对于常见词的记忆,并且对那些已经准备开始阅读 A 级、B 级或 C 级读物*的学生很有帮助。在教授本策略时,你可以提供多种句式让学生做不同的尝试。例如,一些学生可以选择改变句首的某个词(如"青蛙是绿色的。/ 叶子是绿色的。");一些学生可以改变句子中的几个词(如"那是一只棕色的熊吗? / 那是一只黄色的鸭子吗?");其他学生可以尝试横跨两页篇幅的句式(如"我看见一只小狗。小狗汪汪叫。/ 我看见一只鸭子。鸭子嘎嘎叫。")。在与学生的互动中做这样的练习,然后让他们去写自己的书。但在此之前,你一定要确保已经将一些高频词教给学生了,并且他们能够在教室的单词墙或词汇表上找到那些词。

训练提示语

- 哪些词要保持不变?
- 遇到不会拼写的词,去单词墙上查查看。
- 这里的句式是什么?
- 下一页的句子有哪些地方需要改动?
- 我发现你的句子的前面几个词都没变,只是最后一个词变了。
- 每一页只改变一个词,别的都没有变,这就是一种句式重复的形式!

我们能不能去动物园?

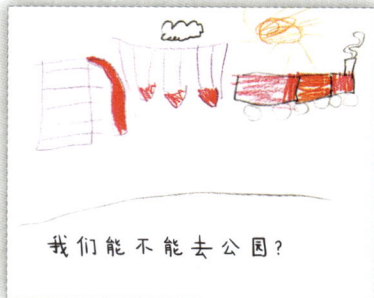

我们能不能去公园?

我们能不能去商店?

5.2 说说、画画、写写

策略 将几页稿纸放在面前。对着每一页说出你想写的故事的一部分，并根据所说的内容在相应的页面画出图画以便记忆。然后回到第一页，把所说的内容写下来，写完一页再写下一页。你可以利用图画帮助自己回忆想写的内容。

使用建议 对刚刚尝试写一页以上故事的学生，你可以让他们在开始时只写两页（开头和结尾），然后慢慢练习写3页（开头、经过和结尾），到最后写4页、5页甚至更多页。

有一次我看到同事艾莉森·波尔切利（Alison Porcelli）把这个策略用唱的方式教给了一群幼儿园的孩子，用的是凯西（KC）与阳光合唱团（Sunshine Band）的《扭扭屁股》（"Shake Your Booty"）这首歌的曲调（"说说说……嗒嗒嗒嗒嗒嗒画画画嗒嗒嗒嗒，写写写，写写写"）。这件事过去快10年了，可我还记得很清楚！通过学生互动时的反应，我意识到把写作策略编成难忘的歌曲是个让课堂变得生动有趣的好主意。

训练提示语

- 首先，把你的故事讲出来。
- 讲到哪一部分手指就指到哪一页。
- 你把故事的每个部分都讲了一遍。现在从头开始画草图。
- 记住，要快速画草图，能记下你的想法就好。随后，等你有时间了，再回过头仔细地画。
- 你已经讲完故事，也画完了。接下来该干什么？
- 讲故事的时候把手放在相应的那一页，这样做能帮助你记住故事发生的顺序。

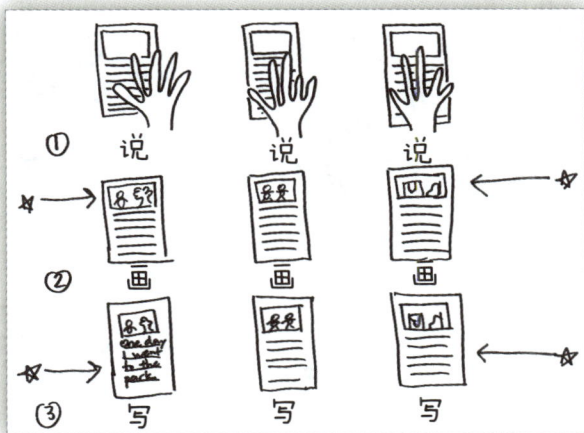

适用对象

年级
K—2

文本类型
叙事性，知识性/非虚构类

写作环节
口述，打草稿

延伸阅读
Alison Porcelli, personal communication

加上一页，删去一页

适用对象

年级
K—2

文本类型
叙事性，知识性/非虚构类，观点性/说服性

写作环节
润色

策略 重读你的文章。如果某个部分与全篇内容不搭配，就把那一页删掉（可以的话用白纸替换那一页，然后重写那个部分）。如果觉得文章似乎还缺某些内容，就加一页白纸，然后把缺失的内容写上去。

使用建议 让初学写作的学生使用多页稿纸进行写作可以帮助他们更好地理解一篇文章中每部分的内容。如果写的是故事，他们就要把开头、经过和结尾这3个部分分别写在一页纸上。如果写的是非虚构类文本，他们就要把子话题一、子话题二和子话题三分别写在一页纸上。本策略能帮助学生认识到，没有用的部分要删去，遗漏的部分要加上。

　　另一个更为复杂的策略在下一页。使用那个策略时，学生需要决定是否移动初稿中某一页的位置。

训练提示语

- 有没有哪些部分看起来比较令人困惑？会不会是哪些内容被遗漏了？
- 故事的哪个部分和其他部分不搭配？
- 如果把这一页删去，你会在这儿补写一些其他的内容吗？
- 我同意，那一页和整篇文章不搭配。
- 我同意，那一页的内容令人困惑。

延伸阅读

One to One: The Art of Conferring with Young Writers (Calkins, Hartman, and White, 2005)

再读一遍，加上一页或删去一页

糟糕！我忘记了一些重要的内容。让我把那部分加上。

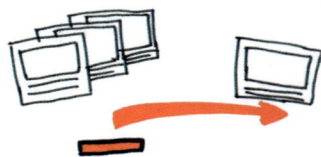

什么？我根本不需要那部分内容！让我把它删去。

5.4 将某一页换个位置

策略 重读你的文章。如果某部分所在的位置似乎有问题，就把那一页取出来。再读一下其他页的内容，想一想"把刚刚那一页放在哪里更恰当？"。将那一页换个位置，然后通读全文，确保文章流畅。

使用建议 如果学生按照故事发生的顺序写叙事性文本，那么调整页面顺序就没有必要。但是，有时学生想把先发生的故事细节写在靠后的页面中。例如，一个学生在第一页写他去拿狗绳和项圈；在下一页写在外面遛狗的场景；再在下一页写狗对于外出散步这件事总是表现得很兴奋，一边汪汪叫，一边摇尾巴；在最后一页写他们一起回家。事实上，狗非常兴奋发生在外出散步之前。

在知识性文本的写作中，是否移动某部分内容取决于该页的内容是否属于另一页内容的子话题。例如，一个学生写的话题是鲸鱼：他用一页写鲸鱼生活的地方，一页写浮游生物和鲸鱼的食物，一页写导致鲸鱼濒危的原因，最后一页写鲸鱼的迁徙。他可能意识到迁徙应该归在"鲸鱼生活的地方"这一子话题下，因此可能会选择将那一页挪到靠近第一页的地方。

在观点性文本中，写作者会考虑哪个论点更有力，或者认为这个结论可能作为引言的写作更为合适，或反之。

训练提示语

- 有没有哪些部分看起来比较令人困惑？会不会是没放对地方？
- 你觉得哪部分的位置不对？
- 这一页放在哪里更好？
- 我同意，那一页放在那儿不搭配。
- 调整顺序之后，通读一遍。

将某一页换个位置

再读一遍
- 顺序正确吗？
- 某一页需不需要调换位置？
- 需要调换到哪里？

再读一遍
- 是不是通顺一些了？

Barb Golub

适用对象

年级
K—2

文本类型
叙事性，知识性/非虚构类，观点性/说服性

写作环节
润色

5.5 是写方方面面还是写某一次经历？

适用对象

年级
K—2

文本类型
叙事性，知识性/非虚构类

写作环节
口述

延伸阅读

One to One: The Art of Conferring with Young Writers (Calkins, Hartman, and White, 2005)

策略 确定好写作话题后，你就可以决定写什么类型的文本了。一种选择是写某一次发生的事情，即写一个有开头、经过和结尾的故事。另一种选择是写这个话题的方方面面，这样你要写的就是知识性文本，你需要介绍这一话题的各个方面。

使用建议 通过教授本策略，教师能让学生学到更高层次的知识——对文本类型的理解和把握。写作者首先要考虑的事情之一是文章的结构。当然，为了更好地学习不同类型文本的写作，学生还可以从第六章"详细阐述"和第七章"准确使用词语"中获得帮助，确保他们所写的细节和所用的语气与文本类型相符。

训练提示语

• 你打算怎样去写这一话题？

• 你想让读者了解什么内容？

• 好，讲一个故事。大声讲述你的故事，让我听听这是个什么样的故事。

• 好，你想写关于该话题的方方面面。来规划一下每一页想写的内容吧。

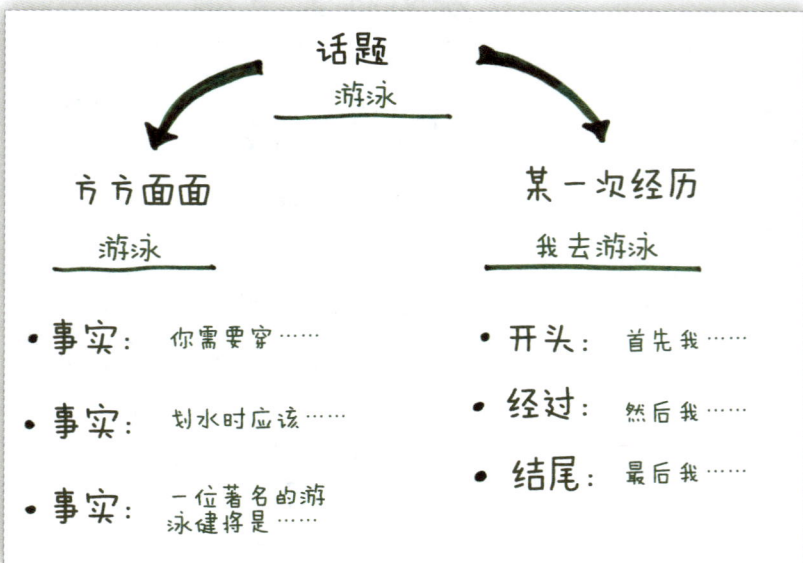

5.6 学写"说明书"类文章

策略 把你要写的流程型说明文（或"说明书"类文章）分成若干个部分（如所需材料、简介、步骤、结果等）。在每一页写一个部分的内容。写第一部分时，想一想："我要写哪些内容？"然后想："怎样才能让读者通过我的描述学会做某事？"写下一部分时，想一想："教某人做某事时，需要讲哪些步骤？"写最后一部分时，想一想："我该如何收尾？"重读一遍以确保没有遗漏重要的信息。

范文研读 我喜欢的一些范文不仅很好地体现了"说明书"类文章的结构，还包含了很多见解和不寻常的话题。例如，《离家出走新手指南》（*The Beginner's Guide to Running Away from Home*, Huget, 2013）中的主要人物因被家人误解而打算离家出走，他还解释了出走前要做哪些准备。《如何失去你所有的朋友》（*How to Lose All Your Friends*, Carlson, 1997）更多的是一本讲"不要做什么"的书，很多孩子一下子就能理解这本书的幽默之处！《如何读一本故事书》（*How to Read a Story*, Messner, 2015a）是每个学年伊始我最喜欢读给学生听的图画书之一，因为它不仅向学生介绍了阅读活动小组的活动内容，还作为范文向他们展示了如何写"说明书"类文章。

训练提示语

- 你要写的"说明书"类文章分哪几个部分？
- 现在该写步骤了。我们来想想你要写些什么内容。
- 再检查一遍，确保你所写的步骤顺序正确。
- 重读自己写的内容。重要的内容都写了吗？
- 你觉得自己能清楚地教会读者做这件事吗？

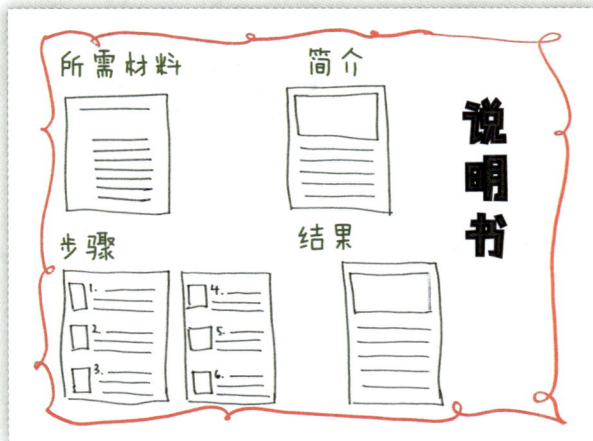

延伸阅读
Nonfiction Writing: Procedures and Reports (Calkins and Pessah, 2003)

5.7 按顺序写

适用对象

年级
K—8

文本类型
不限

写作环节
调整思路

策略 想想你的话题。如果你的文章是按时间顺序写的，那你首先要按照自己计划好的描述顺序或解释顺序将事件或步骤列出来，这会很有帮助。排好顺序后，你就可以打草稿了。

使用建议 老练的写作者会在笔记本上或使用图形组织者（graphic organizer）规划写作顺序。对没什么写作经验的学生，你需要向他们提供稿纸来帮助他们完成规划。例如，想让学生把个人叙事类文章按照开头、经过和结尾的顺序写下来，你可以向他们提供3张稿纸，每页稿纸的上方有一个用来画画的方框，方框下方有写字的地方。告诉他们并非要在每页稿纸上写一个完整的故事，而要写一个故事的不同部分。如果学生写的是流程型说明文，你就要向他们提供画有方框和一些横线的稿纸。写虚构类小说、个人叙事类文本或叙事性非虚构类文本（历史故事、传记等）的学生则需要在打草稿之前把打算写的事件按照时间顺序排列好。

训练提示语

- 给我讲讲你选的话题。你有没有按照顺序去讲？
- 先说说首先发生了什么。接着发生了什么？
- 听起来这些事之间存在联系。我们来把它们的顺序排出来。
- 按照你想好的顺序一一列出来。

延伸阅读
Finding the Heart of Nonfiction: Teaching 7 Essential Craft Tools with Mentor Texts (Heard, 2013)

5.8 啊哦……糟糕……还好

策略 在故事的一开始就抛出一个明确的问题。想想这个问题是如何变得更糟糕的。想想如何让问题不断恶化，从而引起读者对故事人物的同情。再想想这个问题要如何解决。

使用建议 一至三年级的学生通常在作文册的不同页面打草稿，你可以在不同页面的一角分别写上"啊哦""糟糕"和"还好"，这样可以帮助学生在讲故事时把握故事的结构。（当然，你可以在中间的几页都写上"糟糕"。请根据学生的写作水平适当调整这部分的页数。）

范文研读 杂志《天才少年》（*Highlights*）中的很多虚构类短篇故事都是按照这个结构——出现问题、问题恶化、解决问题——去写的。你可以复印一份这样的故事，把它剪成上面说的几部分，并将这几个部分贴在学生作文册相应的页面上。

训练提示语

- 你的故事中的人物会遇到什么问题？
- 想想这个问题是如何变得更糟糕的。
- 确保问题变糟与主要问题相关。
- 你能想到一个实际的解决方法吗？
- 你制造的悬念真棒！那个问题越发展就越糟糕。那个人物真可怜！

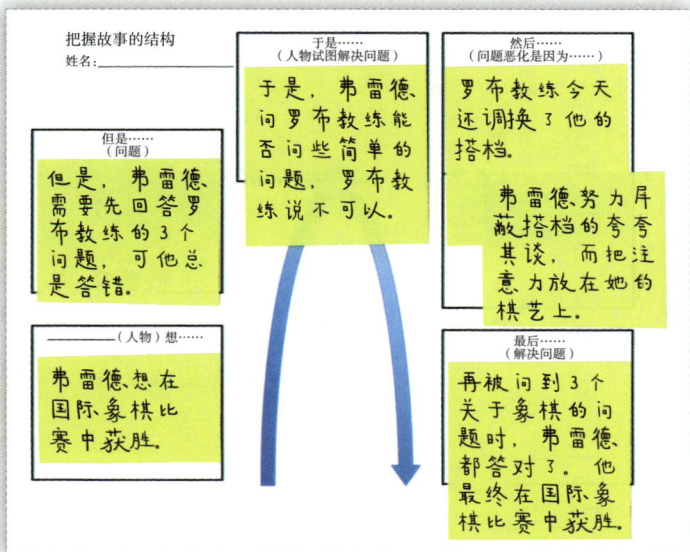

适用对象

年级
1—3

文本类型
叙事性

写作环节
调整思路

延伸阅读
The Reading Strategies Book: Your Everything Guide to Developing Skilled Readers
(Serravallo, 2015a)

5.9 充实主体内容

适用对象

年级
1—3

文本类型
叙事性

写作环节
润色

策略 想好故事要怎样开始、中间发生了什么、要怎样结尾之后，你就可以返回故事的主体，也就是故事的经过部分。想一想："我还可以添加什么细节让主体更丰富，从而制造更多的悬念或让读者更有代入感？"然后，额外添加一页稿纸或在页面底部粘贴一页稿纸，写下增添的内容，重读一遍，想想还能添加什么内容。

范文研读 如果你们教室里的图书角有分级读物，可以找一些F—H级的图书，比如迪伊·利勒加德（Dee Lillegard）的《青蛙的午餐》（*Frog's Lunch*, 1994）。这些书的开头通常有1—2页，主体部分有好几页，结尾有2页。你可以拿着书，捏着写主体部分的那几页对学生说："看到了吗？主体部分并不只一页或半页，而有这么多页。作者会通过细节描写让主体部分更丰富。"

训练提示语

- 给我看看主体部分的内容。
- 故事主体还能再加点儿什么？
- 是否有哪个地方是你一笔带过的？那里可能就是需要你慢下来仔细描述的地方。
- 你用一句话概括了好几分钟内发生的所有事。你能不能讲慢点儿，把一句话拆成两句话？
- 想想你能加上的一些细节，包括动作、对话、人物的想法、场景和人物描写等等。

延伸阅读
Craft Lessons: Teaching Writing K–8, Second Edition (Portalupi and Fletcher, 2007)

5.10 问与答

策略 想一想，读者会对你所写的话题提出哪些问题，然后把它们列出来。在每一页的开始都写一个问题（或在笔记本中把问题都列出来）。想一想怎样分别用两三句话来回答每个问题。

使用建议 全篇文章都可以用这个结构，在每一页的开始都提出一个问题，就像列一个标题一般，让写作者在这一页的写作中重点关注这个特定的子话题。除此以外，本策略可以用于写长篇知识性文本的某一部分，比如说一段问答形式的补充内容。

范文研读 史蒂夫·詹金斯（Steve Jenkins）和罗宾·佩奇（Robin Page）的《让25种动物来告诉你它们为什么长这样》（*Creature Features: Twenty-Five Animals Explain Why They Look the Way They Do*，2014）就针对动物的器官（鼻子、眼睛和喙）提出了很多问题，然后由动物自己一一回答。

训练提示语

- 你有什么问题想问？
- 在每一页的开始都写下一个问题，并在下面作答。
- 你觉得对于你的话题大家会有什么问题，而你又恰好知道那些问题的答案？
- 确保自己要么知道答案，要么愿意去寻找答案。
- 你似乎提了几个很特别的问题。现在开始回答吧！
- 对于这两个问题，你是想在不同的页面回答，还是因为两个问题很相似，你想将其合并成一个问题回答？

Cassie Foehr

适用对象

年级
1—3

文本类型
**知识性/
非虚构类**

写作环节
**调整思路，
打草稿**

延伸阅读
*Nonfiction Craft Lessons:
Teaching Information
Writing K–8* (Portalupi
and Fletcher, 2001)

适用对象

年级
1—4

文本类型
叙事性（记录某一时刻）

写作环节
打草稿，润色

延伸阅读
One to One: The Art of Conferring with Young Writers (Calkins, Hartman, and White, 2005)

策略 想想通过故事你想表达的最重要的观点是什么，或者想想故事的时间跨度有多长。考虑要写的最后一件事是什么，它一定要和你想表达的观点相关。让你的故事在那一刻结束。

示例 现在我要想一想如何给我的故事写个结尾了。结尾之所以重要，是因为它是我们给读者看的最后一部分内容。而读者看到的最后这部分内容不能偏题，我们必须保证结尾的内容是故事中最重要的。如果是写第一次坐过山车，故事的结尾绝对不能是我坐车回家。绝不能那样写！我要让故事结束在当时当地，就在乘坐过山车或下过山车那个时刻结尾。如果是写自己第一次在没有父母帮忙的情况下买冰淇淋吃，就要写那个时候自己展现的勇气，因此要以我勇气可嘉为结尾，或以妈妈夸我很勇敢为结尾，没有必要去讲述那晚睡觉时的情形。

训练提示语

- 通过故事你想表达的最重要的观点是什么？你要怎样写结尾才不会偏离主题？
- 一起想想故事发生的时间和地点，让故事就结束在当时当地。
- 你写的故事结尾也在同一地点发生！你并没有继续写那天后来发生的事情，比如回家路上或上床睡觉时发生的事情。
- 你觉得要怎样结尾？
- 尝试让故事结束在那一刻。

Mary Ellen Wallauer

5.12 用人物说的最后一句话来结尾

策略 故事的结尾要紧扣故事中最重要的时刻。不要在结尾的时候写一个新的时刻，相反，你可以试着以故事人物说的最后一句话作为故事的结尾。

使用建议 本章介绍了很多写故事结尾的策略，包括5.11节"让故事结束在那一刻"和5.37节"用主要观点来结尾"，你可以结合起来使用。

范文研读 早苗石田（Sanae Ishida）的《小女忍》（*Little Kunoichi: The Ninja Girl*, 2015, 32）是这样结尾的："糟糕！龙桑对不起，我们错失了目标，不过至少给节日增添了些氛围。"《古巴民间故事：美丽小蟑螂马丁娜》（*Martina, the Beautiful Cockroach*: A Cuban Folktale, Deedy, 2007, 30）是这样结尾的："马丁娜高兴得都顾不上生气了，她终于找到完美的意中人了。但是她还是问了句：'你怎么会知道咖啡测试？'佩雷斯笑道：'哦，我的爱人，我的爱人……'"

训练提示语

- 你的故事中的主要人物是谁？
- 想想那个人物会说的最后一句话是什么。
- 再给我说说你的故事的主要观点是什么。
- 你想让读者在故事的结尾听到人物说什么话？

罗丝贝尔说："好的，我试试看！"她去了幼儿园，发现自己真的很喜欢那里。她的老师对她说："你能喜欢幼儿园，我真的很高兴！"

适用对象

年级
1—8

文本类型
知识性/非虚构类

写作环节
调整思路

策略 想想你的话题，再想想你要写的章节或部分，并把它们列出来。然后一一检查，确保每个章节或部分都有内容可写。将过于细碎的章节合并起来，将过于丰满的章节拆分开来。

使用建议 我更倾向于给1—3年级的学生讲解本策略。小学高年级学生或初中生也可以用本策略将话题拆分成若干子话题，再去规划每一段的内容。你需要根据学生的写作水平相应地调整教授本策略的语言和下面的训练提示语。

训练提示语

- 你想写哪些章节？
- 想想你要怎样拆分此话题。能不能分成几个部分？
- 列出要写的几个部分。
- 把每章你打算写的事实和信息都列出来，查看一下所列的目录是否妥当。
- 如果要写的只有一个事实，那它就不足以撑起一章的内容。

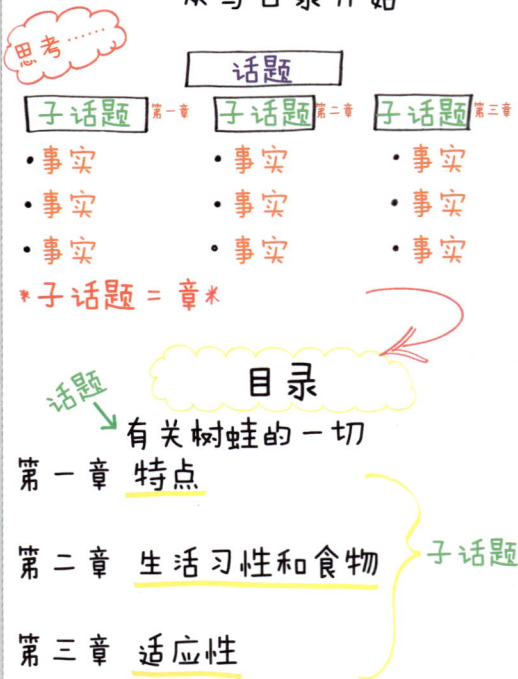

延伸阅读
Nonfiction Writing: Procedures and Reports (Calkins and Pessah, 2003)

Megan Hughes and Courtney Tilley

5.14 按特点分解话题

策略 在脑海中想象一下你要写的话题。然后聚焦于某一方面，问问自己："这一话题的特点是什么？"想想有哪些子话题（而非事实！），并将它们罗列出来。

示例 例如，我要写我的狗，就要先回想它的样子。我在脑海中放大它的脑袋仔细观察。我想到的一个事实是"它的耳朵耷拉着，耳朵上的毛特别柔软"。这样，要写的子话题应该是"耳朵"。一旦找到了一个子话题，我就会在这个子话题下添加很多事实，从而更为详尽地描述它。"大猎犬的耳朵总是耷拉着，甚至在它吃饭或喝水的时候耳朵会垂到碗里。这样的耳朵不仅仅看起来可爱！事实上，大猎犬的嗅觉特别灵敏，它能用耷拉下来的耳朵把地上的味道扇到自己的鼻子里。"因此，我可以把"耳朵"作为子话题去写。其他的子话题可以是毛发的颜色或样子，或者是大猎犬的体型。

训练提示语

- 你觉得读者比较想知道这一话题的哪个方面？
- 那是个事实。有关那个事实的子话题有什么？
- 就像写目录一样把子话题列出来。
- 关于那个子话题你能写一整页的内容吗？如果写不了一页，估计那就是一个事实，而不是子话题。
- 想想你的话题有哪些特点。

话题：棒球

事实：
投手掷出球；
击球手击球。

子话题：
球员位置；
不同的球员站在不同的位置。

Merrily Gnagey

适用对象

年级
1—8

文本类型
知识性/非虚构类，观点性/说服性

写作环节
调整思路

延伸阅读
Finding the Heart of Nonfiction: Teaching 7 Essential Craft Tools with Mentor Texts
(Heard, 2013)

5.15 按种类分解话题

策略 想想你的话题，按照种类将话题分成几个部分。把想到的内容列出来做一个目录。

示例 我想写一本关于舞蹈的书。首先我要把所有的舞蹈种类都罗列出来。这样可以吗？让我再想想。我了解芭蕾舞，这是一种舞蹈。我还了解爵士舞、踢踏舞和现代舞。这样我就有4章内容可写了。还有其他种类的舞蹈吗？哦，还有交际舞。不过交际舞有很多种，我还是把它划掉，再列出几种不同类型的交际舞：萨尔萨舞、华尔兹舞、伦巴舞和狐步舞。

训练提示语

- 你觉得读者想了解你话题中的哪一类？
- 那是一个事实。什么样的子话题会包括那个事实？
- 就像写目录一样。每一类都能独立成一章！
- 关于那个子话题你能写一整页的内容吗？如果写不了一页，估计那是一个事实，而不是子话题。如果要写的只有一个事实，那它就不足以撑起一章的内容。

话题：__猫__

1. 美国短尾猫
2. 苏格兰折耳猫
3. 波斯猫
4. 土耳其梵猫

话题：__人__

1. 美国人
2. 中国人
3. 印度人
4. 南非人

话题：__狗__

1. 哈士奇
2. 吉娃娃
3. 斗牛犬
4. 牧羊犬

延伸阅读

"Information Writing: Writing about Topics of Personal Expertise," *in If... Then... Curriculum: Assessment-Based Instruction, Grade 4, Units of Study in Opinion, Information, and Narrative Writing* (Calkins, 2013)

策略 给初稿划分层次，用方框将同一部分的内容框进去（你可以依据"开头、经过和结尾"或"首先、其次、再次和最后"或"原因一、原因二、原因三……"等划分）。读一读前一部分的结尾和后一部分的开头。看看你是怎么从一部分过渡到另一部分的。想一想："我使用的过渡词或过渡短语能够准确地体现这两部分的逻辑关系吗？"

使用建议 只要你根据学生的年级和发展水平选择合适的过渡词，本策略可供1—8年级的学生使用。同样，只要你对自己教授的过渡词做出调整，本策略还可以用于不同类型的文本的写作。

训练提示语

- 这部分的开头是什么？结尾是什么？把每个部分框出来。
- 把从一部分到另一部分的过渡内容用线画出来。
- 这两部分之间的逻辑关系是什么？你使用的过渡词或过渡短语恰当吗？

适用对象

年级
1—8

文本类型
叙事性，观点性/说服性，知识性/非虚构类

写作环节
润色

过渡词

表比较
同样
与……一样
类似地
以同样的方式

表对比
尽管
但是
否则
即使
宁可

表时间
之前
最近
随后
之后
最终
一开始，然后，再后来

表举例
例如
诸如
确切地说
比如
除此以外
具体而言

Megan Hughes and Courtney Tilley

5.17 给诗断行

策略 重读一遍你写的诗。用几种不同的断行方式重写这首诗。品味不同的版本，体会其中的韵律和节奏。选择最符合你想表达的意思的一个版本。（要是都不符合，就再试试别的断行方式！）

使用建议 给学生讲如何断行时，可以找一首诗，然后把其中的每个词都分别写在卡片上。在卡片挂袋上把写了单词的卡片按照诗的断行排列好。一起朗读一下，感受诗的韵律。再按照新的断行方式把卡片排列好。讨论一下不同版本的诗在韵律上有什么不同。

范文研读 在学生学习如何断行前，可以找一些短诗来让他们练习。例如，找到威廉·卡洛斯·威廉斯（William Carlos Williams）的《红色手推车》（"Wheelbarrow"），把诗抄在长纸条上。把诗中的每个词都剪下来放入卡片挂袋里。和学生们一起排列这些纸条，看看不同的断行方式会给诗的意思、韵律甚至语气带来什么变化。

训练提示语

- 如果在这儿断行，读起来是这样的。如果在这儿断行，读起来是这样的。你喜欢哪种感觉？
- 试试别的断行方式。
- 你已经给诗断行了，来大声读读看。
- 大声读的时候，在断行的地方停顿一下。
- 这样断行的诗读起来是这种感觉。再试试别的断行方式。

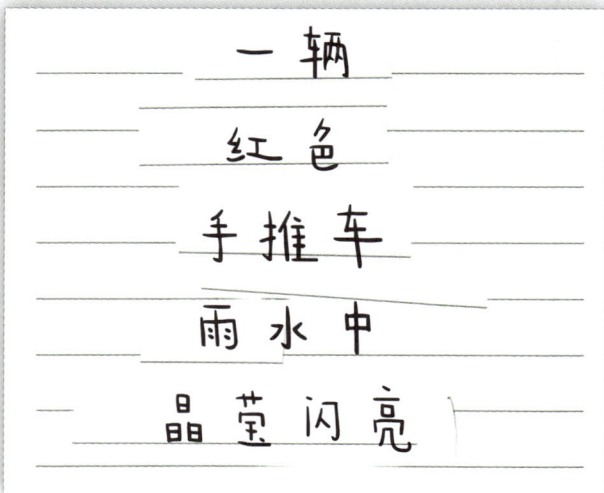

延伸阅读

Poetry: Powerful Thoughts in Tiny Packages (Calkins and Parsons, 2001)

一辆

红色

手推车

雨水中

晶莹闪亮

5.18 动笔前打腹稿

策略 动笔打草稿前，设想一下你要写什么样的文章。在脑海中想象一个简单的画面（不论是图片还是文字都可以）来体现全文的结构。开始写作后，不时回头查看自己写到哪个阶段了。

示例 当水手决定出海时，他并不只是把船推到海里，撑起船帆，然后静静等待就可以了。水手需要提前计划好航线。写作的时候也要做同样的事。我们要为自己的写作绘制"地图"。只有这样，我们才能游刃有余地穿梭于丰富的细节和辞藻之中而不迷失方向。

使用建议 要想学生更加有效地使用本策略，你需要先让学生学习文章的各种组织方式以及那些可以帮助他们根据结构来组织内容和信息的图形组织者。

范文研读 帕梅拉·扎加伦斯基（Pamela Zagarenski）的《想象》（*The Whisper*, 2015）是一本插图精美的图画书，讲述的是一个小女孩对着无字的图画书去想象其中的故事。凭借对故事结构的了解，她想象出了故事的开头、经过和结尾。

训练提示语

- 你打算写什么类型的文本？
- 你知道那个类型的文本要如何组织内容吗？
- 画一幅图（或图形组织者）来展现你想写的文章的结构。
- 看一看这里已有的图形组织者。哪一种和你的文章最相符？
- 你说你想写一篇 _____。通常这类文章的结构是 _____。

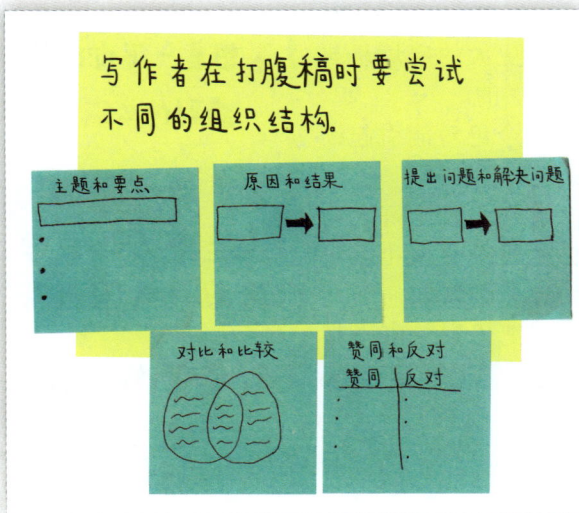

写作者在打腹稿时要尝试不同的组织结构。

主题和要点

原因和结果

提出问题和解决问题

对比和比较

赞同和反对 赞同 反对

适用对象

年级
2—8

文本类型
不限

写作环节
调整思路

延伸阅读
The Elements of Style, Fourth Edition (Strunk and White, 1999)

5.19 制造紧急状况

适用对象

年级
2—8

文本类型
叙事性

写作环节
调整思路，润色

策略 思考一下故事中的主要人物会遇到什么麻烦或有什么目标。开动脑筋想想他在克服困难的同时会遇到什么阻碍。再思考一下："故事的结尾是要表明决心还是要提供解决方案？"

示例 故事中如果出现某种紧急状况，就会吸引读者读下去。通常，要想营造这样的氛围，你需要给主要人物制造一个麻烦或设定一个目标。想好制造什么麻烦或设定什么目标后，就可以据此编故事情节。想想用什么事引出问题以及揭露问题后会发生什么事。有时你需要解决问题，那就要提供一个解决方案；有时你需要找一个缓解紧急状况的方法，而非完全帮人物扫清障碍。动笔前就把故事的整个发展脉络设计好，这能帮助你在写的时候把握方向！

范文研读 德瑞克·莫森（Derek Munson）的《敌人派》（*Enemy Pie*, 2000）在第一页就把故事要着重写的问题告诉了读者："这本该是个完美的夏天……哼，完美才怪。"我们可以从后面几页很快了解到，男孩杰里米搬到主要人物好朋友家的隔壁，于是他很快成了主要人物的头号敌人。

训练提示语

● 故事的主要人物会遇到什么麻烦？

● 听起来那像是一个小麻烦，它可能只是小小的绊脚石。想一想有没有更大的麻烦是与之相关的。

● 这个绝对能引起读者的兴趣！

● 你已经设定好人物会遇到的麻烦和阻碍了，那么该如何结尾呢？把想到的点子都写进故事提纲里吧。

延伸阅读
The Plot Thickens: 8 Ways to Bring Fiction to Life (Lukeman, 2002)

制造紧急状况

1. 想象一下你故事中的主要人物会遇到什么**麻烦**或有什么**目标**。

2. 思考：
↳ 主要人物需要克服什么困难？

3. 要怎样结尾？
表明决心？
提供解决方案？

Barb Golub

策略 思考一下哪些内容或想法是最重要的。尝试用以下3种不同的写法（参见下框），在引子中将文章最重要的观点展现给读者。想一想哪种方法最适合阐明话题的内容，并且能吸引读者继续读下去。

使用建议 使用本策略前，学生需要对各种类型的引子有所了解，或者已经有足够的经验去写一个好的引子作为范例。若学生是写作新手，你则需要花几节课的时间分别讲解下框中的几种引子，然后让学生自己去实践。

训练提示语

- 试一试叙事性引子。像讲故事一样开篇。
- 还有什么方法可以引出这篇文章的内容？
- 回顾一下你尝试过的不同类型的引子。哪一个最合适？

适用对象

年级
2—8

文本类型
知识性/非虚构类

写作环节
调整思路，润色

引领读者了解事实

叙事性引子：用一个小故事开篇

例如："罗德尼·福克斯快没有时间了。他需要找到一条大鱼，他需要赶紧找到它。"
摘自卡西·伊斯特·杜博夫斯基的《鲨鱼来袭》

描述性引子：以描绘场景开篇

例如："阳光透过海水照耀在珊瑚礁上。珊瑚礁是水下的五彩斑斓、千姿百态的世界。"
摘自盖尔·吉本斯的《珊瑚礁》

个性化引子：直接与读者对话

例如："呀！虫子近看起来真可怕。不过你不用担心，大多数虫子只对其他昆虫有威胁。它们是只会令别的虫子头大的虫子。"
摘自珍妮弗·达斯林《虫子，虫子，虫子》

Megan Hughes and Courtney Tilley

延伸阅读
Finding the Heart of Nonfiction: Teaching 7 Essential Craft Tools with Mentor Texts (Heard, 2013)

5.21 对话式引子

适用对象

年级
2—8

文本类型
知识性/非虚构类，观点性/说服性

写作环节
调整思路，润色

策略 思考一下文章的重点是什么。然后把引子中的第三人称改成第二人称。想象你是在和读者直接对话，多用"你"和"你的"。

示例 非虚构类文本的写作有时令人觉得冰冷、无趣且有距离感。如果写作者只是在罗列各种事实，就不容易引起读者的共鸣。一种修改方式是考虑换个口吻去写引子，即用第二人称代替第三人称，这意味着要把"他""她""他们""它"等换成"你"或"你们"。举个例子，以下是我写的一篇关于中美洲节日的文章，大家想想开头部分应该怎么写。

> 一说到假期，人们就会想到唱歌跳舞、吃喝玩乐和花车游行。因为中美洲的居民大都信奉天主教，所以那里的很多节日都具有宗教色彩。例如，十一月一日诸圣节那天，天主教徒认为已故亲人的魂魄会回家与家人团聚。这个节日也被称为"亡灵节"，又叫"死人节"。这一天，家人会聚在一起用鲜花装点先祖的坟墓。他们认为纪念先祖是很重要的，这样他们自己才能在尘世有好的生活，远离疾病和噩运。

现在我要尝试用不同的口吻去写，把第三人称改为第二人称。我要想象一下和读者直接对话是什么样的，需要使用"你"或"你们"，或者通过提问来吸引读者的注意力。

> 想象一下，十一月一日的清晨，你身处中美洲。你能看见透过窗户照进来的清晨的第一缕阳光吗？该起床了！起床后你要和家人一起去准备鲜花，这不是为了装点房子，而是为了纪念那些已故的亲人。这个节日和美国的万圣节不一样，它并不是那种与幽灵和小怪物有关的节日。相反，你需要去墓园用鲜花装点先祖的坟墓。用这样的方式纪念我们已故的挚爱的亲人是希望来年一切顺利，远离疾病和噩运，过一个丰收年。

训练提示语

- 尝试用不同的口吻去写。
- 将人称改成"你"或"你们"，把同样的内容用和别人谈话的口吻写出来。
- 你已经写了两个版本！哪一个能更好地展现你的话题？
- 你写的两个引子有什么区别？

延伸阅读

Finding the Heart of Nonfiction: Teaching 7 Essential Craft Tools with Mentor Texts (Heard, 2013)

> **修改你的引子，**
> 不同的口吻，不同的语气
>
> | 第三人称： | 第二人称： |
> |---|---|
> | 他 她 他们 它 | 你 你们 |

5.22 根据目标读者选择要写的信息

策略 思考一下你必须写的内容以及文章的目标读者。考虑一下写哪个种类的知识性文本（每一种都有其特有的结构）。根据你的目标读者选择合适的文本类型和结构。

示例 考虑如何呈现信息时，想清楚你的写作目的很重要。你可以选择写一本内容详尽的书，或者写一份报告；你可以做一张海报，也可以写一篇博客。每一种文本都会按照不同的方式安排结构和组织内容。结构不同，文本所包含的信息量也会有所不同，而写出来的文本也会给人不同的感觉：可能是正式的，也可能是非正式的；可能有许多图片，也可能以文字为主。

范文研读 《最近写了好文章了吗？》（*Written Anything Good Lately*？，Allen and Lindaman, 2006）一书按照字母顺序，向读者介绍了26种不同的文本类型，比如：A 指的是自传（autobiography），B 指的是读书报告（book report），C 指的是贺卡（greeting card），D 指的是指南（directions）。这本书囊括了知识性文本的各个种类，非常适合大声朗读，也很适合放置在教室的写作角中。

训练提示语

- 你的话题是什么？
- 谁是你的目标读者？
- 看看你的话题适合写成什么种类的知识性文本。
- 你想让谁读你的文章？什么样的文本类型最合适？
- 你觉得自己会写一篇 _____。你在什么时候会读到这样的文章？谁会去读？
- 我认为 _____ 最好！它适合你写的话题，也适合你的目标读者。

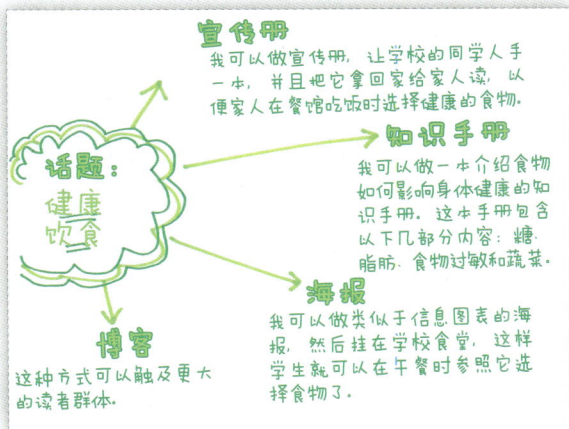

延伸阅读
The Writing Thief: Using Mentor Texts to Teach the Craft of Writing (Culham, 2014)

5.23 画出页面布局

适用对象

年级
2—8

文本类型
知识性/非虚构类

写作环节
调整思路

策略 收集好写作素材后，如果可以画出这些素材的布局方式，那么对写作会很有帮助。看一些例子找找灵感，然后在白纸上画出你想要的布局。想想正文内容要占多大篇幅，文本特征要占多大篇幅。

使用建议 首先可以让学生自己花些时间去研究如何画页面布局。对低年级学生，你可以在写作角为他们准备一些与他们自己画的页面布局相似的模板，这对他们会很有帮助。

范文研读 找一些不同类型的非虚构类文本，可以从教室图书角的某本书中找出有意思的两页，或从书刊上找些专题文章，类似的书刊包括《时代》儿童版（*Time for Kids*）、《游侠里克》（*Ranger Rick*）或《学乐》（*Scholastic News*）。可以在教室的告示板上专门展示有关页面布局的图表，让学生帮忙找出每种布局的特点和作者这样做的原因。

训练提示语

- 看一些范文。想想作者为什么使用这样的页面布局。
- 在你的想象中，这页内容应该如何布局？
- 想想你要分享的内容，使用什么样的布局最合适？
- 你说已经想好了要放两张图和一些文字。告诉我你具体是如何布局的。
- 画出你的页面布局。

延伸阅读
Nonfiction Craft Lessons: Teaching Information Writing K–8 (Portalupi and Fletcher, 2001)

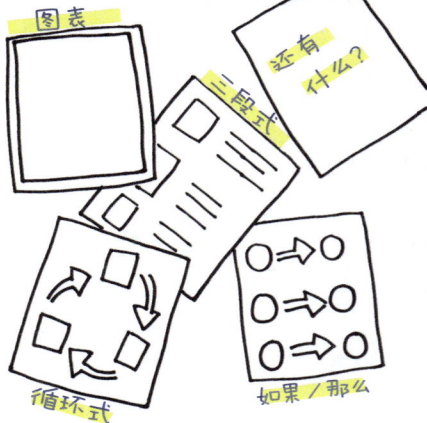

你要怎么组织文章？
图表
还有什么？
三段式
循环式
如果／那么
画出页面布局

Barb Golub

5.24 列几份不同的提纲

策略 根据选择的话题考虑文章可能的走向并且列出提纲。然后，按照不同的原则重新组织内容，放大或缩小你的话题。最后从自己写的几份提纲中选择与你想写的内容最相配的那份。

使用建议 本策略除了可以帮助学生在动笔之前就想好文章的结构，还可以略加调整，作为润色策略供学生使用。也就是说，学生打完草稿后，可以根据所写的内容列一份体现主要内容的基础提纲，然后对照自己所写的内容，进行结构上的调整。我常常这样告诉学生：动笔之前花些时间去考虑文章结构比打好草稿再删减或调整容易得多。即便如此，还是有些学生喜欢先打草稿，看看在写作过程中会产生什么灵感，然后在草稿的基础上调整结构。还有些学生会将这两种方法结合起来使用。

训练提示语

- 你已经写了一份提纲。我们再来写一份吧。
- 试着缩小写作重点，再写一份提纲。
- 把某些内容想象成书中的某一章，那么在新的一章里你会写些什么？
- 从不同的角度切入话题，写一份新提纲。
- 你已经写了3份提纲了！你想选用哪一份？为什么？

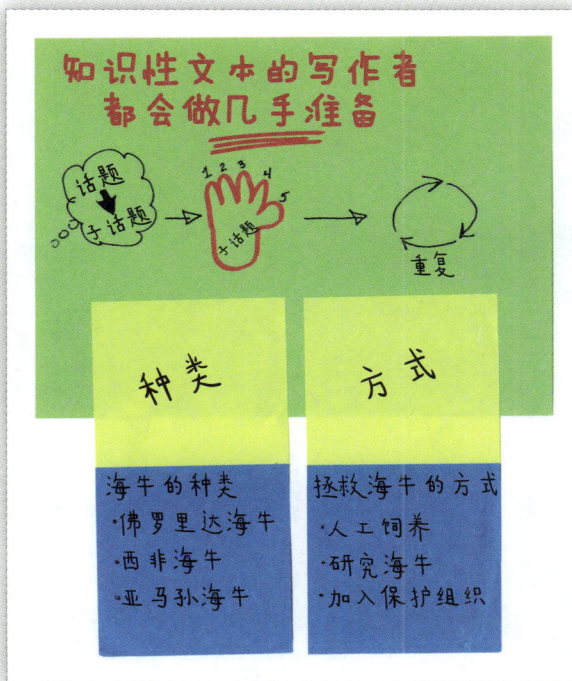

Kristen Funk

适用对象

年级
3—8

文本类型
观点性/说服性，知识性/非虚构类，叙事性

写作环节
调整思路，润色

延伸阅读
"Try This! Outline, Re-Outline, Re-Outline Again" (Serravallo, 2015b)

摊开稿纸，把握整体结构

适用对象

年级
3—8

文本类型
不限

写作环节
润色

策略 把初稿的所有页面都摊开放在桌上或地板上。观察每一页，把握内容之间的平衡和文章的结构。想想有没有哪些部分写得太长或太短了，或者在页面布局上有必要做出改动。按照你认为恰当的方式进行修改。

使用建议 鉴于很多小学高年级学生和初中生已经开始用电脑写作文了，在学生使用本策略时教师有必要让学生把自己的文章打印出来。我在写这本书的时候至少打印了两次。我把400多页全部打印了出来，摊开去读那些纸质书稿，因为只在电脑的小屏幕上滚动阅读实在难以把握文章的整体架构。

训练提示语

- 通过观察每一页的内容，你发现文章结构上有什么特点？
- 有没有哪些部分写得太长了？
- 有没有哪些部分写得太短了？
- 你觉得有没有必要调整某些内容？
- 把文章这样摊开浏览了以后，你可能会修改哪些部分？

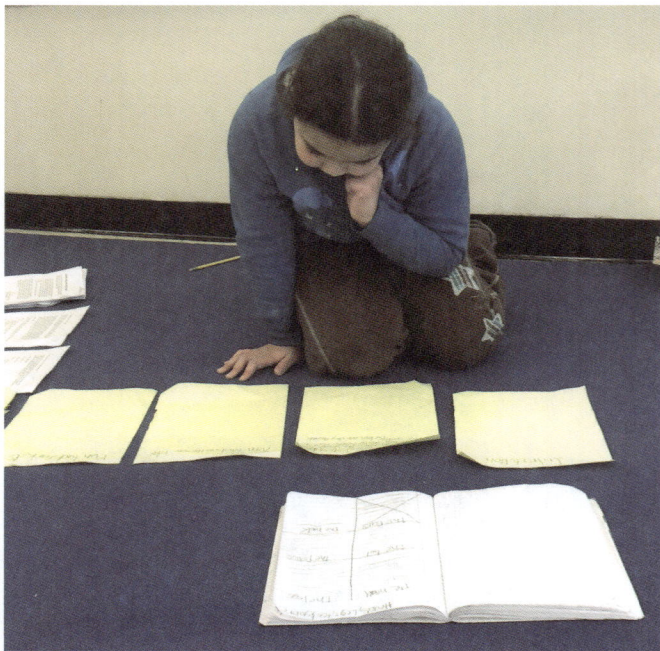

延伸阅读
One to One: The Art of Conferring with Young Writers (Calkins, Hartman, and White, 2005)

5.26 把初稿裁剪开

策略 关注文章的各个部分。用画线的方式把各个部分都划分开。沿着画的线把各部分裁剪开，然后重新排列。想想哪里需要加一条纸或者一页纸。通读一遍重新组织好的文章，如果需要，再一次调整结构。

使用建议 你当然也可以让学生用文字处理软件进行剪切和粘贴，但是用这种方式难免会出意外，比如一不小心把部分内容删除了。用电脑写作的学生可以把作文打印出来再裁剪，然后铺在桌上重新排列，并手写所有需要添加的内容，之后在电子版中做相应的修改。有时，直观的触觉体验是不可被替代的。

训练提示语

- 我们一起来划分文章的各个部分。
- 每划分出一部分，就在下面画一条线。
- 把各部分都裁剪开。你会尝试用怎样的新结构呢？
- 现在你把各部分都裁开了，重新考虑一下文章的结构吧。
- 重读之后，看看有什么想添加的。

适用对象

年级
3—8

文本类型
不限

写作环节
润色

延伸阅读
The Elements of Style, Fourth Edition (Strunk and White, 1999)

适用对象

年级
3—8

文本类型
叙事性

写作环节
打草稿，润色

延伸阅读
One to One: The Art of Conferring with Young Writers (Calkins, Hartman, and White, 2005)

策略 在故事中找到主要人物成功解决问题或如愿以偿的内容，再框出结局到来之前的内容。试着详细地描写，补充更多的细节。这些新添加的细节能够放缓情节的推进，从而达到制造悬念的效果。

使用建议 本策略适合与关于如何选择细节的策略一起使用。换句话说，当学生能够分辨文章中有哪些部分需要详细描述时，他们还需要一定的帮助，才能知道如何放缓情节的推进。

范文研读 莱斯特·雷明内克（Lester Laminack）的《下雪天》（*Snow Day*, 2010）一开始就描写了主要人物很期盼下雪、想象下雪天的样子。作者描写了很多细节，放缓了情节的推进，制造了悬念。结果主要人物早上起来发现并没有下雪，然后一家人慌慌张张地收拾好准备上班和上学。故事最后出现了反转，我们才发现那个期待下雪的叙述者其实是孩子的爸爸，他还是一位教师！

训练提示语

- 故事讲到哪儿人物才如愿以偿？
- 故事讲到哪儿问题才得以解决？
- 框出结局到来之前的内容。看看自己是简略地写出那部分内容，还是一步步详细地将它描写了出来。
- 你能否放缓情节的推进，像讲故事一样娓娓道来。

5.28 运用重复结构

策略 思考一下你的文章里哪些内容是最重要的。想一想："有没有哪句话或哪部分是我想通过重复让读者记住的？"思考一下在每一次的重复中要添加哪些新内容。通过画表格或草图的形式来列提纲。

使用建议 下一章有关于依靠重复详细阐述的策略——"使用叠句"（6.24节）。本策略要求学生学习使用重复结构，这种结构尤其适合回忆录、诗、知识性文本，甚至是演讲稿。如果学生写的是那些不方便用其他结构去组织的话题，或者写的是一系列相似的内容，那么他们使用这样的重复结构往往是非常有效的。本策略还能应用在不同类型文本的写作中。写知识性文本时，学生可能想列出能想到的所有非洲动物，就可以在每一页介绍一种动物，并且具体描写动物的外形、主要的食物以及照顾幼崽的方式等。在叙事性文本中，学生可能想用叠句来描述一系列重要的时刻，就像赖兰特所写的《山中旧事》那样。写诗的时候，学生可以选择在每一节中使用相似的格律、相似的行数或者叠句。

范文研读 《如果你不是来自大草原》（*If You're Not from the Prairie*, Bouchard, 1993）和《山中旧事》一样，都通过使用叠句给全文带来一种整齐的感觉。

训练提示语

- 什么地方需要重复？为什么？
- 如果那是文章的中心思想，你要重复哪句话或哪个部分呢？
- 在每一次的重复中要添加哪些新内容？
- 你需要找到重复内容和新内容之间的平衡。

重复什么内容？

1. 你的文章中什么内容是最重要的？
   思考：有没有哪句话可以重复？ 有没有哪个部分可以重复？
2. 确定在每一次的重复中添加哪些新内容。
3. 列提纲！
   - 画表格
   - 画草图

Barb Golub

适用对象

年级
3—8

文本类型
不限

写作环节
调整思路，打草稿，润色

延伸阅读
Wondrous Words: Writers and Writing in the Elementary Classroom (Ray, 1999)

策略 准备故事板：让学生裁好一张长条形的纸，在上面画几个连续的方格。每当故事出现新场景或新人物时，就在一个格子里画出草图。对照画好的草图讲故事，然后把描述每个场景的内容分别写在不同的稿纸上。

使用建议 学生在写多场景叙事性文本的时候，常常过于简单和仓促地描述每个场景，从而使整个故事看起来像摘要一样。如果让他们把故事板上每个格子里的故事都单独记录在一页稿纸上，他们就会把每个场景发生的事都看作一个故事。你可以让他们用学过的策略来详细描写故事的内容，还可以让他们判断某些场景是否只需简略叙述以推动情节发展（参见5.31节"详叙还是略叙"以了解更多关于把握叙事详略尺度的内容）。提前画好的故事板还能让教师大概了解学生在打草稿前的大致想法。和重新写相比，重新画简单多了。

范文研读 用故事板呈现学生熟悉的故事会很有帮助，这样他们可以思考一下故事板上的内容是如何反映故事的情节发展的。我喜欢用像莱斯特·雷明内克的《星期六与下午茶蛋糕》（*Saturdays and Teacakes*, 2004）这样页面少的图画书做范文。

训练提示语

- 这是新场景或新人物吗？是的话就要画在格子里！
- 简单画张草图，能够提醒你想写的是什么就可以了。
- 你已经把故事板画好了，可以开始讲故事了。
- 记得把草图上的故事描述完整，不要一句话带过，而忽略了精彩的内容。

延伸阅读
Writing Fiction: Big Dreams, Tall Ambitions (Calkins and Cruz, 2006)

5.30 用"提出问题—解决问题"的结构写说服性文本

策略 先把文章中你关注的问题描述清楚，并提出相应的论据。然后介绍解决方法。列出能令读者信服的解决方法及选择这种方法的原因。最后写引言和结论以使文章完整。

使用建议 如果学生没有写引言和结论的经验，他们可能还需要参考其他策略，比如本章中关于写引言的策略"制造紧急状况"（5.19节）和"对话式引子"（5.21节），以及关于写结论的策略"首尾呼应"（5.35节）和"用主要观点来结尾"（5.37节）。

训练提示语

- 首先，指出你想要就什么问题来说服读者。
- 为什么那是个问题？
- 你能解释一下提出那个问题的原因吗？
- 现在你已经明确了问题。来说一下要怎样解决吧。
- 你要怎样引出你的话题？
- 最后做总结。

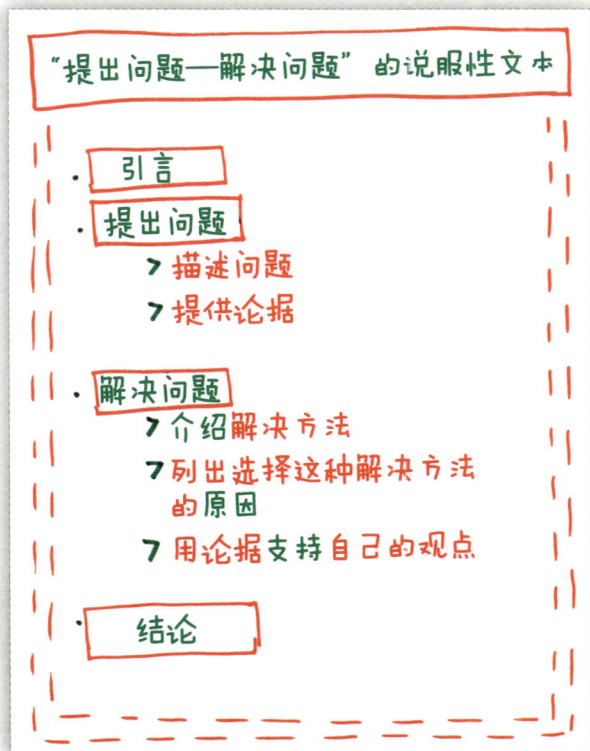

"提出问题—解决问题"的说服性文本

- 引言
- 提出问题
  - 描述问题
  - 提供论据

- 解决问题
  - 介绍解决方法
  - 列出选择这种解决方法的原因
  - 用论据支持自己的观点

- 结论

适用对象

年级
3—8

文本类型
观点性/说服性

写作环节
调整思路，打草稿

延伸阅读
Inside Information: Developing Powerful Readers and Writers of Informational Text Through Project-Based Instruction (Duke, 2014)

适用对象

年级
4—8

文本类型
叙事性

写作环节
润色

策略 找找故事中那些不太重要的时刻，框出那些内容。把详细描写留给更重要和更贴近故事核心的内容。简略描写那些可以一笔带过的内容。

使用建议 本策略可以与那些教学生详细描写重要内容的策略（如4.3节"寻找核心"）结合起来使用，还可以与教学生把握整体叙事结构的策略（如5.29节"准备多场景故事板"）结合起来使用。

范文研读《亲朋自远方来》中是这样描写的："他们喝光了带的所有汽水，也吃完了所有饼干，跋山涉水来到了我们家。"故事的核心是亲戚朋友来家里做客的场景，所以旅途上发生的一切就被概括成一句话。不过，用"跋山涉水"这样的词来描述，仍然能够体现他们在路上花费了不少时间。

训练提示语

- 找出你想略叙的内容。
- 想想哪部分内容是读者必须了解但不属于故事核心的。
- 哪个部分是你需要略叙的？
- 试着把这4句话压缩成一两句话。
- 我同意，这部分确实需要提一下，但不需要写得太详细。

延伸阅读
Wondrous Words: Writers and Writing in the Elementary Classroom (Ray, 1999)

策略 从你的文章中选一篇，它的话题应该是你非常喜欢的。重读一遍文章，想象把它写成另一种类型的文本会是什么样的。重新写一篇话题相同但文本类型或结构不同的文章。

使用建议 说起润色这件事，最令人激动的是你终于有机会换个角度审视你的文章了。说起换个角度，还有什么比改变文本类型或结构更直接的？

南希·阿特韦尔等作家都曾说过，作家要有自己的"领地"，这里的"领地"指的是那些可以反复写的话题。如果你认为自己写的话题很有意义，那么你往往会发现用其他文本类型写这个话题也是行得通的。

比如你可以尝试把个人叙事类文本改写成一首诗，这时，你需要找到对传递中心思想来说最重要的词语。再比如，你可以把个人叙事类文本改写成虚构类小说。将主要问题改一下，再虚构一两个人物，或者让问题最终的解决方法更符合你的期待（而非实际使用的解决方法）。同样一篇个人叙事类文本，你还可以把它改写成知识性文本，向读者介绍某个话题。

这样的练习会给学生带来惊喜，因为学生能够通过改变文本类型挖掘出新的"事实"、细节及画面。然后，学生可以把这些新发现融入最初的那篇文章里。

训练提示语

● 你还能怎样去写这个话题？

● 你写了一篇 _____。现在再试着写一篇 _____。

● 还可以用其他什么文本类型去写这个话题？

● 想象一下用另一种文本类型或结构去写。

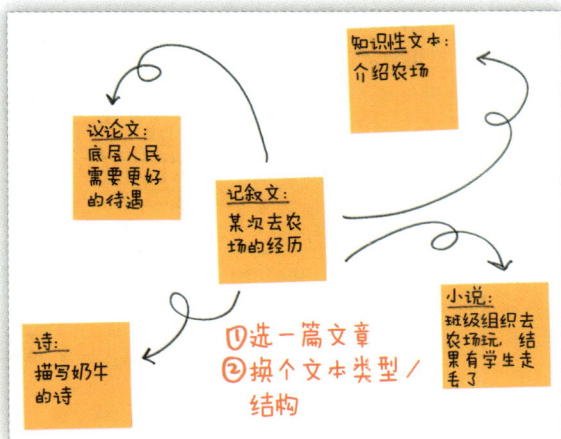

适用对象

年级
4—8

文本类型
不限

写作环节
润色

延伸阅读
In the Middle, Third Edition: A Lifetime of Learning About Writing, Reading, and Adolescents (Atwell, 2014)

适用对象

年级
4—8

文本类型
知识性/非虚构类

写作环节
调整思路

策略 想想你的话题，然后用最爱用的策略把话题拆分成几大类（或部分）。聚焦于某个小类别，把它当作新话题去写。继续把小的类别划分成更小的类别（而非罗列事实！）。检查每个小类别，确保每一类下面都能写出几个事实。

使用建议 可以参考7.16节"巧妙拟定文章标题和各级标题"，学习如何使标题更出彩。本策略重在介绍如何把话题划分成若干部分或种类。有些学生可能喜欢大声说出各级标题，而有些学生可能更喜欢用提纲或网状结构的形式来展现各级标题。

范文研读 鲍比·卡尔曼（Bobbie Kalman）的非虚构类作品大多有标题和副标题。例如，在《什么是蝙蝠？》（*What Is a Bat?*，Kalman and Levigne, 1998, 14）这本书里，有一章的标题是"飞行"，其副标题是"蝙蝠的翅膀"和"远走高飞"。

训练提示语

- 你已经想出了这个话题下的5个子话题。看看能否再将它们拆分成更小的话题。
- 子话题下的每个部分都可以作为一段。
- 那是个事实。那个事实应该属于哪个子话题？
- 再检查一下，看看有没有重复的内容。这两个子话题真的不一样吗？检查一下以确保每个话题所讲的事实都不一样。

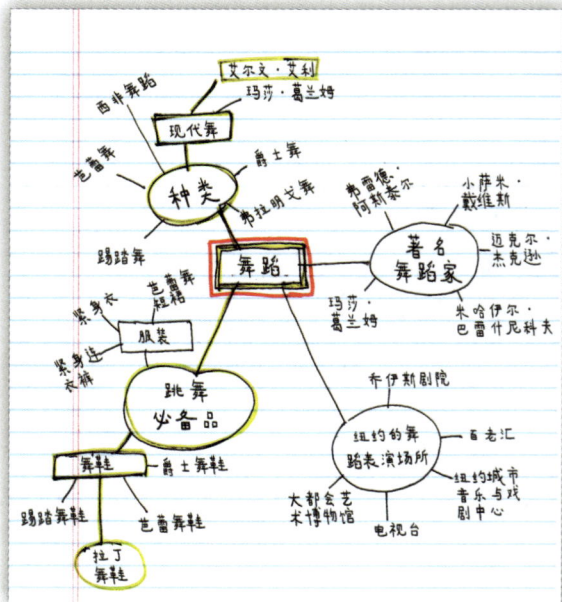

延伸阅读

Finding the Heart of Nonfiction: Teaching 7 Essential Craft Tools with Mentor Texts (Heard, 2013)

策略 在草稿上用方框框出或用直线画出文章的各个部分。想想文章主要写的是什么（也就是文章的主要观点或论点）。回顾每一部分，然后问问自己："这部分的内容是太多了还是太少了？"依据每部分的重要性适当地删减或添加内容。

使用建议 与本策略相似的策略包括：教学生把握故事核心和节奏的策略，以及告诉学生哪些地方需要详细叙述、哪些地方需要简略叙述的策略。当写作者考虑一篇观点性文本的主要论点、一首诗的主题或一篇知识性文本的主要观点时，他可以考虑每部分需要添加多少细节，而这些添加的细节又能给该部分增加多少"分量"。

训练提示语

- 你的文章中最重要的内容是什么？你想给这部分内容留出多大的篇幅？
- 哪个部分看起来最重要？
- 哪个部分看起来最不重要？
- 在你看来，有没有哪部分可以略叙或删减？为什么？
- 回过头去删减那个部分的内容。
- 回过头去详细描写一下，因为那个部分是最重要的。

适用对象

年级
4—8

文本类型
观点性/说服性，诗，知识性/非虚构类

写作环节
润色

延伸阅读
What You Know by Heart: How to Develop Curriculum for Your Writing Workshop (Ray, 2002)

5.35 首尾呼应

适用对象

年级
4—8

文本类型
不限

写作环节
调整思路，打草稿，润色

延伸阅读
Wondrous Words: Writers and Writing in the Elementary Classroom (Ray, 1999); *Finding the Heart of Nonfiction: Teaching 7 Essential Craft Tools with Mentor Texts* (Heard, 2013)

策略 重读文章的开头。找出故事的要素，比如场景、人物、对话和事件等。考虑怎么写结尾的时候，回头看看文章开头提到的某个或某几个要素。

使用建议 在首尾呼应的文章中，开头和结尾通常很相似，结尾会再次提及开头所提到的内容。其表现形式可以是叙述者回到一开始的场景中；也可以是文字和画面首尾呼应；或像桑德拉·西斯内罗斯（Sandra Cisneros）的《十一岁》（"Eleven"，2013）那样，文章的开头和结尾都描写了叙述者的心理活动，主体则描绘了一幕场景。在其他文本类型的教学中，你也可以使用这种结构。知识性文本通常会在一开始就指出话题或表明写作者对此话题的看法，然后到结尾再次向读者强调文章的核心内容。同样的，观点性文本一开始就会表明论点或者关注点，然后在结尾再次强调。

范文研读
- 《妈妈的舞蹈梦》（*My Mama Had a Dancing Heart*, Gray, 1995）
- 《奥莉薇·威金斯小姐的落日》（*The Sunsets of Miss Olivia Wiggins*, Laminack, 1998）
- 《亲朋自远方来》
- 《诗》（"Poem", Hughes，2003）
- 《莲子》（*The Lotus Seed*, Garland，1993）
- 《神奇的鲨鱼》（*Surprising Sharks*, Davies，2005）
- 《玫瑰的馨香》（*A Sweet Smell of Roses*, Johnson, 2007）

训练提示语
- 列出文章开头提到的几个要素。
- 结尾要怎样与开头呼应？
- 写到结尾的时候再读一读开头。如果想用相似的方式结尾，应该怎么写呢？
- 你使用了首尾呼应的结构，效果怎么样？

首尾呼应

首尾呼应的文章的开头和结尾很相似。
场景　语言　画面　结构

？问问自己
1. 文章开头提到的几个要素中哪个最重要？
2. 结尾要怎样与开头呼应？
3. 怎样才能确保开头和结尾相互呼应？

试一试！
你想呼应的要素是什么？

5.36 运用"跷跷板"结构

策略 思考一下自己所写的文章能否在两处场景、两种想法或两种韵律之间来回切换。先写一部分，再写另一部分。重复第一部分中的某些内容，再重复第二部分中的某些内容。

使用建议 "跷跷板"结构可以用在很多类型的文本的写作中。写知识性文本时，你可以在问题和答案之间来回切换，或者用"跷跷板"结构来写对比和比较类的文章。写叙事性文本时，你可以在故事场景之间来回切换。写诗时，你可以在两种声音之间来回切换。不论是写哪种类型的文本，来回切换的内容都拥有相似的句式结构，比如"长句—短句—长句—短句"。这种结构既可以用在全篇文章中，也可以用在局部，比如用在某个段落里。

范文研读 在《不屈不挠的勇士》（*Tough Boris*, Fox, 1994）中，叙述者是这样描述主要人物的："他很……"紧接着说："所有海盗都……"书中的每一句话都会加上一个形容词，比如"邋遢的""贪婪的""无畏的"等等。

诗集《快乐的喧嚣：两个声音一起读的诗》（*Joyful Noise: Poems for Two Voices*, Fleischman, 1988）中的诗在两种角度和两只同类动物的声音之间切换。

莱斯莉·帕特里切利（Leslie Patricelli）的《婴儿好习惯养成图画书——可以，不可以》（*No No Yes Yes*, 2008）是一套简单的图画书／纸板书，书中运用了一些对比的例子来教孩子辨别什么可以做和什么不可以做，比如用剪刀剪头发（不可以！），用剪刀剪纸（可以！）。

训练提示语

- 你想在什么之间来回切换？
- 解释一下你打算怎样运用"跷跷板"结构。
- 在这一页你 _____，如果运用"跷跷板"结构，那你可以在下一页 _____。
- 我可以看出来你是在 _____ 和 _____ 之间来回切换着写。

运用"跷跷板"结构

1. 确定你想在什么之间来回切换。
2. 先写一部分，再写另一部分。
3. 重复第一部分中的某些内容，再重复第二部分中的某些内容。

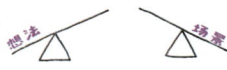

适用对象

年级
4—8

文本类型
不限

写作环节
调整思路，打草稿，润色

延伸阅读
Wondrous Words: Writers and Writing in the Elementary Classroom (Ray, 1999)

适用对象

年级
4—8

文本类型
不限

写作环节
打草稿，润色

策略 重读你的文章。想想你最后想让读者接受的主要观点是什么。用几句话概括全篇文章，突出主要观点。

范文研读 以《乘着光束飞驰——爱因斯坦的故事》（*On a Beam of Light: A Story of Albert Einstein*, Berne, 2013）为例，这本图画书将人物的真实经历以讲故事的形式表现出来，并用人物想表达的主要观点结尾，给读者留下了思考的空间。

> （阿尔伯特）提出的问题没人提出过。他解开的答案没人解开过。他异想天开的想法没人敢想过。阿尔伯特的想法帮助人类建造了宇宙飞船和卫星，能够到达月球，甚至更远的地方。他的想法帮助我们了解了宇宙，之前从没有人像他一样。即便如此，阿尔伯特仍然留给我们许多大问题，今天的科学家们仍然在研究。也许有一天，你，可以通过怀疑、思考和想象解答这些问题……

《马什菲尔德的梦：儿时的我》（*Marshfield Dreams: When I Was a Kid*, Fletcher, 2012）的结尾的几句话不仅总结了主要观点，还表明了作者写回忆录的目的。

> "我来啦！"我喊道。我坐起来掸了掸身上的松针。星星点点的阳光洒在身旁的树影上。我知道我不会忘了这里。我站了起来，大步向新生活走去，无惧无畏。

训练提示语

- 你的主要观点是什么？
- 想想你写的所有内容。你最想让读者思考的是什么？
- 用几句话概括你的主要观点。
- 你刚刚把主要观点告诉我了。现在试着用几句话概括一下。
- 你想怎样写结尾？

延伸阅读
The Writing Thief: Using Mentor Texts to Teach the Craft of Writing (Culham, 2014)

> "虽然还想继续看看深海，但是该回去了，因为深海6500'号只能在海里待8小时。"
>
> "好遗憾哪，不过驾驶舱里的空气用尽了的话很危险呢。"
>
> 抛掉剩余的压载铁后，"深海6500"号开始慢慢地上浮。
>
> "我们回来啦！"
>
> "空气好新鲜！"
>
> "从高空俯瞰大海，你会发现大海很蓝很广阔，像没有边际一样。"
>
> "嗯，潜入海底又会发现深海很黑很冷……但是深海也有涌出热液、充满活力的地方，不可思议之处真的很多。今后也一定会有很多新发现！"
>
> ——《海底大探险力》（井上洋子，2014）

5.38 设计相互呼应的双线情节

策略 想想故事中两位主要人物的经历。在时间线或"故事山"上列出一号人物的经历。然后，画一条与第一条情节线走势大体一致的线，列出二号人物的经历。试着让两条情节线上的事件能够相互关联或者相互呼应。圈出两条线上相似的事件。打草稿时，把圈出的内容写在同一页或同一部分中。

使用建议 如果学生正在阅读有多条情节线的叙事性文本，或者他们能够把握书中不同人物的经历，那么他们或许更容易掌握本策略。如果你有《美国学生阅读技能训练》这本书，可以参考其中的5.25节"制作双线情节'故事山'"，学习如何教学生跟进双线情节。

范文研读 在戴夫·皮尔奇的《小报童》中，男孩和狗一直做着相互关联的事。

训练提示语

- 故事人物会经历的主要事件是什么？
- 为主要人物安排一条情节线。
- 我看你正在为二号人物规划时间线，并且努力地让两条情节线相互呼应。
- 我能看出这些事件之间的联系。那么接下来呢？

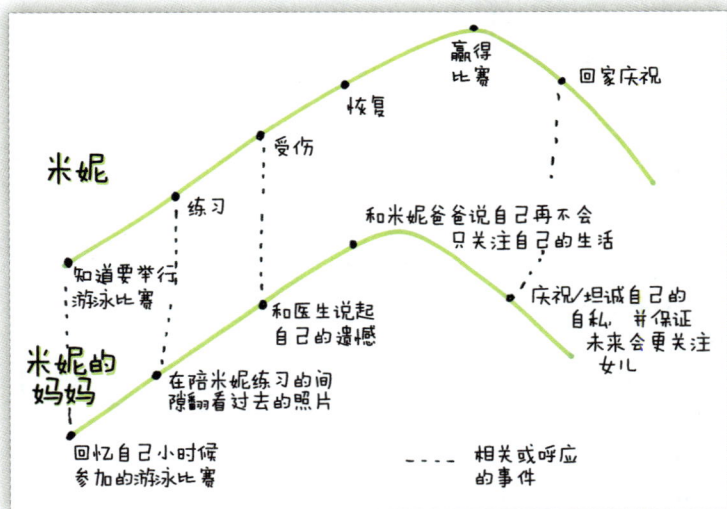

适用对象

年级
4—8

文本类型
叙事性

写作环节
调整思路，
打草稿

延伸阅读
Craft Lessons: Teaching Writing K–8, Second Edition (Portalupi and Fletcher, 2007)

适用对象

年级
4—8

文本类型
不限

写作环节
打草稿

策略 尝试快速地打草稿，把精髓写下来就可以，把稍后要补充内容的地方空出来：你可以通过按回车键、空几行或者画个圈（表示"随后写"）等方式留出空白。打草稿时要保持自己的节奏，不要让其他事（如查参考资料或上网搜索等）打断你的思路。完成草稿后，回过头去补充空白处的内容。

使用建议 我在写这本书的时候，曾就写作过程和我的编辑沟通过。她问我："你是个慢条斯理的人还是个雷厉风行的人？"慢条斯理的人写东西很慢，会不断地修改和审读，在事情都解决好之前是不会进行下一步的。雷厉风行的人则想尽快完成写作任务，并且不会一开始就追求完美，因为他知道之后还会修改。本策略更适合雷厉风行的人。（可以告诉大家：我是个雷厉风行的人，而我的编辑是个慢条斯理的人。本书的初稿简直让人看不下去！）

训练提示语

- 只写精髓。
- 别卡在那里，先画个圈，随后补充。
- 保持写作节奏。
- 记好一会儿要查的内容。

延伸阅读
A Writer Teaches Writing
(Murray, 1985)

5.40 从相反的角度切入

策略 要想让读者抓住你的文章的重点，有时你需要举一个反例。首先让读者看到什么不是你要写的重点，然后慢慢引导他们发现文章的重点。

示例 我写过一个真实的故事，讲的是有一次我趁姐姐睡着的时候剪了她的头发。但我觉得故事开头写得不好。经过一番思考，我觉得问题在于故事情节推动得过快，导致整个故事读起来过于单调。于是我想从相反的角度去写。由于记录的是一件很不光彩的事，我可以先进行场景描写。首先我要描写那个宁静的夜晚："柔和的月光洒在她房间的木地板上，一切都如此安静，我只听到微风吹拂窗帘的声音。我偷偷地溜进了她的房间。"

范文研读 可以参考伦纳德·皮茨（Leonard Pitts）的《星球大战的玩具制造商们，请问蕾伊在哪里？》（"Hey, Star Wars Toymakers, Where's Rey?"，2016），文章的开头是这样的："我以前一直以为女性是弱不禁风、矫揉造作的。而这一切都要怪漫威漫画公司。"这个开头引出了关于最新的《星球大战》电影中女主角的讨论，她完全不是一个弱不禁风的形象，因此作者认为孩子们需要如蕾伊这样的强大的女性形象的玩具。

训练提示语

● 你想写的重点是什么？想想与之相反的角度。

● 你怎样才能引发读者思考，激起他们的兴趣？

● 怎样从相反的角度展现人物特质？

> **异性相吸**
>
> 1. 首先考虑文章的重点是什么，然后从相反的角度去构思。
>
> 2. 怎样做才能引发读者思考呢？
>   - 场景
>   - 观点
>   - 人物特质
>
> 3. 引起他们的兴趣！
>
> ★ 造成对比效果 ★

Barb Golub

年级
5—8

文本类型
叙事性，观点性/说服性，知识性/非虚构类

写作环节
调整思路，打草稿，润色

延伸阅读
Writing a Life: Teaching Memoir to Sharpen Insight, Shape Meaning—and Triumph Over Tests (Bomer, 2005)

第六章

目标 6

详细阐述

◎ 这个目标为什么很重要？

　　详细阐述指的是写作者通过介绍具体细节或信息来阐述文章的话题。详细阐述的对象包括但不局限于以下几类：事实、轶事、对话、心理活动、场景描写、人物描写、统计数据、原因、信息以及直接引用的采访对象的话等等。这些有意义的细节能使文章更加生动，还能凸显写作者的意图。相反，如果在描写人物、渲染故事场景、描述内容或提供理由和事实时没有进行详细阐述，文章就会显得平淡无奇和令人疑惑不解。

　　选择详细阐述作为学生的写作目标，意味着你要帮助他们为已完成的文章框架填充"血肉"，即添加更多的细节，从而让读者想象出他们笔下的故事、理解他们提出的论点或了解他们讲解的知识。不过，堆砌过多的细节也不是什么好事。正如威廉·津瑟（William Zinsser）在《写作法宝：非虚构写作指南》（*On Writing Well: The Classic Guide to Writing Nonfiction*, 2001, 7）一书中所说的："堆砌辞藻是写作的顽疾。我们的社会充斥着赘余的词汇、重复的结构、华而不实的描述和毫无意义的语言。"换句话说，本章不仅能帮助写作者学会如何添加细节，还能教会他们如何通过精准且谨慎地描写提升细节的质量。除此之外，学生在掌握了一些详细阐述的策略后能在文章中添加类型多样的细节，只有这样文章的内容才不会显得过于单调。总之，我们不能只告诉学生"要加上更多细节"，而要说"想想你想说明／展示／描述的是什么。什么样的细节能更好地帮到你？"（Murray，1985; Anderson，2005）。

◎ 这个目标是否适合我的学生？

在有些学生的作文中，细节描写寥寥无几，这样的学生往往需要学习如何使用多种多样的关于详细阐述的策略。还有些学生需要在教师的帮助和指导下才能根据不同的写作目的选择具有不同效果的细节，这个目标也非常适合他们。

此外，还有些学生刚刚接触具体的、小话题的写作，往往需要帮助才能充实文章的内容。例如，某个学生想改写一篇描写整个暑期生活的记叙文，把叙事的重点缩小为一次在游乐园坐过山车的经历，这就需要他学会把原稿中的一句话扩充为一个完整的故事。

教师要做的第一步就是帮助学生整理出足够多的细节（Cali, 2003）。但是解决这个问题有时会比较棘手，因为有时学生会误以为读者知道自己所知道的一切。因此，学生在写作的时候会忽略一些信息，以为即便如此，读者还是可以凭文字描述想象出作者脑海中的画面。

接下来，教师就要教学生使用多种多样的详细阐述的策略。例如，只会描写人物动作的学生在写记叙文时可以学习使用对话描写、心理描写和场景描写。只会写概括性事实的学生在写知识性文本时可以学着加入一些统计数据、专家言论或调查结果。

当学生学会使用各种详细阐述的策略后，他们就可以学习在写作中使用贴合文章内容的细节了（Cali, 2003）。这意味着教师不仅要帮助学生学会在记叙文中加入人物对话，还要启发他们思考："你想体现人物的哪一面？什么样的对话可以体现他的这一面？"这还意味着教师不仅要教学生在写议论文时考虑有哪些相反的论点，还要启发他们思考有哪些细节能反驳这些论点。说到这里，你会发现本章和第四章的内容稍有重叠。指导学生就文章的重点内容进行详细阐述时，你可能需要将第四章和本章介绍的策略结合起来使用。

关于详细阐述的策略一览表

策略	年级	文本类型	写作环节
6.1 让图画和文字都传达信息	K—2	知识性/非虚构类	打草稿，润色
6.2 在图画中添加细节	K—2	不限	打草稿，润色
6.3 对话框让人物不再沉默	K—2	叙事性	打草稿，润色
6.4 演出来，写下来	K—3	叙事性，知识性/非虚构类	打草稿，润色
6.5 使用"助推稿纸"	K—8	不限	润色
6.6 用示意图来讲解知识	K—8	知识性/非虚构类	打草稿，润色
6.7 用诗人的眼光看世界（学习明喻和暗喻）	K—8	不限	调整思路，打草稿，润色
6.8 使用便利贴和脱字符号	K—8	不限	润色
6.9 "还发生了什么？"	K—8	叙事性	润色
6.10 加以佐证	1—8	观点性/说服性，知识性/非虚构类	调整思路，打草稿，润色
6.11 记下插图或照片中的信息	1—8	不限	调整思路
6.12 扩充名词	1—8	不限	润色
6.13 不要告知，而要描述：场景描写	1—8	叙事性	调整思路，打草稿，润色
6.14 不要告知，而要描述：情感描写	1—8	叙事性	润色
6.15 告诉读者谁在说话	1—8	叙事性	打草稿，润色
6.16 体会范文的丰富内容和写作手法	2—8	不限	调整思路，打草稿，润色
6.17 采访专业人士	2—8	知识性/非虚构类，观点性/说服性	调整思路，润色
6.18 记录你的研究成果	2—8	知识性/非虚构类	调整思路
6.19 先读，后画，再扩展	2—8	知识性/非虚构类	调整思路
6.20 描写人物的外部特征	2—8	叙事性	调整思路，打草稿，润色
6.21 描写内心戏	2—8	叙事性	打草稿，润色
6.22 进一步阐述事实	2—8	知识性/非虚构类，观点性/说服性	打草稿，润色
6.23 补充细节，说明"具体是怎样的"	2—8	知识性/非虚构类，观点性/说服性	打草稿，润色

策略	年级	文本类型	写作环节
6.24 使用叠句	2—8	叙事性，诗，观点性/说服性	打草稿，润色
6.25 扩充动词	2—8	不限	润色
6.26 选择恰当的故事场景	3—8	叙事性虚构类	调整思路，润色
6.27 借助于照片描写故事人物	3—8	叙事性	调整思路，打草稿，润色
6.28 使用对比手法	3—8	不限	调整思路，打草稿，润色
6.29 耐心点儿，慢慢写	3—8	叙事性	打草稿，润色
6.30 写写与话题擦边的细节	3—8	不限	激发和收集灵感，打草稿
6.31 通过移情体会人物心理	3—8	叙事性	调整思路，打草稿，润色
6.32 以他人的视角写作	4—8	不限	调整思路，打草稿，润色
6.33 故事人物怎样说话？	4—8	叙事性	调整思路，打草稿，润色
6.34 人物语言要体现历史真实性	4—8	叙事性非虚构类，历史小说	调整思路，润色
6.35 通过想象让事实更生动	4—8	知识性/非虚构类，观点性/说服性	调整思路，润色
6.36 记住范文所用的语气	4—8	不限	打草稿，润色
6.37 用挑剔的眼光审视自己的文章	4—8	不限	润色
6.38 借鉴好文好句	4—8	不限	润色
6.39 说给自己听	4—8	不限	调整思路，打草稿，润色
6.40 用动作体现人物特点	4—8	叙事性	调整思路，打草稿，润色
6.41 小故事也能做论据	4—8	知识性/非虚构类，观点性/说服性	调整思路，打草稿，润色
6.42 "万事皆三"法则	4—8	不限	调整思路，打草稿，润色
6.43 适当虚构	4—8	个人叙事，回忆录	调整思路，打草稿，润色
6.44 运用象征手法	5—8	叙事性	打草稿，润色
6.45 运用闪回手法提供背景信息	5—8	叙事性	调整思路，打草稿，润色

适用对象

年级

K—2

文本类型

知识性/非虚构类

写作环节

打草稿，润色

策略 重读你写的内容。然后对照图画，确保图画和文字表达的内容一致，还要保证添加的细节与话题相符。

示例 通常非虚构类作品中的图画和文字一样，都要传达很多信息。图画的作用有时是体现文字内容，有时是补充文字内容。即便图画添加了更多的细节，也要与话题相符。重读一下我写的那篇关于斑马的文章："斑马身上有条纹。条纹有黑有白。当它们成群结队一起行动时，狮子很难瞄准某一匹斑马，因为斑马群远看就是黑白一片的。这就是斑马长条纹的原因，条纹可以起保护作用。"然后，对照我画的斑马，看画的与写的内容是否相符，是否要做出调整。我在文章里提到了狮子，还提到了成群结队的斑马，它们身上的条纹能起保护作用。我觉得需要改一改我的画，至少要再画一匹斑马，这样读者才能理解为什么当斑马成群结队在一起时狮子会被条纹迷惑。（继续示范，可以给出图画和文字不一致的例子，然后拿一页白纸把画完全盖起来，在上面画与文字内容相符的画。）

训练提示语

- 图画和文字的内容相符吗？
- 你画了什么？写了什么？
- 你想做哪些调整？

延伸阅读

One to One: The Art of Conferring with Young Writers (Calkins, Hartman, and White, 2005)

策略 仔细观察你画的画，思考这个问题："有哪些内容是我想到了但还没有画出来的？"画出更多的细节，然后对照你的画，试着补充更多的文字内容。

使用建议 从某种程度上说，本策略是6.1节"让图画和文字都传达信息"的逆向版本。本章中还有关于其他类型的细节的策略，都可以与本策略结合起来使用。如果你写的是叙事性文本，可以参考6.3节"对话框让人物不再沉默"来了解"对话"这种细节；如果你写的是观点性文本，可以参考6.10节"加以佐证"来了解"论据"这种细节。

训练提示语

- 告诉我你想到了什么。还可以画出什么细节吗？
- 看看你的画。你打算写什么？
- 在画上指一指，给我说说你画的是什么。
- 你讲述了图画的内容，现在把刚刚说的写下来。

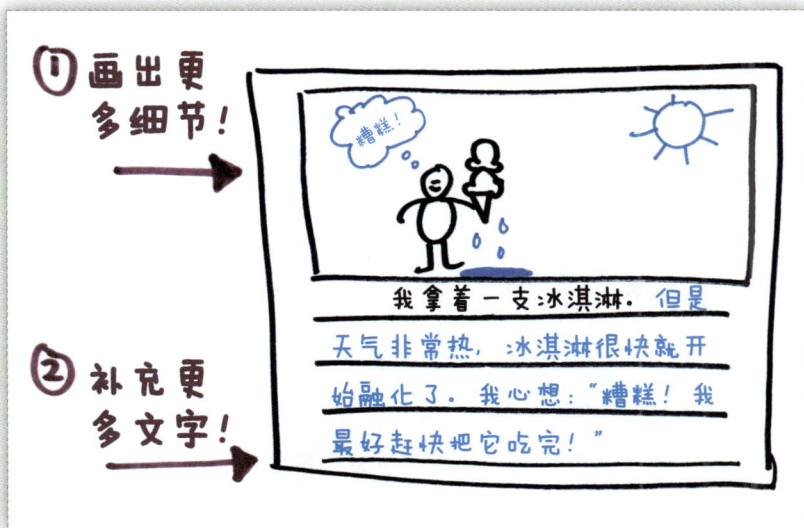

适用对象

年级
K—2

文本类型
不限

写作环节
打草稿，润色

延伸阅读
Craft Lessons: Teaching Writing K–8, Second Edition (Portalupi and Fletcher, 2007)

6.3 对话框让人物不再沉默

适用对象

年级
K—2

文本类型
叙事性

写作环节
打草稿，润色

策略 看看你画的场景，想想画中发生了什么。然后想一想："此时此刻人物会说些什么呢？"画一个对话框，把他们说的话写上去。

使用建议 对一些学生而言，人物的对话只能出现在图中的对话框中；而对另一些学生而言，图中的对话可以进一步转化成文章中的文字。

范文研读 莫·威廉斯的"小猪小象"系列（Elephant and Piggy series）与"淘气小鸽子"系列（Pigeon series）都借助于有趣的插图和对话框来讲故事。连环画和漫画小说也都很好地运用了对话框这种表现形式。

训练提示语

- 画中发生了什么？
- 想想故事人物会说些什么。
- 你会在对话框里写些什么？
- 把人物会说的话写下来。
- 读者知道人物的对话后更容易理解你的故事！

延伸阅读
Craft Lessons: Teaching Writing K–8, Second Edition (Portalupi and Fletcher, 2007)

6.4 演出来，写下来

策略 想一想你打算写什么。把第一部分内容表演出来，然后坐下来把你刚刚表演的内容写下来，尽可能多地把细节写下来。接着，表演下一部分内容，再写下来。写完之后，把全部内容再表演一遍，确保表演的全部细节都被记录下来了。

示例 我想写有一次在上学路上被路过的汽车溅了一身水的事。让我想想要怎样演。对了！首先，我走在马路上，我来演一下（表演走路的样子，可以四处看看，或者弯下腰检查鞋带）。好了，让我坐下来写写这部分的内容吧。"一天，和往常一样，我迈着大步向学校走去，时不时地看看树上开始变色的树叶。忽然我发现鞋带开了，于是弯下腰去系鞋带。"你看我没有只写"我走路去上学"，而是通过表演把更多的细节写出来了！（如果觉得学生还需要更多的示范，就继续演示如何表演和写出第二部分的内容。）

使用建议 本策略不仅适用于叙事性文本的写作，也适用于知识性文本的写作。例如，学生可以模仿大象的行为，然后把自己表演的内容记下来。

　　学生可以独立表演，也可以与搭档合作表演。

训练提示语

- 先表演第一部分的内容。
- 在表演的同时说说你在做什么。
- 把所有的表演细节都记下来。
- 回想一下你表演的内容，再对照你写的内容，看看有没有漏掉什么。

Merridy Gnagey

适用对象

年级
K—3

文本类型
叙事性，知识性/非虚构类

写作环节
打草稿，润色

延伸阅读
One to One: The Art of Conferring with Young Writers (Calkins, Hartman, and White, 2005)

使用"助推稿纸"

适用对象

年级
K—8

文本类型
不限

写作环节
润色

策略 如果觉得文章的某部分内容需要润色，但你不太放心直接在初稿上改动，可以另外拿出一张稿纸。在这张稿纸上尝试把自己的想法记录下来，再考虑要不要把这部分内容添加到初稿中。

使用建议 教师可以在写作角为学生提供一沓稿纸，专门标注为"助推稿纸"或其他你能想到的好名称。和学生一对一交流的时候，你可以把这些稿纸带在手边，要是他们不太愿意直接在初稿上修改，你就鼓励他们把想法写在"助推稿纸"上。尽管本策略可以帮助学生实现多种写作目标（例如，本策略可以在文章的结构方面给学生提供帮助，因为学生可以在这张稿纸上通过列提纲、尝试不同写法的开头或结尾等方式来重新组织文章），但我把它放在本章来介绍是因为学生尝试去写（可能不愿意立刻添加到初稿中）的内容往往是需要添加的细节或者从不同角度阐述话题的细节。

训练提示语

- 你想在另外这张稿纸上写些什么？
- 你不想保留这部分内容也没关系，可以在另外一张稿纸上写写。
- 全当是个实验。你可以随后决定是否喜欢这些内容。
- 你不用写在正文里，可以另外拿张稿纸写写看。

延伸阅读
Explore Poetry (Graves, 1992)

策略 把你想要讲解的内容画下来。思考这个问题："哪些部分比较重要？"在重要的部分旁边画一条线，然后用简单的词标注。用同样的方式标注图中其他重要的部分。

示例 我要把我的狗介绍给大家，所以我要先想想："哪些部分比较重要？"我已经把它画了出来，不过我只画了一幅示意图，还需要做些标注。它是一只大型猎犬，大型猎犬的耳朵都耷拉着。我要在它的耳朵那儿画条线，然后标注出来。除此以外，它的背上还有黑色的斑点。我会画条线，然后写上"黑色斑点"。

训练提示语

- 这幅画介绍的是什么？
- 哪个部分比较重要？
- 在重要部分旁边画一条线，并标注一下。
- 用什么词标注比较合适？
- 你给那个部分起了个什么名字？
- 有没有其他部分是你想标注的？

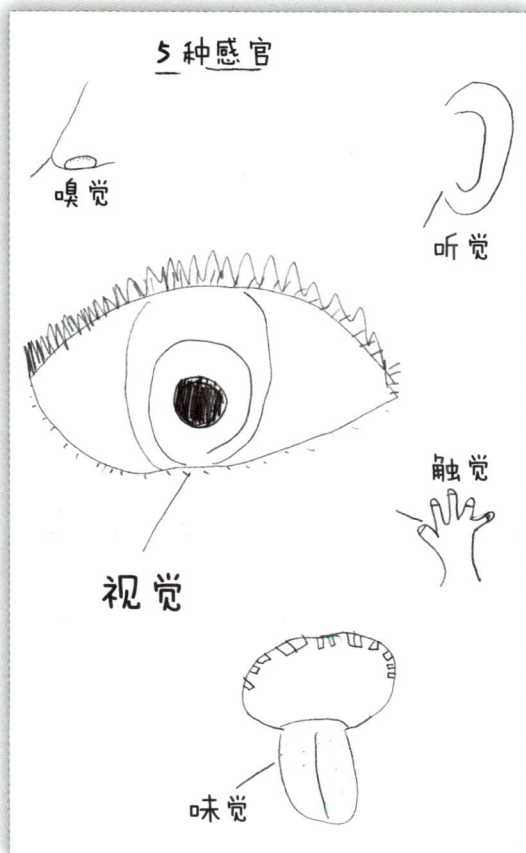

适用对象

年级
K—8

文本类型
知识性/非虚构类

写作环节
打草稿，润色

延伸阅读
Nonfiction Craft Lessons: Teaching Information Writing K–8 (Portalupi and Fletcher, 2001)

适用对象

年级
K—8

文本类型
不限

写作环节
调整思路，打草稿，润色

策略 想想你要比较的事物各有什么特点。思考这个问题："哪些有相同的特点？"把你要写的事物和与之类似的事物进行比较。

示例 我女儿喜欢收集贝壳，我今天带来一些贝壳供大家练习。以这个海螺为例，我给大家示范一下要如何描述：在描述的过程中既不局限于它的实际外观，又要做恰当的比喻。我先观察一下，然后重点说说它的形状。它的形状像……龙卷风！还像冰淇淋蛋筒。它尖尖的，像史前生物。接着说说它的质地。它就像玻璃一样光滑。它实际上并不是蛋筒或玻璃，但看起来很像。它的形状像蛋筒，材质像玻璃。

范文研读 瓦莱丽·沃思（Valerie Worth）的《小诗大全和十四首新诗》（*All the Small Poems and Fourteen More*, 1996）是一部诗集。作者运用了丰富的想象，重新定义了生活中的各种事物。南希·洛温（Narcy Loewen）创作的图画书《你是烤吐司及其他我们喜爱的比喻》（*You're Toast and Other Metaphors We Adore*, 2011）则很好地将各种比喻融入知识性文本和叙事性文本。

训练提示语

- 说说它是什么和你看到的是什么。想一想："它像什么？"
- 根据其外观想想它像什么。
- 根据其用途想想它像什么。
- 你可以说："＿＿像＿＿＿。"
- 我完全没想到！你的想法和诗人的一样。
- 你的眼光很独到！

延伸阅读
One to One: The Art of Conferring with Young Writers (Calkins, Hartman, and White, 2005)

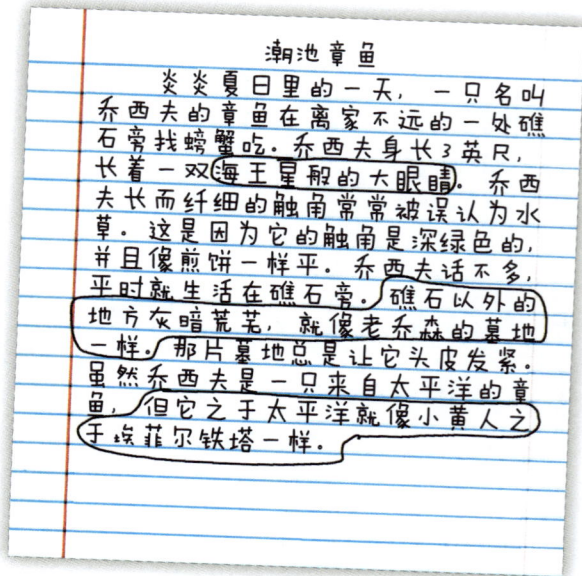

潮池章鱼

炎炎夏日里的一天，一只名叫乔西夫的章鱼在离家不远的一处礁石旁找螃蟹吃。乔西夫身长3英尺，长着一双海王星般的大眼睛。乔西夫长而纤细的触角常常被误认为水草。这是因为它的触角是深绿色的，并且像煎饼一样平。乔西夫话不多，平时就生活在礁石旁。礁石以外的地方灰暗荒芜，就像老乔森的墓地一样。那片墓地总是让它头皮发紧。虽然乔西夫是一只来自太平洋的章鱼，但它之于太平洋就像小黄人之于埃菲尔铁塔一样。

策略 如果你想补充更多内容，又苦于初稿上没有足够的地方写，那么可以使用便签或便利贴，还可以用插入符号把更多的细节加进去。

使用建议 教师可以在幼儿园和一、二年级教室的写作角里准备多种多样的便签。便签的大小可以为整张稿纸的 ¼ 或 ½。教师甚至还可以准备一些有图画框的便签，这样当学生想要修改图画时，可以直接把它贴在已有的画上。另外，便利贴对所有年级的学生都很有用，所以要多准备一些。

训练提示语

- 你想在哪里添加内容？想想需要多大的地方。
- 你可以用便利贴，因为写3句话需要更大的地方。
- 一起试一试吧，把要写的写在空白处。
- 大声说说你写的初稿要表达什么。指出你想润色的地方。你想怎样把要写的内容加上去？

适用对象
年级 K—8
文本类型 不限
写作环节 润色

延伸阅读
One to One: The Art of Conferring with Young Writers (Calkins, Hartman, and White, 2005)

"还发生了什么？"

适用对象

年级
K—8

文本类型
叙事性

写作环节
润色

策略 读一读文章中描写某件事的内容。问问自己："还发生了什么？有没有漏掉一些我以为读者知道但其实他们不知道的内容？"按照事情的发生顺序，把要补充的细节添加进去。

使用建议 为了帮助幼儿园至一年级的学生更具象地理解本策略，可以先让他们在图画上添加细节，然后让他们对照图画回忆故事的经过（可参考6.2节"在图画中添加细节"）。之后，他们可以对照文字内容看看自己有没有把所想的内容都呈现出来。

训练提示语

- 还有没有发生别的事？
- 你说了 _____，然后 _____。感觉好像还发生了什么事，但你还没告知读者。
- 重读一遍，检查一下有没有把所有事都交代清楚了。
- 哦！你想到要添加的内容了。这下读起来更明白了。

延伸阅读

One to One: The Art of Conferring with Young Writers (Calkins, Hartman, and White, 2005)

美国学生写作技能训练

6.10 加以佐证

策略 想一想你的观点／主张／论点。思考："我这样想的理由是什么？我要用什么证据证明我的想法？"列出几个能支持你的观点的理由或事实。

使用建议 根据观点性文本的特点，你需要教会学生按照易于理解的顺序去排列搜集到的理由和事实。你可以参考第五章"合理安排结构"中的5.18节、5.24节和5.30节以获得更多帮助。

本策略引导学生详细阐述理由（不同种类的论据）和细节（阐述每种论据的事实）。写作经验不多的学生可能只能列出理由或给出事实，而经验丰富的学生则能两者兼顾。

训练提示语

- 什么样的理由能说服你的读者？
- 想一个能够佐证的事实。
- 先列出几点理由。
- 现在你有了理由。你能想到支持这些理由的事实吗？

适用对象

年级
1—8

文本类型
观点性/说服性，知识性/非虚构类

写作环节
调整思路，打草稿，润色

延伸阅读
Breathing Life into Essays (Calkins and Gillette，2006)

6.11 记下插图或照片中的信息

适用对象

年级
1—8

文本类型
不限

写作环节
调整思路

策略 仔细观察与你的写作话题有关的插图或照片。用几个词或短语记下你获得的重要信息。

使用建议 本策略对想通过研究在自己的文章中加入更多事实和信息的学生来说很有用。一些低年级学生也喜欢本策略，因为对于自己选择的写作话题，他们有时找不到能够读懂的书和其他资料。所有的学生都喜欢从照片、插图及表格中获得所需的信息。

训练提示语

- 仔细观察照片，一部分一部分地看。
- 你看到了什么？
- 通过看插图你得到了什么信息？
- 记下你看到的东西，之后可以把它们用在草稿中！

很多人在盯着镜头。他们知道有人在拍他们。

无论年龄大小，所有人的待遇都是一样的，连年长和体弱的人也不能幸免。

穿着厚大衣，天气很冷，但没有下雪。

都带着铺盖卷，有些人带着不止一个铺盖卷。

都被铁丝网拦着。

延伸阅读
Craft Lessons: Teaching Writing K–8, Second Edition (Portalupi and Fletcher, 2007)

230　　美国学生写作技能训练

6.12 扩充名词

策略 在你的初稿中找找有没有需要更多细节描写的地方。用下划线画出总结性而非描述性的某个名词或名词短语。在便利贴或笔记本上把这个词或短语扩充成描述性短句。

使用建议 我发现初稿中有个短语"很多东西"，我觉得需要进一步扩充一下。"很多东西"到底指什么？这句话是这样的："仰望夜空时你能看到很多东西。"如果要说说都看到了什么，我想具体地罗列一下，或许我可以这样描写："仰望夜空时你能看到月球上的陨石坑，大大小小的星星闪烁不停。幸运的话，你还能看到流星。"哪个版本更能让读者想象出我脑海中的画面？

范文研读

> 描述始于作者的想象，终于读者的想象。（King, 2000, 174）

训练提示语

- 用下划线画出名词。
- 哪个名词是在做总结，而不是在描述?
- 把那个名词扩充成描述性短句。
- 这样润色后，你就添加了更多的细节。

扩充 名词
1. 重读一遍。
2. 哪里需要更多的细节描写?
3. 用下划线画出某个词或短语。
4. 写详细些。

适用对象

年级
1—8

文本类型
不限

写作环节
润色

延伸阅读
The Revision Toolbox: Teaching Techniques That Work (Heard, 2002)

6.13 不要告知，而要描述：场景描写

适用对象

年级
1—8

文本类型
叙事性

写作环节
调整思路，打草稿，润色

策略 想象一下故事发生的场景。思考："你听到、看到、闻到、尝到和感觉到了什么？"尽可能多地添加感官细节。然后重新朗读全文，决定哪些内容要保留，哪些内容要删去。

使用建议 写作者有时会犯的一个错就是以为读者了解自己所想的。事实上，我们所想的只有我们自己最清楚。写作者要做的一件事就是让读者也能清楚地理解。通过描写我们的感官体验可以带给读者身临其境的感觉。

范文研读 场景描写的例子有很多。我最喜欢的一个生动例子来自卡伦·赫西（Karen Hesse）所著的《雨，快下吧！》（*Come On, Rain!*，1999）。故事中的小女孩生活在一个炎热的城市，因此特别渴望一场雨。作者描写了路过的卡车发出的轰隆隆的声音和雷声，无精打采的人们和花花草草的样子，热烘烘的沥青和垃圾的味道，以及柏油马路上腾起热浪的景象。《如果你不是来自大草原》是一本非叙事性图画书，描写了草原上的风、天空、太阳等带给人们的感官体验。

训练提示语

- 调动你的感官。
- 慢慢描述。你看到了什么？听到了什么？触摸到了什么？
- 如果你当时在场，那就把你的感受都详细描写出来。
- （不要说话，通过让学生触摸你的眼睛、耳朵和鼻子来引导他们添加细节感受。）
- 你又描写了两种感观体验！我仿佛也在那儿一样！

延伸阅读
Writing a Life: Teaching Memoir to Sharpen Insight, Shape Meaning—and Triumph Over Tests (Bomer, 2005)

6.14 不要告知，而要描述：情感描写

策略 在初稿中找一个表达感受的词。问问自己："要是带着那样的情感，我看起来会是什么样的？"用短句去描述和展现那种情感，而非直接用表达情感的词把感受告诉读者。

使用建议 本策略能让学生学会用表达情感的词（伤心、生气、快乐等）去描述情感。你还可以参考6.12节"扩充名词"和6.25节"扩充动词"，让学生表达得更丰富和更准确。

范文研读 在莫·威廉斯的《古纳什小兔》（*Knuffle Bunny*，2004）中，当主要人物翠西不被爸爸理解而感到沮丧的时候，作者没有用"沮丧"这个词，而是说她"瘫成一团泥""号啕大哭"，然后还不太会说话的她开始尖叫："阿拉西，巴乐西，肚拉机。"

训练提示语

- 选一种情感，描述一下人物怀有这种情感时的表现。
- 你能在文章中找到表达情感的词吗？
- 一起想一想那是一种什么样的感受？
- 用几个词去描述那种感受。

适用对象

年级
1—8

文本类型
叙事性

写作环节
润色

延伸阅读
The Craft of Revision
(Calkins and Bleichman, 2003)

伤心

← 告知 —————— 描述 →

我很伤心。

我皱起了眉头。

我的心沉了下去，眼泪从脸颊上滑落。

高兴

我很高兴。

我笑了。

我感觉充满了活力，我的眼睛发光，嘴角上扬。

告诉读者谁在说话

适用对象

年级
1—8

文本类型
叙事性

写作环节
打草稿，润色

策略 让故事人物说话。你写的对话要让读者看明白是谁在说话（还要描写人物说话时的神态和动作）。你可以使用对话提示语，对话提示语位于对话前、对话中或对话后。要确保读者清楚地分辨谁是说话者。

使用建议 可以根据学生的年龄和写作经验来调整本策略。对一些学生来说，是添加直接引语（如"'到楼下来。'妈妈说"）还是添加间接引语（如"我妈让我到楼下去"）有很大的差别。对写作经验丰富的学生，不仅要教他们写人物对话，还要教他们描写契合对话场景的人物神态和动作（如"'到楼下来。'妈妈倚在栏杆上大声喊道。"）。声明一下，我并不是说不能使用"谁谁说"这种形式，也不是说要学生把所有的"说"都替换成更具体的动词。要想了解更多内容，推荐大家阅读《华盛顿邮报》里的一篇文章，作者是亚历山德拉·彼得里（Alexandra Petri, 2015）。

范文研读 下面的对话摘自 N. D. 威尔逊（N. D. Wilson）的作品《模糊男孩》（*Boys of Blur*, 2015, 15）。这段对话的说话者为"棉花"（外号）和查理，对话提示语所处的位置不尽相同，而且这段对话完美地将动作与对话内容结合了起来。对话中有一处作者用"问"替代了"说"，不过"说"仍然是使用最多的提示语（正如你在大部分书中看到的那样）：

> "怎么样？"棉花问。查理点点头，眼睛直盯着破败不堪的小棚屋。
>
> 棉花抓住蛇尾，把蛇拎了起来，然后笑吟吟地站在一边，问："想拿着它吗？"
>
> "棉花。"查理边说边向后退。
>
> 棉花大笑着轻轻甩了甩蛇，说："死的，你看。"

训练提示语

- 故事人物说了什么？谁说了那句话？
- 我在这页看到了对话。你看能不能找到。
- 对话就是故事人物所说的话。你在这里添加对话了吗？
- 要写明这句话是谁说的。
- 要加上"_____ 说"。

延伸阅读
The Elements of Style, Fourth Edition (Strunk and White, 1999)

6.16 体会范文的丰富内容和写作手法

策略 先读一遍范文，了解文章所讲述的内容和信息。再读一遍范文，这次要着重关注作者使用的图画、精彩的词句和象征性语言。列出作者所使用的写作手法，尝试将它们应用在自己的文章中。

范文研读 乔治娅·赫德曾引用过威廉·津瑟的一句话："写作者（或写作教师）选择的范文不能只传递信息。"好的范文应该是鲜活的、有温度的、体现人性的。以下面两篇写动物的文章为例，比较这两段的风格和遣词造句。

摘自《爆炸的蚂蚁：动物神奇的适应力》（*Exploding Ants: Amazing Facts About How Animal Adapt*, Settle, 1999, 10）：

> 和一只新孵化的布谷鸟共处可能是个致命的选择。幼年布谷鸟不太喜欢分享。事实上，它们会把同巢的伙伴推出巢穴以确保自己不用共享食物和空间。布谷鸟是巢穴抢夺者和巢内寄生体。

摘自《神奇的蝾螈》（*Amazing Salamander*, Shanahan, 2010, 6）：

> 蝾螈与青蛙和蟾蜍一样属于两栖动物。大部分蝾螈都在水里出生，成年后可以呼吸空气。蝾螈从幼年到成年要经历非常奇妙的变化。

以上两段都向读者介绍了某种动物的特点。第二段读起来更直白，而第一段更吸引人，语言更生动（如"致命的选择"）。

训练提示语

- 作者使用的最精彩的语言是什么？
- 在这里作者是怎样进行细节描写的？
- 作者都写了哪些内容？你认为他这样做的原因是什么？

你学到了什么？	你注意到哪些写作手法？（图画、用词、象征性语言和构思等等）
·布谷鸟不喜欢分享 ·布谷鸟会把同巢的伙伴或兄弟姐妹推出巢穴	·生动的语言（"致命的选择"） ·用来下定义的特殊词汇（"巢穴抢夺者和巢内寄生体"） ·拟人手法（"幼年布谷鸟不太喜欢分享"）

适用对象

年级
2—8

文本类型
不限

写作环节
调整思路，打草稿，润色

延伸阅读
Finding the Heart of Nonfiction: Teaching 7 Essential Craft Tools with Mentor Texts (Heard, 2013)

6.17 采访专业人士

适用对象

年级
2—8

文本类型
知识性/非虚构
类，观点性/说
服性

写作环节
调整思路，
润色

延伸阅读
A Writer Teaches Writing
(Murray, 1985)

策略 确定写作话题后想一想哪些人具备这一领域的相关知识。通过采访他们获取相关信息。为了让受访者畅所欲言，尽量问一些开放式问题，把他们回答的内容用在自己的文章中。

示例 设计问题时，要确保这些问题不是用简单的"是"或"不是"就能回答的，还要充分考虑受访者的知识背景。采访时，不仅要记录受访者的回答，还要留意他们的手势、表情和动作。

使用建议 若想了解其他有关采访的内容，可参考3.9节"采访他人，发掘写作话题"。

训练提示语

- 想一想你想采访谁，他们具备哪方面的知识。
- 想一想他们能告诉你什么。设计一个问题，确保能获得你想要的信息。
- 检查你的问题，看这个问题能否用"是"或"不是"回答。
- 改写这个问题，别让它听起来像你想要一个肯定的答案。
- 这个问题能让受访者侃侃而谈！这是个非常开放的问题。

策略 想一想哪些子话题是你还想搜集更多资料去充实的。在笔记本或作文册的每一页都写一个子话题做标题。一旦找到关于该话题的新信息，就思考这几个问题："这部分内容应该放在笔记本的哪一页？这是有关哪一个子话题的信息？"

示例 我刚刚发现了一个有趣的事实：芭蕾舞者常常把舞鞋穿破，好多舞者一周平均要穿坏2—3双舞鞋！我要翻翻作文册，看看这一点应该放在哪一页。应该放在"芭蕾体位的种类"这一章吗？不对，这一章讲的是体位。应该放在"著名的芭蕾舞剧"这一章吗？也不对。应该放在"芭蕾舞者的穿着"这一章吗？没错，这一章确实提到了芭蕾舞鞋，在这里加上"一位舞者平均需要多少双舞鞋"是合适的。就加在这里。

训练提示语

- 在笔记本每一页的最上方写一个标题。
- 你想搜索哪些种类的信息？
- 你找到了一个贴合所写话题的事实。
- 你想把这条信息加在哪里？
- 这条信息属于哪一类？

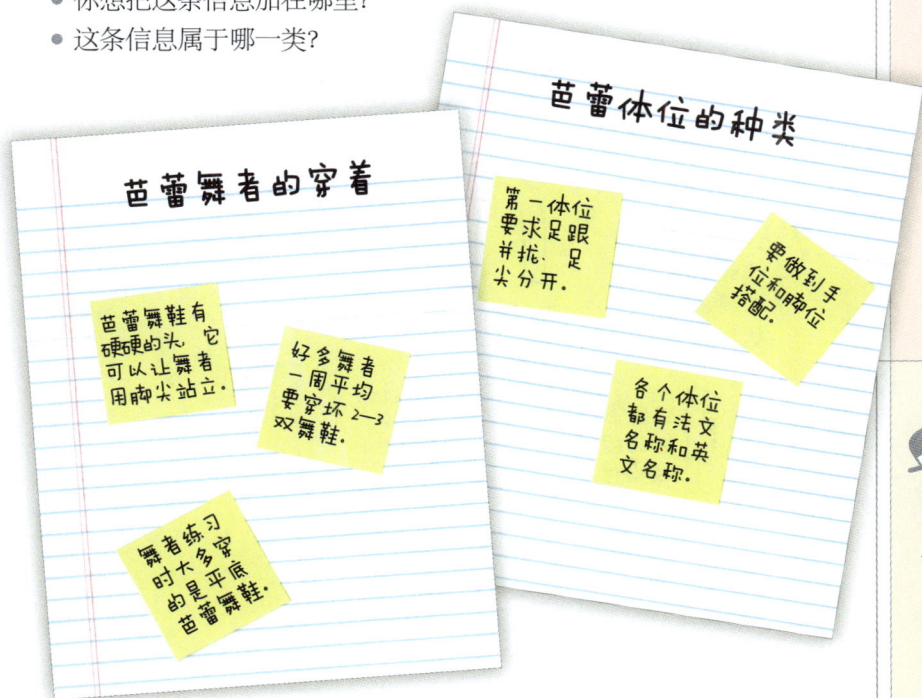

适用对象

年级
2—8

文本类型
知识性/非虚构类

写作环节
调整思路

延伸阅读
Crafting Nonfiction, Intermediate (Hoyt, 2012)

适用对象

年级
2—8

文本类型
知识性/非虚构类

写作环节
调整思路

延伸阅读
*Crafting Nonfiction,
Intermediate* (Hoyt,
2012)

策略 通过阅读了解你要写的话题。记得停下来思考，确保自己理解所读的内容。把自己了解到的知识和信息画成一幅画或示意图。用自己的语言在画上做标注或说明。

使用建议 教学生给研究话题添加内容时，教师常常遇到的问题是学生会照搬和照抄书中的信息。他们真的理解自己照抄过来的东西吗？我们无从得知，但他们很有可能并不理解。让学生把读到的内容转换成图画，并用自己的语言做标注和说明，可以确保他们写下的内容都是自己理解的。然后，让他们把这些标注的文字写进草稿里，这样一来他们的文章用的是他们自己的语言。这个策略还非常适合低年级学生，因为他们画画比写句子更加流畅。

训练提示语

- 你从这一页得到的最重要的信息是什么？
- 看看你有没有真正理解这部分内容。
- 看来你完全理解了所读的内容！那么你会怎么把它画出来呢？
- 画幅草图，把你理解的内容记下来。
- 开始做标注。
- 你能不能用一些说明文字或句子来解释一下自己画的是什么？
- 你是用自己的语言写的。这代表你已经看懂了。

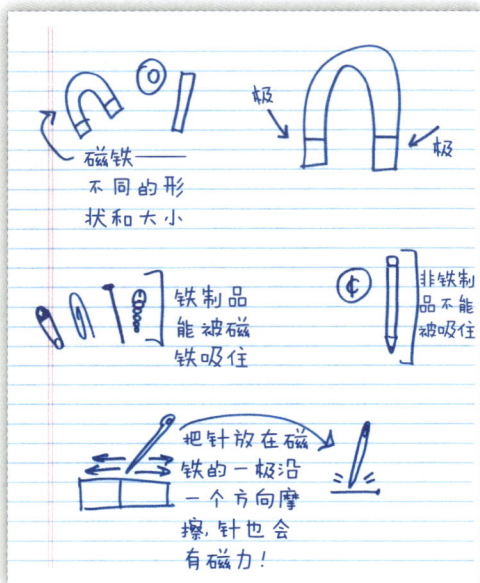

策略 想象一下你创造的人物。详细地描写该人物的外部特征，突出体现他与故事中其他人物不同的地方。

范文研读 纽伯瑞儿童文学奖银奖作品《再见木瓜树》（*Inside Out and Back Again*, Lai, 2011）是根据作者的真实经历改编的。西贡沦陷之后，作者从越南逃到美国亚拉巴马州。在第142页，她生动地描写了故事主要人物的外部特征以及她在异国遇到的其他人的特征。

训练提示语

- 描写你的故事人物。你看到了什么？
- 人物的哪些重要外部特征是读者应该了解的？
- 是什么让你的人物与众不同？
- 我们一起看看初稿中哪些地方可以融入这些细节吧。

描写你的人物

- **你看到了什么？**
  - 头发
  - 皮肤
  - 服装
  - ?
- **和读者分享重要的细节。**

Barb Golub

适用对象

年级
2—8

文本类型
叙事性

写作环节
调整思路，打草稿，润色

延伸阅读
The Writing Thief: Using Mentor Texts to Teach the Craft of Writing (Culham, 2014)

6.21 描写内心戏

策略 想象一下故事人物经历一些事情后会做出什么反应，把他们的感受写出来。想象一下故事人物经历一些事情后心里会怎么想，把他们的想法写出来。

示例 写的时候要注意描写人们能看到的东西（动作）和能听到的东西（对话和场景细节）。还要写一写人物的内心戏，包括人物有何感受和想法。

范文研读 霍利·戈德堡·斯隆（Holly Goldberg Sloan）的《数字7的魔力》（*Counting by 7's*，2014，110）是从主要人物的视角讲故事的，故事充满了内心想法和感受的描写，比如"我的牙齿开始咯咯作响。我想闭上眼睛，让眼前的一切都静止。我不在乎我的心有没有跳动、我的肺有没有起伏。这些跳动和起伏还有什么意义？"。

训练提示语

- 你的故事人物在想什么？
- 先写故事人物做了什么，再写故事人物是怎么想的。
- 想象一下故事人物的反应，从感受和想法这两方面去想象。
- 通过描写人物心理，你让我进一步了解了他们的内心世界。

延伸阅读
*Writing a Life:
Teaching Memoir to
Sharpen Insight, Shape
Meaning—and Triumph
Over Tests* (Bomer, 2005)

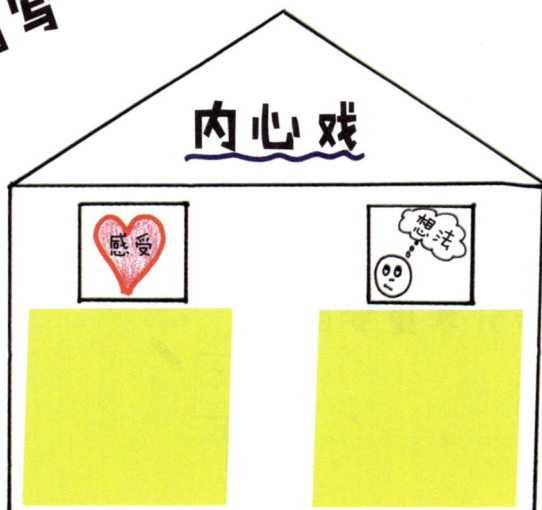

Mary Ellen Wallauer

策略 找一找初稿中仍需进一步阐述的事实，用下划线画出来。思考一下该如何进一步解释这一事实。是举个例子？还是做类比？抑或写个故事？添加几句话，帮助读者更好地理解你讲解的内容。

示例 我在我写的书里找到了这样一句话："月球上有陨石坑。"我觉得可以进一步阐述。如果读者并不了解陨石坑是什么，就不太理解这句话。那么，我得想办法添加一些细节，从而更好地讲解这个事实。我可以加上定义："陨石坑是月球表面碗形的大坑。"我还可以加个故事："很久以前，一块陨石从太空飞来，砸在月球的表面，嘭的一声，留下了这样一个大坑。"

使用建议 本策略可以分成4节课甚至更多节课来教授：一节课讲如何添加故事，一节课讲如何下定义，一节课讲如何举例子，最后一节课讲如何做类比。

　　本策略可以与第七章的策略"使用专业词汇以凸显权威性"（7.2节）结合使用。通过使用专业词汇，学生可以把自己讲解的内容更好地呈现给读者。

训练提示语

● 你能找到需要进一步阐述的事实吗？

● 用下划线把那句话画出来。想一想你要添加什么样的内容。

● 多写一句话来解释这一事实。

● 这个事实的哪个部分需要进一步阐述？

适用对象

年级
2—8

文本类型
知识性/非虚构类，观点性/说服性

写作环节
打草稿，润色

进一步阐述事实

哪个事实需要进一步阐述？
思考从哪些方面入手。

・下定义
　　蜥蜴是爬行动物。爬行动物是冷血脊椎动物，会产卵，用肺呼吸，皮肤干燥且长有鳞片。

・举例子
　　乔治·华盛顿是美国开国元勋之一，也是第一任总统。

・讲故事
　　美国独立战争中的女性德博拉·桑普森乔装成男性参加战斗，即便负伤也坚持战斗。她在接受治疗时才被发现是女儿身。

Megan Hughes and Courtney Tilley

延伸阅读
Nonfiction Craft Lessons: Teaching Information Writing K–8 (Portalupi and Fletcher, 2001)

适用对象

年级
2—8

文本类型
知识性/非虚构类，观点性/说服性

写作环节
打草稿，润色

策略 想让读者充分理解文章的内容，你不仅需要告诉他们"是什么"，还要告诉他们"具体是怎样的"。重读一遍初稿，找找还没有得到充分阐述的事实。回顾自己能想到的相关知识。问问自己："具体是怎样的？"然后，用一句话进一步阐释前一句话，给出更多的信息。

范文研读 你可以参考一些优秀的非虚构类作品，比如妮古拉·戴维斯（Nicola Davies）的很多作品都可以作为范文。就拿《寄生虫背后的故事》（*What's Eating you: Parasites—The Inside Story*, 2009, 16）中的一句话为例："找到宿主的最基本的方法是静静等待宿主经过。蜱虫就是这样。"作者接着写了这样一句话，好像在回答"具体是怎样的？"一样："这种嗜血的昆虫是蜘蛛的近亲，它们会趴在宿主身上尽情美餐。它们躲在草丛和灌木丛里，只要闻到周围动物的气息，它们就会抖抖腿爬上去。"

训练提示语

- 你写的哪个事实需要进一步详细阐述？
- 重读这一事实，问问自己："具体是怎样的？"
- 你已经阐述了"是什么"，接着要解释"具体是怎样的"了。
- 你能想象出来吗？解释一下"具体是怎样的"，一步一步来。

如何补充细节？

1. 思考："哪个事实需要详细阐述？"

2. 重读这一事实，问问自己：具体是怎样的？

3. 思考一下
   列出提纲
   写下来

Barb Golub

延伸阅读
Nonfiction Craft Lessons: Teaching Information Writing K–8 (Portalupi and Fletcher, 2001)

6.24 使用叠句

策略 在你的文章中找找可以写成叠句的句子。重新读读你的文章，把那句话放在几个不同的位置试试。每次写叠句时，都重复相同的句式，并添加不同的内容。思考一下这句重复出现的话是否强调了什么。

范文研读 以梅·福克斯（Mem Fox）的《考拉小璐》（*Koala Lou*, 1988）中的叠句"考拉小璐，我爱你"为例，你可以告诉学生：假如作者想要重复某句话，那她每次重复的时候都需要有新的理由。考拉小璐的妈妈在故事的开始就说了这句话；故事中考拉小璐回忆的时候又出现了这句话，因为小璐希望妈妈把这句话再说一遍；在考拉小璐夜晚睡觉前又出现了这句话；在考拉小璐为奥运会做准备时也出现了这句话。这句话后来还出现了很多次。凯文·亨克斯（Kevin Henkes）的《世界上最棒的姐姐》（*Julius, Baby of the World*, 1995, 2）也是一个很好的例子："他们亲吻他粉红的小鼻子。他们赞美他乌黑发亮的小眼睛。他们轻轻抚摸他香喷喷的白色软毛。朱利斯是全世界最可爱的宝宝！莉莉的爸爸妈妈赞叹说。"适合小学高年级学生或中学生阅读的非叙事性范文是马丁·路德·金（Martin Luther King）的著名演讲稿《我有一个梦想》。

训练提示语

- 重复这句话可以吗？我们来试试吧。
- 你打算在哪里使用叠句？
- 重复那句话是为了表达什么意思？
- 重复那句话时你想加上哪些新内容？

使用叠句

1. 重读文章，找找可以写成叠句的句子。

2. 把那句话放在几个不同的位置试试。

3. 使用叠句让文章变得更好了吗？

Barb Golub

适用对象

年级
2—8

文本类型
叙事性，诗，观点性/说服性

写作环节
打草稿，润色

延伸阅读
One to One: The Art of Conferring with Young Writers
(Calkins, Hartman, and White, 2005)

适用对象

年级
2—8

文本类型
不限

写作环节
润色

策略 在初稿中找一个平淡无奇的动词。读读上下文并思考这样一个问题:"故事人物具体是怎样做的?"用一个描述性或解释性的动词或短语替换那个平淡无奇的动词。

示例 在重读初稿的过程中我发现了这样一个平淡无奇的句子:"她走到老师的桌子旁。"我要画出来的词是"走",因为它并没有向读者展现我脑海中的画面。我写这个"走"是想表达什么呢?如果我把这句话改成"她拖着步子朝老师的桌子走去,她走得很慢,就好像有人拽着她的脚一样",就可以体现她是极不情愿地朝老师走去的。但如果我把这句话改成"她从凳子上一跃而起,连蹦带跳地跑到老师的桌子旁",则能明显地体现她的积极和激动。我要好好想想我想表达的意思再写,因为只用"走"是很不明确的。

范文研读 在《年纪很大的宇宙》(*Older Than the Stars*, Fox, 2010)的每一页中我们都能读到很多精心选择的动词。比如我在某一页就发现了这些词:发光、衰亡、爆炸、被迫、熔化、烧灼。让学生思考一下如果作者不用这些词,还可以用哪些词,并分析一下这些词是怎样帮助读者把抽象概念形象化的。

训练提示语

- 找一些意思含糊的动词。
- 问自己这个问题:"事情具体是怎样发生的?"
- 一起开动脑筋想想还可以使用其他哪些动词。
- 你可以用短语来替代某个词。
- 你可能需要重写整个句子,而非只替换一个词。

延伸阅读
The Revision Toolbox: Teaching Techniques That Work (Heard, 2002)

贴切生动的动词

写作者试图准确描述人物动作.

1. 寻找平淡无奇的句子. ☺
她走到老师的桌子旁.

2. 他/她是怎么做的?
好好想一下!
连蹦带跳 跑 冲过去 徘徊 蹭

3. 重写整个句子.
她从凳子上一跃而起,连蹦带跳地跑到老师的桌子旁.

帮我润色!

乔希走到了公园. 天空中的云朵遮住了太阳. 他走到秋千旁坐了下来. 他蹭了一下地, 秋千荡了起来.

Diana Erben

策略 把人物放在故事场景中。写一段故事情节，描述人物在该场景中有何种行为举止。重复以上步骤一两次，每次都把人物放在新的场景中。看着自己写的内容，问自己两个问题："这个场景起作用了吗？它会改变人物的行为举止吗？"选择一个最适合所写故事的场景。

范文研读 洛里斯·劳里（Lois Lowry）的《乌鸦召唤》（*Crow Call*, 2009）向读者说明了明确的时间、地点和天气状况。朱莉·布林克洛（Julie Brinkloe）的《萤火虫》（*Fireflies*, 1986）清楚地描述了场景的细节，并为全书定了基调。

训练提示语

- 想一个符合故事人物特征的场景。
- 你觉得这个故事应该发生在什么地方？
- 先说一说备选的几个场景。
- 重读那段情节。那个场景起作用了吗？
- 这个场景是怎样改变故事人物的行为举止和相互之间的互动的？

场景很重要

1. 把人物放在一个故事场景中。
2. 写一段故事情节。故事人物在该场景中应有何种行为举止？
3. 重复以上步骤（改变场景）。
4. 选择一个最适合所写故事的场景。

> 她一边在一片漆黑的树林中摸索，一边回头看。她睁大了双眼，总觉得有人或有什么东西在暗地里注视自己。

> 回到家后，她锁上了所有的门窗，然后坐在了自己最爱的椅子上。她的猫跳到她腿上，她冲着它笑。

Barb Golub

适用对象

年级
3—8

文本类型
叙事性虚构类

写作环节
调整思路，润色

延伸阅读
What You Know by Heart: How to Develop Curriculum for Your Writing Workshop (Ray, 2002)

6.27 借助于照片描写故事人物

适用对象

年级
3—8

文本类型
叙事性

写作环节
调整思路，打草稿，润色

延伸阅读
What You Know by Heart: How to Develop Curriculum for Your Writing Workshop (Ray, 2002)

策略 （在杂志、图书或网络上）找一张符合故事人物设定的真人照片。把照片放在旁边，一边对照，一边打草稿和描写人物。用照片引导自己，确保人物的特征前后统一。

使用建议 本策略适用于叙事性虚构类文本的写作，可以使故事有真实感。本策略还适用于回忆录和个人叙事类文本的写作，这时学生应该从家里的相册中找出要写的真实人物的照片。

范文研读 学乐出版社的网站上有许多精彩的作者访谈录。以卡伦·赫西为例，她谈到在写小说《风儿不要来》（*Out of the Dust*, 1997）时做过很多研究。这部小说中的故事发生在美国中部的尘暴多发地区，她以诗歌的形式叙事。尽管她并没有提到在写作过程中参考过真实的照片，但是她提到自己创作的故事人物用的都是真实人物的名字，那些名字来自她读过的报纸（"Karen Hesse Interview Transcript"，Hesse）。

训练提示语

● 对照照片，想一想要怎样描写故事人物。怎样把这样的描写加进故事里？

● 对照照片，想一想故事人物的说话方式。写一些对话来体现人物的说话特点。

● 对照照片，想一想故事人物的行为方式。你想把这样的描写加在哪里？

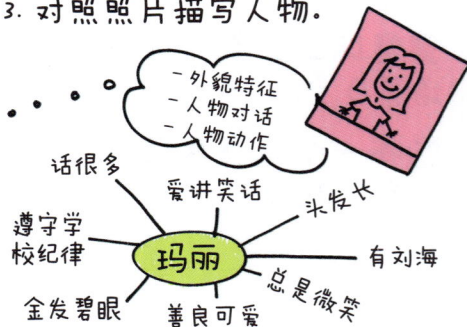

借助于照片描写故事人物！
1. 在杂志、图书或网络上找一找。
2. 选择一张符合故事人物设定的真人照片。
3. 对照照片描写人物。
- 外貌特征
- 人物对话
- 人物动作

话很多　爱讲笑话　头发长　遵守学校纪律　玛丽　有刘海　金发碧眼　善良可爱　总是微笑

Chelsie Weaver

6.28 使用对比手法

策略 在文章中找出描述不够充分的概念、想法或人物。思考一下你最想强调的内容是什么，再思考一下与之相反的内容是什么。用一句话来对比这两方面的内容。

训练提示语

- 有关这个概念／想法／人物的最重要的内容是什么？
- 你想强调的内容是什么？
- 现在想一想与之相反的内容是什么。
- 怎样用一句话来对比这两方面的内容？
- 这句话强调了你所描述的这个概念／想法／人物最重要的方面。

概念/想法/人物	强调的内容	相反的内容	句子……
玩耍	创造性	作业	和坐在桌前完成作业不同，玩耍能让孩子更具创造性。
家	温暖，石制的，有历史意义	苹果零售店	与商场里苹果零售店的玻璃和钢架结构不同，我的家从石制外墙到舒适的壁炉，都是温暖和有吸引力的。

适用对象

年级
3—8

文本类型
不限

写作环节
调整思路，打草稿，润色

延伸阅读
*The Big Book of Details:
46 Moves for Teaching
Writers to Elaborate*
(Linder, 2016)

适用对象

年级
3—8

文本类型
叙事性

写作环节
打草稿，润色

策略 注意不要太快地从一个观点过渡到另一个观点。慢慢写，一边写一边回忆。试着把所有的细节都写下来。

使用建议 在写作过程中提醒学生慢慢回忆，这样有助于他们记下更多的细节。如果学生在生活中就是一个喜欢慢慢来的人，那他一定能发现身边的很多事物，也能用心体会当下的感受，还能用心倾听自己的心声。这样的生活方式有利于捕捉生活中的更多细节，让写作者在回到桌边创作的时候有更多的内容可写。写作者可以将本策略与策略"详叙还是略叙"（5.31节）结合起来使用，这两个策略能让写作者考虑什么时候需要慢慢描述细节，什么时候需要快速略过。

范文研读 马拉·弗雷齐的《过山车》中有很好的例子。作者在故事中描写了排队、系安全带、启动铃响、松开刹车、过山车猛地一动等情景。作者本可以只写一句："过山车开动了。"本策略还可以用于润色：让学生在初稿中找出一句高度概括的话，把这句话中的动作分解开，用几个步骤或几句话去描述它。

训练提示语

- 这里描述得太仓促了。重新写得详细些。
- 仔细回忆一下。
- 试着把所有细节都写下来。你还能再加点儿什么？
- 我发现这一部分叙述得很详细，把所有的细节都写下来了。这样写能让你的读者也想象出这个画面！

延伸阅读
*After "The End":
Teaching and Learning
Creative Revision* (Lane,
1993)

写得太仓促！

我们去了动物园。我们看到了很多动物，然后就走了。

你来试试……

我起床后收拾了一下就去上学了。

详细描写

班级户外旅行组织去动物园。付了门票钱后，我们每个人手上都盖了一个戳作为门票。我手上的图案是一匹斑马。接着我们到了第一个展馆。我看到了猴子！它们爬上爬下，到处都是。

策略 尝试简略而刻意地写一写与话题擦边的细节。既可以写直白的、看得到的和正在发生的各种细节，也可以写与话题的核心或重点有所关联但关系不大的细节。你无须说明所写的是哪一种细节。

使用建议 通过练习本策略，学生的作文可能会变得毫无重点，并充斥着无关紧要的细节。但是没关系。这样练习的目的是让学生获得更多的写作素材，而接下来要做的就是去除糟粕、留下精华。

训练提示语

- 不要停笔。
- 你写的都是你观察到的事。现在写一下与话题擦边的细节。
- 现在想想，这让你想到了什么。
- 把它带给你的感受加上去，或者写写它让你联想到了什么。

适用对象

年级
3—8

文本类型
不限

写作环节
激发和收集灵感，打草稿

延伸阅读
Explore Poetry (Graves, 1992)

适用对象

年级
3—8

文本类型
叙事性

写作环节
调整思路，打草稿，润色

策略 不论所写人物是真实的还是虚构的，也不论其经历与你的经历类似还是相距甚远，你都要站在他的角度去写。思考一下这些问题："如果遇到故事中的情况，我会有什么感受？我会怎么想？我会怎么做？我会说些什么？"加上这些细节描写能让读者更好地理解故事人物的感受。

训练提示语

- 想象一下他所经历的事。如果你是他，你会怎么想？
- 如果遇到这样的事，你会有什么感受？
- 你能想象出来吗？闭上眼睛，设身处地地想一想。
- 加上什么内容能让读者体会到故事人物的感受？

通过移情体会人物心理

移情 理解和体会他人感受的能力。

"设身处地去体会。"

故事人物的感受会如何影响故事走向？

要怎样描写动作和心理来表现故事人物的感受？

我要怎么做才能体会人物的感受？

为什么故事人物会有这样的感受？

Jamie DeMinco

延伸阅读
A Writer Teaches Writing
(Murray, 1985)

6.32 以他人的视角写作

策略 想一想谁或者什么东西能理解你所写的内容。戴上"面具"，从他们的视角去揣摩。把他们看到的、注意到的、感觉到的和说的内容加上去。多做几次这样的尝试，看看哪种视角最能充分表现你的想法！

范文研读 乔治娅·赫德的诗《海豚之歌》（"Song of the Dolphin"，Heard, 1997）就是一个很好的例子。该作品是以海豚的视角写的，用的是第一人称。你还可以看一些经典童话的改编版，比如谢斯卡（Scieszka）的《三只小猪的真实故事》（*The True Story of the Three Little Pigs*, 1996），故事从另一个角色的视角去叙述（叙述者是狼而非小猪），从而改变了故事中的细节。

训练提示语

- 谁是故事的叙述者？
- 如果从这一视角去写，需要写哪些方面的细节呢？
- 从这一视角，你能看到／感觉到／注意到什么？
- 记下叙述者可能知道的相关信息，因为故事是以他的视角叙述的。

以他人的视角写作

1. 谁或什么东西能观察你所写的主体？
2. 从他们的**视角去揣摩**。
3. 把你从这个视角看到／注意到／感觉到的**内容**都写下来。
4. 多做几次这样的尝试！

Barb Golub

年级
4—8

文本类型
不限

写作环节
调整思路，打草稿，润色

延伸阅读
The Revision Toolbox: Teaching Techniques That Work (Heard, 2002)

适用对象

年级
4—8

文本类型
叙事性

写作环节
调整思路,打草稿,润色

延伸阅读
Breathing In, Breathing Out: Keeping a Writer's Notebook (Fletcher, 1996)

策略 将你创造的人物想象成真实的人,想想他们说话时应有的细节(包括嗓音、语调、口音,以及使用的俚语和方言等)。不论列提纲还是修改文章,注意对话中的这些细节都能够帮助你刻画出与众不同的人物。

示例 你故事中的每个人物都应该有独特的说话方式,而且其说话方式要独特到即使没有对话提示语,读者也知道是谁在讲话。你可以从多方面来刻画。其中一个方面是人物讲话时的节奏。想想你的人物在说话时会使用言简意赅的短句还是冗长复杂的长句。另一个方面是俚语的使用。想想你的人物常常使用何种俚语,或者总爱把什么样的词或短语挂在嘴边。除此以外,你还可以想想你的人物有什么样的口音或者说什么方言,可以按照他们的读音用一些谐音字来表现他们的说话方式。

使用建议 这个策略可以分成几节课来教授:你可以用一节课讲人物说话的节奏,一节课讲俚语的使用,一节课讲方言,等等。

范文研读 教师可以以"稀奇古怪小朱迪"系列(Judy Moody series, McDonald,2007)为例,告诉孩子们朱迪每次看到喜欢的东西都会说"真稀奇!"。这是作者为这个人物量身打造的一个语言特点,在生活中或者别的书中都不常见。

训练提示语

- 想一想你的角色会怎样说话。
- 把你写的对话重新读一遍。
- 如何修改对话才能让你的人物特色分明?

策略 读一读与你所写故事所处历史时期相同的叙事性作品。留意一下那些作品所使用的词汇或人物的说话方式。当你写对话时，尝试使用相同的词汇或说话方式，这样能让故事人物显得更真实。

范文研读 选范文时要找有对话的范文，并且该对话还能反映故事发生的历史时期。请看下面这个选自《在1876年上学》（*Going to School in 1876*, Loeper, 1984, 69）的片段。

"我才不怕她。"汤米说。（"I ain't afraid of her," Tommy says.）

"她只是个弱不禁风的老女人。"比利补充道。

"她还没有木栏杆粗，"巴特说，"她一看就手无缚鸡之力。"

男孩们一起笑了起来。

"你们几个家伙嘀咕什么呢？"一个严厉的声音说道。那是新来的帕森老师。"快回到座位上，都规矩点儿！"她一边喊，一边拿教鞭敲打几个男孩的脑袋，"我绝不容忍任何捣蛋行为，如果被我发现，我非把你们揍扁不可！"（"... I'll whale the daylight out of you!"）

读完这段文字，你会发现里面用到了 "ain't"*，还有老师威胁捣蛋学生的 "whale the daylight"* 等表述。

训练提示语

● 你写的是哪个历史时期的故事？

● 找几个讲那个历史时期的故事来看。

● 读了一些范文后，你发现哪个时期的人会用到哪些特别的词？

● 打草稿时试着使用这些词或说话方式。

*'em 为 them 的非正规表达方式。——编者注

适用对象

年级
4—8

文本类型
叙事性非虚构类，历史小说

写作环节
调整思路，润色

* ain't 可用来替代 am not、aren't、isn't、haven't 和 hasn't，许多人认为该用法不规范，常用于口语。——编者注
* 规范用法为 "beat the (living) daylights out of..."。——编者注

延伸阅读
Finding the Heart of Nonfiction: Teaching 7 Essential Craft Tools with Mentor Texts (Heard, 2013)

6.35 通过想象让事实更生动

适用对象

年级
4—8

文本类型
知识性/非虚构类，观点性/说服性

写作环节
调整思路，润色

策略 写一个与话题相关的事实。通过情景描写让事实更生动。通过想象，运用形象化的语言进行动作描写（甚至是将其拟人化），或使用比喻等手法。写完再读一遍，确保所写事实是真实的。

示例 对跳岩企鹅我做了一些研究。先列一些我找到的相关事实。

- 跳岩企鹅属于小型冠企鹅。
- 它们擅长跳跃和攀爬岩壁。
- 它们是脚先入水，而不是头先入水。
- 着陆时，它们会乘着海浪滑行，直到撞到岩石上。

我一边看着企鹅的图片，一边想着这些事实。我觉得可以把企鹅比作摇滚明星，这样能让企鹅的形象更生动。这些企鹅头顶的羽毛都竖立着，"发型"很像莫西干发型！我还观察过它们的动作，要怎么描述呢？或许我可以用"英勇无畏"或"冒险家"这样的词来形容它们，因为它们总爱跳来跳去，并且总是跳到岩石上。我还想描写一下它们的各种动作。把以上几点整合一下，我写下了下面的文字。

> 看哪！在高高的岩壁上你就能看到他。和其他企鹅一样，他也是黑白两色的，就像为去剧院而盛装打扮的绅士一样。而他明亮的红眼睛和竖直的黑色羽毛就和莫西干人的一样，让你知道他不是一般人。他英勇无畏，还具有冒险精神。就在刚才，他脚朝下跳进了冰冷的海水中！他会乘着海浪滑行。他在冲浪吗？是的。可就在你刚反应过来的时候，他"嘭"的一声跳到了岸边的岩石上。他又被弹了回来，然后赶紧站起来，开始展示自己的招牌动作：从一块岩石跳到另一块岩石上，不断征服陡峭的岩壁。

训练提示语

- 想想这个事实。通过想象，你能把这一事实放在某个场景中吗？
- 描述一个比较贴近现实的场景。
- 你可以运用拟人手法，但不要抛开事实/非虚构的内容。

延伸阅读
Finding the Heart of Nonfiction: Teaching 7 Essential Craft Tools with Mentor Texts (Heard, 2013)

让事实更生动

写一个与话题相关的事实。通过场景描写让事实更生动。

① 想象一下！

② 描写一下！

形象
拟人化
真实

※ 通过形象化语言进行动作描写，但不要偏离事实！

6.36 记住范文所用的语气

策略 首先确定你要写的文本类型。除了考虑文本类型以外，你还要考虑文章的语气和语调。找一两篇与你计划写的内容或风格相同的范文。好好将这些范文读一两遍，仔细体会范文的感觉和语气，然后打草稿。

使用建议 我们常常让学生读一些范文，并让他们列出作者运用的写作手法，然后让他们把这些方法运用在自己的写作中。有时，只要你能把范文的节奏和特点记在心里，即便不把它们一一罗列出来，也能写出与之类似的文章。可以读一读马丁·路德·金的演讲稿《我有一个梦想》，试着写一篇这样的文章。我猜你一定会使用叠句！

训练提示语

- 你打算写一篇什么类型的文章？具体说一说。
- 哪位作家会这样写？
- 列出一两位与你的写作风格相似的作家。
- 列出一篇你读过的与你的写作语气相似的文章。
- 把范文读两遍，再打草稿。

① 多读几遍范文。

② 注意文中的语气、语调、节奏和韵律。

③ 打草稿，把范文所用的语气和感觉记在心里。

适用对象

年级
4—8

文本类型
不限

写作环节
打草稿，润色

延伸阅读
What You Know by Heart: How to Develop Curriculum for Your Writing Workshop (Ray, 2002)

策略 在你写的文章旁边贴一张长条的纸或便利贴。一行一行地读，给某个引起你注意的细节或词语做批注，记录下自己的想法和感受。要用挑剔的眼光审视自己的文章，就好像它不是你写的一样。然后根据批注思考需要修改哪些内容。

使用建议 用挑剔的眼光审视自己的文章，这是学生要学会的一件重要的事。有时学生需要把自己的文章放一放，过一段时间再从全新的视角审视自己的文章，保持一定的距离感有利于更好地修改自己的文章。

训练提示语

- 假设这不是你写的，你会对这一部分提些什么建议？
- 说说这一部分哪个地方写得好，哪个地方需要改进。
- 针对这一部分你有什么看法？
- 说说你选词选得怎么样。
- 这一部分还需要写点儿什么？

延伸阅读
Explore Poetry (Graves, 1992)

或许我应该描写一个场景来体现公主的父母有多严厉。

描写一下城堡的样子，以便读者想象。

写一段对话，而不是高度概括的句子。

描写"愤怒"的具体表现。

从前，在一个遥远的国度住着一位美丽的公主。人人都知道和公主一起生活的是她严厉的父母，也就是国王和王后。公主每天都必须待在城堡里。她永远也不能离开那里！

有一天，一位王子骑着马来到了城堡。他敲开城堡巨大的城门，要求拜见公主。这个要求当然被公主的父母拒绝了，因为他们不想让任何人靠近自己的宝贝女儿。公主得知此事后非常愤怒！

6.38 借鉴好文好句

策略 在范文中找一个你认为写得特别好的句子，因为它读起来铿锵有力、抑扬顿挫。在你的文章中找一个想要润色的句子。好好把握范文例句的节奏，认真体会作者的遣词造句。试着按照自己的想法和用词去润色，但要参照例句的节奏和结构。

示例 在朗读《浪漫鼠德佩罗》（*The Tale of Despereaux*, DiCamillo, 2003，132）时，我注意到了这样一句话，它给我留下了深刻的印象，我也想写这样的句子。请仔细读一读，好好体会句子的节奏和结构。

> 米格没有挥手回应；当美满的国王一家从她身边经过时，她站在那里张着嘴观望着。

第一个分句由一个人物和一个动作组成，紧接着是分号，意味着接下来的是独立的句子。这个句子中有两个动作和一个描述性动词短语（"张着嘴"），接着描述了其他人物的动作。我之所以喜欢这句话，是因为作者凯特·迪卡米洛（Kate Dicamillo）铺垫了一层层的细节，让我很容易想象出故事的场景。现在改写我的这句话："杰克看着所有的游泳运动员，心里想自己肯定赢不了比赛。"仿照凯特的句子可以改为："杰克还没有跳进泳池；他只是站在那里暗暗犯愁，看着潜在的冠军从身边经过。"这样的修改让文章有了不同的节奏感，还为读者提供了更多有利于想象的细节。

训练提示语

- 你喜欢这句话的哪一点？
- 指出该句包含了哪些部分。
- 打出句子的节拍。
- 试着依照同样的节奏改写句子。

故事人物和动作带来对比效果

借鉴好文好句

米格没有挥手回应；当美满的国王一家从她身边经过时，她站在那里张着嘴观望着。

描述具体表现

用更多细节展现当时的情景

自己写一个迪卡米洛式的句子

延伸阅读
The Power of Grammar: Unconventional Approaches to the Conventions of Language (Ehrenworth and Vinton, 2005)

6.39 说给自己听

适用对象

年级
4—8

文本类型
不限

写作环节
调整思路，打草稿，润色

策略 大声说出你想写的内容。不要只关注内容，还要关注语气。边说边听，想一想怎样把所说的内容转换成文字。当你觉得说出来的语气符合你的要求，就可以以这样的语气去写作了。

使用建议 学习本策略有助于学生写下更多的细节（对学生来说，说话比写作容易，说出想写的内容就相当于打草稿了）。学习本策略还有助于学生选择合适的语气写作，而这些都会影响他们所写细节的质量。

训练提示语

- 你想写什么？大声说出来。
- 先大声说出来再写。
- 一边说一边用心听。
- 在写之前复述一遍。
- 你写的内容很好地体现了你想表达的语气。

体现你的语气

- 大声说出你想写的内容。
- 不要只关注内容，还要关注语气。
- 仔细聆听自己叙述时的语气，写作时或许可以参考。
- 当你觉得说出来的语气符合你的要求，就可以以这样的语气去写作了。

Wendy Koler

延伸阅读
A Writer Teaches Writing
(Murray, 1985)

6.40 用动作体现人物特点

策略 在故事中找一个场景，在这个场景中你想给读者提供一些线索，告诉他们故事人物的性格和感受。想象一下故事人物的姿态和动作，想想它们是怎样体现人物的性格特点和感受的。要不时地在场景描写中穿插人物的姿态、动作和表情等的描写。

范文研读 萨拉·威克斯（Sarah Weeks）的小说《奥吉·库德》（*Oggie Cooder*, 2008，3，7）中的主要人物有很多有趣的怪癖，根据这些怪癖你能推断出他是个奇怪的人，他做的事情和他的故事总能让你发笑。以下是故事开头的一些细节。

> "呸！呸！"奥吉的舌头在嘴里扑腾着。他一激动就会发出这样的声音。
>
> 奥吉把信揉成一团，扔向屋子的另一头，纸团落在了离垃圾桶一英尺半的地方。

训练提示语

- 想象一下你的故事人物。他会怎么做？
- 你写了人物所说的话。现在描写一下你想象中他这时的表情。
- 你能添加符合对话情景的人物姿态描写吗？
- 读一读已经写好的内容，想一想要在哪里加上关于人物动作和表情的描写。

我想展现的人物特点	姿态、动作、表情等
鬼鬼祟祟	·快速地左右看 ·用帽子挡着脸 ·动作慢而谨慎
大方、友善	·倾斜身体，用心聆听 ·微笑，在他人讲话时频频点头 ·眼中流露出关切之情

适用对象

年级
4—8

文本类型
叙事性

写作环节
调整思路，打草稿，润色

延伸阅读
Craft Lessons: Teaching Writing K–8, Second Edition (Portalupi and Fletcher, 2007)

6.41 小故事也能做论据

适用对象

年级
4—8

文本类型
知识性/非虚构类，观点性/说服性

写作环节
调整思路，打草稿，润色

策略 想一想你想讲解的事实和你想表达的观点。思考这个问题："能否用一个小故事来阐述这个观点？"简明扼要地叙述即可，其中要包含能够支持观点的信息，但无须把故事方方面面的细节都写出来。

使用建议 可以参考《美国学生阅读技能训练》一书中的"从某个角度总结故事蕴含的深层道理"这一策略（5.12节）。通过学习该策略，学生知道在写作时可以从某个角度切入，只写与主要观点相关的内容，而没必要叙述整个故事。有些学生可能需要先写一个较长的故事或场景，然后保留真正能论证观点的论据，并且删去无关紧要的内容。

范文研读 如果写观点性文本，可以把伊丽丝·帕斯利（Elise Parsley）的《千万别带鳄鱼去学校！》（*If You Ever Want to Bring an Alligator to School, Don't!*, 2015）当作范文。在这个故事中，叙述者罗列了一系列"不能做"的原因（如"会很麻烦的！"），接着用一个故事说明了把鳄鱼带到学校的后果。

训练提示语

● 找一个你认为需要进一步阐述的观点。
● 为了补充说明这一观点，你能想到什么故事？
● 我们一起想想要保留故事中的哪些内容。
● 你心里已经有了可用的故事素材。现在要确保所写的内容支持你的观点。

延伸阅读
Breathing Life into Essays (Calkins and Gillette, 2006)

小故事 *
也能做论据

观点：作业太多会影响重要的家庭时光。

小故事：有天晚上，每一科都留了家庭作业。我连和家人一起吃饭的时间都没有，只能把盘子拿到屋里边吃边写作业。我听到家人在高兴地聊天，而我却永远地错过了那个美好时刻。

* 一则短小精悍的故事，简明扼要地叙述即可。

6.42 "万事皆三"法则

策略 在文章中找出需要举例、阐释或加点儿幽默话的地方。考虑在一句话中列出3个方面的内容，从而加强论证、达到反复强调的目的、表明事件发生的顺序或增添反转的效果。

使用建议 一旦你理解了"万事皆三"法则，就会发现这一法则无处不在。以下是一些常见的例子：

"生命权、自由权和追求幸福的权利" [出自美国《独立宣言》(The Declaration of Independence）]；

"民有、民治、民享的政府"（出自葛底斯堡演说）；

"朋友们，天主教徒们，同胞们" [出自莎士比亚《尤利乌斯·恺撒》(*Julius Caesar*, Shakespeare）]；

"热血、汗水和眼泪" [出自温斯顿·丘吉尔（Winston Churchill）在第二次世界大战时期的1940年发表的演讲，后来经常被引用，还被用作摇滚乐队名]；

"地理位置、地理位置、地理位置"（房产经纪人常用语，用来强调某处房产的独特优势）；

"摇摆、晃动和摇滚" [出自一首蓝调歌曲，被很多人翻唱过，其中包括比尔·海利（Bill Haley）与彗星合唱团]。

训练提示语

● 你已经举了一个例子了，再举两个。

● 看看列出来的几项内容，你能再补充一些吗？

● 你能列出哪3个相互关联的例子？

● 可以在结尾来个反转。先举两个类似的例子，最后举一个令人意外的例子。

3 "万事皆三" 法则 3

姊妹们可以是_____、_____和_____.

在学校的时候，我认为_____，我要_____，并且我想_____.

够了！你需要停止做_____、_____和_____！

3 3

适用对象

年级
4—8

文本类型
不限

写作环节
调整思路，打草稿，润色

延伸阅读
In the Middle, Third Edition: A Lifetime of Learning About Writing, Reading, and Adolescents (Atwell, 2014)

适用对象

年级
4—8

文本类型
个人叙事，回忆录

写作环节
调整思路，打草稿，润色

延伸阅读
Writing a Life: Teaching Memoir to Sharpen Insight, Shape Meaning— and Triumph Over Tests
(Bomer, 2005)

策略 想一想你要写的个人经历里真实的情况。为了更好地描述真实情况，你要想一想哪些细节需要夸大，哪些细节需要忽略。编一些"事实"，让你的故事更可信，即便那些事并没有发生。

示例 我正在写我小时候的故事。我以为我记得，可是我记忆中的那件事和家人讲的不太一样。故事讲的是有一次我跑到爸爸的旋耕机上，并趁他没注意的时候把右手放在了发动机上面。结果我被烫伤了，接下来的几周里我在睡觉时都要把手放在装了冰块的碗里。这是故事的主要内容，但我知道在讲述故事的过程中我还需要描写场景和对话。而这些我都不记得了。因此，在描写故事发生时的天气时，我可以写温暖春日的某一天，因为这样的天气与故事情节相符，故事写的正是开垦花园的事。或许可以加上这样的对话："爸爸说：'珍妮弗！你在做什么？'"他很有可能这样说了，虽然这不完全是原话，但写在故事里是可以的。为了让故事更富戏剧性，在描述手烫伤的情况和冰敷的感觉时我可以夸张一点儿，即便我已经完全不记得当时的感受了。

训练提示语

- （关于人物／场景／当时的情景）你想让读者了解些什么？
- 如果通过夸大一些细节能让读者更了解情况，你想夸大哪些内容？
- 那是当时真实发生的事情。写什么样的细节能描述得更清楚？
- 什么样的细节能让读者明白作者的意图，哪怕这个细节不是真实的？

夸大事实！

1. 在故事中找一个细节，问自己："要是……会怎样？"

2. 想想故事人物的反应。

3. 加上喜剧效果！

4. 慢慢地揭示问题。

5. 把问题放大。

他以后再也走不了路了！

6.44 运用象征手法

策略 想一想故事中的抽象概念或问题。用一个符号（一个具体事物、一种动物、一个场景等等）代表这一问题。重读你的初稿，想想应该怎样在暗示符号的象征意义的同时，让这一符号贯穿全文。

范文研读 找一些使用了相同象征符号的范文，或使用了多种象征符号的范文。例如，《霸凌牛》和《另一边》(*The Other Side*, Woodson, 2001) 都用栅栏来象征隔离，只有越过栅栏才能团结一致。你可以以艾伦·贝克尔（Aaron Becker）的《不可思议的旅程》(*Journey*, 2013) 为例，和学生讨论插图使用红色的原因，让他们在自己的故事中也考虑用颜色来做象征。辛西娅·赖兰特的《每一个生命》(*Every Living Thing*, 1988) 中的每一个故事都围绕一种不同的动物展开。你可以组织学生讨论每种动物的象征意义，这样他们在写故事时也可以考虑用动物来做象征。

训练提示语

- 故事中最核心的抽象概念是什么？
- 什么事物能代表它？
- 想一想每个动物／事物／场景的特点。哪个最符合你的文章内容？
- 看一下哪里可以加入这一象征符号的相关细节描写。

适用对象

年级
5—8

文本类型
叙事性

写作环节
打草稿，润色

延伸阅读
Writing Fiction: A Guide to Narrative Craft, Ninth Edition (Burroway and Stuckey-French, 2014)

6.45 运用闪回手法提供背景信息

适用对象

年级
5—8

文本类型
叙事性

写作环节
调整思路，打草稿，润色

延伸阅读
After "The End": Teaching and Learning Creative Revision (Lane, 1993)

策略 对照你的故事，问自己这样一个问题："关于故事人物的过去，还有没有什么是读者需要了解的？"描写一下故事人物的内心，可以将这段描写作为他的回忆插入故事中一个恰当的地方。

使用建议 学生还需要额外学习的可能就是从现实到回忆以及从回忆到现实的过渡。更多例子可参考5.16节"注意各部分之间的过渡"。

范文研读 在适合小学高年级学生和中学生大声朗读的小说中，很多都运用了闪回的手法。这样的小说包括：约翰·雷诺兹·加德纳 (John Reynolds Gardiner) 的《斯通·福克斯》（*Stone Fox*, 1980）；凯特·迪卡米洛的《高飞之虎》（*The Tiger Rising*, 2001）和《傻狗温迪克》（*Because of Winn Dixie*, 2000）；帕特里夏·麦克拉克伦的《又丑又高的莎拉》。你可以帮助学生区分故事情节中不同的内容，让他们意识到写这些内容是为了展现人物特点，还可以引导学生思考作家选择写这些内容的原因。

训练提示语

- 关于故事人物，读者还需要了解哪些信息？
- 在什么时候／地方加上这些内容比较合适？
- 先大声叙述一下，看看这段闪回听起来怎么样。
- 你要怎样提示读者这部分内容是回忆呢？

第三章

1773 年 12 月 18 日

　　亲爱的日记，今天过得真糟。为什么大家不能明白国王是为了我们好呢？他们把 342 箱茶叶都倒在海港里了。那些所谓的自由之子正在一点点地毁掉我们的殖民地。我们收取了大部分税收，但他们没有用善意回报我们，相反还要抵制所有的英国货物。他们真应该为此感到羞脸，他们的自私直接导致我们的公司没有生意可做。我十分愤怒！我甚至不想回忆发生在两年前的那件事。那是 1771 年 1 月 3 日，我和我儿子走在波士顿街头，呼吸着新鲜的空气，我儿子看见他的朋友就走了过去。我从没见过那家人，估计他们才搬来不久。我走近了一打量，就像山羊一样尖叫出来。听到自己的声音让我又气愤又失望。儿子的朋友一家都是爱国者，他们正在辱骂一群红衣人，后者是乔治国王派来的。我们要绝对忠诚于国王。我一把抓住儿子的胳膊，回家的路上一直怒视着他。在我看来，所有支持国王的人都要做正确的事，必须让所有殖民者为他们造成的破坏付出代价。如果我们缴了我们应该缴的税，其他的殖民者也应该这样做。

准确使用词语

◎ 这个目标为什么很重要?

仔细斟酌用词不仅仅是诗人或小说家会做的事。普通写作者选择使用的词语能够体现文章的基调,阐明想表达的意思,并且赋予文章独特的风格。如果选择的词语不恰当,就会使文章含糊不清、索然无味,就像威廉·津瑟所说的:"如果钉子不牢靠,房子就会塌。如果动词不可靠、句子结构松散,句子就会散架。"(2001,19)

对一些写作者来说,其实并不需要专门在遣词造句上费功夫,他们写出来的文章自然而然就表述清晰、细节丰富。对另一些写作者来说,学习本章中的策略可以锻炼他们润色和选择恰当措辞的能力,从而提高他们的写作能力,培养更多元的写作风格。毕竟,当你回忆一部印象深刻的小说或一场难以忘怀的演讲时,你能想起的往往不是全篇的内容,而是几句经典的话和几个精彩的词。把"准确使用词语"作为目标去训练的意义就是使学生的作品变得令人难以忘怀。

本章中有很多策略都依赖于学生对语言和语法的理解。具体的策略包括如何使用贴切的动词，如何使用更准确的名词，什么时候需要删除累赘的副词和形容词，等等。尽管理解词性并不是使用这些策略的先决条件，但教师还是需要给学生讲一讲句子结构以及词性，这样可以让他们在斟酌用词时做出更加恰当的选择。你可以参考第九章中有关语法的策略。

不过，在教授本章中的策略的过程中，我还是要提醒一下大家，在学生尝试根据读音选词、玩文字游戏或替换更好的词时，一定要鼓励他们思考这样一个问题："我想表达的究竟是什么？"有时，简单的语言才是最好的，但是经验不足的学生在写作时往往喜欢大量使用夸张的语句和华丽的辞藻，这就如同学生在学习了叹号的用法后喜欢在每个句子结尾都加上一个叹号，有时甚至加3个。在学生修改文章的时候，要让他们想想这些改动会带来哪些变化：是否有助于确定文章的感情基调？能否带给读者身临其境的感觉？能否制造紧张感？这样说清楚吗？能逗人笑吗？

◎ 这个目标是否适合我的学生？

开始关注准确用词的学生通常已经能够写结构完整、细节丰富的文章了，只是仍需要练习如何更好地表达自己的意思，比如选择更为具体精确的词语，运用更为丰富的词汇，考虑作品暗含的语气，等等。

这个学生学习了一种有关准确用词的策略，于是修改了所有的名词！随着时间的推移，她还会学习一系列相关的策略，也知道要有节制地使用这些策略，因为如果每个动词都很"出彩"，每个名词都很"准确"，就会让文章变得冗长而不真实。这个学生非常适合学习与这一写作目标相关的策略

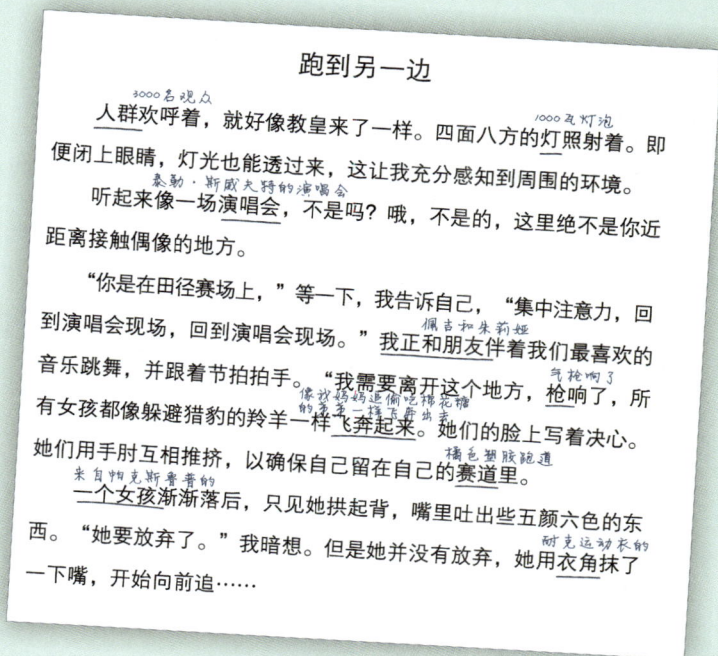

跑到另一边

3000名观众
人群欢呼着，就好像教皇来了一样。四面八方的灯照射着。即 1000瓦灯泡
便闭上眼睛，灯光也能透过来，这让我充分感知到周围的环境。
泰勒·斯威夫特的演唱会
听起来像一场演唱会，不是吗？哦，不是的，这里绝不是你近距离接触偶像的地方。

"你是在田径赛场上，"等一下，我告诉自己，"集中注意力，回 佩吉和朱莉娅
到演唱会现场，回到演唱会现场。"我正和朋友伴着我们最喜欢的 气枪响了
音乐跳舞，并跟着节拍拍手。"我需要离开这个地方，枪响了，所
像女孩与迫偶吃掉花糖
的孩子一样飞弃出来
有女孩都像躲避猎豹的羚羊一样飞奔起来。她们的脸上写着决心。
橘色塑胶跑道
她们用手肘互相推挤，以确保自己留在自己的赛道里。
来自柏克斯著普的
一个女孩渐渐落后，只见她拱起背，嘴里吐出些五颜六色的东
田东运动衫的
西。"她要放弃了。"我暗想。但是她并没有放弃，她用衣角抹了
一下嘴，开始向前追……

关于准确使用词语的策略一览表

策略	年级	文本类型	写作环节
7.1 善用拟声词	K—8	不限	打草稿，润色
7.2 使用专业词汇以凸显权威性	1—8	知识性/非虚构类，观点性/说服性	调整思路，打草稿，润色
7.3 使用准确的名词	1—8	不限	润色
7.4 运用拟人手法	1—8	不限	调整思路，打草稿，润色
7.5 使用贴切的动词	2—8	不限	润色
7.6 注意语义的细微差别	2—8	不限	打草稿，润色
7.7 制作话题词汇表	2—8	知识性/非虚构类	调整思路，打草稿，润色
7.8 押头韵、辅音韵或谐元韵	3—8	不限	调整思路，打草稿，润色
7.9 表现语言节奏	3—8	不限	调整思路，打草稿，润色
7.10 朗读并找出不自然的部分	3—8	不限	打草稿，润色
7.11 选择适合目标读者的词	3—8	不限	调整思路，打草稿，润色
7.12 利用记录下的好词好句	3—8	不限	激发和收集灵感，润色
7.13 自己造词	3—8	不限	调整思路，打草稿，润色
7.14 保留精华	3—8	不限	润色
7.15 押韵	3—8	不限	调整思路，打草稿，润色
7.16 巧妙拟定文章标题和各级标题	3—8	知识性/非虚构类	润色

策略	年级	文本类型	写作环节
7.17 使用夸张手法	3—8	不限	调整思路，打草稿，润色
7.18 善用同义词，拒绝单调的重复	3—8	不限	打草稿，润色
7.19 注意语气	4—8	不限	打草稿，润色
7.20 选择恰当的代词	4—8	不限	打草稿，润色
7.21 由短到长，再由长到短	4—8	不限	润色
7.22 用心检查全文	4—8	不限	润色
7.23 避免使用大而空的词	4—8	不限	润色
7.24 谨慎使用副词	4—8	不限	润色
7.25 删去非必要的形容词和副词	4—8	不限	润色
7.26 反复写某句话	4—8	不限	润色
7.27 使用出人意料的动词	4—8	不限	润色
7.28 使用出人意料的名词	4—8	不限	润色
7.29 给人物和地点起名	4—8	虚构类	调整思路，打草稿，润色
7.30 用具体准确的词加强画面感	5—8	不限	润色
7.31 删去非必要的词	6—8	不限	润色

7.1 善用拟声词

适用对象

年级
K—8

文本类型
不限

写作环节
打草稿，润色

策略 想象你自己身处于故事（小说或诗）中。想象一下你听到了什么？加上一些拟声词，这样能让读者也听到你想象的声音。

范文研读 布莱恩·弗洛卡（Brian Floca）的《火车头》（*Locomotive*, 2013）是一本画面精美、文字优美的图画书。通过拟声词的运用，它带领读者踏上了19世纪蒸汽火车之旅。作者写的每一句"丁零—哐啷""呲呲""突突"和"呼哧—扑哧"都给读者带来身临其境的感觉。很好地应用了本策略的范文还包括唐纳德·克鲁斯（Donald Crews）的《近路》（*Shortcut*, 1996）和埃洛伊斯·格林菲尔德的《爱的诗歌》（*Honey I Love*, 1995）。

训练提示语

- 你听到了什么？
- 你会怎样描写那个声音？
- 用拟声词描写，这样读者也能"听"到声音。
- 想想拟声词放在这里有没有用。

拟声词
① 想一想要描写的声音。
② 发出这样的声音。
③ 你要怎么写？

淅淅……

Merridy Gnagey

延伸阅读
One to One: The Art of Conferring with Young Writers (Calkins, Hartman, and White, 2005)

7.2 使用专业词汇以凸显权威性

策略 你在研究某一话题时要把其他作者用过的专业词汇都列出来。写文章时，一定要用到这些特定领域的专业词汇，这样会让你的文章更具权威性。

使用建议 稍微改动一下表述方式，本策略就可以用在修改作文的课程中了。你可以让学生重读自己的初稿，用下划线画出还不够切合话题的词。然后，他们可以重新查看最初搜集到的资料（如果他们查阅过资料），了解可以替代的专业词汇。术语表是非常值得参考的资料。此外，你可以启发学生思考这个问题："专业人士会怎么称呼这个东西／这件事情？"然后用更准确的词替换通用词。

训练提示语

- 专业人士会用哪个词？
- 我们一起看一看你在阅读与话题相关的内容时都读到了哪些词。
- 想一想你要介绍的是什么。专业人士会用哪个词？
- 专业人士会怎么称呼那个东西？
- 使用专业词汇。

如果你要写的是 ___ ，那么你说起话来要像 ___ ，可以用的词有 ___ 。

如果你要写的是**天气**，那么你说起话来要像一位**气象学家**，可以用的词有：	如果你要写的是**恐龙**，那么你说起话来要像一位**古生物学家**，可以用的词有：	如果你要写的是**独立战争**，那么你说起话来要像一位**历史学家**，可以用的词有：
• 预测 • 预报 • 估计	• 石化 • 化石 • 挖掘	• 独立 • 同盟 • 爱国者

Megan Hughes and Courtney Tilley

延伸阅读
Finding the Heart of Nonfiction: Teaching 7 Essential Craft Tools with Mentor Texts (Heard, 2013)

适用对象

年级
1—8

文本类型
知识性/非虚构类，观点性/说服性

写作环节
调整思路，打草稿，润色

适用对象

年级
1—8

文本类型
不限

写作环节
润色

策略 重读初稿，用下划线画出名词。看着这些词，想一想："我还能写得更具体一点儿吗？"用更具体、更准确的词替换宽泛且不够具体的词。

范文研读 洛里斯·劳里的《乌鸦召唤》讲述的是一个小女孩和父亲重建感情的故事，因为她的父亲参战去了，很多年都不在家。为了更准确地表现时间（秋天、第二次世界大战结束后）和地点（宾夕法尼亚州田野、小餐馆、克罗嫩伯格百货商店），作者谨慎地使用了下列名词和短语：十一月、陌生人一样的父亲、羊毛衫、乌鸦的叫声、格子衬衫、诱饵、卷起的袖口、发辫、樱桃派、黑咖啡和猎人等等。

训练提示语

- 你能写得更具体一点儿吗？
- 用具体的词。
- 那个词很准确地表达了你想说的意思。这样的改动能更好地帮助读者理解。
- 除了这个词，你还能想到哪些词。
- 用下划线画出名词。
- 这个名词太宽泛 / 含糊不清了。你真正想表达的是什么？

延伸阅读
Finding the Heart of Nonfiction: Teaching 7 Essential Craft Tools with Mentor Texts (Heard, 2013)

要准确！

不要这样写——	要这样写——
狗	斑点狗 约克夏犬 圣伯纳犬
饮料	水 橙汁 牛奶
零食	苹果 爆米花 椒盐饼干

Merrdy Gragey

7.4 运用拟人手法

策略 开动脑筋想一想有关所写话题的事实。用多与人有关的词（动词和形容词）来描述某个物体或事实。

使用建议 尽管这里所举的例子主要来自非虚构类文本，但本策略还适用于其他类型的文本。例如，有个学生写个人叙事类文本，想运用拟人手法描写故事场景中的树，于是他这样描写道："树上的叶子向我挥手，示意我该在暴雨来临之前回家，躲在安全的地方。""挥手"和"示意"这样的动词表示的是人类特有的动作，用在这里可以使物体（树）像人一般。

范文研读 黛安娜·阿斯顿（Dianna Aston）的《"美丽成长"生命科普绘本：蝴蝶如此耐心》（*A Butterfly Is Patient*, 2011）把蝴蝶描写得像人一样：有耐心、有创造力并且互相帮助。在弗吉尼亚·李·伯顿（Virginia Lee Burton）的《迈克·马力甘和他的蒸汽挖土机》（*Mike Mulligan and His Steam Shovel*, 1939）中，蒸汽挖土机叫作玛丽安。叙述者用"她"来称呼挖土机，并且和"她"对话。

训练提示语

- 什么动作可以和那个事物联系在一起？
- 哪个词和你用的动词相似，但通常是用在人身上的？
- 它让你想起了人会做的什么事？
- 如果是人做那些事，那你会用哪些词来描写呢？

拟人手法

地铁钻进了隧道。车头灯照亮了前方的路。车门打开。乘客下车。又上来更多乘客。

地铁在隧道里滑行，它的眼睛直视前方，照亮了前方的路。吱——车停了下来。它张大了嘴巴让乘客逃离，现在要吞掉下一批牺牲品。

7.5 使用贴切的动词

适用对象

年级
2—8

文本类型
不限

写作环节
润色

* 关于行为动词和均衡阅读教学的说明见文后"术语表"。——编者注

策略 找出文章中所有的行为动词*，再找出其中你觉得不够清楚和准确的。列出几个可以替换这些的词（需要的话可以使用同义词词典），选择意思最贴切的词。

使用建议 要想使用本策略，学生必须知道什么是行为动词，所以学习本策略的第一步就是区分动词。很多教师会把这些内容融入均衡阅读教学*中，比如在词汇学习、朗读和分享式阅读等的过程中教授本策略。你还可以在面向全班学生时或在小组课上给不太明白词性的学生讲一讲词性。

范文研读 以艾波盖特（Applegate）的《独一无二的伊凡》（*The One and Only Ivan*, 2012, 154）为例，这部诗歌体小说能帮助学生理解一个动词所蕴含的能量。你可以读读这段话："麦克抱怨着。他跟跟跄跄地站起来，一瘸一拐地走进了办公室。"你想象中的麦克是一个什么样的人？作者想让我们怎么去看待这个人物？"抱怨""跟跟跄跄"和"一瘸一拐"这些词都有助于我们想象这个人物。

训练提示语

- 找出文章中所有的动词。哪一个需要改？
- 这句话想表达什么意思？
- 咱们来列一些意思相近的动词吧。
- 比较你写的这几个词，哪一个更准确？
- 选一个意思最贴切的词。
- 你选择的那个动词更准确，能让我轻松地想象出你描绘的画面。

延伸阅读
Explore Poetry (Graves, 1992)

从"旱鸭子"到"池中鱼"

站在斑驳的跳水板边缘，我向四周望了望。阳光照耀着我的眼睛，夏蝉微弱的叫声和小鱼跳出水面的水花声传到我的耳朵里。池面就像玻璃一样光滑，我简直可以从跳水板上跳下去。我最后看了一眼佛蒙特州连绵起伏的青山绿岭，又嗅了嗅湿润的夏日空气，然后跳了下去。

用力蹬，用力蹬！用力蹬，用力蹬！呼吸！呼吸！透过朦朦胧胧的布满水汽的护目镜，我终于发现了贝奇·考克斯夏令营水池终点处脏兮兮的绳子。硕大的气泡从我的鼻子喷出，我停下蝶泳的动作浮出水面。太棒了！我心里一阵狂喜，我做到了！我通过了游泳级别考试！

我参加了贝奇·考克斯夏令营，来到了位于佛蒙特州皮茨福德的女生宿营地。短期夏令营！这里简直是我的第二故乡。我从7岁开始就来这里，我妈妈之前也参加过。从一开始我的目标就是通过游泳级别考试。你可以看到我已经成功了。

我爬出水池，爬上码头，这时我听到了期盼已久的那句话：

"各位，瓦奥莱特通过了这一级别的游泳测试！"其中一位游泳教练雷切尔喊道。她的英式口音像风中的鸟鸣声一样从远处传来。大家都热情地欢呼起来，我微笑着，在大家的围观下感到有点儿尴尬。池中的水荡漾着……

策略 找出初稿中不是很正确或表达含糊不清的词。列出同义词，然后问自己一个问题："这些词中的哪一个最能表达此处的意思？"

使用建议 我认识的很多教师都会用从五金店买的油漆色卡向学生解释同义词语义色彩的强弱。浅色代表"一点点"（弱），深色代表"非常多"（强）。例如，"sad"（难过的）这个词会写在颜色较浅的紫色色卡上，而"despondent"（沮丧的）和"forlorn"（绝望的）会写在颜色较深的色卡上。这样的选词变化会影响写作者的语气，并给句意带来微妙而重要的变化。尽管有些学生学过一些同义词，但是更多的学生需要通过使用同义词词典、网络词典和教室里的词汇资料来查找同义词。朗读时间或其他分享范文的时间是教师介绍和讲解这些同义词的好时机。

范文研读 珍·布赖恩特 (Jen Bryant) 的《就是这个词！——彼得·罗杰和他的〈分类词典〉》(*The Right Word: Roget and His Thesaurus*, 2014) 介绍了一种重要的选词工具，那就是同义词词典。

训练提示语

- 你写的是 _____。你想表达这个意思吗？
- 你写的是 _____。查看语义色彩表，看看能否想到一个更加准确的词。
- 想一些能替换的词。
- 你想到了3个可以替换的词。
- 我同意，那样写更准确！

表达情感的词

难过 不快乐	紧张 不安	快乐 高兴
阴郁 悲伤	神经质	欢喜 快活
绝望 沮丧 孤独	不知所措 恐慌 焦虑	得意 兴高采烈 欣喜若狂

适用对象

年级
2—8

文本类型
不限

写作环节
打草稿，润色

延伸阅读
Word Wise and Content Rich, Grades 7–12: Five Essential Steps to Teaching Academic Vocabulary (Fisher and Frey, 2008)

制作话题词汇表

策略 你在思考或阅读与话题相关的内容时，可以把相关词语按照拼音顺序记在话题词汇表（参见下表）上。打草稿时可以利用这些词帮你回忆与话题相关的事实。使用专业人士会用的词能让所写话题的知识含量更丰富。

使用建议 教师可以把本策略拆分成几部分，一步一步地教授给学生。首先教授在调整思路阶段搜集词语或回忆词语的策略；然后教授在打草稿阶段根据回忆写出句子的策略；最后教授的策略是鼓励学生思考："我还能加些什么内容？"让学生在回顾初稿和润色时使用专业人士才会用的词语。

训练提示语

- 你知道哪些词与这个话题相关？
- 在话题词汇表里加上一些与你的写作话题相关的词。
- 看看你写的词。你会在句子中用哪个？
- 想想和那个词相关的事实是什么。
- 你用了一个专业人士才会用的词！

延伸阅读

Revisit, Reflect, Retell: Time-Tested Strategies for Teaching Reading Comprehension (Hoyt, 1999)

话题词汇表：芭蕾

A 阿拉贝斯克舞姿	B 芭蕾巴雷什尼科夫 编舞 芭蕾舞裙	C	D 代弗洛佩（伸展） 第一位置 第二位置 第蹲
E 俄罗斯	F 法国	G	H
I	J 新蹲位 脚立 脚尖旋转 脚尖点地	K	L 练腿
M	N	O	P 普里埃（屈膝） 帕（舞步）
Q	R	S	T
U	V	W 外开	X, Y, Z 小跳

7.8 押头韵、辅音韵或谐元韵

策略 找一个词，这个词的读音在你看来是有必要重复出现的，因为这样的重复不仅可以突出词义，还可以更好地体现文章的语气和感情基调。开动脑筋，想一想哪些词既有相同的读音又符合文章的意思。用这样的词替换原来使用的词，从而达到重复这个读音的效果。

使用建议 头韵指的是多个词的首个重音音节读音相同。谐元韵重复的是元音的读音。辅音韵重复的是辅音的读音。根据所教学生的写作水平，你可能需要把这一策略拆分成3个独立的策略去教授。

范文研读 在孩子们所熟知的童话故事《杰克与魔豆》(*Jack and the Beanstalk*) 中，巨人说过这样一句话："Fe Fi Fo Fum!"高年级学生可以学习埃德加·爱伦·坡 (Edgar Allen Poe) 的《乌鸦》("The Raven", 1845)。这首诗中有很多重复的读音，比如"And the silken sad uncertain rustling of each purple curtain"（那柔软、暗淡、飒飒飘动的每一块紫色窗布——曹明伦译）。/s/ 这个音几乎出现在每个词中，比如 "silken" "sad" "uncertain" 和 "rustling" 的首个重音音节上。/ur/ 这个音也一样，在 "uncertain" "purple" 和 "curtain" 中都有出现。

训练提示语

- 试一试押头韵。每一行或每一句都用同一个字母或读音开头。
- 你想重复的读音是什么？
- 开动脑筋想一想其他读音相同且词义贴切的词。

1. 找一个你想重复其读音的词。在选择的时候要考虑词义和语气。

    * snake（蛇）
    * ssss....（咝咝咝）

2. 开动脑筋想一想其他读音相同的词。

    - slither（蜿蜒滑行）· storm（偷偷溜走）
    - slide（风暴）· sneaky（邪恶的）
    - slink（滑行）· sinister（大摇大摆地走）
    - sashay（鬼鬼祟祟的）· smile（微笑）

3. 润色时加上读音相同的词。

    Through the storm, the snake slithered with a sinister smile.
    穿过暴风雨蛇蜿蜒滑行，脸上挂着邪恶的笑。

适用对象

年级
3—8

文本类型
不限

写作环节
调整思路，打草稿，润色

延伸阅读
Explore Poetry (Graves, 1992)

适用对象

年级
3—8

文本类型
不限

写作环节
调整思路，打草稿，润色

策略 用手拍出你想在文章中表现的语言节奏。重复这个节拍，要让单词与节拍吻合。通过换词或调整语序使文章前后的节奏保持一致。

使用建议 可以把本策略和其他与语言节奏有关的策略结合起来使用，这样的策略包括第六章中的"借鉴好文好句"（6.38节）和第九章中的"考虑句子的长短"（9.31节）。

范文研读 《踩雨的小朋友》（*The Rain Stomper*, Boswell, 2008）运用了很多技巧来描写下暴雨和乐队游行的声音，比如使用这样的节奏"BOOM walla BOOM, walla walla BOOM！"。在罗伯特·伯利（Robert Burleigh）的《篮圈》（*Hoops*, 2001, 1）中，作者运用了不同的用词和断行方式去体现篮球运动的韵律（"篮圈。/ 比赛。/ 去感受吧。"）。学生还可以学习很多成功演讲的语言节奏特点，演讲的节奏是通过使用不同长度的句子和准确用词实现的。大家可以去看看美国国家公共广播电台2004年对美国总统奥巴马（Obama）的演讲撰稿人费夫洛（Favreau）等专家的采访（Shapiro, 2014）。

训练提示语

- 用手拍出节奏。
- 边拍手边读出这些词。
- 用哪些词符合这个节拍？
- 试着用一些意思相同的新词。

延伸阅读
Seeing the Blue Between: Advice and Inspiration for Young Poets (Janeczko, 2006)

跟着节拍走

1. 用手拍出节奏。

2. 边拍手边读出这些词。

3. 找出符合这个节拍的词。

4. 试着用几个新词！

Barb Golub

策略 一边朗读自己的文章，一边仔细聆听。边听边思考："这种语气自然吗？"每当读到不太自然的地方，都圈出那些词或短语。选择使用更符合自己语气的词。

使用建议 能否用符合自己语气的词关乎着你能否写出自己内心的声音，就像拉尔夫·弗莱彻在《生动的写作：让词汇生动起来》(*Live Writing: Breathing Life into Your Words*, 1999, 33) 一书中说的："文章的语气指的是透过纸上的文字感受到的作者的个性特点。有着这样语气的文章读起来会让人觉得更加真实可信。"

训练提示语

- 一边朗读，一边仔细聆听。
- 这部分是你的风格。但最后一部分好像有点儿不自然。再读一遍，看看你是否也这样觉得。
- 你找到了不太自然的部分。开动脑筋想一想，在这里能用哪些其他的词。
- 试着用用其他的词。
- 你已经想好几个词，再读一遍，看看要选哪一个。

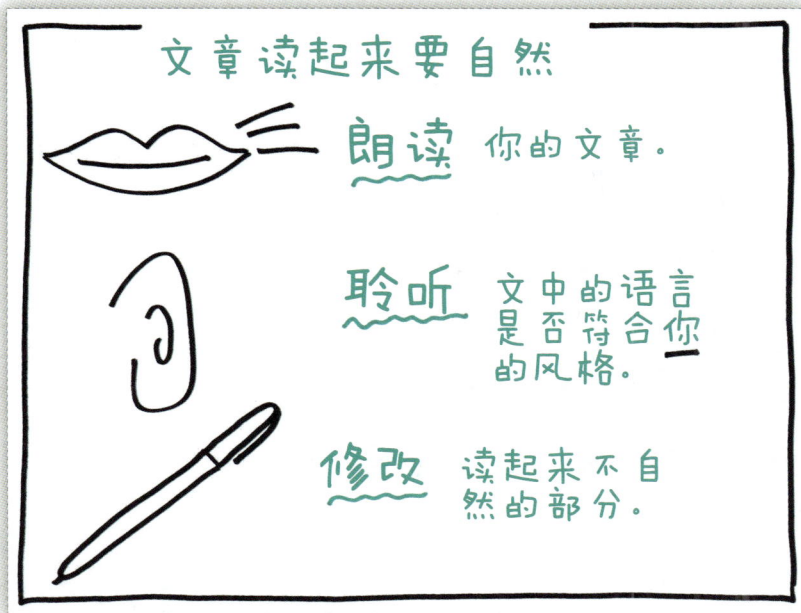

文章读起来要自然

朗读 你的文章。

聆听 文中的语言是否符合你的风格。

修改 读起来不自然的部分。

适用对象

年级
3—8

文本类型
不限

写作环节
打草稿，润色

延伸阅读
In Pictures and in Words: Teaching the Qualities of Good Writing Through Illustration Study (Ray, 2010)

适用对象

年级
3—8

文本类型
不限

写作环节
调整思路，打草稿，润色

策略 想一想你想让什么人读你的文章。想一想什么样的词语能帮助读者理解你的意思。想一想哪些词语会让他们产生共鸣。重读一遍你的文章，决定要删掉哪些词、保留哪些词或替换哪些词。

使用建议 本策略有几种实用的使用方法，这里举了几个例子。

● 假如学生写的是知识性文本，目标读者是年幼的孩子或对所写话题不甚了解的成年人，那么学生就需要选择那些容易理解的词，或者向读者具体解释一些词的意思。

● 如果写作者的母语是另一种语言，或者写作者的英语不太标准，那么他需要选择能让了解他的母语的读者产生共鸣的词句。

● 一个五年级的学生打算写一份中学入学申请书，那么他要选择既符合学术要求又稍微复杂一些的词。

● 正确练习本策略的第一步就是帮助学生清楚表达意思和明确目标读者。

训练提示语

● 你想让谁读这篇文章？
● 想一想什么样的语言适合目标读者。
● 在这篇关于 _____ 的文章中，读者期待什么样的语言风格？
● 再读一遍你的初稿，想想你使用的词。

你的目标读者是谁？

1. 谁会读你的文章？

2. 什么样的语言适合他们？

3. 试试那些单词和短语。

4. 重读一遍，看看哪些词需要删掉、保留或替换。

Barb Golub

延伸阅读
The Skin That We Speak: Thoughts on Language and Culture in the Classroom (Delpit, 2002)

7.12 利用记录下的好词好句

策略 翻翻你的笔记，读一读你记录下的好词好句。结合你正在写的内容，思考两个问题："哪个词/句子可以用？用在哪里？"

示例 你已经了解"生活得像作家"的重要性了，所以你要注意收集身边的点滴以备未来写作之需。有时你会遇到与你分享人生智慧的人和有独到见解的人。有时你会去一个没去过的地方旅行，你会被美景震撼，于是你记下那一刻的感受。有时你都不知道为什么会记录下所做的事情，也不知道记下的内容在未来有没有用。那么，今天我们就要教你学会利用这些笔记！在写故事、诗、演讲稿或需要打一个很妙的比喻的时候，你会发现回顾这些精彩的词语和句子能让你的文章更出色。记得在今后的生活中保持对语言的敏感并随时记录，这一点很重要。即便还不知道要怎么用，你也要记录，不论它是阅读中碰到的好词好句，还是你在地铁上或电视节目中听到的对话中的好词好句，抑或是能表达你想法的好词好句或说话方式。

训练提示语

- 回顾一下你记录的好词好句。你打算怎么去用它们呢？
- 我看到你记录了好多_____。我觉得它们很适合用在你的文章里。
- 想一想这个词句可以用在哪里。
- 你打算怎么把这个细节加在文章中？

找出精彩的词句

1. 通读你的笔记。

2. 找出精彩的词句。
   - 你收集的好词
   - 你收集的好句

3. 对照你正在写的文章。
   - 这么精彩的词句要用在哪里呢？

Barb Golub

适用对象

年级
3—8

文本类型
不限

写作环节
激发和收集灵感，润色

延伸阅读
Breathing In, Breathing Out: Keeping a Writer's Notebook (Fletcher, 1996)

适用对象

年级
3—8

文本类型
不限

写作环节
调整思路，打草稿，润色

延伸阅读
Wondrous Words:
Writers and Writing
in the Elementary
Classroom (Ray, 1999)

策略 当你找不到恰当的词时，你可以自创一个词。将现有的词或词的某个部分结合起来，造一个词来表达你的意思（仅在目前没有词语能描述的情况下才使用本策略）。

范文研读 在《狂人麻吉》(*Maniac Magee*, 1990, 17) 中，作者斯皮内利（Spinelli）这样写道："That's why his front steps were the only un-sat-on front steps in town."（这就是为什么他的台阶是镇上唯一没有被坐过的台阶。）其中的 "un-sat-on" 是作者自己造的词。

在《夜曲》(*Nocturne*, 1997) 中，作者尤伦（Yolen）这样写道："in the wraparound blacksurround velvet night."（在这个被黑暗包裹的夜里。）其中的 "blacksurround" 是作者自己造的词。

《机器人沙司》(*Robo-Sauce*, Rubin, 2015) 中有一个食谱，里面的食材名 "gluten-free kookamonga flakes" 和 "baroney balls" 是作者自己造的词。

在《眼镜蛇》("The Cobra", 2001) 这首诗中，作者道格拉斯·弗洛里安（Douglas Florian）造了一个词 "Octobra" 来代替 "October"，从而与 "cobra" 押韵。

类似的例子还可以参见《伽卜沃奇》(*Jabberwocky*, Carroll, 1871)。

训练提示语

- 你想表达的是什么？
- 什么词与你要表达的意思接近但又不够恰当？
- 你能否把那些词的某部分结合在一起？
- 可以自己试着组合一下，看看能带来什么变化。
- 如果改变那个词的一部分，你要改哪个部分？
- 我看你用了 _____ 的开头和 _____ 的结尾。虽然这是你造的词，但我能看出它的意思大概是 _____。你是这个意思吗？

找不到恰当的词？那就自己造一个！

1. 你想表达的意思是什么？
2. 哪个词大致能表达这个意思？
3. 把这几个词的某些部分结合起来。
4. 试一试，再读一遍，然后修改（再试一次）！

Barb Goub

7.14 保留精华

策略 重新看看自己的文章，读一读其中的句子。保留能够让读者在脑海中产生画面的精华部分（一般是名词和动词），删掉其他词。如果留下的名词和动词表述得还是不够清晰，那就换上其他更准确、更精彩的词。

使用建议 这是一个非常有效的练习，能帮助学生将枯燥无味的文章变得更有诗意。本策略还能让学生思考自己的选词是否恰当，检查自己所选的词是否表达了清晰的观点和描绘了生动的画面。

范文研读 琳达·麦克雷诺兹（Linda McReynolds）的《非凡的八天》（*Eight Days Gone*, 2012）是一本讲述阿波罗11号第一次登陆月球的押韵的图画书。全书对场景的描写只用了几个词。

> 一片荒芜。
> 寂静。黑暗。
> 平静的海洋。
> 贫瘠。荒凉。

将这个例子或类似的例子读给学生听，和他们一起探讨作者是怎样用这么少的词把内容表述得清晰有力的。

训练提示语

- 哪个词看起来最重要？
- 找出名词和动词，把剩下的词都删掉。
- 看看这些词中有没有你想修改的？
- 那个词用得非常准确。我完全可以想象出那个画面！

沼泽地

我们坐在沼泽地里玩，这里是一片腐败不堪的景象。你可以来和我们一起玩!（小心点儿，别陷进去了!）这里有很多生物和很多尸骨，因为它们都没能逃离。这里就是我们一起玩的地方! 加入我们吧，你会非常喜欢这里的! 你想好了吗? 好了，你在纸上选择了"拒绝"。

请选择:

加入
或
拒绝

①
绿色的。恶心的。
酸性的。腐败的。

沼泽地是我们玩耍的地方。

生机勃勃的。骨头。
黏糊糊的。腐败的。

气泡就像黏糊糊的棉花。

适用对象

年级
3—8

文本类型
不限

写作环节
润色

延伸阅读
The Writing Thief: Using Mentor Texts to Teach the Craft of Writing (Culham, 2014)

7.15 押韵

适用对象

年级
3—8

文本类型
不限

写作环节
调整思路，打草稿，润色

策略 选择文章中你想押韵的部分，是句末的还是句中的呢？列出一些适合在句子中使用的同韵词。为了让这些同韵词在句子中显得更和谐，有时你可能需要改变句子中一个或者多个词的顺序。如果同韵词与原句中的其他词读起来并不押韵，你就需要改变押韵的音节或改变原句的语序。

示例 我正在写一篇关于船的文章，希望文章能押韵。写好的部分是这样的："The boats are gliding on the water/they leave trails behind them/Pushed by the wind."（船在水上划 / 留下水波纹 / 被风推着走。）这完全不押韵！如果让我想一些押韵的词，我可能会尝试与"wind"（风）同韵的词，因为风对帆船很重要。这样的同韵词有："skinned"（有皮的）、"thinned"（变薄）和"pinned"（被牵制）。这几个词好像都不行。我们可以试试与风相关的另一个词："gust"（阵风）。它的同韵词有："trust"（信任）、"rust"（生锈）、"dust"（灰尘）、"fussed"（关心的）和"must"（必须）。让我用这几个词来写写看："Boats are gliding on the water/Pushed by a wind gust/Sails up to catch the force/Something something is a must."（船在水上滑行 / 被风推着前行 / 扬帆拼尽全力 /＿＿＿＿ 必行。）或者把最后一句写成"In something something I will trust."（＿＿＿＿ 勇敢相迎。）

使用建议 有些网站（如 rhymezone.com）提供了同韵词词典和同义词词典，可以帮助学生积累同韵词、含有同韵词的短语和押相似韵脚的词。

范文研读 在道格拉斯·弗洛里安写的关于昆虫 [《昆虫》（*Insectlopedia*, 1998）] 和两栖动物 [《蜥蜴、青蛙和蝌蚪》（*Lizards, Frogs, and Polliwogs*, 2001）] 的诗中可以找到很多句子，这些句子既巧妙地押韵，还表达了作者想表达的意思。

7.16 巧妙拟定文章标题和各级标题

策略 审视已拟定的文章标题。问问自己："我的标题只是简单地说明内容，还是同时能引起读者的兴趣、激发他们的好奇心呢？"要想让语言有闪光点，就要考虑使用出人意料或读起来有趣的词。

使用建议 可以参考"一级标题，二级标题，三级标题"（5.33节）这样有助于学生安排文章结构的策略，然后回归本策略，教学生恰当地选择标题的用词。还可以参考"拟定文章的标题"（4.4节），告诉学生重新考虑标题的用词有助于重新思考文章或某部分的重点是什么。

范文研读 作家鲍比·卡尔曼（Bobbie Kalman）和希瑟·莱维涅（Heather Levigne）非常会写文章标题和各级标题，他们所著的《什么是灵长类动物》（*What Is a Primate?*，1999）中就有一些吸引人的标题。

出人意料的标题："那是什么味道？"（该部分讲的是动物的气味腺以及原猴亚目的猴子标记领地的方式。）

幽默的标题："看呐，妈妈，有五只手！"（该部分讲的是猴子是怎么使用前后"手"和具有抓握能力的尾巴的。）

押头韵的标题："Different Diets"（不同的饮食方式）。（该部分比较的是杂食动物和食草动物的饮食方式。）

训练提示语

- 这部分写的是什么？能否换个标题？
- 想想你学过的选词技巧（押头韵和押尾韵等等）。标题还能写成什么样的？
- 标题不应该只是简单地说明这部分的内容。
- 你的标题中有一些既精彩又有趣的词，给你的文章增添了色彩。

……债务。毕竟，英国人拯救了殖民者。

停止征税

英国向殖民者征税。征税的项目包括：

- 糖浆
- 茶叶
- 铅
- 墨

（这都是议会决定的！）

当殖民者听说英国要对他们的货物（包括茶叶）征税时，他们感到十分愤怒。

他们是怎么反抗的？

就在英国殖民者对祖国感到愤怒的时候，他们制造了波士顿倾茶事件。他们把茶叶倒在海里，公开向英国表达自己的愤怒。

标题

修改前	修改后
烹饪的安全性	自己动手还是找人帮忙？
烹饪方法	烧烤还是烘焙，我的天！
烹饪节目	网络小厨星！
烹饪食谱	通往美食的阶梯！

延伸阅读
Nonfiction Craft Lessons: Teaching Information Writing K–8 (Portalupi and Fletcher, 2001)

适用对象

年级
3—8

文本类型
知识性/非虚构类

写作环节
润色

7.17 使用夸张手法

适用对象

年级
3—8

文本类型
不限

写作环节
调整思路，打草稿，润色

策略 找到文章中你想强调或者想增加戏剧性和幽默感的地方。想一想改哪些词可以实现夸张的效果。

使用建议 与学生分享一些常见的夸张手法，根据这些再想一些新的表达方式。有些人觉得冷的时候会说"我要冻僵了"；有些人饿的时候会说"我要饿死了"；当一个笑话让你笑个不停时，你可以说"我要笑死了"；当吃到好吃的食物时，你可以说"这是我这辈子吃过的最好吃的东西"。

范文研读 在《有趣的修辞手法》（*It Figures! Fun Figures of Speech*, 1993）一书中，作者马文·特尔班（Marvin Terban）介绍了6种不同类型的修辞手法，其中一种就是夸张。教师可以在写作角添加关于这一修辞手法的介绍并补充很多例子，比如找一些可以用在课堂上或一对一交流时的范文片段。

训练提示语

- 你想强调的内容是什么？
- 你想怎么夸大那一点？
- 或许可以用"最多""最好"或"最差"这样的词。
- 重读一遍。你觉得读者会理解你字面之外的意思吗？
- 你觉得使用夸张手法会带来什么效果？

延伸阅读
Pyrotechnics on the Page: Playful Craft That Sparks Writing (Fletcher, 2010)

夸张	字面意思
这个背包有一吨重！	它太重了。
我饿死了，都可以吃下一匹马。	我好饿，可以吃下一顿大餐。
这双鞋要花100年才穿得上。	这双鞋穿起来太麻烦了，要花好长时间。
我差点儿笑死了！	太好笑了，我笑了大半天。
我试了1000次了，最后也没做成。	我试了很多次。

7.18 善用同义词，拒绝单调的重复

策略 如果你发现在初稿中不断使用了同样的词，那就圈出那些词。想一些同义词，想一下这些同义词应该用在哪里。使用同义词会使文章的语言更加丰富。

使用建议 在写作角准备同义词词典或者可以连接到相关网站的平板电脑，这样可以帮助学生积累更多的同义词。

训练提示语

- 圈出你看到的所有相同的词。
- 你知道这个词有哪些同义词？
- 同义词可以是一个词或短语。
- 如果想不到意思相同的词，你能想到一个意思相同的短语吗？

*get 是英语中5个常用的动词之一，内涵非常丰富，可谓"万能动词"，备受学生青睐。但它常用于非正式的书面语或口语中。若想让文章语言更加丰富，表意更加生动，可使用符合句意的同义词进行替换，从而避免单调的重复。——编者注

适用对象

年级
3—8

文本类型
不限

写作环节
打草稿，润色

7.19 注意语气

适用对象

年级
4—8

文本类型
不限

写作环节
打草稿，润色

策略 想一想你的写作话题和你想表达的感情。把初稿中的某一部分通读一遍，用下划线画出你认为能反映语气的词，圈出你觉得会改变或破坏全篇语气的词。对这些词做出必要的修改。

使用建议 文章的语气一方面通过所用的词语体现，另一方面通过文章的节奏感体现，而节奏感既与句子的长短有关，还与写作者呈现的细节类型有关。

范文研读 选择同一作者的几篇语气各不相同的文章。例如可以选择同一作者的3篇专栏文章或奥巴马的3篇用词不同、语气不同的演讲稿。例如，在2016年奥巴马的国情咨文演讲中，他的语气充满了希望，因为用到的词语有"希望""前沿""惠及""机遇"等。

> 美国曾经历种种巨变。我们巧妙地利用变化，始终将美国的希望扩展至更广阔的前沿，惠及更多的民众。正源于此——因为他人眼中的风险在我们看来是机遇——我们变得比以往更强更好。（2016b）

相比以上演讲，奥巴马在2016年1月5日进行的关于枪支暴力的演讲则显得十分迫切、焦虑和失望。

> 我不是为了讨别人欢心。我认为我们可以在不质疑对方动机或心怀不满的情况下持不同观点。我们不需要说服对方，但我们对此要有紧迫感。用金博士的话说，我们需要有"强烈的现实紧迫感"。因为有人死去了，长期以来用不作为做借口已经没用了，已经远远不够了。（2016a）

训练提示语

- 你想表达什么样的语气？
- 你想让读者读完之后有什么感受？
- 圈出不能体现那种语气的词。
- 用下划线画出能体现你的语气的词语。
- 试着使用能体现你的语气的其他词语。

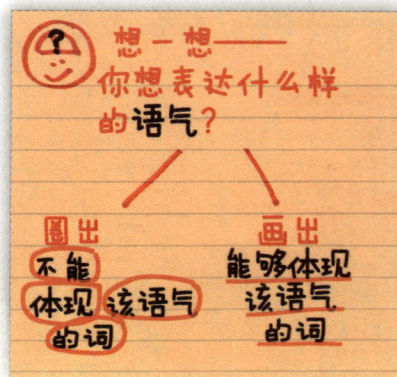

延伸阅读
In Pictures and in Words: Teaching the Qualities of Good Writing Through Illustration Study (Ray, 2010)

7.20 选择恰当的代词

策略 通读你的初稿，用下划线画出代词。通过改变代词实现视角的转换（第一人称、第二人称和第三人称的视角）。考虑一下这样的变化会给文章整体的语气带来何种影响。最后决定要保留哪个代词。

使用建议 从不同的视角写知识性文本或说服性文本会给读者和作者的关系带来不同的影响，也会给文章整体的语气带来影响。具体来说：第一人称（我、我们）常用于自传式的写作，在知识性文本中使用第一人称会降低文章的权威性，显得不正式（对比以"我认为"或"我觉得"开头的句子与单纯陈述事实的句子），还能让读者和作者产生共鸣（"难道我们都不认同……吗？"）。使用第二人称（你、你们、你们的）会让读者和作者之间有距离感，从而营造权威感（"你在考虑 _____ 时，一定要考虑……"），还可以营造比较友好的氛围（"如果你想吃最好吃的汉堡，那就要去……"）。要了解如何通过选择代词修改文章的开头，参见5.21节"对话式引子"。

训练提示语

- 你的文章的视角是什么？
- 你觉得这一视角会带来什么影响？
- 如果你想转换为另一种视角，会怎么改？
- 你已经做了改动，思考一下这会给读者带来什么影响。
- 想一想哪种视角更贴近你原本的写作意图。

> 1. 这种动物很凶猛，它身上有橘白色相间的条纹，经常在夜晚出没。它会吃小鹿。没错，它就是老虎。
>
> 2. 你独自走在丛林中，突然看到了一个黑色的影子。你定睛一看，天哪，那是一只大老虎。

适用对象

年级
4—8

文本类型
不限

写作环节
打草稿，润色

延伸阅读
Strategic Writing Conferences: Smart Conversations That Move Young Writers Forward (Anderson, 2008)

7.21 由短到长，再由长到短

策略 选择一首写好的诗，通过使用完整的描述性句子，把它改写成散文。再读一遍写好的散文，挖掘文中蕴藏的诗意，选出最能体现你要写的画面或内容的描述性词句和片段。

使用建议 我们设计本策略的初衷是让写作者用尽量少的词语将长篇大论（一篇文章、一份报道或一个故事）精简成一首诗。在这个过程中，写作者需要选出最重要的词以便更好地表达自己的观点。在把诗改写成长篇散文时，写作者需要保留这些最重要的词。在强迫自己把文章改短的时候，写作者可能会提炼精简或重新解释自己的观点，这样的调整会带来用词上的变化。教师可参考4.10节"通过写诗寻找重点"以获得更多指导学生把握重点的信息。

范文研读 阅读诗歌体小说能帮助读者理解怎样在散文和诗之间转换文体。可以参考的书包括：《为小狗写诗》（*Love That Dog*, Creech, 2001）、《勇士之家》（*Home of the Brave*, Applegate, 2007）、《独一无二的伊凡》以及《艾迪的内心世界》（*Addie on the Inside*, Howe, 2012）。

训练提示语

- 通读一遍散文，找出其中最重要的词。
- 读散文时，找出并画出把这篇散文改写成诗所要保留的部分。
- 散文中的哪些词和短语最贴近你的想法？
- 从诗中找出一句话，把它改写成散文中的一段话。
- 从那段话中提炼出一句话。

延伸阅读
Explore Poetry (Graves, 1992)

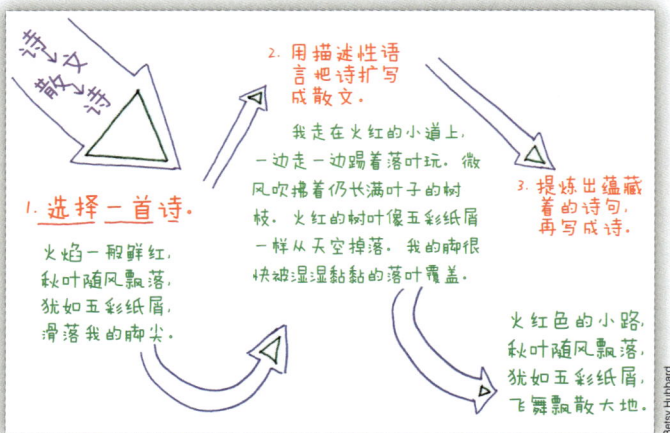

7.22 用心检查全文

策略 通读全文，并大声读出来。检查每一个词，问自己几个问题："这个词恰当吗？我需要用这个词吗？另外一个词是否更恰当？"必要的话进行修改。

使用建议 最适合采用本策略的文本类型是诗，因为要是文章太长，一个字一个字地读会让学生觉得无聊。学生要想把本策略用在知识性、观点性／说服性或叙事性文本中，可以选其中一个段落（比如一段人物对话或引言部分）来练习。

范文研读 在《马克·吐温幽默智慧集》(*The Wit and Wisdom of Mark Twain*, 1999) 中，有这么一句话："恰当的词和近乎恰当的词之间的差别就好比闪电和萤火虫之间的差别。"

在《写作法宝：非虚构写作指南》中，威廉·沣瑟写道："仔细检查写下的每一个词，你会发现很多没有意义的词。"

训练提示语

- 一个词一个词地大声读句子。有没有哪个词用得不好？
- 哪些词没有表达出你想说的意思？
- 想想哪个词用在这里比较恰当。
- 哪些词感觉比较恰当？

用心检查

大声读＋仔细听。检查一遍，确保所写的词都很恰当。

✓ 我需要用这个词吗？

✓ 另外一个词是否更恰当？

✓ 这个词是否符合文章的语气？

适用对象

年级
4—8

文本类型
不限

写作环节
润色

延伸阅读
In the Middle, Third Edition: A Lifetime of Learning About Writing, Reading, and Adolescents (Atwell, 2014)

7.23 避免使用大而空的词

适用对象

年级
4—8

文本类型
不限

写作环节
润色

策略 在初稿中找出像"好"这样的意思宽泛的形容词，或像"非常"和"很"这样的程度副词。要选择能准确表达你的意思的词。删除大而空的词，替换上意思准确的词。

使用建议 在教室里准备一块告示板，让学生在上面贴一些自己使用的方法的示例，这些方法能够让他们在写作中更多地使用意思准确的词，避免使用大而空的词。

训练提示语

- 你在哪儿看到了"好""很""非常"这样的词？用下划线画出这些词。
- 重读整句话。你能否用一个更准确的词来替换这个词？
- 你写的是 _____。有没有其他词适合替换这个词？
- 比 _____ 表达得清楚多了！我完全能想象出你所说的。

不要这样说	要说得更清楚
"好房子。"	关于这幢房子，你到底想说什么？是想说它漂亮？优雅？舒适？还是简约？
"他很聪明。"	删去意思含糊的"很聪明"，使用更加准确的词，比如：聪慧、聪颖、天赋异禀、伶俐
"她非常善良。"	删去意思含糊的"非常善良"，使用更加准确的词，比如：体贴、乐于助人、大方、富有同情心

延伸阅读
The Elements of Style, Fourth Edition (Strunk and White，1999)

7.24 谨慎使用副词

策略 检查自己的初稿，标记出其中的副词。仔细检查每个词，想一想是删除副词，还是删除副词后修改动词，或者保留副词。值得保留的副词通常有以下两个特点：

- 提供了必要的信息；
- 能帮助读者想象出原本很难想象的情景。

使用建议 可以将下一个策略"删去非必要的形容词和副词"作为本策略的补充。写作者常常会滥用副词，因此需要删除一些。一旦使用了准确的名词和动词，副词就不那么必要了。建议将本策略和下一个策略结合起来使用，这样有助于写作者把握保留或删除副词的时机。

训练提示语

- 首先找出所有副词。
- 它是副词吗？如果修饰的是动词，那它就是副词。
- 带上副词读一遍句子，再不带副词读一遍。你觉得这个副词重要吗？
- 解释一下你保留这个副词的原因。
- 保留这个副词会给你脑海中的画面带来怎样的改变？

适用对象

年级
4—8

文本类型
不限

写作环节
润色

延伸阅读
Stein on Writing: A Master Editor of Some of the Most Successful Writers of Our Century Shares His Craft Techniques and Strategies (Stein, 1995)

7.25 删去非必要的形容词和副词

适用对象

年级
4—8

文本类型
不限

写作环节
润色

策略 重读初稿，看看删掉哪些词可以让语言显得更简练。标记出所有的形容词和副词。重读的时候问自己两个问题。

- 名词变得更准确后，我可以删掉哪些形容词？
- 动词变得更准确后，我可以删掉哪些副词？

示例 形容词和副词常常会使文章变得冗长、节奏变慢，还会令读者感到枯燥无味。虽然增加一些描述性语言似乎是个不错的主意，但其实你可以在不增加词的前提下仅仅通过改变名词和动词来达到同样的效果。这里举了两个例子，第一个例子中有副词的地方显得冗余，其实可以直接删去；第二个例子则通过改变动词让意思变得更准确。

"她真的非常在意他"可改成"她很在意他"。

"她缓慢而小心地从楼梯上走了下来"可改为"她踮着脚从楼梯上走了下来"。

范文研读

我相信通往地狱的路是副词铺成的，这句话我会站在房顶上大声地说出来。打个比方，副词就好比蒲公英。如果你家草坪上长了一棵蒲公英，看上去挺漂亮，与众不同。可如果你不赶紧把它拔掉，第二天你就会发现五棵……第三天五十棵……然后，我的兄弟姐妹们哪，你的草坪就完全地、彻底地、肆无忌惮地被蒲公英覆盖了。那时候你才意识到它们其实是杂草，你应该坚决铲除，但那时已经——哎！——太晚了。（King, 2000, 125）

为了让文章变得丰富而华丽，大多数写作者会近乎无意识地在文章中使用形容词。这样会使句子变得越来越长，使文章充满了类似"威严的榆树""活泼的小猫""老道的侦探""困倦的泻湖"这样的表达。（Zinsser, 2001, 70—71）

训练提示语

- 首先辨识你在句子中使用的词的词性。
- 形容词在哪里？试着删去形容词，改写句子。改一下所写的名词。
- 这句话的动词在哪里？动词前的副词是用来修饰它的。如果要删去副词，你会怎么修改这个动词？

延伸阅读
The Elements of Style, Fourth Edition (Strunk and White, 1999)

要准确!

1. 重读一遍写好的初稿。留意一下所有的

   ## 形容词和副词。

2. 你能否删去某一个或某几个词?

3. 试着用更准确的

   ## 名词和动词

   来替换那些词。

Image credit: Barb Golub

7.26 反复写某句话

适用对象

年级
4—8

文本类型
不限

写作环节
润色

策略 在文章中找出一句重要却不够恰当的话。试着用不同的词去表达同样的意思。可以调整一下句子的语序。仔细对比你在纸上写好的几句话，问问自己："哪一句最恰当？"

训练提示语

● 可以尝试调整语序。

● 再读一遍，这次再在其他地方做些改动。

● 不要表达新观点，而要聚焦于原来的观点，但是尝试用不同的词语或者语序来表达。

● 试着大声说出这句话，然后写在纸上。

反复写某句话。

伴我成长的房子是个很特别的地方。

我家的房子承载了很多美好的回忆。

有时觉得在抚养我长大这件事上，房子也立了大功。它不只是一幢房子，而更像是一位家长。

然后问问自己："哪一句最恰当？"

延伸阅读
What You Know by Heart: How to Develop Curriculum for Your Writing Workshop (Ray, 2002)

7.27 使用出人意料的动词

策略 在初稿中用下划线画出所有的动词。重点查看几个重要的动词。思考一下："我可以把这个比作什么？为了体现这种对比关系，我要用哪个动词？"列出几个能清晰体现这种对比关系的动词。

使用建议 当所有的动词都用得既准确又出彩时，写作者常常可以在不影响叙述的情况下删去一些不必要的副词。本策略比"使用贴切的动词"（7.5节）要求更高一些，后者要求学生找出动词并使用更准确的动词。而本策略教学生如何出人意料地使用动词，让语言表达更多的比喻意义或者象征意义。

范文研读

　　在《鲸鱼》（*The Whales*, 1996）中，作者辛西娅·赖兰特写道："在伸手不见五指的深海里，鲸鱼在'思考'。"

　　在《狂人麻吉》中，作者杰里·斯皮内利写道："尤其是当一大堆小孩'淹没'在他的衣服里时。"

训练提示语

- 找出动词。
- 如果能找到副词，就有可能找到一个需要修改的动词。
- 用比喻手法吧。这个像什么？什么动词能生动地描述它？
- 你能把这个比作什么？哪个动词常常和它相关？试着写出来。

适用对象

年级
4—8

文本类型
不限

写作环节
润色

延伸阅读
Finding the Heart of Nonfiction: Teaching 7 Essential Craft Tools with Mentor Texts
(Heard, 2013)

7.28 使用出人意料的名词

适用对象

年级
4—8

文本类型
不限

写作环节
润色

策略 仔细推敲文章中的每个名词。问问自己：此处还能用其他合适的名词吗？列出一些备选词，看看这些词中有没有哪个既贴合原文的意思，又出人意料。

使用建议 学习本策略可能是学生进行双关语学习的开始，当然也并非所有出人意料的名词都是双关语，也并非所有的双关语都是由有双重意义的名词构成的。

范文研读《树枝与石头》(*Stick and Stone*, Ferry, 2015) 是一个关于友情的有趣故事，作者用单个的词或由两个词组成的短语讲了一个故事。这本书的亮点是很多名词（及其他词性的词）都有双重意义。例如，在故事开头，作者就表明树枝和石头都很孤独、渴望友情。接着有一页只写了"一个零"，并且只画了一块石头。石头的形状像零，并且它感到很孤独，内心空无一物，这也是"零"。

训练提示语

- 先找出名词。
- 还有什么名词有多重意义？
- 看看你想到的备选词。哪一个最合适？
- 你尝试了一下！这个名词用得非常出人意料，因为它有多重意义。

延伸阅读
Pyrotechnics on the Page: Playful Craft That Sparks Writing (Fletcher, 2010)

出人意料！
（含有多重意义的名词）

1. 重读一遍文章，找出名词来。
2. 问自己："此处还有其他合适的词吗？"
3. 列出一些备选词。
4. 对照备选词，看看有没有别的名词更贴合原文的意思。

Barb Golub

7.29 给人物和地点起名

策略 想一想故事中的地点和人物。想想他是什么样的人，以及他的父母会给他起个什么样的名字。起地名则要根据你想表达的情绪和感情去选择一个恰当的名字。

使用建议 小说《穿越边境》（*Border Crossing*，2003）的作者科琳·克鲁兹（Colleen Cruz）建议最好在写作角放一两本《宝宝起名大全》之类的书，以供学生在给人物起名的时候参考。她认为在给故事人物起名的时候，要想一想他的父母是什么样的人，会给他起什么样的名字。在写作角放一本地图册有助于学生起地名！

范文研读 在《杰米的魔术》（*What Jamie Saw*, 2012）中，作者卡罗琳·科曼（Carolyn Coman）用了"Stark"（荒凉的）作为地名。"stark"这个词让你想到了什么？凄凉、寒冷、没有希望以及荒凉。在这里，作者选择的地名表达出一种情绪和感情基调。杰里·斯皮内利在《狂人麻吉》中用"狂人麻吉"做主要人物的名字，在另一部作品《摧毁》（*Crash*, 1996）中给反对霸凌的男孩起名叫佩恩，他起这个名字是为了向倡导自由、平等的威廉·佩恩（William Penn）致敬。教师还可以给学生介绍一下莎拉·彭尼帕克（Saray Pennypacker）创作的图画书《无聊的一家人》（*Meet the Dullards*, 2015），它讲的是需要打破常规、摆脱单调无聊生活的杜拉德（"dull"意为"无聊"）一家人最终获得活力的故事。

训练提示语

- 你想表达什么情绪？你会给故事的发生地起个什么名字？
- 关于故事人物的父母你了解些什么？他们会给这个人物起个什么样的名字？
- 列出一些符合人物性格的名字。
- 用下划线画出文章中的人名和地名。仔细考虑一下这些名字是否恰当。

好名字很关键

给人物和地点起个好名字……

思考以下问题：

- 这是什么类型的人或地方？
- 起人名时要想想他／她的父母是什么样的。他们会选择什么样的名字。
- 起地名时要考虑自己想表达的情绪和感情。

年级
4—8

文本类型
虚构类

写作环节
调整思路，打草稿，润色

延伸阅读
Experiment with Fiction
（Graves，1989）

适用对象

年级
5—8

文本类型
不限

写作环节
润色

策略 重读一遍初稿，找出那些含糊不清、宽泛和抽象的词。问自己几个问题："我在这里想表达的是什么？我想给读者描绘的画面是什么？"试着用具体准确的词语改写句子。

范文研读 教师可以改写一首现成的诗，把原本有助于读者想象的具体描述改为含糊不清的描述。然后把改得含糊不清的版本读给学生听，让他们画一幅画；接着把原版读给学生听，再让他们画一幅画。将两个版本对比一下，一起来分析含糊不清和具体准确的语言分别对读者想象故事画面造成的影响。

训练提示语

- 你为什么觉得这个词含糊不清？
- 你写的 _____ 想表达什么意思？
- 说一说，"我真正想表达的是……"。
- 我也这么觉得，那部分太宽泛了，说得不太清楚。我们一起想一个更清晰具体的说法。
- 重新措辞，让读者看得更明白。
- 换一种说法，让读者更容易想象那个画面。

延伸阅读
The Elements of Style, Fourth Edition (Strunk and White, 1999)

7.31 删去非必要的词

策略 通读初稿，找出实际上只需几个词就能表达清楚、却用了很多词去表述的部分。（参考下表的一些常见错误。）删去非必要的词。

使用建议 对很多学生来说，要想让本策略发挥作用，关键就在于反复练习。要帮助学生认识到自己最爱犯的错。比如说，我知道我总爱使用插入语来补充信息。如果在润色的时候强迫自己去审视这样的内容，我就会用批判的眼光去润色，看看能否删去这些插入语，并用更直接的句子去表达。我的一个好朋友喜欢委婉的表达，比如"如果可以，我愿意……"和"有时我会想……"，所以她在检查自己的文章时会留心这样的表达，把非必要的修饰语删掉，更直接地去表达自己的想法。

训练提示语

- 有没有发现可以被一个词代替的短语？
- 我找到了一个短语。我用下划线把它画出来了。我们一起想想有没有更简洁的表达方式。
- 看到这部分没有？试着用更少的词来表达。
- 没错！这里可以用更简洁的方式表达。
- 对照下表，看看你是否用了这些常见短语。

不要用	要用
他是一个……人	他
……的原因是	因为
尽管事实……	虽然/尽管
Who is a ____ 例子: Her sister, who is a doctor at . . .	（删去短语） 例子: Her sister, a doctor at . . .
Which is/was ____ 例子: Times Square, which is an area in . . .	（删去短语） 例子: Times Square, an area in . . .

年级
6—8

文本类型
不限

写作环节
润色

延伸阅读
The Elements of Style, Fourth Edition (Strunk and White, 1999)

第八章

目标 **8**

拼写合乎规范

◎ 这个目标为什么很重要?

　　在教写作的时候,我们都会让学生考虑写作目的和目标读者,这样他们的作品才容易被别人读懂。写作者学习单词的拼写方法和规则很重要。因为这样能将他们想说的意思清晰地呈现出来,从而使读者更好地理解文章的内容。

　　刚刚入学的学生会很自然地使用自创的拼法书写,即依据听到的读音最大限度地拼写出单词。这一时期对处于前书写阶段的学生来说是掌握字母与读音的对应关系(letter-sound correspondence)的好时机,这种拼写方法也让他们有能力将自己的想法记录下来(Routman,2005;Graves,1983;Calkins,1994;Snowball and Bolton,1999)。鼓励学生按自己的拼法拼写单词并不意味着"拼写不重要",而是在告诉他"你已经成为一名写作者了!"。即便此刻学生的拼写还不完全正确,也没有关系,因为刚开始学习英文写作的学生之后都需要不断学习复杂的,有时甚至是自相矛盾的英语拼写规则。

　　随着阅读的深入,刚开始学写作的学生能够认识更多印刷规范的单词,于是慢慢对规范的拼写有了认知。他们开始意识到自己写的一些词看起来不对。正因为在意自己写的东西，他们会积极地纠正自己的拼写：他们会在写第一遍的时候就尽量写对，然后在订正时再次检查拼写。在这个阶段，他们不再只依靠耳朵，即靠记下读音写出自己要写的词，而依靠拼写规则和阅读时记下的单词拼法来拼写（Graves，1983）。随着年级的升高，学生会学习更多的拼写规则和知识，也会记住更多拼法特殊的单词。通过日常的阅读和交流，学生会接触和掌握大量的词汇，并学会规范地拼写。他们还能越来越娴熟地应用和总结一些拼写规则（如用类推的方式拼写），并且提高他们判断所写单词正确与否的敏锐度。

◎ 这个目标是否适合我的学生？

首先你要假定每一个年龄段的学生在拼写单词时都已经尽全力了。拼写错误并不意味着学生粗心，只意味着他们还在学习，并且根据自己的所学尽力拼写正确。在写作的时候，学生要注意写作的各个方面（包括重点是否突出、结构是否合理、阐述是否翔实、表达是否自然、标点是否正确等）。通常，刚刚接触写作的学生所写的文章里有很多他自创或近似的"单词"，那是因为他们还不能准确地拼写单词。（附加一句，很多成年人也经常拼错单词！幸好现在电子文档有拼写检查功能。）

要想更清楚地了解学生的拼写水平，我建议你给他们做一次拼写评估测试。你可以借用《单词学习之路：词汇学习之拼读、词义理解和拼写指南》（*Words Their Way: Word Study for Phonics, Vocabulary, and Spelling Instruction, Sixth Edition*, Bear et al.，2015）中的词汇表；也可以借用《写作：教师与学生并肩作战》（*Writing:Teachers and Children at Work*, Graves, 1983, 84—94）中的测试题；还可以根据《幼儿园至八年级的拼写学习：计划和教学》（*Spelling K—8:Planning and Teaching*, Snowball and Bolton, 1999）构建自己的测评体系。只有了解学生的拼写水平，你才能为他们量身打造词汇教学方案，帮助他们更准确地掌握拼写规则，比如词尾变化和词首辅音连缀等（Snowball and Bolton, 1999）。本章中的策略并不是词汇教学方案的补充，而应该是每位教师的写作教学方案的补充。这些策略能帮助学生尽可能地写出他们想说的词，教他们在自己的文章中找到拼写错误并订正，教他们借助于辅助资料去拼写。另外，本章还介绍了一些常见的拼写规则。

除了借助于上述资料进行评估，你还可以查看学生的作文，关注他们拼写错误的频率和类型，从而判断哪些学生需要学习本章的内容。但是要注意，不要过早地介绍太复杂的拼写规则。要考虑学生目前的写作水平，据此向学生介绍一些有益于他们而又不至于扼杀其创造力和书写流利度的策略。例如，对刚开始学习用文字记录想法的学生来说，过早地让他们注意拼写，他们就会过分在意准确度，这会让他们过度担心出错，从而导致写作产量大幅下降，亦会使他们小心翼翼地只写自己会写的单词。同时，我们也不想让学生花大量的时间找会写的词，而忽略了想表达的意思。和其他章节一样，不同的年级对应不同的写作策略，不过根据本章所列的年级标准去讲授策略，不如你自己去评估学生的能力和水平。并非所有的幼儿园学生都适合学习幼儿园级别的所有策略，而且幼儿园的学生学习适用于其他年级的策略也是有好处的。

关于拼写合乎规范的策略一览表

策略	年级	文本类型	写作环节
8.1 长单词还是短单词?	前书写阶段—K	不限	打草稿, 订正
8.2 学乌龟说话	前书写阶段—1	不限	打草稿, 订正
8.3 参考字母表	K—1	不限	打草稿, 润色, 订正
8.4 反复写词和读词	K—1	不限	打草稿
8.5 注意大写和小写	K—2	不限	订正
8.6 字迹清晰很重要	K—2	不限	订正
8.7 快速写出单词墙上的词	K—2	不限	打草稿, 订正
8.8 借助于元音表拼写单词	K—3	不限	打草稿, 订正
8.9 第一遍就尽力拼写对	K—3	不限	激发和收集灵感, 调整思路, 打草稿
8.10 善用身边的资源	K—8	不限	激发和收集灵感, 调整思路, 打草稿, 订正
8.11 一部分一部分地拼写	1—3	不限	激发和收集灵感, 调整思路, 打草稿, 订正
8.12 下巴向下活动	1—3	不限	激发和收集灵感, 调整思路, 打草稿, 订正
8.13 边回想边拼写	1—8	不限	激发和收集灵感, 调整思路, 打草稿, 订正
8.14 利用会写的单词拼写不会的单词	1—8	不限	激发和收集灵感, 调整思路, 打草稿, 订正
8.15 从后向前读文章, 找拼写错误	2—8	不限	订正
8.16 圈出来, 再订正	2—8	不限	激发和收集灵感, 调整思路, 打草稿, 订正
8.17 注意复数变化（辅音结尾的词加-s或-es）	2—8	不限	激发和收集灵感, 调整思路, 打草稿, 订正
8.18 使用拼写检查功能	3—8	不限	订正
8.19 留意同音异形异义词	3—8	不限	订正
8.20 检查缩写形式中的撇号	3—8	不限	订正
8.21 检查所有格形式中的撇号	3—8	不限	订正
8.22 注意复数变化（词根变化）	4—8	不限	订正

适用对象

年级
前书写阶段—K

文本类型
不限

写作环节
打草稿，订正

策略 说出你要写的单词。这个单词是长是短？长的话就多用几个字母来表示它，即便你不知道这个单词的正确拼法。短的话就不要用太多字母来表示它。

示例 我要写一本关于计算机教室的书。帮我想想我要写的单词是长还是短？这是一张我们班在计算机教室里上课的照片。我想把电脑各个部分的名称都标注出来，这样其他人就知道它们叫什么了。来说一下"computer"（电脑）这个单词，我们听到了很多音，所以它是长单词还是短单词？和我一起说"computer"。它听起来是个长单词。接下来我写了"desk"（桌子）这个单词。老师的电脑在桌子上。和我一起说"desk"。这个词听起来是个短单词，对吗？那现在把"screen"（屏幕）标注出来吧。和我一起说"screen"。没错，这又是个短单词！

使用建议 教授本策略的目的不是让学生学会用正确的字母拼写，而是让他们学会用字母表示自己听到的读音，从而有意识地将听到的读音与能代表这种读音的字母联系起来。

训练提示语
- 说出这个单词。
- 你听到的是长单词还是短单词？
- 想想这个单词是长还是短。
- 多写几个字母以表示这个单词很长。

策略 当你不知道一个单词怎么拼写的时候，你就慢慢地说出这个单词，像乌龟一样慢吞吞地说。仔细听你说的每个音，然后把听到的每个音都用相应的字母记下来。之后，学乌龟说话那样慢慢地读出它，这时要边读边指着你写的字母。如果发现漏掉了某个音，就要及时补上！

使用建议 本策略的高级版是先说单词，再听读音，然后写下来，最后检查写的是否正确。这对曾在阅读时见过这个单词的学生来说很有帮助。

训练提示语

- 慢慢地说出来。
- 仔细听每一个音。
- 你听到了什么？写下发出那个音的字母。
- 一边读一边指着你写的字母。你有没有漏掉哪个音？

写作者……

慢慢地
听每个音

第一步：说出这个单词.
dog

第二步：学乌龟慢慢地说.
d→o→g

第三步：写出每个音对应的字母.
d = d
o = o
g = g = dog

Cassie Foehr

适用对象

年级
前书写阶段—1

文本类型
不限

写作环节
打草稿，订正

延伸阅读
One to One: The Art of Conferring with Young Writers (Calkins, Hartman, and White, 2005)

适用对象

年级
K—1

文本类型
不限

写作环节
打草稿，润色，订正

策略 说出你想写的词。听该词的第一个音。要是知道哪个字母发这个音，就写下来。不知道的话就去参考字母表。再说一遍这个词，听下一个音。重复以上步骤，直到把这个词的所有音都写下来。

示例 这个故事讲的是全班集体去动物园的事，我们以"monkey"（猴子）这个词为例。首先我会慢慢说出这个词。和我一起说"m-o-n-k-e-y"。好，我们听到的第一个音是 /m/。什么字母发这个音？不知道吗？那我们一起对照字母表查一下。在字母表的图片中找一个词，这个词是以 /m/ 或近似 /m/ 的音开头的。是"koala"（考拉）吗？不是，是"leaf"（叶子）吗？不是，是"mouse"（老鼠）吗？没错，"mouse"和"monkey"开头的音一样，两个词都是以字母 M 开头的。于是我先在稿纸上写一个 M。我现在再说一遍，我想问问你听到了什么音，这样我可以把后面的字母写上去。你能帮帮我吗？

使用建议 需要注意的是，对低年级学生来说，让所写的单词和想表达的意思匹配很重要，而这可以依靠画画来实现（可参考第一章"巧妙借助于图画进行写作"中的策略）。对低年级学生拼出近似的"单词"表示肯定有助于他们提高自信，这很重要。对一些学生来说，这意味着你需要先对他们进行评估，只有确定他们已经熟练地掌握了字母与读音的对应关系，才能让他们学习字母表。

训练提示语

- 慢慢说出这个词。
- 你听到了哪些音？
- 哪些字母发那些音？
- 对照字母表查看。
- 在字母表的图片中找到读音相同的字母。

延伸阅读

One to One: The Art of Conferring with Young Writers (Calkins, Hartman, and White, 2005)

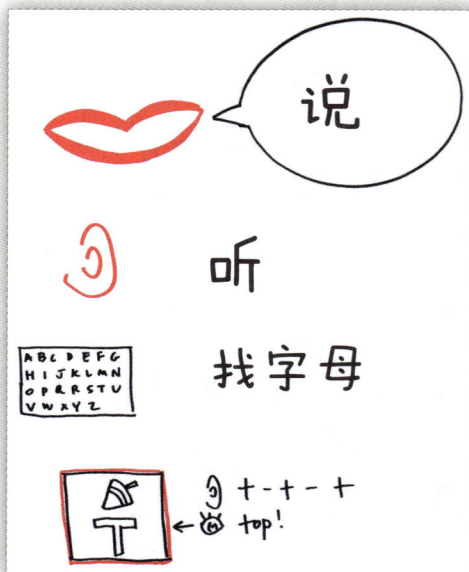

8.4 反复写词和读词

策略 写出你的句子的第一个词，读一遍。再写第二个词，回到句子的开头，读出这两个词。如此重复，直到写出完整的句子。

使用建议 对正花费大量精力听单词的读音并且努力拼出单词的低年级学生来说，练习这个策略比较费时间但很有必要。每写一个词就从头读一遍能保证他们准确写出想要表达的意思。在写的过程中，就算句意略微发生偏离也不要担心，这可能是因为学生忘记了自己具体想写的内容，还可能是他们边写边调整自己的思路！这种练习很适合在互动式写作课或分享式写作课上进行。

　　学生从学会写单个词到学会写含多个词的句子，在这个过程中还需要学会在词与词之间空格。可参考下一章中的"为要写的单词画横线"（9.1节）以及"留出一根手指宽的间隔"（9.2节），它们介绍了空格的方法。

训练提示语

- 你写出了这个词！现在读一遍。
- 你又回到句子开头把写的句子读了一遍。
- 下一个词是什么？
- 从头读能让你想到接下来要写的内容。

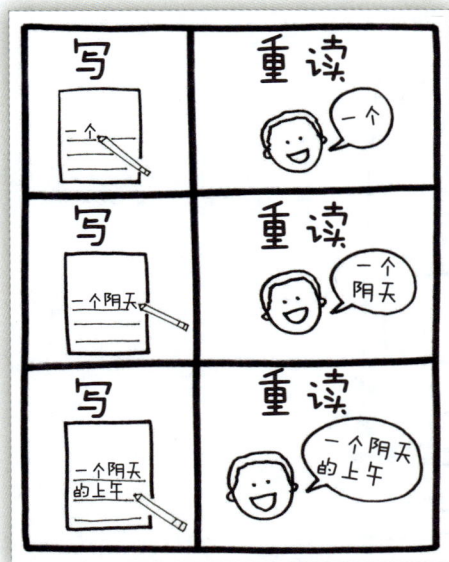

Merridy Gnagey

适用对象

年级
K—1

文本类型
不限

写作环节
打草稿

延伸阅读
One to One: The Art of Conferring with Young Writers (Calkins, Hartman, and White, 2005)

适用对象

年级
K—2

文本类型
不限

写作环节
订正

策略 从头到尾检查每一个词，确保每一句话的首字母大写。"I"（我）要大写，具体的人名和地名也要大写，其他的字母都要小写。

使用建议 本策略可以分几节课讲授，让学生了解需要大写的不同情况。例如，他们可以先找出初稿中的所有句号，句号之后的那个词的首字母要大写。

可以让每个学生准备一张字母表或者把写有大小写字母的纸条贴在桌子上以供参考。

训练提示语

- 这里应该用大写字母还是小写字母？
- 这是句首。你应该用大写字母还是小写字母？
- 这里你用了一个大写字母。它该用在这里吗？
- 那是个大写字母还是个小写字母？
- 这是具体的地名吗？
- 这个词的其他字母要小写！

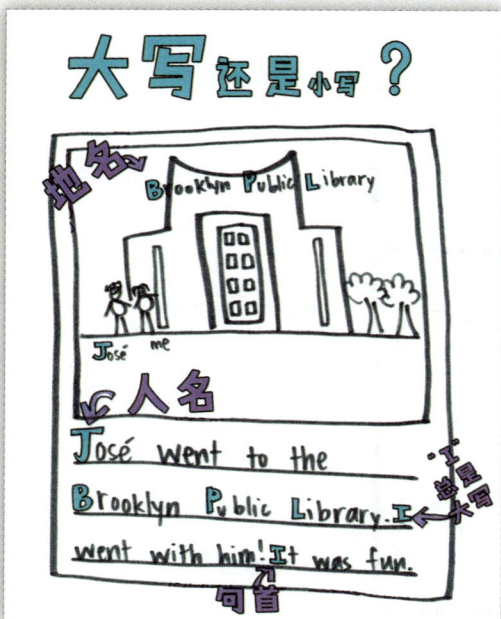

8.6 字迹清晰很重要

策略 重读一遍初稿，留意你写的字母是否清晰。只要发现字迹难以辨认，就要停下来重新把它写好。你可以擦掉重写，也可以划掉后在上方重写，还可以在作文上方贴便利贴并在上面重写。

示例 你努力写作就是为了和家人朋友分享你的文章，因此保证字迹清晰非常重要。我们不想让读者费力去辨认，所以我们写的字要能让读者看懂，这样他们才能按照我们预想的那样愉快地阅读。

使用建议 本策略主要适用于幼儿园的学生，但我们要避免学生学习本策略后不敢大胆落笔写作。学生能够写清楚字母并且有精力去订正错误后，就比较适合学习本策略了。如果学生刚开始学写字母，反复修改会让他产生这样的想法："这真是件苦差事！如果所有字母都要重写，我还不如少写点儿，这样也能少改点儿。"你当然不想让学生过分在意拼写而打乱了正常的写作节奏。因此，本策略只适合一部分幼儿园学生，对许多幼儿园至二年级的学生来说它反而会阻碍他们的写作。

训练提示语

- 你能找到读者不容易辨认的内容吗？
- 我看不清这个词。你原本打算写的是什么？
- 你自己找到了一个！现在对照字母表看看要怎么写才能让别人看明白。
- 你把单词都改好了，这样读者能够顺畅地读你的故事了。

你的字迹清楚吗？

你有没有按照规范写？

你能读出所写的内容吗？

你写的字母是这样的吗？

Aa Bb Cc Dd Ee Ff Gg Hh Ii Jj Kk Ll Mm Nn Oo P

Samantha Pestridge

延伸阅读
Launch a Primary Writing Workshop: Getting Started with Units of Study for Primary Writing, Grades K–2 (Calkins, 2010)

策略 说出你想写的词。想一想："我在单词墙上见过这个词吗？"如果见过，那就在单词墙上找到它并写下来。写的时候大声拼读，试着记住它。

使用建议 使用恰当的话，单词墙对学生来说是很有用的资源。如果你在学生进教室之前就在单词墙上列了50多个词，那它对学生来说可能就是一张形同虚设的壁纸。相反，你可以让学生每周都挑选一些词写上去。你们可以在分享式阅读课或互动式写作课上做这件事，这样会使单词墙的利用率增高很多。我一般建议单词墙上的词不超过25个。按字母表顺序排列单词墙上的词，教学生先找首字母再找单词，这样便于学生迅速从容地应用这些词。在授课的过程中，教师要找机会鼓励学生去参考单词墙上的词。例如，在互动式写作课上，你可以说："等一下！我们知道怎么拼那个词。大家快在单词墙上找一找，告诉我那个词怎么拼。"

训练提示语

● 在单词墙上找找那个词！

● 你知道 _____ 在单词墙上！它在哪个位置呢？

● 想一想那个词在哪儿？

● 你已经找到了，快写下来。

● 把这个词拼读出来，下次尽量记住它。

延伸阅读
One to One: The Art of Conferring with Young Writers (Calkins, Hartman, and White, 2005)

找到了！

想一想："我认识这个词！在单词墙上查找。不要大声读出来！

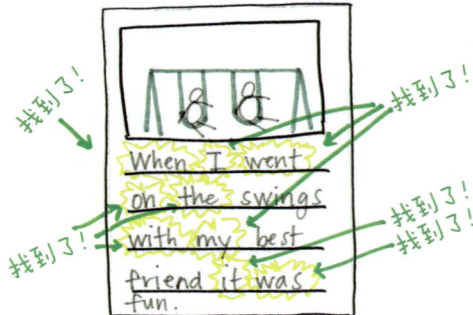

找到了！

找到了！

找到了！

找到了！
找到了！

When I went on the swings with my best friend it was fun.

Allisa Palazzi

策略 慢慢地说出那个词。记下最先听到的音。再说一遍,注意听中间的音。对照元音表看哪个字母发那个音,再把这个字母写在你已经写下的字母之后。

使用建议 本策略适合多个年级的学生学习。理想的情况是,元音表上的元音是你在词汇教学中教授过的。例如,幼儿园学生可能只知道每个元音构成的短元音,但是一年级学生可能知道短元音和长元音,甚至知道元音组合(oo、ou、oa等)。要确保你所教授的内容是元音表上有的,这样才能发挥元音表的作用。

训练提示语

- 慢慢说出那个词。你听到了什么?
- 你写出了开头的几个字母,接下来听一下中间的音。
- 哪个或哪几个字母发那个音?
- 现在你已经写好了开头和中间的几个字母,再说一遍,听听最后的音是什么。

适用对象

年级
K—3

文本类型
不限

写作环节
打草稿,订正

延伸阅读
Writing for Readers: Teaching Skills and Strategies (Calkins and Louis, 2003)

对照元音表

1. 说出这个词。 dog

2. 留意单词中间的音。  dog

3. 对照元音表。 AEIOU

4. 写下这个词。  dog

Barb Golub

适用对象

年级
K—3

文本类型
不限

写作环节
激发和收集灵感，调整思路，打草稿

策略 在打草稿或记笔记的时候，尽力把单词拼写对，这样你就不用花太多时间订正了。不时停下来想一想："我知不知道这个词怎么拼？"如果知道就写下来，如果不确定，就尽力去拼写。

使用建议 是过度强调正确规范的拼写以至于影响学生的写作节奏和写作能力，还是向学生传达"拼写并不重要"的信息？这两者之间有时只有一线之隔。我们教授本策略的目的在于告诉学生："拼写确实很重要。你要尽力做好，全神贯注。但如果你实在不会，那就继续写别的词。"是否教授本策略取决于学生的拼写能力。多数情况下他们都在尽力拼写。但如果学生满怀信心地写，并且写得很快，却常常出错（甚至反复出错，比如总把"like"写为"liek"），那么他可能需要学会在写下单词之前停下来想一想。

训练提示语
- 你知道那个词！
- 不确定吗？尽力拼出来，然后接着写其他的。
- 我能看出来你在努力辨别读音，尽力拼出来就行。
- 你知道拼得不对吗？你可以把这个词圈出来，回头再订正。

你知道这个词吗？

知道　　　　　不知道

写下来。　　　尽力拼写，不要停！

延伸阅读
Spelling K–8: Planning and Teaching (Snowball and Bolton, 1999)

8.10 善用身边的资源

策略 当你试着拼单词（或改正某个单词的拼写）时，停下来问自己一个问题："我有没有在别的地方读到过这个单词？"在可能会出现该单词的表格、图书或工具书里查查看。

使用建议 很多幼儿园至二年级的教师都认为在单词墙上写高频词很有帮助。学生从三年级开始到中学更需要适合个人的词典或单词墙，它们主要记录他们常用错的词（比如"through"，"because"，"their" / "they're" / "there"，"to" / "two" / "too"）和利于辨识单词的简单说明。本策略还鼓励学生善用印刷品资源丰富的教室，包括其中的图表和图书等。很多教师还会让学生制作自己的词汇学习本，根据所学单词的特点进行分类，或者鼓励学生制作便于时常翻看的拼写本。小学高年级或中学的教师可以开辟写作角，在写作角放置一些词典或同义词词典。尽管有这么多资源，但教师还是要留意学生是如何使用这些资源的。有些学生过于在意拼写，决不容许自己犯错，于是常常花太多时间查词，而没有足够的时间写作。还有些学生只用单词墙上的词写作，这导致他们的文章缺乏特色。因此，在教授本策略时，教师一定要给学生讲清楚使用本策略的时机和频率，还要告诉学生查阅工具书时动作要快，不能打乱写作节奏。

训练提示语

- 你觉得在教室里的哪个地方能找到这个词？
- 你记得在哪里见过这个词？
- 昨天读的故事用了这个词！你能找到它吗？
- 我觉得这是单词墙上的词。
- 你能不能在 _____（单词墙 / 词典 / 故事书）里找到这个词？

停一下，问一问：

"我有没有在别的地方读到过这个词？"

1. 单词墙
2. 词汇学习本
3. 我读过的书里
4. 我的"私人词典"里

想一想：

"我应该在教室里四处看看！"

Betsy Hubbard

适用对象

年级
K—8

文本类型
不限

写作环节
激发和收集灵感，调整思路，打草稿，订正

延伸阅读
Writing for Readers: Teaching Skills and Strategies (Calkins and Louis, 2003)

适用对象

年级
1—3

文本类型
不限

写作环节
激发和收集灵感，调整思路，打草稿，订正

延伸阅读
Spelling K–8: Planning and Teaching (Snowball and Bolton, 1999)

策略 说出你想写的单词。说一个音节拍一下手。先听第一个音节，想一想哪些字母组合能发出这个音。再说一遍这个单词，一部分一部分地说。再写出下一个音节的字母组合。按照此方式拼写完单词。

使用建议 本策略调整后可以教学生认识首音和尾韵（onset and rime），或者长单词中的某个字母和熟悉的字母组合（如"panda"中的"p"和"and"里面的"a"）。教学生一部分一部分而非一个字母一个字母地拼写单词，不仅能够提高他们的拼写效率，还能帮助他们在字母组合中识别音节。

训练提示语

- 说出这个词，一部分一部分地说。
- 说一个音节拍一下手。
- 哪些字母能拼出第一部分的音节？
- 写出这个部分。
- 接下来你听到的音节是什么？

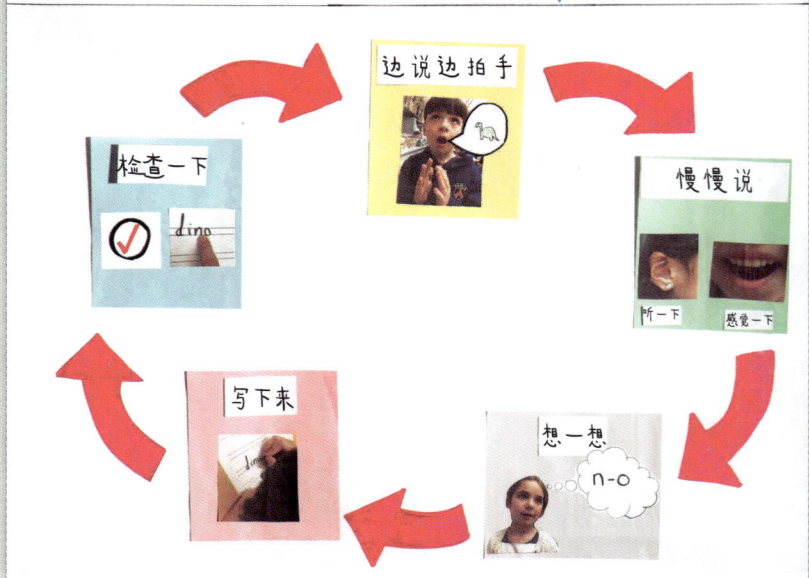

Kathryn Cazes and Elizabeth Kimmel

策略 把手平放在下巴下，掌心向下。把你要写的词大声说出来。每次下巴向下活动都意味着你说的是一个新的音节。返回去再说出第一个音节，写出这个音节，要保证音节中至少有一个元音或 y。再说一遍这个词，听下一个音节，然后拼出来。

使用建议 英语中有一小部分词无法使用本策略去数音节。像"chasm"和"rhythm"这样构词的词，以及一些晦涩的词，只有特意去记才能拼写正确。但对小学生来说，本策略非常有用。

训练提示语

- 把手放在下巴下，说出那个词。
- 慢慢说出那个词，注意下巴什么时候向下活动。
- 返回去再说一遍。先说第一个音节，写下来。
- 记住，每个音节中都要有元音。

适用对象

年级
1—3

文本类型
不限

写作环节
激发和收集灵感，调整思路，打草稿，订正

策略 拼写单词时，试着回想你在哪里见过这个词，想想它是怎么写的。闭上眼睛可以帮助你更好地回想。然后把你认为对的单词写在稿纸边缘或纸条上。再试着用另外几种拼写方式拼写出这个词。最后看着自己写的词，问问自己："哪一个看起来拼写正确？"

训练提示语

- 核对后在你觉得正确的部分打钩。
- 按照记忆中那个词的样子把它写下来。
- 哪部分看起来是对的？哪部分看起来不对？
- 你觉得有没有漏掉哪些字母？
- 这个词哪部分比较难拼写？
- 你想要写的这部分刚好也在 _____ 这个词中。这对你有帮助吗？

延伸阅读
Conversations: Strategies for Teaching, Learning, and Evaluating
(Routman，2000)

8.14 利用会写的单词拼写不会的单词

策略 说出你要拼写的单词，听读音，然后想一想："我会拼写的单词里有哪个和这个单词的读音类似？"试着按照会写的单词的拼法进行拼写。

使用建议 就像教学生利用类比的方式去阅读一样，我们可以教他们用类比的方式去拼写单词。在分享式写作课上，你可以把自己的想法说出来："我知道怎么拼'it'，那么'bit'应该就是'it'前面加个'b'！b-i-t！"我们都知道英语学习中比较麻烦的一点是同样的读音可能有很多种拼写方式。因此，我建议将本策略与"边回想边拼写"（8.13节）结合起来使用。结合词汇教学方案（比如《单词学习之路：词汇学习之拼读、词义理解和拼写指南》）能让本策略更有效。这样的训练能帮助学生分类辨析不同的拼写方式并总结出一些拼写规则。

训练提示语

- 你会写的单词里有哪个和这个单词的读音类似？
- 你能想到韵脚相同的单词吗？
- 你会拼 _____。那么来想想 _____ 要怎么拼。
- _____ 在单词墙上！你要拼的单词和那个单词很接近。
- 你知道另一个单词和这个单词开头的拼法一样。根据那个单词来拼。

我会拼写的单词	我也可以拼写的单词
at	fat cat mat that pat sat
in	chin shin spin pin fin
hop	stop pop top shop mop bop

适用对象

年级
1—8

文本类型
不限

写作环节
激发和收集灵感，调整思路，打草稿，订正

延伸阅读
Spelling K–8: Planning and Teaching (Snowball and Bolton, 1999)

适用对象

年级
2—8

文本类型
不限

写作环节
订正

策略 我们在读自己的文章时，大脑常常会自动订正其中的拼写错误，所以我们往往会忽略很多问题。为了找出拼写错误，你可以从最后一个词开始向前读你的文章，一边大声地读一边准确地指着每个词。边读边想："这个词看起来对吗？"

使用建议 遇到同音异形异义词（如"there"/"their"；"pair"/"pear"；"eye"/"I"）的话就没办法使用本策略了！要提醒学生注意句子里的同音异形异义词，对照检查词义和词在句子中的用法是否合理。（参见8.19节"留意同音异形异义词"以获得更多帮助。）

训练提示语
- 从结尾开始往前读。
- 一个词一个词地读，边读边指。
- 这个词看起来对吗？
- 你找到了一个拼写错误！从后往前读是不是很有效？
- 这个词是同音异形异义词。你要把它放在句子里看看意思对不对。

像侦探一样查找拼写错误

- 从结尾开始往前读。
- 一个词一个词地读。
- 它看起来对吗？
- 订正拼写错误。

~~Bee~~
Be
留意同音异形异义词！

Samantha Pestridge

8.16 圈出来，再订正

策略 写作的时候遇到自己不会拼写的词时，尽力拼写出来，然后把这个词圈出来，之后再订正。把圈出来的词抄写在另外一张纸上。有不会拼的词可以问教师或同学，也可以查阅可靠的资料以找到正确的拼法。再在初稿中订正。

使用建议 教学生掌握拼写的第一步就是帮助他们分辨和"捕捉"自己的拼写错误。对那些一味追求完美拼写的学生，你可以让他们在写的时候就圈出不太会的词，将它们与其他词区分开以便之后订正。有些学生需要在完成初稿后集中去找到并圈出不正确的词，这样他们才能先集中精力把想要表达的观点写出来。根据学生要费多大功夫才能找出拼写错误，教师再决定学生适合使用哪一种查找拼写错误的策略。对仅分辨拼写错误就很吃力的学生，我通常会把拼写正确的单词写在另外一张纸上，然后让他们把这些词抄写在初稿中。（当然，初稿中要是拼写错误过多，会让检查拼写的过程变得很枯燥，所以教师要考虑让学生在一篇文章中检查一定字数的内容。）根据学生的拼写错误我能更轻松地找到规律，进而把这些规律用到未来的词汇教学中。

训练提示语

● 圈出你认为拼得不对的词，然后接着往下写。

● 重读一遍你的初稿。哪些词看起来不对？圈出来。

● 你已经圈出了需要订正的拼写错误。你打算用什么方法订正？

● 没错，圈出来后接着写，之后再回来订正。

适用对象

年级
2—8

文本类型
不限

写作环节
激发和收集灵感，调整思路，打草稿，订正

延伸阅读
Writing: Teachers and Children at Work
(Graves, 1983)

* 本策略同样适用于中文写作。学生在写作时可以先圈出写错或不会写的字词，写完初稿后查阅字典或者问教师，进行订正。——编者注

适用对象

年级
2—8

文本类型
不限

写作环节
激发和收集灵感，调整思路，打草稿，订正

策略 大声读出或说出单词，数一数它有多少个音节。检查该词的末尾，想一想它的复数形式是需要在词尾加 -s 还是 -es。

示例 在英语中，当要表达"不止一个"的概念时，需要在名词的末尾加 -s。但是，以 sh、ch、x 和 z 结尾的复数名词需要在词尾加 -es。还有一个方法可以用来判断应该加 -es 而非 -s，即复数变化后该词产生了新的音节，如"foxes"（狐狸）。在有复数变化时千万不要使用撇号。

使用建议 不过，英语中总是有特例。有些名词的单复数同形，比如"deer"（鹿）、"salmon"（鲑鱼）和"fish"（鱼）。英语中还有一类名词属于不可数名词，比如"water"（水）、"knowledge"（知识）、"beauty"（美人）、"grass"（草）、"art"（艺术）、"nature"（自然）和"health"（健康）等等。还有一类词看起来像是复数形式的，因为它们是以 -s 结尾的，但实际上是单数形式的，比如"news"（新闻）、"mathematics"（数学）和"measles"（麻疹）等。

范文研读 《后缀的故事》（*Happy Endings: A Story About Suffixes*, Pulver, 2011）一书用有趣的叙述方式介绍了很多后缀，其中就包括 -s 和 -es。

训练提示语

● 检查词尾。

● 该词是以什么字母结尾的？你需要怎么做？

● 大声说出这个词。它变成复数后会不会产生新的音节？

● 我发现你正在研究拼写规则，看看是要加 -s 还是 -es！

延伸阅读
Catching Up on Conventions: Grammar Lessons for Middle School Writers (Francois and Zonana, 2009)

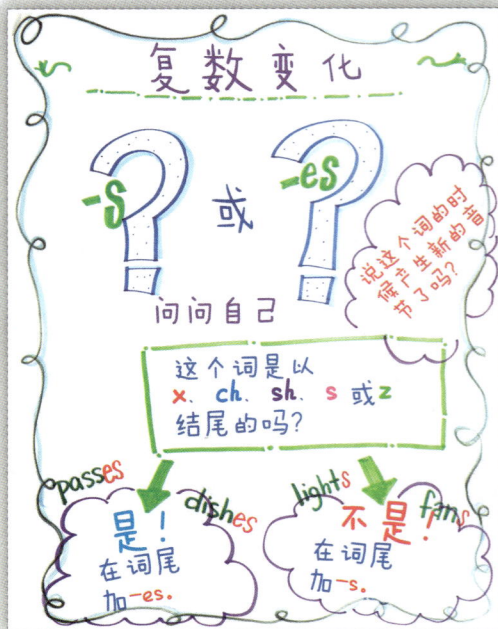

策略 找出文章中你认为拼得不对的词。把这些词输入到电脑的 word 文档中，点击"拼写和语法"，看看电脑所提供的拼写建议，想一想哪个词看起来是对的。然后在文章中进行相应的订正。

使用建议 教师可以考虑在写作角为学生准备一两台笔记本电脑、几部词典和其他的参考资料。

训练提示语

- 圈出你认为拼得不对的词。
- 哪些词看起来不对？
- 把单词输入到 word 文档里。如果某个词下面出现了下划线，那就说明它的拼写有错误！
- 一定要查看电脑提供的几个选择。有没有一个词看起来是对的？

适用对象

年级
3—8

文本类型
不限

写作环节
订正

使用拼写
检查功能

1. 重读文章，找出你认为拼得不
   对的词。

2. 把这些词输入到电脑的 word
   文档中。

3. 选择"审阅→拼写和语法"。

4. 看看电脑提供的拼写建议，选
   一个看起来正确的。

Barb Golub

8.19 留意同音异形异义词

适用对象

年级
3—8

文本类型
不限

写作环节
订正

策略 要留意常常容易混淆的同音异形异义词（见下图）。重读整句话，把所用词的意思带到句子中。想一想："我写的句子意思对吗？"如果不对，换一个正确的词！

示例 "homo"的意思是"相同"，"phone"的意思是"声音"。在英语中有很多词读音一样但是写法不同，它们就是同音异形异义词（homophone）。这样的词比较难以辨别，学生需要花些心思才能写对！建议大家想想每个词的意思，仔细检查，确保所用词的意思和你想表达的一样。

使用建议 鉴于写作者的年龄和写作经验不同以及易混淆的词的常见程度，你可能需要花4节课的时间来教授本策略，即分4节课来分别介绍几组同音异形异义词。

范文研读 让学生朗读《小鹿教你同音词》（*Dear Deer: A Book of Homophones*, Barretta, 2007），它可以帮助学生理解同音异形异义词。在学习本策略之前，学生需要了解同音异形异义词，这样本策略才能真正发挥作用。

训练提示语

• 你是不是想拼 ＿＿＿＿？它的意思是 ＿＿＿＿。
• ＿＿＿＿＿＿ 有3种拼法，并且意思各不相同。我们要确保你写的是你想用的那个词。
• 想一想："我写的句子对吗？"
• 检查一下，确保你写的是你想用的那个词。

延伸阅读
Catching Up on Conventions: Grammar Lessons for Middle School Writers (Francois and Zonana, 2009)

同音异形异义词

指的是发音相同但写法和意思不同的词。

Your - 表示所属
You're - you are 的缩写形式

To - 表示方向
Two - 2
Too - 也

Its - 表示所属
It's - it is 的缩写形式

There - 表示方向
Their - 表示所属
They're - they are 的缩写形式

Betsy Hubbard

8.20 检查缩写形式中的撇号

策略 读到缩写形式的时候放慢速度，问自己一个问题："这个词替代的是哪两个词？"看看哪几个字母被省略掉了，并把撇号加在那儿。

示例 英语中的撇号可以用在缩写形式中。缩写形式指的是两个词结合为一个词，撇号替代了省略掉的字母。把撇号加在缩写形式中正确的位置很重要，所以要仔细检查。以"It's a beautiful day, so they're going out to play。"（今天天气很好，他们准备出去玩。）这句话为例，其中"It's"替代了"It is"，撇号就标在了"is"中"i"的位置。另外，"they're"替代了"they are"。省略了哪个字母？"are"中的"a"。因此，撇号标在了"a"的位置。

训练提示语

- 这个词替换的是哪两个词？
- 哪些字母被省略掉了？
- 撇号应该放在哪里？
- 把两个词和它们的缩写形式都写出来看看。

加上撇号的缩写形式

1. 研究一下你用过的缩写形式。

2. 它替代的是哪两个词？

3. 把撇号放在省略掉的字母所在的位置。

Barb Golub

适用对象

年级
3—8

文本类型
不限

写作环节
订正

延伸阅读
Catching Up on Conventions: Grammar Lessons for Middle School Writers (Francois and Zonana, 2009)

策略 在你的初稿中找一找以 -s 结尾的词。重读一遍句子，看看这些词尾有 -s 的词表示的是复数还是所属（或两者皆不是）。如果想表达的是所属意义，且该词的词性是名词，那就需要加撇号。如果该词是物主代词，那就不需要加撇号。可以对照下表检查你写的"s'"。

范文研读 需要注意的是，你在不同版本的指导手册里会看到关于撇号的不同的使用规则。本策略遵循的规则来自《英语写作手册：风格的要素》(*Elements of Style*, Strunk and White, 1999)。在海涅曼出版社出版的指导手册中，以 -s 结尾的专有名词在撇号后不用加 -s（比如会写成"James'"，而非"James's"）。要想让学生在已出版的作品中寻找相关例子，你需要检查一下他们会用到的范文。你会发现出版标准不同，出版物的文字规范有很大的差别。

训练提示语

- 一起来找一些以 -s 结尾的词。
- 重读这个句子。你能找到哪些以 -s 结尾的词？
- 这个句子中有没有什么东西是属于某人或某物的？
- 这里需要加撇号吗？
- 你怎么知道这里需要加撇号？
- 想想拼写规则。如果需要，可以参考下表。
- （非语言性提示：指指下表）

延伸阅读

The Elements of Style, Fourth Edition (Strunk and White, 1999)

8.22 注意复数变化（词根变化）

策略 当你想表达"不止一个"的意思时，你通常需要改变词尾，将名词变为复数形式。需要特别注意以 y、o、f 和 v 结尾的词。对照下表，看一下这些词的复数形式是怎样变化的。（有复数变化时千万不要加撇号！）

使用建议 学习本策略之前，教师需要做些准备：让学生在自主阅读的时候就收集一些以 -s 结尾的词，然后将这些词进行分类。他们可能会总结一些类似于下表的变化规律。和直接被告知的规律相比，学生自己总结的规律往往更易于被他们记住！

范文研读《后缀的故事》一书用有趣的叙述方式介绍了很多后缀，其中就包括 -s 和 -es。

训练提示语

- 你想表达"不止一个"的意思吗？
- 对照下表，看看需要怎样变化词尾来构成复数形式。
- 有复数变化时千万不要加撇号！
- 这个词是以 _____ 结尾的。你还记得相关的复数变化规则吗？

词尾	例子	变化方式
辅音字母 + y	party/parties	变y为i，加-es
元音字母 + y	key/keys	保留y，加-s
以f、fe、if结尾，发音为/f/	chief/chiefs	只加-s
以f、fe、if结尾，发音为/v/	wife/wives	变f为v，加-s或es

适用对象

年级
4—8

文本类型
不限

写作环节
订正

延伸阅读
Catching Up on Conventions: Grammar Lessons for Middle School Writers (Francois and Zonana, 2009)

第九章
目标 9

标点和语法正确

◎ 这个目标为什么很重要?

你能回想一下自己是如何学习语法的吗? 我至今还记得自己在五年级时站在黑板前,在老师的注视下对一个句子进行语法分析。我们要把日常的口语练习记录在笔记本上,还要做无数的练习来反复加深对语法的理解。

但是,如果你向任何一位作家请教,他都会告诉你语法和标点的使用只是个人的选择,会对自己的写作产生很大的影响:写作者可以以艺术加工的名义灵活掌握规则,甚至打破规则。作家都知道完整的句子与句子片段之间的区别,但是他们通常并不认为句子片段是"错误的",有时还会选择性地使用一两个来达到某种效果。他们知道如何精雕细琢一个完整的句子,也知道如何修改一个连写句,但是有时考虑到文章的语气,他们会刻意使用连写句。有时,即使情况相同,他们也会在这篇文章里选用破折号,而在另一篇文章里选用逗号。他们甚至会把"and"和"but"用在句子的开头。

再说得复杂一点儿,语言不是一成不变的。词典在不断地收录新词,词语的使用方式随时代变化发生了翻天覆地的变化,标点的使用方法也在不断变化。

倘若你想在一对一教学、小组课或全班教学中使用本章中的某个策略，就意味着你想让学生学习作家是如何决定语法和标点的使用的，而非想让他们学习语法和标点的正确用法。你想向学生介绍作家是如何应用语言、遣词造句的，而非简单地给他们讲解语法规范。正如安杰利洛（Angelillo）提醒我们的："作者运用标点来塑造读者阅读文章的方式。这些被我们称为标点的小符号组成了一个饱含深意、精细入微以及错综复杂的体系。这个体系让读者读懂写作的内容，让作者掌控用词的节奏、数量和韵律。如果你能明智地使用它，它将是十分宝贵的写作工具。"（2002，8）

　　语法和标点在英语教学中是非常复杂和容易引起争议的话题。教授学生某些语法和标点的规范用法时，教师一定要对学生的母语保持敏感，因为其母语的语法通常与课堂上所使用的英语语法难以一一对应（Delpit, 2002；Francois and Zonana, 2009）。然而，弗朗索瓦和佐纳纳也提醒我们："住在美国的人的口语表达几乎很少能够完全符合标准书面英语的规范。"（2009，58）

　　本章中的策略为教师使用探究式教学法提供了良好的机会。例如，教师可以让学生在他们喜爱的图书中找出使用分号的所有句子，然后指导他们总结出作者使用分号的规律。

◎ 这个目标是否适合我的学生？

　　适当关注语法和标点的使用对每个学生而言都大有裨益。每个写作者的写作都应该包含订正这一环节。在一学年的不同时间点，教师都应该为学生设定一些关于订正的目标。正如斯蒂芬·金所说："写作者为人，编辑者为神。"（2000，13）

　　然而，千万不要认为本章的目标是通过订正来修改"错误"。你可以把本章中的策略当作邀请函，让学生灵活运用语言，也可以把它们当作切入点，让学生雕琢语言、思考韵律和揣摩语气。

　　因此，如果有些学生想要让自己的文章可读性更强、句子更清晰、语气更恰当，并且需要你的帮助和支持，你可以教他们使用本章中的策略。如果还有些学生准备通过挑战语言规范、灵活运用语言去发现语言对于写作和读者的影响，你也可以教他们使用本章中的策略。

关于标点和语法正确的策略一览表

策略	年级	文本类型	写作环节
9.1 为要写的单词画横线	K—1	不限	打草稿
9.2 留出一根手指宽的间隔	K—1	不限	打草稿
9.3 用手指指着读	K—2	不限	润色，订正
9.4 按照订正清单上的标准一一检查	K—8	不限	订正
9.5 这是书面语吗?	1—8	不限	润色
9.6 使用省略号	1—8	不限	打草稿，润色
9.7 正确使用"and"	2—5	叙事性，观点性/说服性，知识性/非虚构类	订正
9.8 巧用"发生了什么? "来检查句子	2—8	叙事性，观点性/说服性，知识性/非虚构类	订正
9.9 不要过度!	2—8	不限	订正
9.10 使用冒号	2—8	不限	打草稿，订正
9.11 用标点和分段的方式表示对话	3—8	叙事性	打草稿，订正
9.12 停顿时使用句号	3—8	叙事性，观点性/说服性，知识性/非虚构类	订正
9.13 在语调变换的地方使用逗号	3—8	不限	润色，订正
9.14 用逗号将词语分组以便理解	3—8	不限	润色，订正
9.15 表达你的情感	3—8	不限	润色，订正
9.16 学写段首句	4—8	叙事性，观点性/说服性，知识性/非虚构类	打草稿，订正
9.17 朗读你的初稿并仔细听	4—8	不限	订正
9.18 主语和动词的单复数形式要一致	4—8	不限	订正
9.19 知道什么时候需要另起一段	4—8	叙事性，观点性/说服性，知识性/非虚构类	订正

策略	年级	文本类型	写作环节
9.20 否定 + 否定 = 肯定	4—8	不限	激发和收集灵感，打草稿，订正
9.21 不规则动词和主谓一致	4—8	不限	激发和收集灵感，打草稿，订正
9.22 删去重复的部分，把几句话合并成一句话	4—8	叙事性，观点性/说服性，知识性/非虚构类	润色
9.23 修改连写句	4—8	叙事性，观点性/说服性，知识性/非虚构类	润色，订正
9.24 学写复合句	4—8	叙事性，观点性/说服性，知识性/非虚构类	润色，订正
9.25 学写并列句	4—8	叙事性，观点性/说服性，知识性/非虚构类	润色，订正
9.26 使用破折号	4—8	不限	润色，订正
9.27 玩转停顿	4—8	不限	润色
9.28 注意人称代词的主格和宾格形式	4—8	不限	订正
9.29 使用插入语	5—8	不限	激发和收集灵感，打草稿，订正
9.30 同一句话中的时态要保持一致	5—8	不限	订正
9.31 考虑句子的长短	5—8	叙事性，观点性/说服性，知识性/非虚构类	润色，订正
9.32 使用分号	5—8	不限	润色，订正
9.33 多用肯定句	6—8	叙事性，观点性/说服性，知识性/非虚构类	润色，订正
9.34 重新表述，使句意更清晰	6—8	不限	润色，订正
9.35 这个动作是何时发生的？（一般时、进行时和完成时）	6—8	不限	激发和收集灵感，打草稿，订正

9.1 为要写的单词画横线

适用对象

年级
K—1

文本类型
不限

写作环节
打草稿

* 关于词界意识的说明见文后"术语表"。
——编者注

延伸阅读
One to One: The Art of Conferring with Young Writers (Calkins, Hartman, and White, 2005)

策略 说出你想写的句子。数一数这个句子有多少个单词。在纸上画横线，一个单词画一条。然后回到横线的起点，写出这个句子，一个单词一个单词地写，每条横线上写一个单词。写的过程中别忘了重读这句话。

范文研读 本策略很适合在互动式和分享式写作中给学生做示范，并且适合与"反复写词和读词"（8.4节）以及"用手指指着读"（9.3节）这两个策略结合起来使用。本策略可以帮助学生强化词界意识*，提高他们一对一匹配形和音的能力，帮助他们在每个单词之间留出适当的间隔。不过很重要的一点是，一旦发现学生已经了解单词之间需要留间隔的书写规则，你就应该马上要求他们不再使用这个策略。

就低年级学生而言，等他说出一句话、数出单词的个数、画出横线再回到第一条横线准备写的时候，那句话很可能已经变了（或者他根本就记不起来了！）。这是很正常的情况，完全在情理之中。这时，学生应该思考"现在我想要写的句子是什么？"，然后重新写一句话。

训练提示语

- 大声说出你想要写的句子。
- 你听到了多少个单词？我们一起来数一数吧。
- 在纸上画出同样数量的横线。单词之间都要留出间隔。
- 我们回到横线的起点，把那些单词都写下来。在你想写的句子里，第一个单词是什么？
- 你说出了句子，数出了单词的个数，画出了横线，单词之间也留出了间隔，真棒！

策略 说出你想要写的句子。尽力拼写出第一个单词,然后把手指放在这个单词后面,从而使要写的第二个单词与第一个有一根手指宽的间隔。说出下一个单词,尽力把它拼写出来,再把手指放在这个单词后面,从而留出间隔。一直重复这个步骤,直到写完这句话里的全部单词。

使用建议 对于本策略的使用你可以发挥自己的创意,给学生提供一些能够提醒和帮助他们在单词之间留出间隔的特殊工具。例如,让学生在较宽的冰棒棍的底部写上"空格"两个字或者在指甲上贴小贴纸来提醒他们空格,甚至是让学生每写完一个单词就紧挨着它放一颗小骰子或者贴上小贴纸来制造间隔。你可能会发现利用手指其实是最简单且最好用的方法,因为学生可以随时使用,不用特意准备工具。

训练提示语

- 你写完了那个单词!接下来要做什么?
- 在写下一个单词之前,把手指放在这个单词后面。
- 不要忘记在单词之间留出间隔。
- 你要怎样在单词之间留出间隔呢?
- 用你的手指。

适用对象	
年级 **K—1**	
文本类型 **不限**	
写作环节 **打草稿**	

在单词之间留出间隔

I can run.

Kathryn Cazes and Elizabeth Kimmel

延伸阅读
*Writing for Readers:
Teaching Skills and
Strategies* (Calkins
and Louis, 2003)

适用对象

年级
K—2

文本类型
不限

写作环节
润色，订正

策略 用手指边指边读出你写下的每一个单词。认真聆听，看看你写的单词听上去是否正确。你在读每个单词的时候，都要注意观察自己是否遗漏了某些单词或者添加了某些单词。回到开头进行修改，从而让你所写的内容讲得通、听起来正确。

使用建议 有些阅读策略可以提高学生（阅读水平为 A、B、C 级的）一对一匹配形和音的能力，而本策略则是那些阅读策略的有益补充。

如果学生发现自己总是在写作时遗漏某些单词，并且需要一些方法来把遗漏的单词添加回来，你就要教他们使用脱字符号"∧"，在单词原本应该出现的位置画上脱字符号和星号"*"，然后在空白处画上星号并在它后面写出要添加的单词；你还可以教他们使用修正带把单词加上。关于如何帮助学生使用这些工具，请参见6.8节"使用便利贴和脱字符号"。

训练提示语

- 你读了 _____，它表达了 _____。有遗漏的内容吗？
- 你刚才读给我听的句子，你已经把它全部写下来了吗？
- 想一想自己是否写了一些不必要的单词。
- 想一想自己是否遗漏了一些必需的单词。
- 现在这个句子的意思和你想表达的意思相符吗？

用手指指着读

Then I up the ladder. 噢喔.

Then I climbed up the ladder. 对啦!

Merridy Gnagey

策略 查看订正清单上的第一项标准，将它牢记于心，然后读你的初稿，把需要订正的地方订正过来。再查看订正清单上的第二项标准，将它牢记于心，然后阅读和订正初稿。再看订正清单上的下一项标准，然后阅读和订正初稿。重复上述步骤，直到订正结束。

使用建议 在这里我们对订正清单做简要的说明。不要认为清单上列举的标准是学生理所当然能够达到的。能够就学生已经学习并且掌握的内容做出提示才是最好的清单。也就是说，清单上列举的标准要符合两个条件：一是教师在课堂上提到过这项标准，且演示过如何根据它订正；二是学生已经表现出他们基本上能够根据这项标准订正。这意味着学生有时可以遵照这项标准找出错误（比如从文章中的5个错误中找出3个），或者他们虽然在使用这项标准，但有时还是会犯错（比如过度使用某些"法则"，不该用句号的时候滥用，把复合句拆分成简单句，等等）。

训练提示语

- 第一遍订正时，你应该重点关注哪个方面？
- 查看订正清单上的标准，你首先选择那一项？
- 你已经检查了 ＿＿＿＿ 和 ＿＿＿＿。这一遍再读的时候，你要想着哪一项？
- 阅读时，请检查 ＿＿＿＿。
- 订正时，一定要把清单上的 ＿＿＿＿ 牢记于心。
- 看来你在阅读的时候真的很关注清单上的 ＿＿＿＿。我看你找到了好几处需要订正的地方。

订正清单

通过拉长读音听清每个音，把单词拼写出来 — cak

利用单词墙 — the go

标点符号使用正确 — Look at me! What is it?

句首单词的第一个字母要大写 — Ava

单词之间留间隔 — I can run.

Kathryn Cazes and Elizabeth Kimmel

延伸阅读
Units of Study in Opinion, Narrative and Informational Writing (Calkins and colleagues, 2013)

9.5 这是书面语吗?

适用对象

年级
1—8

文本类型
不限

写作环节
润色

策略 当你重读自己的初稿时,注意那些在口语中常见却很少用在书中的单词、短语和表达方式。在大多数情况下,你还是希望自己的文章像出版的图书那样(尽管一些原因可能会让你做出其他选择)。

使用建议 我们要尊重学生在生活中接触到的人的讲话方式。如果你对学生说"这听起来不太对"或者"你这样写是不对的",可能会在不经意间向他们传递这样的信息:他们的父母、其他家人或者同社区的人在说话方式上存在问题(Delpit, 2006)。你可以稍微调整自己的语言,告诉学生,了解书面语对他们而言很重要,书面语可能与他们听习惯的口语的表达方式不同。写作时,他们可以自由选择使用哪种表达方式。

范文研读 马特·德拉培尼亚(Matt De La Peña)创作的《市场街最后一站》(*Last Stop on Market Street*, 2015)荣获了多项大奖。在这本图画书中,主要人物祖孙二人用不太标准的英语对话,而叙述者却以标准的书面英语讲故事。研究这本书非常有趣,可以让学生了解如何在雕琢文章时有目的地"打破规则"。

训练提示语

- 我们一起想一想,如果这个词出现在书中,那么读起来会是什么样的。
- 这是书面语吗?
- 我们用另一种方式来写一下。思考一下,如何用书面语表达和朋友交谈的场景。
- 你能解释一下为什么要这样写吗?

延伸阅读
Catching Up on Conventions: Grammar Lessons for Middle School Writers (Francois and Zonana, 2009)

你的语言规范吗?

和朋友交谈 | 书面语

妈呀,外面好热呀! | 哇,外面好热呀!

Merrily Gnagey

策略 如果你想让读者在故事里有悬念的地方停顿一下，或者慢慢引导他们产生某个想法，或者表现一段时间的流逝，或者表现人物的沉默不语，那么都可以使用省略号。它在英文里是排成一排的3个小圆点（在中文里是居中排成一排的6个小圆点。——编者注）。

使用建议 和叹号的使用情况类似，学生在刚开始学习的时候很容易过度使用省略号。教师一定要注意这个问题！

范文研读

《狗狗天堂》（*Dog Heaven*，Rylant，1995）："它们在云端旋转，旋转……直到一切都感觉那么美妙。然后它们蜷缩成一团睡着了。"这里的省略号表现了时间的流逝。

《抄近路》："我们四处看看……又四处听听……最终我们决定抄近路回家。"这两处的省略号似乎想在故事的开头营造一种充满悬疑的气氛，同时也表现了人物动作的断断续续。

《想象》："他承诺……"这里的省略号表现了思绪的中断。

训练提示语

- 你想在文中的哪个地方增加悬疑感？
- 说一下你想在哪里停顿。
- 哪个标点符合你想表达的意思？
- 如果你想表现时间的流逝，可以使用省略号。

省略号

- 制造悬念
- 让读者停顿一下
- 慢慢引导读者产生某个想法或者表现一段时间的流逝
- 表现人物的沉默不语

我找呀……找呀……找呀……

如果…… 我找到了我的鞋子！

我是一条鱼，会怎么样？

当他走下楼梯……

他竟然看到树下有很多礼物！

Allisa Palazzi

延伸阅读
Wondrous Words: Writers and Writing in the Elementary Classroom (Ray, 1999)

适用对象

年级
1—8

文本类型
不限

写作环节
打草稿，润色

适用对象

年级

2—5

文本类型

叙事性，观点性/说服性，知识性/非虚构类

写作环节

订正

策略 找到一句话里多次用到"and"的地方。把整句话从头读一遍，思考一下："哪些观点／细节（'and'前后的内容）密切相关？"保留相关部分之间的"and"，删除不相关部分之间的"and"，并用句号代替。

使用建议 你是否注意到，年纪小点儿的学生似乎懂得如何用标点来结束一个完整句，但是随着年龄的增长，他们会突然在一段时间里总是写出连写句？这是因为他们要从写一串很简单的句子过渡到写更长、更复杂的句子——在他们懂得如何正确使用标点前，他们遇到了一道"句法的门槛"。本策略可以和本章中有关连写句（9.23节）、句子合并（9.22节）以及复合句和并列句（9.24节、9.25节）的其他策略一起使用。

训练提示语

- 找到文中出现"and"的地方。
- 是的，你在一句话里用了4次"and"。我们一起想想哪些需要保留。
- "and"前后的内容是否相关？
- 你似乎需要把那里的"and"删去，然后用句号代替。

延伸阅读

Strategic Writing Conferences: Finished Projects (Anderson, 2009)

✗ 这里需要 "and" 吗？

Once, a long time ago, I was walking to Central Park and there was a flock of pigeons and I went closer to see why they were all gathered together and do you know what I saw?

1. 找到文中出现"and"的地方。
2. 思考：保留还是删除？
3. 重写。

策略 问问自己："发生了什么？"读一读你写的句子。如果这句话能回答"发生了什么？"，那么这就是一个完整的句子。如果它说不通，你就要重新组织语言，让它说得通。重写后读一遍，确保这句话说得通。

使用建议 本策略可以帮助学生写简单的陈述句。关于如何教学生写复合句和并列句，请参考本章中的其他策略（参见9.22节、9.24节和9.25节）。

训练提示语

- 问自己"发生了什么？"，然后读你写的句子。
- 你写的句子能回答这个问题吗？
- 重新组织语言，让这句话说得通。
- 你已经重写了这句话。再读一遍吧。
- 你给自己提的问题是什么？

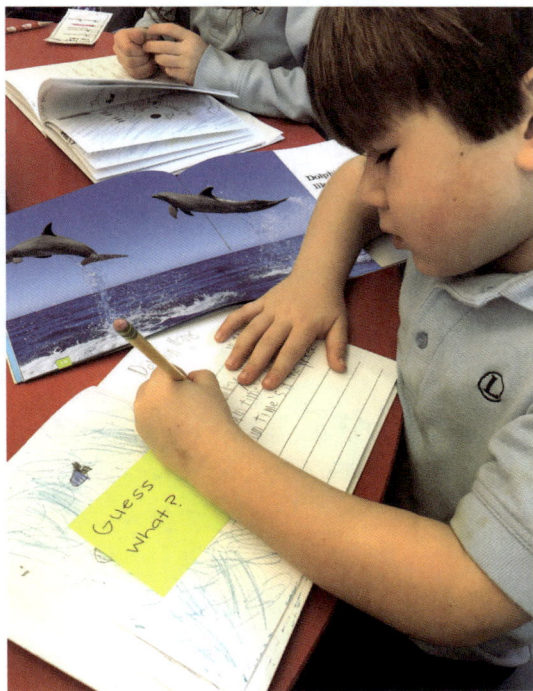

适用对象

年级
2—8

文本类型
叙事性，观点性/说服性，知识性/非虚构类

写作环节
订正

延伸阅读
Infusing Grammar into the Writer's Workshop: A Guide for K–6 Teachers (Benjamin and Golub, 2015)

适用对象

年级
2—8

文本类型
不限

写作环节
订正

策略 在你的初稿中寻找反复使用同一技巧的地方。思考一下使用那种技巧的目的，然后决定哪里不需要修改，哪里需要修改。

使用建议 当学生学习了新的标点使用技巧，比如在句末加叹号或者在两页之间加省略号来增加悬念，很多学生都会过度使用它们。本策略旨在提醒学生牢记使用标点或其他写作技巧的目的，从而进行目的明确的修改，并练习有节制地使用这些技巧。

训练提示语

- 我在这里发现了你使用标点的规律。
- 你有没有发现哪个标点是你反复使用的？
- 回忆一下其他作家是怎样使用这个标点的。他们在什么情况下使用它？
- 这个标点出现了好多次。你都要保留吗？
- 你想要修改哪些地方的标点？

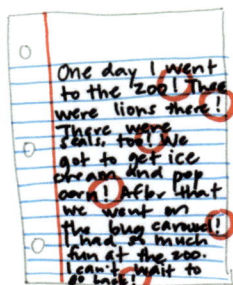

不要**过度！**

① 浏览你的初稿。看看自己是否／在哪里反复使用同一标点。

② 想一想这一标点的功能。

③ 决定哪里需要保留，哪里需要修改。

延伸阅读
Practical Punctuation:
Lessons on Rule Making
and Rule Breaking in
Elementary Writing
(Feigelson, 2008)

9.10 使用冒号

策略 当你想要通过传达某个信息来使读者大吃一惊的时候，你可以先把句子的前半部分写好，紧接着使用冒号，然后把会令人吃惊的信息写出来。你还可以用冒号来引出一系列内容。

范文研读 埃尔莎·奈特·布鲁诺（Elsa Knight Bruno）在《标点符号的庆典》（*Punctuation Celebration*，2012）一书中，给出了关于所有标点的使用建议——它们应该用在哪些地方，以及它们是如何帮助读者理解文章的。她还把所有的标点都用在了诗里，并把这些诗当作例子展示给读者。

下面是从其他书中摘录的带有冒号的例句。

《星月》（*Stellaluna*，Cannon，1993）："除了一件事：小蝙蝠还是喜欢在睡觉的时候倒挂在树上。"

《微生物：看不见的魔术师》（*Tiny Creatures: The World of Microbes*，Davies，2014）："微生物可以吃任何东西：植物、动物（活的死的都行），连石头和石油也吃。"

训练提示语

- 你想给读者带来什么令人吃惊的信息？
- 当你朗读的时候，你在哪里感受到节奏感？
- 那个停顿的目的是什么？

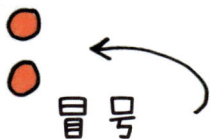

冒号

为什么？什么时候？

- 增加节奏感
- 让读者惊讶
- 戏剧性停顿
- 让读者关注下面的内容

年级
2—8

文本类型
不限

写作环节
打草稿，订正

延伸阅读
Strategic Writing Conferences: Finished Projects (Anderson, 2009)

9.11 用标点和分段的方式表示对话

策略 每当文章中又有一个人物开始说话的时候，写作者都可以另起一段，这样可以帮助读者跟上对话的节奏。此外，写作者还可以用前引号和后引号将对话内容与其他内容分隔开，用逗号将对话内容和对话提示语分隔开（此用法与中文不符，中文用冒号。——编者注）。每个引用的句子的句首字母需大写。

使用建议 对那些刚刚接触在对话中使用标点的学生，你可以选择将这一策略拆分成几个策略，先教学生如何使用引号，然后教学生用逗号把对话内容和对话提示语分隔开，最后教学生一有人物说话就另起一段。

训练提示语

- 人物在说些什么？用引号把对话内容与其他内容分隔开。
- 一定要用逗号把对话内容和对话提示语分隔开。
- 又有一个人物开始说话了吗？是的话，请另起一段。

每当又有一个人物开始说话的时候，都要另起一段	用引号把对话内容与其他内容分隔开	用逗号把对话内容和对话提示语分隔开
"Are we going to the mall?" she asked her mother. She looked up with a hopeful smile. "Yes, let's go!" her mother replied, grabbing her coat and purse.	"Let's have a party!"	"Probably," she said, "Although I don't know where to start." He began, "She promises you that she is the best candidate." "The zoo is by the mountain," she said.

延伸阅读

A Fresh Approach to Teaching Punctuation: Helping Young Writers Use Conventions with Precision and Purpose
(Angelillo, 2002)

9.12 停顿时使用句号

策略 读你的初稿，并认真听其中停顿的地方。在每个停顿的地方，都使用一个句号。然后，重读每一句话（到句号结束），确保每句话都有主语（这句话是关于谁或什么的）和谓语（他／它是什么或者做了什么）。

使用建议 我必须承认，这个策略并没有这么简单。它可以教学生如何在简单陈述句中使用标点。我们都知道，一些作家偶尔会故意使用连写句或者句子片段来达到某种效果。我们已经读过很多复合句、并列句以及其他类型的句子。最让人懊恼的一点是，随着学生不断成长，他们会读到越来越多不同类型的句子，那些句子会萦绕在他们的脑海中，让他们在写作的时候不自觉地去模仿。有些原本知道在句子末尾使用句号的学生仿佛一下子就不知道该怎么用句号了。你也只能在懊恼中不断摇头。但是，也有人说这是一个信号，说明学生越写越复杂了，他们已经做好准备去学习更加复杂的句式以及学习使用把复杂的句子写对的标点符号。同时，在学习关于表示插入语的标点（参见9.29节）或关于句法（参见9.22节）的策略之前，学习一下本策略对许多学生来说是很有帮助的。

训练提示语

● 你把句号放在这里了。我们一起回头看看，确保这句话有主语和谓语。

● 哪一部分说明了"这句话是关于谁或者什么的"？

● 哪一部分说明了"他／它是什么或者做了什么"？

● 这个句子完整吗？

● 检查一下，确保这是一个完整的句子。一边检查一边把你的想法大声说出来。

停顿时使用句号

1. 轻声重读你的文章。
2. 仔细听其中的停顿。
3. 在每个停顿的地方，都使用一个句号。
4. 重读每一句话（到句号结束），确保每句话都有：

主语（谁／什么）
谓语（他／它是什么／做什么了）

Barb Golub

适用对象

年级
3—8

文本类型
叙事性，观点性／说服性，知识性／非虚构类

写作环节
订正

延伸阅读
Infusing Grammar into the Writer's Workshop: A Guide for K–6 Teachers (Benjamin and Golub, 2015)

适用对象

年级
3—8

文本类型
不限

写作环节
润色，订正

策略 当你大声读自己的文章时，仔细听每句话在语调上的下降和上升。在语调下降处和上升处之间可以考虑使用逗号。如果逗号可以帮助你把长句子划分成语义清晰的几部分，你就应该使用它。最后，重读一遍，确保你用逗号划分出来的每个部分都表意正确。

范文研读 琳恩·特拉斯（Lynne Truss）在《熊猫吃射走》（*Eats, Shoots & Leaves: Why, Commas Really Do Make a Difference!*，2006）一书中搜集了大量的例子，表明同样一句话在不同位置使用标点后会表达出不同的意思。你可以向学生展示书中没有使用逗号的一个句子，然后让他们朗读，注意他们的语调会在哪里下降和上升。然后，把书中在不同位置使用逗号的两种方式展示给学生，一起看看这两种方式是如何表达两种不同的意思的。

训练提示语

- 仔细听语调下降的地方。
- 仔细听语调上升的地方。
- 哪里可以使用逗号？
- 你听到语调下降、紧接着上升的地方了吗？那里可以使用逗号。
- 在那里使用逗号吧，然后把句子重新读一遍，听听对不对。
- 你把逗号前的那些词语分成了一部分。意思上说得通吗？

> **看着我下降，看着我上升：**
>
> - 大声重读你的文章；
> - 仔细听语调下降的地方，以及语调上升的地方；
> - 在它们中间使用一个逗号；
> - 再次读你的文章，确保你用逗号划分出来的每个部分都表意正确。

Barb Golub

延伸阅读
Infusing Grammar into the Writer's Workshop: A Guide for K–6 Teachers (Benjamin and Golub, 2015)

9.14 用逗号将词语分组以便理解

策略 对于英语长句，你可能需要在其中添加一些标点以便对信息进行分解。重读一下，把能够放在一起的词语分成一组，然后用逗号将其与句子中其他的部分分隔开。

示例 我在我的文章中找到了这个长句。我确定它需要一些逗号。和我一起想想在哪里添加逗号后意思上讲得通。我要根据句意来把这个句子中的词语分组："当我抬起头我看到站在我斜上方的爷爷手里拿着工具那是我们一起用来修篱笆的工具。"看起来，句子尾部的"那是我们一起用来修篱笆的工具"是一组放在一起讲得通的词语，因为它们阐述了更多关于"工具"的信息。因此，我要在"工具"这个词的后面加一个逗号。句子的开头部分"当我抬起头"是用来开启句子的一个短语，可以告诉读者事情发生的时间。我认为在这个短语的后面加上一个逗号会很有帮助，可以让这个短语中的词语成为一组。我要再读一遍，确保这句话听上去正确。

使用建议 本策略非常方便实用。学生在使用本策略时关注的是句意，因此，你不必向学生教授逗号的全部用法（算起来大约有18种），从而减轻了负担（Benjamin and Golub, 2015）。

范文研读 让你的学生去研究逗号的用法，他们会有多种多样的发现。你还可以从范文中抽出一些句子，然后清楚地向学生展示，加上逗号后句子中有了能够放在一起的多组词语。

训练提示语

- 这看起来是个长句。我们一起想想哪个标点可以帮助读者把句子分解开。
- 哪些词语可以放在一组？
- 检查一下那组词语放在一起后在意思上能否讲通。
- 我完全同意，你把逗号放在这里意思上能够讲通。
- 用逗号把这组词和句子的其他部分分开。

这组词语给出了更多关于工具的信息

当我抬起头我看到站在我斜上方的爷爷手里拿着工具那是我们一起用来修篱笆的工具.

当我抬起头我看到站在我斜上方的爷爷手里拿着工具，那是我们一起用来修篱笆的工具.

适用对象

年级
3—8

文本类型
不限

写作环节
润色，订正

延伸阅读
Infusing Grammar into the Writer's Workshop: A Guide for K–6 Teachers
(Benjamin and Golub, 2015)

适用对象

年级
3—8

文本类型
不限

写作环节
润色，订正

策略 思考一下自己在初稿中想要表达的情感（语气）。思考一下什么样的标点有助于形成语言的节奏，从而更好地表达这种情感。从不同角度修改句子，保留最贴合你的情感的那个版本。

范文研读 克里斯·拉西卡（Chris Raschka）的凯迪克奖获奖作品《玩！哦？》（*Yo! Yes?*，1993）是非常好的范文，能够向学生展示句末标点是如何表达情感和意义的。整个故事只用了几个词，但是通过多种标点的使用，这些词在不同页面表达了不同的含义。

训练提示语

- 你想要这句话表达什么情感？
- 什么标点能够在这里起作用？
- 你为什么要在句子的结尾使用 _____ ？
- 咱们尝试两种不同的标点，看看哪一种更符合你想表达的意思。
- 你还能使用哪种标点？
- 什么样的语言节奏能够帮助你表达那种情感？

标点/句子结构	作用	例句*
叹号（！）	· 表达兴奋、惊讶、高兴的情绪	"火车来啦！火车来啦！"
省略号（……）	· 制造紧张或悬疑的氛围 · 表示语意未尽	我们四处看看……又四处听听……最终我们决定抄近路回家。
短句	· 表达强烈的情绪 · 表示时间飞逝 · 总结	我们大叫。 我们歌唱。

* 以上例句选自《抄近路》。

延伸阅读
Practical Punctuation: Lessons on Rule Making and Rule Breaking in Elementary Writing (Feigelson, 2008)

9.16 学写段首句

策略 看看每一段的首句，确保这句话能够表明整段的内容。开始写新的一段时，确保段首句表明这一段的话题、指明这一段的方向，或者作为从上一段到这一段的过渡句。

范文研读 一种有趣的探究式教学法是找一些范文，其文本类型可以是全班学生正在学习的，也可以是某个学生正在独自学习的，然后让他们看每段的段首句，从而帮助他们了解关于段首句的规则：了解什么时候该另起一段，以及如何写段落的开头。

训练提示语

- 只读这一段的第一句话。它是否清楚地表明了整段的内容？
- 你觉得上一段和这一段之间需要过渡句吗？它应该是什么样的？
- 再次查看这段的段首句。
- 怎样修改能让这段的内容更加清楚？

你要怎样写这一段的开头？

过渡（时间）	确定话题/子话题	引出（观点）
那天稍晚的时候……	首先要明白的是……	作为……的结果，
早上	例如……	另一个很重要的方面是……
接下来发生的事情吓坏了所有人……	另一种是……	尽管——，…… 但是……此外……

适用对象

年级
4—8

文本类型
叙事性，观点性/说服性，知识性/非虚构类

写作环节
打草稿，订正

延伸阅读
The Elements of Style, Fourth Edition
(Strunk and White, 1999)

适用对象

年级
4—8

文本类型
不限

写作环节
订正

策略 朗读你的初稿并仔细听。停顿的位置是否恰当？句子的长短是否符合你的想法？对标点进行修改，然后再次朗读，确保这次句子听上去符合你的设想。

使用建议 本策略略做调整后可以用于修改语法和标点等方面的问题。大声读文章很重要，有助于学生听清楚文章的节奏以及设定的语气。朗读自己的文章、查找需修改的地方时所用的节奏，往往和你阅读他人的文章、探寻信息或沉溺于故事情节时所用的节奏不同。你可以向学生示范前者，并且大声说出你在使用本策略时产生的想法。

范文研读《登月团队——40万人是如何让阿波罗11号成功登月的》（*Team Moon: How 400,000 People Landed Apollo 11 on the Moon*，Thimmesh，2006，19）是一本大师级图画书，里面有多种结构的句子。朗读这本书。由于长短句的交替使用，这本书读起来仿佛诗歌一般，充满了韵律。

> 贝尔斯搜索着他的导航数据。
> 搜索、筛选、排序。
> 飞行总指挥克兰兹则从大量涌入的信息中采集重要细节。
> 尽量兼顾，却又不失判断。

训练提示语

- 大声读。
- 仔细听。
- 文章听起来怎么样？你觉得哪里需要修改？
- 你能说出哪里听起来不太对吗？你想尝试其他的表达方式吗？
- 根据你朗读的语气，你觉得需要使用什么标点？
- 你是这样读这句话的（大声读给学生听），但是根据你所使用的标点，它实际上读起来应该是这样的（重读这句话给学生听，要反映这句话实际的长度和标点的使用情况）。你想要怎样修改？

策略 浏览你的初稿，寻找主语和动词的单复数形式不一致的句子。辨别主语是单数还是复数，动词的形式要与之保持一致。

训练提示语

- 找到主语，然后找出动词。
- 主语是单数还是复数形式？
- 动词是单数还是复数形式？
- 主语和动词的单复数形式一致吗？
- 尝试把主语和动词之间的词语都划掉，只读剩下的部分。
- 这听起来对吗？

主语	单数还是复数？	例句
Each Either Everyone Everybody Nobody Someone	单数	Everyone thinks he . . . Each of the members is . . .
None（表示"没有人"或"一个也没有"）	单数	None of us is perfect.
None（表示一个群体）	复数	None are so imperfect as those who . . .
用"and"连接两个名词的复合主语	复数（基本上都是）	The man and woman are . . .
通过with、as well as、in addition to、except、together with、no less than与其他名词连接的单数主语	单数	Her skirt as well as her shoes was covered with sparkles.

适用对象

年级
4—8

文本类型
不限

写作环节
订正

延伸阅读
The Elements of Style, Fourth Edition
(Strunk and White, 1999)

适用对象

年级
4—8

文本类型
叙事性，观点性/说服性，知识性/非虚构类

写作环节
订正

策略 大段的文字通常需要分解成几个部分，也就是自然段。找到文章中的大段文字，思考一下在哪里停顿比较符合逻辑。将这段文字分成若干自然段，一定要留心段与段之间的过渡。

使用建议 本策略可以和9.16节的"学写段首句"一起教给学生，以确保学生写的作文的各自然段行文流畅、过渡自然。

训练提示语

- 你认为哪段文字需要分成几个自然段？
- 寻找可以分段的地方。你觉得在哪里分开这段文字比较合适？
- 在那里分段讲得通，我完全同意。那里讲的是一个新的子话题。
- 是的！你找到了另一个人物开始说话的地方。应该另起一段。

什么时候需要
另起一段？

¶ 新的人物出现了。
¶ 新的事情发生了。
¶ 背景设定发生了变化。
¶ 新的人物开始说话了。
¶ 时间向前推移（或闪回到过去）。
¶ "镜头"移动了。

Betsy Hubbard

延伸阅读
The Elements of Style, Fourth Edition (Strunk and White, 1999)

9.20 否定 + 否定 = 肯定

策略 注意一句话中使用了两个表否定的词语（如"dont""no""not"和"none"）的情况。问问自己："两个否定词用在一起表示肯定。那是我想要表达的意思吗？"根据你想表达的意思，做出相应的修改。

使用建议 很多学生都会在日常说双重否定的句子。教他们在一句话中只使用一个否定词并不是教他们使用"正确"的语法、摒弃"错误"的语法，而是让他们清楚地了解到日常用语和书面语的区别。换句话说，在教授这个策略的时候，我的目标并不是纠正或者改变学生的日常口语，而是让他们学会标准书面英语的表达方法，这样他们在表达自己的意思时可以有所选择。

训练提示语

- 让我们仔细看看这句话。哪个词或者哪些词是表否定的？
- 请看下表，看看哪些词是表否定的，哪些词是表肯定的。
- 这两个否定词用在一起表示肯定。
- 你在这里使用了两个否定词。你是想表达这个意思吗？记住：两个否定词连用最终表达的意思是肯定的。

否定 —	肯定 ＋
Nothing, nowhere, no, none, never, nobody, don't, can't, didn't	Anything, anywhere, any, ever, anybody, do, can, did.

He didn't do nothing. → He didn't do anything.

Don't go nowhere. → Don't go anywhere.

> 注意一句话中使用了两个否定词的情况。两个否定词用在一起表示肯定。

适用对象

年级
4—8

文本类型
不限

写作环节
激发和收集灵感，打草稿，订正

延伸阅读
Catching Up on Conventions: Grammar Lessons for Middle School Writers (Francois and Zonana, 2009)

适用对象

年级
4—8

文本类型
不限

写作环节
激发和收集灵感，打草稿，订正

策略 查看使用动词去表达"是什么"（"am"／"are"／"is"）、"做什么"（"do"／"does"）以及有什么（"have"／"has"）的地方。找到句子的主语。确保主语和谓语一致。

训练提示语

- 主语是什么？
- 动词应该是什么形式的？
- 主语是单数（一个）还是复数（多于一个）？
- 确保主谓一致。

时态	主语	是什么	做什么	有什么
现在时	I	Am	Do	Have
	You, we, they, students	Are	Do	Have
	She, he, it, Lucy	Is	Does	Has
过去时	I	Was	Did	Had
	You, we, they, students	Were	Did	Had
	She, he, it, Lucy	Was	Did	Had

延伸阅读
Catching Up on Conventions: Grammar Lessons for Middle School Writers (Francois and Zonana, 2009)

9.22 删去重复的部分，把几句话合并成一句话

策略 在你的初稿中寻找重复使用某些词语的不同句子。把这些句子中独特的内容用下划线画出来，这些都是你要保留的部分。把这几句话合并成一个新句子。重读一遍这个句子，确保它讲得通。如果需要，你可以在句子中间使用一个或者多个逗号。

使用建议 我建议我们所有人都将杰夫·安德森（Jeff Anderson）和德博拉·迪安（Deborah Dean）的这段至理名言牢记于心：

> 尽管第一眼看上去把几个短句改写成长句像一项练习，但其实句子合并真正关乎的是建立各个想法之间的逻辑关系，并且用清晰而有趣的方法将它们表达出来。句子合并给年轻的写作者以更多的选择……这并不意味着长句一定比短句好，也不是说要把句子写得复杂晦涩才好，而是说你要大胆地去摆弄自己的写作想法，并且将它们用有效的句式表达出来，使其在个性化写作中讲得通。（2014，5）

训练提示语

- 你注意到重复出现的词语了吗？
- 找到那些重复出现的词语。
- 你要怎样合并那些句子？
- 思考一下那些句子中的信息要怎样联系在一起。
- 你已经把那些句子合并成一句话了。你需要用什么标点？

适用对象

年级
4—8

文本类型
叙事性，观点性/说服性，知识性/非虚构类

写作环节
润色

延伸阅读
Revision Decisions: Talking Through Sentences and Beyond (Anderson and Dean, 2014)

适用对象

年级
4—8

文本类型
叙事性，观点性/说服性，知识性/非虚构类

写作环节
润色，订正

延伸阅读
Infusing Grammar into the Writer's Workshop: A Guide for K–6 Teachers (Benjamin and Golub，2015)

策略 找到一个连写句（一个句子有多个主语和多个谓语）。尝试将这个连写句拆分成多个句子并朗读。尝试将两个句子用连词连起来，再次朗读。看看哪一种修改方式符合你想要表达的意思。

示例 在一个连写句中，两个或两个以上的独立分句（比如完整的句子）在没有使用恰当的标点或者连词的情况下连在了一起。举个例子："It is dark out and getting late when are the children coming home？"在这个例句中，"it"是一个主语，"is dark out"描写的是它怎么样了，紧接着"getting late"是另一个描写它怎么样的信息。在这种情况下，我需要思考一下我要如何做才能让这个句子完整而表意清楚。我认为我会把它拆分成"It is dark out. It is getting late. When are the children coming home？"（天黑了。时间不早了。孩子们什么时候回家？）。这3个短句似乎能够带来一些戏剧性和紧张感，我很喜欢这种效果。我再来试试另一种改法，还是用一句话来表达，但是增加了词并改变了其中的连接词（也就是连词）："It is getting late and dark and I'm wondering when the children are coming home."（时间不早了，天也黑了，我在想孩子们什么时候回家。）我觉得我更喜欢第一种改法。

范文研读 你可能想和学生分享一些作家为了达到某种效果而故意使用连写句的例子。乔治·埃拉·里昂在《世界上的水》中所使用的语言如水一般流畅。在"乔伊·皮哥撒"系列（Joey Pigza series）中，作者杰克·甘托斯（Jack Gantos）经常在主要人物乔伊失控的时候使用连写句来反映他的情绪。

训练提示语
- 是的！你找到了一个有两个主语和两个谓语的句子。
- 辨别出独立分句。
- 你想要把它们用连词连起来吗？
- 你想要把它们拆分成单独的句子还是把两个分句连起来？

连写句？

1. 找到一个连写句。
   - 多个主语
   - 多个谓语

2. 尝试将这个连写句拆分成多个句子。

3. 尝试将两个句子用连词连起来。

For
And
Nor
But
Or
Yet
So

Barb Golub

学写复合句

策略 当你想要给某个句子添加更多信息的时候，你可能会在一个独立分句的前面或后面使用一个连词（如"although""as""because""if"和"since"），使其变为一个从属分句。从属分句无法独立成句，只有在独立分句的前后才讲得通。重读一遍你所写的复合句，确保整个句子在意思上讲得通。

范文研读

《精灵鼠小弟》（*Stuart Little*，White，1945）："**Because he was so small**, Stuart was often hard to find around the house."（由于斯图亚特太小了，他在房子里很难被找到。）

《绿野仙踪》（*The Wonderful Wizard of Oz*，Baum，1900，101）："The Scarecrow and the Tin Woodman stood up in a corner and kept quiet all night, **although of course they could not sleep**."（稻草人和铁皮人不需要睡觉，只是安静地在一个角落站一整夜。）

训练提示语

- 你想给这句话添加其他什么信息？
- 哪个连词比较合适，"although""as""because""if"还是"since"？
- 重读一遍你所写的复合句，确保整个句子在意思上讲得通。
- 你想要在主句的前面还是后面加这个从属分句？
- 这个新增的从属分句添加了更多信息，意思上也说得通。

延伸阅读
Mechanically Inclined: Building Grammar, Usage, and Style into Writer's Workshop (Anderson, 2005)

从属分句，主句。

主句（中间加插入语）。

主句，从属分句。

美国学生写作技能训练

9.25 学写并列句

策略 找到两句谈论相同话题的句子。思考一下这两句话的关系。选择一个并列连词，试着把这两个句子合并成一句话。重新读一遍，看看自己是喜欢合并后的句子，还是原来的句子。

示例 在初稿中的某一处有两个句子，我觉得将它们整合在一起效果会很好。我起初是这样写的："A dog is something that can keep you company. A dog can cheer you up."（狗是可以陪伴你的动物。狗可以让你开心。）这两个句子是什么关系呢？两者阐述的都是养狗带来的益处，我觉得它们是相关的。因此，我选用"and"这个词来合并这两个句子："A dog can keep you company and cheer you up."（狗可以陪伴你并且让你开心。）在初稿中还有一处与此类似："I would love to have a dog. My mom won't let me have a dog."（我想养一只狗。我妈妈不会让我养狗。）这两个句子又是什么关系呢？第二句话提供了更多信息，但是感觉上和第一句话提供的信息相反。我选用"however"来合并这两个句子："I would love to have a dog, however my mom won't let me."（我想养一只狗，但我妈妈不会让我养。）我改写的新句子看起来更加简明扼要。

训练提示语

- 这两个句子是什么关系？
- 哪两个句子可以整合在一起？
- 你想要使用哪个并列连词？
- 好，那就试试用那个并列连词吧。根据那两句话整合在一起后的关系，看看用那个并列连词能否把意思讲通。

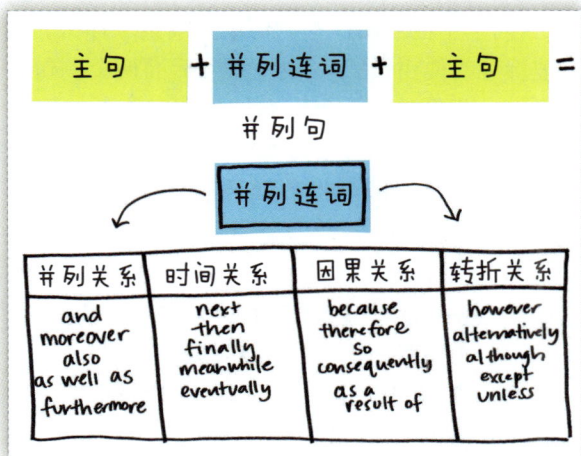

适用对象

年级
4—8

文本类型
叙事性，观点性/说服性，知识性/非虚构类

写作环节
润色，订正

延伸阅读
Revision Decisions: Talking Through Sentences and Beyond
(Anderson and Dean, 2014)

9.26 使用破折号

延伸阅读
Practical Punctuation: Lessons on Rule Making and Rule Breaking in Elementary Writing
(Feigelson, 2008)

策略 写作时，请你一定注意这样的地方：你想要制造一个停顿，以便读者准备好读到更多重要的信息。考虑一下逗号用在这样的地方是否合适。要想让这个停顿更长，你可以使用破折号。一句话里可以用一到两个破折号。

示例 我找到了几个使用破折号的例句。让我们一起来读读这些句子，看看你能否弄清楚作者是怎样使用破折号的，想想你能否模仿作者的使用方法，将破折号也用在你自己的文章中。

《愤怒管理者》(*The Grudge Keeper*, Rockliff, 2014, 3)："When mischievous Sylvester Quincy snagged the schoolmaster's toupee, the schoolmaster took terrible offense—straight to Cornelius."（当调皮的西尔维斯特·昆西一把拽下校长的假发时，校长勃然大怒——他径直去找科尼利厄斯。）

《吃鸡的周日》(*Chicken Sunday*, Polacco, 1998, 32)："And after I'm dead, on Chicken Sundays, I want you to boil up some chicken—bones, gravy, and all—and pour it over my grave."（在我离去后，每个吃鸡的周日，我希望你能够给我煮上一锅——骨头、肉汁，还有其他的全部——然后把它浇到我的墓地周围。）

《想念梅姨》(*Missing May*, Rylant, 1992, 6)："Ob was an artist—I could tell the minute I saw them—though artist isn't the word I could have used back then, so young."（欧伯是个艺术家——我从第一次见他就知道了——尽管那时的我还太小，根本不知道"艺术家"这个词。）

（问学生他们从这些例句中观察到了什么，然后说出你所观察到的破折号的使用模式。）我注意到后面两个例句使用破折号是想给我们提供一些额外的信息。在这种情况下，使用括号和使用破折号的作用几乎是相同的。但是第一个例句中破折号的作用更接近于冒号的，给人一种"准备迎接下面将发生的事情"的感觉。

训练提示语

- 有没有哪个地方是你想要停顿更长时间的？
- 这个句子需要加一两个破折号吗？
- 是的，那个信息看起来可以放在括号里面。你也可以用两个破折号，你觉得呢？

● 这句话里的哪个部分看起来像额外添加的信息呢？

重要提示

1. 重读你的初稿。

2. 想一想："哪里需要读者准备好去读到更多重要的信息？"

3. 如果使用逗号达不到效果，那就用破折号吧！

* 一个句子里可以用一到两个破折号。

Barb Golub

适用对象

年级
4—8

文本类型
不限

写作环节
润色

策略 找到一个句子，当你读它的时候，你想让这个句子在某个位置有额外的（或者可以说戏剧化的）停顿。尝试使用4种可以用于句子中间的标点——冒号、破折号、逗号以及省略号——来制造这样的停顿。但你很可能需要改变语序，甚至是改变用词来达到这样的效果。思考一下不同的标点会让句子读起来有何不同的效果。将最终选用的版本抄写在初稿上。

示例 我在初稿中找到了这样一句话，我觉得可以给它加点儿"戏"。我先把这句话读给你们听一下："下次再有人让我去坐过山车，我一定会告诉他我一点儿兴趣都没有！"这就是我想表达的意思，但是我在想使用不同的标点是否会产生不同的效果。我可以通过停顿来使它更具戏剧性吗？我来试试省略号吧："下次再有人让我去坐过山车，我一定会告诉他……'抱歉，我不去！'"我再试试冒号："下次再有人让我去坐过山车，我一定会告诉他：'抱歉，我不去！'"第一个版本似乎更加强调我的反应和说出来的话，我还挺满意的。它还能制造一些悬念……让读者好奇我会怎样回答。我想我会保留第一个版本。

训练提示语

- 这个故事充满了戏剧性。你需要在哪个地方通过使用标点制造戏剧化的停顿吗？
- 你想在哪里停顿一下？
- 在句子中间使用不同的标点，试着把这句话重写几遍。
- 修改标点会对句意产生怎样的影响？

玩转停顿

① 寻找 找一个需要停顿的句子。

② 玩转 添加或者修改句子中间的标点（, : ——……）。

③ 选择 根据每个标点所产生的效果，看看哪个句子和你想要表达的意思和语气最相符。

延伸阅读
Practical Punctuation: Lessons on Rule Making and Rule Breaking in Elementary Writing (Feigelson, 2008)

策略 找到使用人称代词并且需要进一步检查的地方。想一想："在这个句子中，动作是由人称代词做的吗？"如果是，那么这个人称代词是主语；否则，它是宾语。查看下表，确保自己正确使用了人称代词的主格形式和宾格形式。

示例 我要确保自己在写作中正确使用了人称代词的主格形式和宾格形式。让我们来看一下这句话吧。"I hit the ball."（我击中了球。）谁击中了球？我。"我"是主语，所以我使用它的主格形式"I"是对的。这里还有一个例句："Nancy gave the gift to⋯⋯"（南希把礼物给了⋯⋯）是用"me"还是"I"？看看这句话的主语是谁？南希。所以我不能使用"I"（我）的主格形式。我需要使用宾格形式，所以这句话里用"me"是对的。

范文研读 伊丽莎白·斯瓦多（Elizabeth Swados）的诗《我》（"Me"，2002）可以帮助学生牢记应该使用人称代词的哪种形式。

训练提示语

- 这句话的主语是什么？
- 你应该使用人称代词的哪种形式？
- 重读一遍，检查一下是否正确。
- 你要使用主格形式吗？记住，只有这个人称代词是主语的时候才能这样用。

适用对象	
年级	4—8
文本类型	不限
写作环节	订正

人称代词的主格形式

I
you
he
she
it
we
they

人称代词的宾格形式

me
you
him
her
it
us
them

适用对象

年级
5—8

文本类型
不限

写作环节
激发和收集灵感，打草稿，订正

延伸阅读
The Elements of Style, Fourth Edition (Strunk and White, 1999)

策略 查看句子中是否有哪个部分对读者而言像插入的题外话，或者提供了额外的一些信息。在这个部分的前后加上逗号。重读一遍，第一个逗号处要读降调，第二个逗号处要读升调。问问自己："这听起来对吗？"

使用建议 插入语还可以用小括号和破折号来表示。

范文研读（插入语加粗）

《微生物：看不见的魔术师》："Then, inside you, **where they are warm and well fed**, they split and split and split until just a few germs have turned into thousands, then millions."（然后，微生物们在你的体内，在这个温暖而养分充足的地方，一直分裂一直分裂一直分裂，直到寥寥几个变成几千个，再变成百万个。）

《如何寻找丢失的狗》（*How to Look for a Lost Dog*, Martin, 2016,12）："Uncle Weldon, **who was sitting at the Formica kitchen table with me**, looked at my father from under his eyelashes and said, 'I could go, if you want.'"（韦尔登叔叔，那个和我一起坐在厨房餐桌前的男人，透过睫毛看向我爸爸，然后说道："如果你希望，我可以去。"）

训练提示语

● 把感觉像题外话的部分用下划线画出来。
● 这部分给了读者什么额外的信息？
● 这句话的哪个部分读起来像插入语？
● 你已经看出这部分是插入语了，那么应该在哪里加上括号呢？
● 我们一起检查一下，确保它读起来是对的。带着插入语重新读一遍。

我的房间

你很难用一个词来形容我的房间。可以说它有点儿像猪窝（甚至说简直就是）。

我几乎看不到床，上面乱糟糟的。墙上横七竖八地挂着几幅乱糟糟的画。

"你需要一个整理专家！"妈妈尖声对我说。

"我倒希望有一个人帮我整理一下呢！"我大声回答她，"简直是白日做梦！"

好吧，我要赶紧走了，在房间没有吞噬我之前。我再也不想进来了，我也不想看到它。

9.30 同一句话中的时态要保持一致

策略 浏览全文，在所有动词下面画线。查看每个动词，问问自己："这个动作正在发生（进行时），还是之前发生的（过去时），或是即将发生的（将来时）？"检查一下，确保每个句子中的时态保持一致。

使用建议 对这一语法规范，有一个例外需要注意！有几个句型就是用来在一句话中传递不同时间信息的。例如，在"When Mary gets here, everyone will laugh at her."（玛丽来这儿的时候，每个人都会嘲笑她。）这句话中，"gets"是现在时，"will laugh"是将来时。在这个句型中，时态是正确的，因为第一部分和第二部分在传达不同的时间信息。你需要根据学生的学习程度，来选择是否教授这一语法规范的例外情况。对刚刚接触写作的学生或者英语初学者，你需要按照现在时、过去时和将来时的顺序列出一系列动词的变形，并且给他们举一些例子。确保你所举的例子既包含规则动词（比如"walk"/"walked"），也包含不规则动词（比如"stand"/"stood"、"go"/"went"）。

训练提示语

- 它是什么时候发生的？
- 检查这句话中的另一个动词。
- 我们一起来辨别一下每个动词的时态。
- 它正在发生吗？还是过去发生的？
- 我看到你在一个句子中找到了两个时态不一致的动词。你要修改哪一个的时态呢？为什么？

混合的时态	一致的时态
During the lesson, Marco **stood** up then **dives** into the water. (过去时/现在时)	During the lesson, Marco **stood** up then **dove** into the water. (过去时/过去时) 或 During the lesson, Marco **stands** up then **dives** into the water. (现在时/现在时)
The tiny bird **sits** on the ground and **cried** out for its mother. (现在时/过去时)	The tiny bird **sits** on the ground and **cries** out for its mother. (现在时/现在时) 或 The tiny bird **sat** on the ground and **cried** out for its mother. (过去时/过去时)

适用对象

年级
5—8

文本类型
不限

写作环节
订正

延伸阅读
Catching Up on Conventions: Grammar Lessons for Middle School Writers (Francois and Zonana, 2009)

9.31 考虑句子的长短

适用对象

年级
5—8

文本类型
叙事性，观点性/说服性，知识性/非虚构类

写作环节
润色，订正

延伸阅读
A Dash of Style: The Art and Mastery of Punctuation (Lukeman, 2007)

策略 大声读你的初稿，聆听文章的韵律和节奏。每个句号都代表一个停顿。问问自己："这样的节奏符合我想要表达的感受、情绪和语气吗？"考虑将几个短句合并成长句或者将过长的句子拆分成几个短句，从而表现自己想要的节奏和韵律。

范文研读 你可以参考优秀的图画本、短篇故事、演讲稿或者小说，在其中找到作者刻意结合使用长短句的例子。问问自己的学生，这样的文章的节奏和韵律会对文意产生什么样的效果。海明威（Hemmingway）和盖瑞·伯森的任何一部作品都非常适合用来学习短句的写作。杰克·甘托斯的"乔伊·皮哥撒"系列则向我们展示了如何刻意使用连写句来表现人物的失控。

训练提示语
- 你觉得自己文章的节奏怎么样？
- 你觉得这篇文章的节奏有什么特点？
- 我听到了很多长句。你觉得这些长句对情绪的表达有什么影响？
- 我听到了很多短句。你呢？
- 考虑一下文章的节奏。

短句	长句
<ul><li>在文章的一开始就吸引读者</li><li>给读者提供大吃一惊的信息</li><li>强调某一点</li><li>在动作与动作之间做快速的过渡</li><li>常用于对话之中</li><li>在叙事中，捕捉思绪的起伏或者断续</li></ul>	<ul><li>在文章的一开始就吸引读者</li><li>达到意识流的效果</li><li>更加全面地阐释某种观点</li><li>表现缓慢而优雅的节奏</li></ul>

9.32 使用分号

策略 找到两个联系紧密的句子。想一下它们之间用哪种标点感觉更合适——分号还是句号？使用分号将两句联系在一起，而不是用句号将两句分隔开。

示例 在某些情况下，分号是可以代替句号的标点。要想知道它是否可以代替句号，你要看句子之间是否有紧密的联系。如果答案是肯定的，那么分号可以拉近它们之间的关系，让句意更加清晰和紧凑。下面我们来看看这个例子：

> 事实上，我们有血缘关系。我们是姐妹。

我可以将这两句话之间的句号改成分号：

> 事实上，我们有血缘关系；我们是姐妹。

在这个例子中，用分号代替句号后，两个句子在意思上自然而然地形成一种递进的关系。

范文研读

> 《露比的愿望》（*Ruby's Wish*, Bridges，2002）："哎，女孩天生就注定不幸；而更为不幸的是一个女孩生在这样一个只关心男孩的家庭里。"

> 《我的红发臭老哥》（*My Rotten Redheaded Older Brother*, Polacco，1998b）："芭比没有意识到的是我的哥哥有多么糟糕！我来提醒你一下，每次她在的时候，我哥哥都会表现得非常友善；但是只要她一离开，他就会对我做一些坏事，然后嘲笑我。"

训练提示语

- 这两句话之间有联系吗？
- 是的，你可以使用分号，而非句号。
- 重新读一下使用分号的句子，看看是否恰当。
- 使用分号还是句号？这需要你自己决定。
- 是的，我认为那些句子是相互关联的。

句子 ； 句子 。

个
分号

＊当两个句子或者分句**联系紧密**的时候，使用分号，而非句号。

适用对象

年级
5—8

文本类型
不限

写作环节
润色，订正

延伸阅读
Mechanically Inclined: Building Grammar, Usage, and Style into Writer's Workshop (Anderson, 2005)

适用对象

年级
6—8

文本类型
叙事性，观点性/说服性，知识性/非虚构类

写作环节
润色，订正

策略 在初稿中寻找表否定的词。重读这些词所在的句子，问问自己："我可以把它改成描述'是什么'而非'不是什么'的句子吗？"尝试用肯定的形式重写这个句子，看看能否让句意更加清晰、直接和紧凑。

范文研读 在《写作法宝：非虚构写作指南》(12) 一书中，作者威廉·津瑟写道："写作并非一件简单的事情，清晰明了的句子也并非随手可得。很少有句子第一次写出来就恰到好处，甚至连写三次也不能尽如人意。你要在绝望时记住前面那些话。如果你觉得写作很难，那是因为它确实难。"

训练提示语

- 找到表否定的词。
- 你找到了。尝试将这句话重新表述一下，不要用"不"这个词。
- 把它改写成肯定句。
- 看看修改后的句子。它看起来是否更加清晰或者紧凑了呢？
- 看看那句话！你改变用词和删除"不"之后，恰恰表达了你想要表达的意思。

延伸阅读
The Elements of Style, Fourth Edition (Strunk and White, 1999)

句意**清晰** 多用**肯定**

1. 寻找"不""没"等表否定的词。
2. 把句子改写成肯定句。

不要写……

> 他不是一个好朋友。

> 她还没睡醒。

而要写……

> 他总是戏弄人，而且叫人外号，没人喜欢和他做朋友。

> 她还在床上做梦。

更清晰！
更具体！

策略 把觉得不够清晰和通顺的句子重新读一遍，问问自己："相关的词语放到一起了吗？不相关的词语分开了吗？"通过改变语序重新写这个句子，看看怎样才能让句子更紧凑、更清晰。

训练提示语

- 这句话中的哪些词语是相互关联的？
- 哪些词语需要放在一起？
- 我们来尝试几种不同的表述方式。
- 你尝试了3种方式，看看哪一种表意最清晰。

适用对象

年级
6—8

文本类型
不限

写作环节
润色，订正

延伸阅读
The Elements of Style, Fourth Edition (Strunk and White, 1999)

适用对象

年级
6—8

文本类型
不限

写作环节
激发和收集灵感，打草稿，订正

策略 思考一下句子中的动作是何时发生的。为展示动作的动词选择正确的时态。

使用建议 本策略适合与那些强调主谓一致的策略（9.18节和9.21节）以及强调时态一致的策略（9.30节）一起使用。

训练提示语

- 这个动作是什么时候发生的？
- 重读你的句子，看看它使用什么时态比较合适。
- 你应该使用一般时、进行时还是完成时？
- 这个动词的时态是 _____。这符合你的想法吗？
- 这个动作正在发生吗？它会持续发生下去吗？

	现在	过去
一般时	我每周四跳舞。	我周四跳了舞。
进行时	我正在跳舞。	我刚才一直在跳舞，直到音乐结束。
完成时	我从幼儿园开始就一直在每周四下午跳舞。（跳舞这件事开始于幼儿园时，而且一直在继续。）	我之前一直在每周四下午跳舞，直到我父母出不起学费才放弃。（跳舞这件事开始于过去的某个时间点，但是现在已经不再继续了。）

延伸阅读
Catching Up on Conventions: Grammar Lessons for Middle School Writers (Francois and Zonana, 2009)

你想向学生介绍作家是如何应用语言、遣词造句的，而非简单地给他们讲解语法规范。

——珍妮佛·塞拉瓦洛

第十章
目标10

通过与写作搭档和小组合作提升写作水平

◎ 这个目标为什么很重要?

写作会令人感到孤独。一个人在脑海中酝酿各种灵感；一个人在纸上写下文字；一个人面临各种困难，有太多的问题要解决，还要反复检查。这无疑是对体力、意志力和耐力的不断考验。

但是，我们也并非一定要这样写作。

写作搭档和写作小组就可以为我们提供很多帮助——增强我们的主动性和责任感，在需要时为我们提供具有批判性的反馈，在我们不知道下面该写些什么的时候让我们不卡在原地，通过口头练习提高我们讲道理和讲故事的能力，在我们最需要的时候为我们提供有鉴赏力的读者，同时还给予我们弥补自身不足的专业指导 (Cruz, 2004)。

我们正在努力培养能够独立写作的学生，希望他们可以自己写作，自己设定交稿日期并且按时完成，对写作有自己的想法，能够重读自己的旧作并进行润色。事实上，即便是最独立、最专业并且已经发表过作品的作家也经常在写作的某些环节需要外界的帮助和支持。我如果没有与这本书的编辑佐伊和凯蒂就我的想法和遇到的问题进行很多次重要的沟通，并且从他们那里得到宝贵的反馈，这本书的内容必然不会像现在这般丰富。此外，我还加入了一个写作小组，其成员都是编写专业教师用书的作者。我将自己的摘录、大纲、困难和问题与小组里的其他成员分享，从而获得支持、评价和鼓励。

只有让学生定期且灵活地组成搭档和小组，这种合作才能发挥最大的功效。在大多数我旁听过的公开课上，写作搭档通常只互相修改文章，但这是一种局限性很强的做法，也有可能产生问题。南希·阿特韦尔发现，她教的中学生容易在搭档互评中增加一些语法错误和拼写错误，因此，她决定让写作搭档在互相帮助时更加侧重于写作的专注度、风格和内容方面，而把订正的工作留给教师去做（2014）。本章中的策略涉及写作的方方面面，从收集灵感到选材，再到重读初稿以便润色和完善，均包含其中。

◎ 这个目标是否适合我的学生？

在写作的各个环节，我希望你能够让学生以搭档或者小组的形式聚在一起。如果你采用这种方式，学生很可能需要一些指导和支持。你可以向全班学生教授本章中的策略，让他们学会如何合作。当然，你也可以在一对搭档或者一个小组的成员开始合作后将这些策略单独教授给他们。

事实上，即便是最独立、最专业并且已经发表过作品的作家也经常在写作的某些环节需要外界的帮助和支持。

——珍妮佛·塞拉瓦洛

关于与写作搭档和小组合作的策略一览表

策略	年级	文本类型	写作环节
10.1 和搭档一起听清单词的读音	K—1	不限	订正
10.2 和搭档一起使文章更通顺	K—2	不限	润色，订正
10.3 看图讲故事	K—3	叙事性	讲故事，调整思路
10.4 讨论，然后写下来	K—8	不限	打腹稿，激发和收集灵感，调整思路，打草稿
10.5 许下（你能遵守的）承诺	K—8	不限	不限
10.6 让搭档提出质疑（让思路不断延伸）	1—8	不限	润色
10.7 告诉我，它说得通吗？	1—8	不限	润色
10.8 开辟搭档互动角	2—8	不限	不限
10.9 希望得到的/可以提供的帮助	2—8	不限	不限
10.10 PQP反馈模式	2—8	不限	调整思路，打草稿，润色，订正
10.11 告诉我，它和我的写作意图相符吗？	3—8	不限	润色
10.12 礼貌地打断你的搭档	3—8	叙事性	打腹稿，调整思路
10.13 与搭档一起挖掘虚构的细节	3—8	叙事性	打腹稿，打草稿，润色
10.14 成立写作小组	4—8	不限	不限
10.15 通过讲故事来弄清不同的视角与立场	4—8	叙事性	调整思路，润色
10.16 告诉我，它是如何影响你的？	4—8	不限	润色
10.17 用符号做批注	4—8	不限	润色
10.18 提供书面反馈	4—8	不限	调整思路，打草稿，润色，订正
10.19 提供不同的修改版本	5—8	不限	润色

10.1 和搭档一起听清单词的读音

适用对象

年级
K—1

文本类型
不限

写作环节
订正

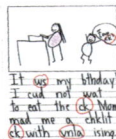

延伸阅读
Writing for Readers: Teaching Skills and Strategies (Calkins and Louis, 2003)

策略 和你的搭档合作，找到文章中你认为可能拼写有误的单词，把它们圈起来。选出其中的一个，一起慢慢地说出这个词，努力听其中所有的读音，并且写出能够发出这些音的字母。

使用建议 和搭档一起练习使用这个策略时，学生可以在说训练提示语的过程中将它们记牢。这样，他们回到自己的座位开始独立写作时，可以用相同的提示语来提示自己。

训练提示语
- 同你的搭档一起，找出那些可能需要修改的单词。
- 你们找到了很多单词！现在一起修改它们吧。
- 告诉你的搭档你听到了哪些音。
- 问你的搭档："我们听清全部的读音了吗？"
- 你们俩可以用手指指着单词，重新慢慢地读一遍。

写作搭档

1. 一起读。

2. 把拼写错误的单词圈起来。

3. 一起慢慢地说。

4. 写出来。

Kathryn Cazes and Elizabeth Kimmel

策略 请你的搭档边用手指指着单词，边大声读你的文章。仔细听那些与你想表达的意思不符的地方，以及读起来不通顺或者听不懂的地方。两人一起合作让文章更通顺。

使用建议 写作搭档可以共用一份订正清单，将自己的注意力集中在已经学过的一些规范上。当然，他们在使用本策略时也可以不用清单，只需找出文章中看上去不太对的地方，比如首字母大写、拼写、标点甚至是书写上的问题。他们的首要目标是让文章更通顺。

训练提示语

- 想一想："哪里与我想要表达的意思不符？"
- 如果他读的某句话与你想表达的意思不相符，那就告诉他。
- 有没有你想表达的意思与他读的意思不相符的地方？
- 啊！有个地方你的搭档读不懂。你在那里想表达什么意思？
- 你刚刚帮了你的搭档！你帮他找到了一个错误。
- 现在你们可以一起来修改它了。

适用对象

年级
K—2

文本类型
不限

写作环节
润色，订正

延伸阅读
Writing for Readers: Teaching Skills and Strategies (Calkins and Louis, 2003)

10.3 看图讲故事

适用对象

年级
K—3

文本类型
叙事性

写作环节
讲故事，调整思路

策略 想出一段你和搭档或小组成员共同的经历，和他们一起在剪成长条的纸上或一摞便利贴上画出描述这段经历的草图。指着第一幅图，讲故事。尝试用几句话来描述图中的内容。然后指向下一幅图，继续讲故事。把故事讲完一遍后，你可以再讲一遍，这次可以添加更多的细节。

使用建议 在课堂上花时间来练习讲故事是一种帮助小作者的好方法。最好先从学生的共同经历（如参加消防演习、拜访作家、帮助老师找眼镜等）入手，在全班进行讲故事的练习。等学生对讲故事和复述故事感到得心应手了（在随后的每一次复述中都可以添加更多的信息和细节来帮助听众想象出故事的画面），你就可以让学生和搭档或小组成员一起进行同样的练习。讲故事可以锻炼讲述者的口头表达能力和听力。此外，（在全班写作课、小组分享时间、互动式写作课或独立写作时间里）将讲述的故事写下来有助于学生在写作时进行详细的阐述。

训练提示语

- 指着这幅图。
- 告诉大家发生了什么。
- 你用一句话讲述了你看到了什么。再看看那幅图，尝试用两句话来描述它。
- 查看图表，看看你能否添加一些细节。
- 回到第一幅图，再讲一遍故事。这次要添加更多的细节。
- 你把这个故事讲得越来越生动具体了。我现在已经可以想象出当时的情形了。

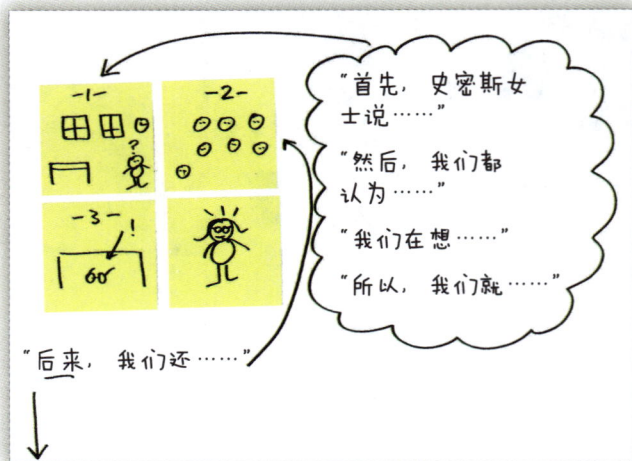

延伸阅读
Oral Mentor Texts: A Powerful Tool for Teaching Reading, Writing, Speaking, and Listening (Dierking and Jones, 2014)

策略 把你对一项写作任务的想法告诉你的搭档，花些时间和他讨论一下你的想法。你们可以想象一下这个想法要以何种形式呈现，要添加怎样的细节。你们还可以针对这个想法提出一些问题。然后，牢记你和搭档的讨论内容，回到自己的座位上开始写作。

使用建议 讨论对于任何年龄段的学生来说都是一种非常重要的口头演练方式，并非仅适用于低年级学生。事实上，包括我自己在内，许多成年人都会在写作前与其他人讨论。在我想要写的内容成为一篇完整的博客或者书的某一章节之前，我通常都会去参加几次写作小组的活动，在那里通过讨论来理清我的思路、锤炼我的语言或者搜集一些相关的事例。

训练提示语

- 你对这个话题有什么疑惑吗？
- 向你的搭档提几个关于这个话题的问题。
- 关于这个话题，哪些方面比较重要？
- 关于这个话题，除了搭档已有的想法，你还能补充什么吗？

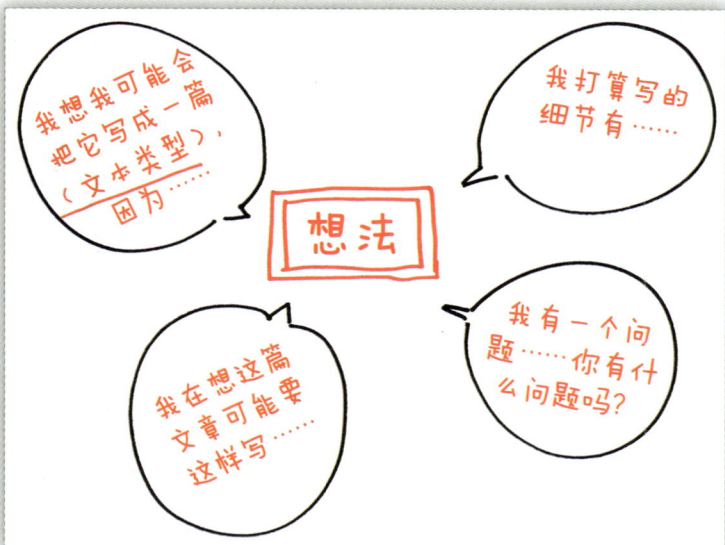

适用对象

年级
K—8

文本类型
不限

写作环节
打腹稿，激发和收集灵感，调整思路，打草稿

延伸阅读
What You Know by Heart: How to Develop Curriculum for Your Writing Workshop (Ray, 2002)

适用对象

年级
K—8

文本类型
不限

写作环节
不限

策略 和你的搭档谈谈你在某段时间的目标，比如一个写作周期和本周的目标，以及 / 或者完成家庭写作作业的目标。一起讨论如何能够完成这一目标。写下目标并做出承诺，之后经常和搭档一起检查目标完成的进度。

使用建议 回顾你人生中设立的目标，想一下自己完成的情况以及是否会事先将目标公之于众。我深知当我把目标告诉给我的搭档、朋友、同事和编辑后，我更有可能实现它们，因为我能够从中获得许多无价之宝——内心的责任感、共同庆祝的机会，以及一旦事情没有进展顺利，他们所给予我的支持和帮助。

范文研读 正如斯蒂芬·金在《写作这回事》里所写的那样："写作是一项孤独的工作。有相信你的人在身边会大不一样。他们无须说什么，只要信任你就足够了。"

训练提示语

- 把自己想要完成的具体目标告诉你的搭档。
- 好的，你已经把目标说出来了，现在就制订计划来实现它吧。
- 实现目标后，你们想要怎样庆祝？
- 你能帮助搭档解决一些可能会遇到的麻烦吗？

延伸阅读
Independent Writing: One Teacher— Thirty-Two Meeds, Topics, and Plans (Cruz, 2004)

许下
承诺
（你能遵守的）

1. 和你的搭档谈谈你的目标。

2. 计划如何实现它。

3. 筹划一个庆祝派对！！！

4. 经常检查进度。

事情进展得如何了？

Barb Golub

策略 把你的文章大声读给你的搭档听（或者让搭档自己默读）。让搭档就你所写的内容提出一些质疑。你要对质疑持欢迎的态度！尝试坦率且真诚地回答这些疑问。如果对如何修改自己的文章有了新想法，要及时记录下来。

示例 有时当你写完一篇文章后，你很难修改它。它毕竟是你自己写的，已经说出了你想要表达的一切。能有个搭档对你所写的内容提出质疑和批判对你很有帮助。有时最有帮助的不是他们告诉你如何去做、如何去改，而是他们提出一些值得探讨的问题，使你——文章的作者——自己弄清楚该如何修改。

使用建议 本策略可以根据学生所写内容的复杂程度进行调整。下图中的简单问题最适合三年级及三年级以上的学生。当然，你也可以再将那些问题简化一下，让低年级的学生也从本策略中受益。

训练提示语

- 你可以问搭档什么问题？
- 你对什么比较好奇？
- 想一想你可能做怎样的修改。你能否以提问的方式提示搭档做出修改？

Kathryn Cazes and Elizabeth Kimmel

适用对象	
年级 1—8	
文本类型 不限	
写作环节 润色	

延伸阅读
What You Know by Heart: How to Develop Curriculum for Your Writing Workshop (Ray, 2002)

适用对象

年级
1—8

文本类型
不限

写作环节
润色

策略 把你的文章大声读给你的搭档听。让搭档复述他听到的内容。仔细听，看看搭档的复述是否与你想要读者知道的内容相符。修改文章，让意思更清晰。

使用建议 本策略能否奏效取决于搭档良好的听力以及复述技巧。本策略能帮助搭档双方——一方可以在写作上得到帮助，另一方可以在复述上得到提升。

训练提示语

- 在搭档朗读时要认真听。想一想："我要如何复述？"
- 复述搭档文章中的重要事件和观点。
- 根据搭档复述的内容，你觉得自己要如何修改文章？
- 搭档复述的哪些内容与你的想法一致？
- 搭档复述的哪些内容与你的想法不符？

延伸阅读
What You Know by Heart: How to Develop Curriculum for Your Writing Workshop (Ray, 2002)

告诉我，它说得通吗？

 朗读

 复述

 思考

 修改

Kathryn Cazes and Elizabeth Kimmel

策略 如果你觉得自己需要另一个写作者的帮助，那就想想或者记录自己需要哪些具体的帮助。然后，和搭档一起去教室里的搭档互动角。在那里，你们要带着目的快速讨论，这样才不会浪费彼此的写作时间。

示例 在写作的时候，我们偶尔会遇到这样的情况：如果不和另一个写作者聊聊，就一个字都写不下去。有时，我需要克服自我怀疑，需要啦啦队为我喝彩。有时，我在安排文章结构方面做了一个重大决定，但是不想毫无顾忌地去写，怕到头来只能全部删掉，所以我在写作之前需要有人帮我把把关。有时，我遇到瓶颈了，需要别人来帮我一把。还有些时候，我需要在写作之前把想写的说出来。因为这些情况都是实实在在发生在我身上的，所以我猜你们中的一些人也有过类似的经历。我完全尊重学生想要跟搭档一起跨越写作障碍的需求，因此我在我们的教室里为学生开辟了一个空间——搭档互动角。学生可以在写作过程中和搭档去那里，花几分钟的时间重新整理一下自己的思路。

使用建议 你必须为这个专门用于搭档互动的空间确定规矩，说明什么可以做，什么不可以做：在继续写作之前，学生可以和搭档在这里简短地讨论，但是不可以做其他的事情，进而分散注意力或者逃避写作。如果你的学生是小学高年级学生或者中学生，而且写字比较快，你可以考虑制作一张签到表，让他们记录自己的姓名、时间和做了什么。你还可以直接限制他们在搭档互动角活动的时间。你还必须确保，需要帮助的学生不会在他的搭档专心写作时强行叫他去互动角。我通常会给予学生选择的权利，比如用手势表示"请稍等"或者礼貌地拒绝搭档想在那天和他一起讨论的邀请。

训练提示语

- 你要如何利用搭档互动时间?
- 是时候从你的搭档那里获取一些写作灵感了。
- 和搭档一起去互动角，看看能否得到帮助。

适用对象

年级
2—8

文本类型
不限

写作环节
不限

延伸阅读
What You Know by Heart: How to Develop Curriculum for Your Writing Workshop (Ray, 2002)

希望得到的/可以提供的帮助

适用对象

年级
2—8

文本类型
不限

写作环节
不限

策略 思考一下自己作为写作者有哪些优势。在白板上"可以提供的帮助"一栏中写上你能给别人提供的帮助。再思考一下自己想从别人那里得到哪些帮助。把你的需求贴在"希望得到的帮助"一栏中。在搭档互动时间里，除了与自己常规的搭档互动外，也与其他同学讨论，从而得到自己所需的帮助或者帮助别人。

使用建议 在搭档互动时间里，学生并非总要和他们的常规搭档或者小组成员交谈。偶尔将学习能力不同的学生混编分组其实也大有裨益。但是，如果不精心安排，这样的互动就只会变成能力较强的一方代劳一切。相反，如果学生能够意识到每个人都能为自己的写作小组贡献一分力量，同时还了解到每个人的疑问都能在小组成员那里得到解答，那么这种互动不仅能够提升学生的写作能力，还能营造良好的教学氛围。

训练提示语

- 你可能在哪些方面帮到你的同学？
- 查看白板上的"希望得到的帮助"一栏以及"可以提供的帮助"一栏。谁或许能够帮助你实现那个目标？
- 你能给同学提供什么帮助？
- 想一想你在哪些方面感到很自信。

延伸阅读
Independent Writing: One Teacher—Thirty-Two Needs, Topics, and Plans (Cruz, 2004)

我能帮你激发写作灵感，还能记住我们学习过的写作策略。

我需要有人帮我把写作灵感好好组织一下。

我能在拼写方面帮助别人，还能帮他们找到灵感、组织内容。

你喜欢什么？

使用常用的拼写策略

试试这个策略吧。

10.10 PQP反馈模式

策略 阅读别人的文章，从3个方面考虑自己要提供的反馈：值得称赞的方面（praise）、需要质疑的方面（question）以及建议润色的方面（polishing）。这就是 PQP 反馈模式。

示例 使用 PQP 反馈模式的目的是引起讨论，而不是终结话题。在阅读别人的文章时要不断提出质疑，这样才能做到心中有数。向别人提供反馈的时候，尝试从称赞、质疑和润色这3个方面详细展开，尽可能地做到具体明确。例如，具体说出对方的哪一点做得比较好，比如"以当时的场景作为开头可以帮助我想象出当时的画面并且把我迅速地带入故事的情绪中去"，而非只说"那一部分写得很好"。和作者谈话可以帮助他思考如何润色和订正才能提升文章的质量。

训练提示语

- 说出文章中值得称赞的方面。
- 读完文章后，你心里有什么疑问吗？
- 提出你的问题。
- 说一说哪里需要润色吧。

PQP 反馈模式

称赞（P）—— 你喜欢这篇文章的哪个方面？它起到了什么作用？

质疑（Q）—— 你有什么问题吗？哪一点还不太清楚？

润色（P）—— 你有哪些润色方面的建议？

Kristen Funk

延伸阅读
"The PQP Method of Responding to Writing" (Lyons, 1981)

适用对象

年级
2—8

文本类型
不限

写作环节
调整思路，打草稿，润色，订正

告诉我，它和我的写作意图相符吗？

适用对象

年级
3—8

文本类型
不限

写作环节
润色

策略 告诉你的搭档你认为自己的文章中最重要的是什么（比如主题、主要内容、感受或者重点）。朗读你的初稿，时不时地停顿一下。让你的搭档思考，他刚刚听到的细节是否与你的文章的重点相符，有哪些地方需要修改、删除或者添加细节才能更加清晰明了，等等。

使用建议 本策略可以帮助学生在遣词造句与细节呈现上更加小心谨慎，使其与自己想要表达的重点／意思相符。带着批判的态度去重读自己的文章对年纪不大的学生（甚至是成年人）来说极具挑战性，但是这样做往往会帮助写作者看到和想到更多的东西。

训练提示语

- 告诉你的搭档你关注的是什么。
- 思考一下哪些细节与文章的重点相符。
- 你觉得最后一段有些含糊不清？你能向搭档说明一下吗？
- 听上去怎么样？紧扣文章的重点了吗？
- 跟搭档说明一下他刚刚朗读的部分是如何紧扣他设定的重点的。
- 你可以说："根据你刚才朗读的内容，我觉得你的重点是……"

延伸阅读
Explore Poetry (Graves, 1992)

> **"它和我的写作意图相符吗？"**
>
> 1. 告诉你的搭档你认为自己的文章中最重要的是什么：
>
>   主题 主要内容 感受 重点
>
> 2. 朗读你的初稿，时不时地停下来问：
>
>   "我刚刚读到的细节与我写作的重点相符吗？有哪些地方需要修改、删除或者添加细节？"

Barb Golub

10.12 礼貌地打断你的搭档

策略 在搭档讲故事的时候认真听。一旦你发现他遗漏了某些重要的信息，就马上礼貌地用提示语来提醒他补充更多的信息。之后，你的搭档会重新讲述这一部分，这一次会讲述更多你要求补充的信息。

使用建议 学生可能需要一些视觉标志来帮助他们讲述自己的故事，比如在多场景故事板上画出能代表故事每个部分的草图。你可以参考10.3节"看图讲故事"这一策略。当你坐在一对搭档身边时，你可以指导或提示双方，而非只指导或提示讲故事的人。你可以使用下面的训练提示语，让学生学习如何提示自己的搭档。

训练提示语

- 请你的搭档暂停一下。你想要知道哪种类型的细节？
- 使用这句提示语来获得更多的信息。
- 刚才听起来你的搭档给你描述了许多动作。你还想提示他说出哪些其他的细节？
- （运用手势或点头等非语言的方式提示学生打断搭档并给予指导。）

帮助你的写作搭档添加细节……
打断他并且让他提供更多信息……

背景设定

✓ 描写故事发生的时间
✓ 你看到了什么？
✓ 你听到了什么？

对话
✓ 他说了什么？
✓ 哪些话是从他的嘴里说出来的？

动作
✓ 回去，再慢慢地来一遍。
✓ 紧接着他做了些什么？
✓ 把那个动作表演出来。

思考

✓ 你在想什么？
✓ 他的脑海中出现了哪些想法？

感受
✓ 你的感受如何？
✓ 描述一下它看起来如何？

适用对象

年级
3—8

文本类型
叙事性

写作环节
打腹稿，调整思路

与搭档一起挖掘虚构的细节

策略 为你的虚构类文章提出一个假设，用一两句话描述一下并记录下来。然后，列出一些具体的细节，可以涉及背景设定、人物、情节或者其他与故事构思相关的方面。接下来与你的搭档讨论，让他提出一些问题，从而使你在原有细节的基础之上产生更多具体的想法。

训练提示语

- 问问你的搭档："你的人物为什么 _____？"
- 让你的搭档告诉你更多关于 _____ 的细节。
- 你有什么疑问吗？总结成一个问题向搭档发问。
- 即便还没有想好也没关系，这就是搭档的作用，他会激发你的想象力。
- 就 _____ 部分再多问几个问题。

深度挖掘虚构的细节

✳ 为你的虚构类文章提出一个假设

人物／背景设定／情节

让你的搭档向你几个问题，从而挖掘出更多具体的细节。

Jamie DeMinco

延伸阅读
*After "The End":
Teaching and Learning
Creative Revision* (Lane,
1993)

10.14 成立写作小组

策略 和其他写作者一起组成写作小组，你必须十分尊重他们的帮助和建议。一起讨论决定小组活动的频率以及小组的规章。想一想你可以让老师给予哪些帮助以使自己小组的成员更加高产。

使用建议 有些学生与搭档互动就能获得帮助，而有些学生可能需要加入写作小组才能提高写作水平。写作小组之所以能够成立，可能是因为每个学生的不同优势都能在那里得到充分的展示和平衡（有些人可以帮助他人在写作前充实想法，有些人擅长订正，有些人则是优秀的教练，能够激励他人，让他们努力向前），还可能是因为学生们拥有共同的兴趣爱好（比如，他们想要学习如何创作漫画小说，并计划一起研读范文和自己开设课程）。

训练提示语

- 这对你们拟定一些规章有帮助。
- 你们要如何安排活动时间呢？
- 你们要一起学些什么？你们要如何学呢？
- 我要如何帮你们才能使你们在这段时间里高产呢？
- 我看到你们对于如何利用这段时间来共同学习已经有了一系列明确的目标。
- 想一想你们每个人擅长的领域，以及你们能够为他人提供什么样的帮助。

> **雕刻时光写作小组**
> **规章**
>
> 1. 认真聆听。
> 2. 做好写作的准备。
> 3. 在给出建议之前请称赞同伴。
> 4. 乐在其中！

适用对象

年级
4—8

文本类型
不限

写作环节
不限

延伸阅读
Independent Writing: One Teacher—Thirty-Two Needs, Topics, and Plans (Cruz, 2004)

适用对象

年级
4—8

文本类型
叙事性

写作环节
调整思路，润色

策略 大声给你的搭档讲故事。先把故事讲一遍，让搭档仔细听。然后，尝试以不同的立场（也许是以故事中其他人物的视角，或者把第一人称变成叙述者的口吻）再讲一遍。让搭档给你反馈，看看这两个（或者多个）版本在故事的意义上或者感情基调上发生了怎样的变化。

训练提示语

- 想一想他是站在谁的立场来讲这个故事的。
- 你还可以站在谁的立场来讲这个故事？
- 站在那个立场来讲故事，你应该使用什么样的语气和声音？
- 因为你是以那个视角来讲故事的，所以你应该描述哪些细节？你应该省略哪些细节？
- 问问你的搭档："这两个版本有什么不同？"
- 问问你的搭档："你喜欢哪个版本？为什么？"

延伸阅读
What You Know by Heart: How to Develop Curriculum for Your Writing Workshop (Ray, 2002)

策略 不必给搭档或写作小组成员介绍你的文章的内容，直接将它朗读给他们听。读完之后，让他们谈一谈，作为听众，他们受到了这篇文章的何种影响。你们可以谈谈文章所激发的感受，或者你们的深刻理解。作为这篇文章的作者，你要思考一下你的搭档或者小组成员给出的反馈是否与你的写作意图一致。

使用建议 一篇文章在定稿前，若其他人对其反映的感情基调、表达的情绪和传递的信息做出评价和反馈，那么对文章的写作者将有很大的帮助。这样的反馈远比"这是一篇好文章"之类的话有用得多。本策略可以鼓励你的搭档和小组成员具体说出他们从你的文章中获得了什么，这样你可以思考他人的反馈与自己想要表达的是否相符，从而知晓如何修改自己的文章。

训练提示语

- 告诉作者他的文章给了你怎样的感觉。
- 告诉作者你觉得这篇文章所要传达的信息是什么。
- 根据你听到的内容，告诉作者你觉得这篇文章的写作意图是什么。
- （给写作者的提示语）你觉得自己需要修改哪些内容？需要保留哪些内容？
- （给写作者的提示语）他们的反馈对你而言有用吗？解释一下它对你有什么帮助。

适用对象	
年级	**4—8**
文本类型	**不限**
写作环节	**润色**

延伸阅读
Explore Poetry (Graves, 1992)

适用对象

年级
4—8

文本类型
不限

写作环节
润色

策略 通读搭档的初稿。作为读者，在你有所反应的地方用符号做批注（参考下图）。5—10分钟后，与你的搭档一起讨论你的反馈意见。作者则要思考读者的反馈与自己的写作意图是否一致。

示例 我们写文章就是为了给他人阅读，因此我们应该重视读者的反馈。如果你想发表文章，那就需要从一些读者那里得到反馈，看看自己想要表达的意思是否明确地表达了，文章中是否还有一些尚未解释清楚的地方需要润色。这样做非常重要。也就是说，不要觉得自己应该遵从某个读者的反馈而对文章进行修改。你应该把某人的反馈和反应当作信息来源之一，并且在必要的情况下去收集更多不同来源的信息。你可以先从两位读者那里得到反馈，再让第三位读者提供润色方面的建议。你也可以从一位读者那里得到反馈，然后让第二位读者在阅读时关注更加具体的问题或内容。

训练提示语

● 在空白处用符号做批注，以便紧跟自己的思绪。

● 不要一次读太多内容，然后回想自己对于文章的反馈。读几行就停下来想想。

● 一部分一部分地读，这样你就不会遗漏任何内容了。

● 参看下图，看看如何给文章做批注。

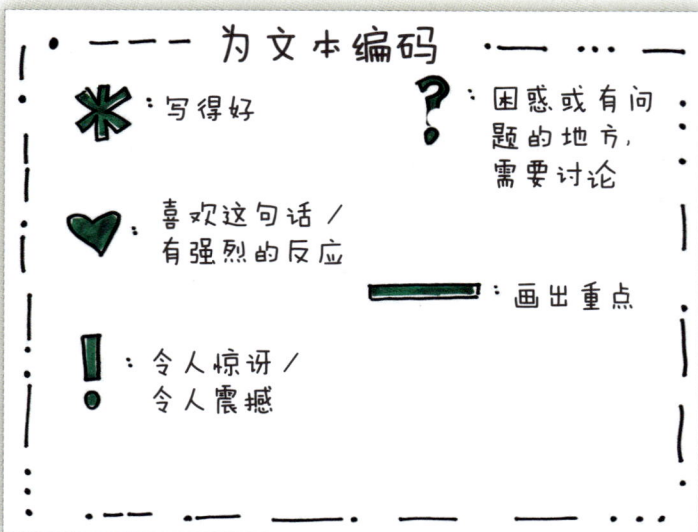

为文本编码

✳：写得好

?：困惑或有问题的地方，需要讨论

♥：喜欢这句话／有强烈的反应

▬：画出重点

！：令人惊讶／令人震撼

延伸阅读

Micro Lessons in Writing: Big Ideas for Revising (Vopat, 2007b)

策略 在讨论搭档的文章之前，你要认真读完并在纸上写出你的反馈意见。你可以列出一些细节和问题以便稍后讨论，还可以写下完整的想法给对方看，以便他思考。与他分享你的反馈意见。

训练提示语

- 现在你已经读完搭档的文章了，花点儿时间在纸上写出你的反馈意见吧。
- 你的反馈可以是问题，也可以是评论。
- 请谨慎地用词。如果你是作者，你想听到什么样的反馈？
- 写下一些建议。
- 你可以简单地写下能够开启讨论的话题。

书面反馈

阅读　认真读你搭档写的文章。

思考　什么内容写得很好？下一步要做什么？

小贴士：根据写作计划中常见的几个方面给出建议。

建议　一起讨论，分享你的观点。

做到详细具体，指出文中的例子。

Tiana Silvas

适用对象

年级
4—8

文本类型
不限

写作环节
调整思路，打草稿，润色，订正

延伸阅读
Micro Lessons in Writing: Big Ideas for Revising (Vopat, 2007b)

10.19 提供不同的修改版本

适用对象

年级
5—8

文本类型
不限

写作环节
润色

策略 在初稿的多个修改版本上注明你想要得到怎样的反馈或者你有什么问题。给你的搭档和小组成员一些时间，让他们翻看一下，并就你已经做出的修改以及修改原因列出他们的问题和说明。然后一起讨论并且回顾你做的修改，共同思考后续还能在哪些方面进行修改。

使用建议 你可能需要用两节课或者更多节课来教授本策略。你要教学生如何审视不同的修改版本。例如，他们可以重点关注自己已经做出一些修改的某部分（如引言），然后准备好讨论为什么要这样修改。他们还可以就自己修改的不同版本列出一系列问题，从而准备好从那些方面得到搭档或者小组成员的反馈，比如"你更喜欢甲版本，还是乙版本？为什么？你从读者的角度看，觉得它产生了何种效果？"。如果学生给搭档看的文章有5页，而且有3种不同的修改版本，并且这些修改既没有重点又没有明确的方向，那么用于讨论的时间很可能得不到充分的利用，甚至场面会变得一团糟。

范文研读

记者：您通常要修改多少内容？

海明威：不一定。《永别了，武器》的结局，也就是全文的最后一页，我修改了39次才满意。

记者：您是遇到什么难题了吗？是什么把您难住了呢？

海明威：找到最合适的词语。（Hemingway，1958）

训练提示语

● 跟你的小组成员解释一下你为什么要这样修改。

● 对于不同的修改版本，你自己是否想到一些需要其他成员帮你解答的问题？

● 他们要怎样帮助你？思考一下你想要得到怎样的反馈。

● 告诉我你打算如何向其他成员展示初稿的不同修改版本。

延伸阅读

In the Middle, Third Edition: A Lifetime of Learning About Writing, Reading, and Adolescents (Atwell, 2014)

> **提供不同的修改版本**
>
> 1. 和你的搭档或者小组成员一起分享你的初稿的不同修改版本。
>
> 2. 给他们一些时间来审视你的修改版本和修改原因，让他们提出一些问题或者做一些说明。
>
> 3. 一起思考，一起修改。

Barb Golub

学生一想到自己的作品
会发表，就会更主动地畅想
作品完成的情形，也会更多
地考虑读者的感受。

——珍妮佛 · 塞拉瓦洛

附录：作品的发表及相关庆祝活动

尽管班上有些学生可能想把自己的作品发表在博客或儿童杂志上，但是对大多数学生来说，发表自己的作品意味着给作品加一个封面、一些彩色插图以及一篇作者简介，然后拿去给家人朋友欣赏。对大多数写作者而言，能够发表自己的作品会让他们尽最大的努力写好文章。学生一想到自己的作品会发表，就会更主动地畅想作品完成的情形，也会更多地考虑读者的感受。因此，你可以在每个学年组织一些活动，来庆祝学生作品的发表。

接下来我会给大家介绍一些可以在班里为学生举办的庆祝活动。这些活动可以在每个单元学习结束后举办。如果某些学生努力完成写作任务并准备好在课堂上和大家分享，而你想重点表扬他们，也可以举办这些活动。这里的有些活动不用花一分钱，有些可能需要集资或他人慷慨资助（$ 表示"几乎没有花费"；$$$ 表示"有相当大的花费"）。有些活动基本不需要时间准备，有些则需要周密的计划（☺表示"不需要准备"；☺☺☺表示"需要费心准备"）。有些活动只花几分钟就够了，有些则需要占用上课时间（▦表示"时间短"；▦▦▦表示"时间长"）。有些活动需要邀请他人到教室，有些则需要教师带领学生外出。你可以根据不同的教学目的去选择不同类型的活动。

作者日

$$$ ☺☺☺ ▦▦▦

有些书店很欢迎学生去朗读自己的文章节选或举办签名会。你可以每隔几个月就带全班学生去一趟这样的书店。你可以让学生参与制作宣传资料（广告邮件、海报或明信片等），以便他们邀请家人或在校人员前去参加。每次活动你可以从班里选出两个学生去朗读。若学生觉得自己的作品已经足够优秀，准备好和大家分享，也可以自愿报名（Vopat，2007c）。

作者简介

和即将发表作品的学生一起写作者简介，从而引起潜在读者的阅读欲望。从全班学生最喜爱的图书中找到作者简介，学习该如何写。你可以考虑为低年级学生准备一些模板，模板上要留有贴作者照片或画插图的地方，还要留一些空白供学生填写作者信息。你还可以找一位擅长拍照的家长做志愿者，请他为学生照正式的大头照。学生可以在拍照前精心打扮一番。你还可以让家长找一些学生的校园照，不过要把这些照片冲洗得小一些，其大小以能放进钱包为宜。

作者椅

为学生打造特别的"荣耀宝座"，让他们坐在上面分享自己的作品。可以找一把导演椅、高凳或从二手店淘回来的椅子，让学生动手刷油漆装饰一下。如果学生想要坐在这把椅子上分享自己的作品，可以报名。

学生剧场

在阅读课中，和学生一起把他们写的文章节选出一部分并且改编成剧本。有些学生可能想当叙述者，有些学生可能想演某个角色，有些学生可能想当导演，还有些学生可能负责音响效果。有了演出人员以及少量的道具，这项活动才能达到最好的效果。需要注意的是，不要把这项活动发展成耗时3周的大型活动，否则会过多占用学生完成下一项写作任务的时间。

作品展示会

　　把教室变成一个展厅，将学生的作品展示在墙上或桌面上。本班学生和来访者可以慢慢阅读这些作品，并在卡片或便利贴上写下自己的赞美之词及点评。你要教学生把赞美之词写得具体一些（例如，要写"你的动词用得很妙，很有画面感"，而不要写"写得真不错"），这样学生才能像作家那样去赏析他人的文章，并留意他人使用的写作技巧。同时，学生的点评还能让你了解他们能够注意到并且说出哪些写作技巧。你还可以给来访者（家长、学校管理人员等）准备一些"小抄"，上面写着学生在这一单元所学的知识点及值得点评的地方。学生可以直接把自己的作品放在教室里展示，也可以准备一小块展板，把文章的题目、内容介绍以及创作过程中发生的有趣的事情写在上面。你还可以把这项活动变成募捐活动，让学生用展板把自己的作品展示出来用于义卖。学生可以自行决定是否准备香槟来庆祝。

作家与插画师

　　告诉学生，出版社常常会为作家配一位插画师。事实上，在很多情况下，作家可能不会见到插画师，或者没有机会与负责封面设计和内文插图的插画师进行直接的沟通。将学生的作品打乱，让每个学生都抽到一篇其他同学的文章。让学生仔细阅读抽到的文章，思考一下什么样的图画能够很好地体现文章的内容。让学生担当"插画师"，为同学的作品设计并制作封面。将"作家"和"插画师"分在一组，让他们分享作品、展示封面设计，并一起讨论是哪部分内容激发了封面的设计灵感（Vopat，2007c）。

例句展示墙

让学生重读一遍自己的文章，找出最特别、最具感染力的一句话。给每个学生发一张纸条，让他们把这句话写下来并画些装饰花边。将纸条贴在教室里的一面墙上，把这些句子当作未来单元学习中可以借鉴的例句。（注意：这项活动非常适合花了大量时间学习遣词造句、细节描述和语法的班级。）

交响乐分享会

让学生拿着自己的文章围坐一圈。然后，让他们找出文章中具有感染力的一两句话，甚至是某个词：这句话可能很好地体现了某个写作技巧，或者这个词是经过仔细推敲才选用的。分享的规则就是只要没人说话你就可以发言。无须点名，学生可以直接读出自己选出的句子或者词语。在整个分享过程中，一个又一个高高低低的声音此起彼伏，听起来就像交响乐。

制作有声读物或播客

让学生朗读自己的作品并录制成音频，再为音频生成一个二维码。有家长或者其他人员到教室参观时，可以让他们用手机扫描教室里的二维码，然后戴上耳机一边听一边看面前的作品。把所有作品的二维码都发给学生，这样学生就有了家庭有声读物迷你图书馆。

制作作品集

让学生各自制作一本作品集来收录他们在一年里创作的全部作品。通过回顾自己的作品，学生可以回想一下哪些作品最具挑战性，哪些作品让他们引以为傲，哪些作品可以进一步扩展成"鸿篇巨制"。学生可以写下每部作品带给自己的感受，然后把这些都交给老师，或者带回家和家人一起分享（C. Anderson，2005）。

咖啡馆诗友会

在教室里帮学生营造最贴近作品基调的氛围。如果学生写的是自由体诗，就为他们营造"垮掉的一代"喜欢的氛围，比如举办一场咖啡馆诗友会。给学生发一些贝雷帽、准备一些热饮，让学生对着话筒读诗，并让充当听众的学生在表示赞赏的时候打响指，而非鼓掌。

邮寄作品

根据学生所写的文本类型，考虑谁是该作品最合适的读者。如果学生写的是一封信，那就要确保这封信能寄给恰当的收信人。教学生如何填写信封和粘贴邮票，然后带领全班学生去学校附近的邮筒寄信（Taylor，2008）。

校外分享日

带学生去敬老院或医院，让他们把自己的作品读给年长者或病人听。这样做一方面让年长者和病人听到了很好的故事、诗歌等，另一方面也让学生有机会将作品分享给校外的读者。

发表感言

　　准备一些起泡苹果汁和饼干来烘托庆祝氛围。这次不需要学生朗读作品，学生可以就自己的作品发表一段感言。他们可以感谢一下这部作品教会自己的东西，谈谈作品给自己带来了多大的挑战。发言结束后，学生可以相互传阅作品（Cruz，2003）。

制作全班学生的作品集

　　和学生一起制作一本全班学生的作品集。这本作品集可以正规地装订成册，也可以影印出来订在一起。发给每个学生一本，这样大家就可以欣赏其他人的作品了。然后，留些时间让学生围坐一圈，互相提问或者评论。

跨年级阅读

　　很多高年级学生同低年级学生组成阅读小组，相约一起阅读。这样的活动也很适合作为写作任务完成后的庆祝活动。学生读完作品之后，会回顾自己的写作过程、做出的决定和学到的东西。让多个年级的学生学习写同一类型的文章是个不错的想法。低年级学生可以看到未来几年自己的作品可能的样子，而高年级学生可以回想自己当年是怎么写作的，并珍惜这些年所学到的东西。

给作家写信（或发电子邮件）

学生在庆祝自己的作品完成时可以向自己在写作过程中曾研读过的范文的作者表达敬意。学生可以给该作家写信，讲一讲他是如何启发自己的，然后附上自己的作品。在如今的网络时代，学生还可以给自己的作品拍照，将照片连同自己的感谢信一起以电子邮件的形式寄给作家。很多作家都会回复这样的信件。

制作"向我提问"项链

让学生制作一条项链或一颗纽扣，然后带着它回家或去外面走走，向周围的人介绍自己最近的写作成就和努力。这种可穿戴的饰品可以反映文本类型（在上面贴有"向我提问：如何写一首诗"字样的纸条）或文章的具体细节（在上面贴有"向我提问：讲述我第一次坐过山车的经历"字样的纸条）。

创建网页、维基页面和博客

为班级创建一个网页，在上面发布学生的作品，并将网址告知学生，以便他们阅读。设置留言功能，这样浏览者可以就学生的作品发表自己的点评。

揭秘写作过程

揭秘写作过程，让其他人看到写一篇文章所投入的精力。学生可以谈谈自己在创作初期选材的过程、做写作笔记的过程或者展示初稿与终稿的对比效果。他们可以让读者给自己提一些问题，比如"你发现最大的变化是什么？"或"哪一次修改带来的改变最大？"。

用粉笔一起写写画画

　　把庆祝活动带到户外，让学生在单调的灰色人行道和黑色的沥青马路上写彩色的文字。学生可以用彩色粉笔摘抄故事中的优美语句、知识性文本中的有趣事实、说服性文本中的号召性语句，甚至是整首诗。这样，路人和其他班级的学生也可以欣赏这些作品（Ayers and Overman，2013）。

小组分享

　　在教室的各个角落分别放一把作者椅。将班上的学生分为4组，每组占一个角落。每个小组的成员轮流坐上作者椅朗读，其他人认真听。这项活动只能在教室里进行，你也可以邀请其他班级的学生或家长来参加。

视频通话

　　和其他国家的学生进行视频通话，邀请他们观摩你们班的庆祝活动。此外，学生可以与影响其写作的作家进行视频通话，或者与另外一个完成了相似写作任务的班级进行视频通话，还可以与说服性文本的目标读者进行视频通话（Ayers and Overman，2013）。

快速分享

　　将椅子摆成两个同心圆。让坐在内圈和外圈的学生面对面，每对搭档花两分钟的时间分享各自作品中最喜欢的部分或最精彩的句子。铃声响起后，坐在外圈的学生顺时针移动位置，这样每个学生又有了可以分享的新搭档。转完一圈后，学生可以写一些点评，或与大家分享自己最喜欢的内容，抑或为同学在写作中付出的努力提出表扬。

睡衣派对

　　让学生穿睡衣来学校，或从家里带来手电筒和睡袋，在教室里办一场睡衣派对。把灯都关上，让学生打着手电筒朗读自己的作品。

制作印刷品

　　在快印网站（如 www.studenttreasures.com）把学生的作品制作成精装图书，使其像正规出版的图书一样（Ray and Cleveland，2004）。

走进图书馆

　　在所在社区、学校或教室的图书馆（或图书角）里专门为学生开辟一个区域，用来摆放学生已出版的图书。让学生邀请家人和社区成员一起剪彩。学生可以从自己的书中选一些片段读给大家听。

篝火晚会

用彩纸、卫生纸和倒置的手电筒做成篝火的样子。让学生们围坐在"篝火"旁（还可以准备些果塔饼干！）一起听故事（Ayers and Overman，2013）。

爆米花和电影

用视频记录学生读文章（或文章节选）的场景。将所有的视频剪辑成微电影或短片，然后放映给全班学生看，还可以邀请一些学生的亲友来观看。观影现场甚至可以提供一些爆米花和饮料（Moore，2013）！

广告 T 恤

把学生设计好的封面印在 T 恤正面，把写好的文章印在 T 恤背面。在写作发表活动中，让学生和受邀的来访者在教室中四处走动，浏览对方身上的文章。你可以把文章永久地印在 T 恤上，也可以把文章打印在纸上并用别针别在衣服上，后者的花费小一些。

与美术老师合作

美术和写作结合能够产生无限的创意！学生可以做出能够表现故事主要场景的雕塑，从而让故事更加鲜活动人；还可以给每首诗配一张漂亮的海报或拼贴画，然后老师将全班学生的作品放在一起做成一本诗歌集；学生还可以仿照范文中常见的插图给自己的作品绘制插图。大家可以发挥创意，想出更多好点子！

展示栏

不要只是把学生的作品挂在学校走廊，而要让学生参与展示栏的布置。可以让学生讨论一下想要展示什么样的内容。例如，他们想邀请其他班级的学生来点评自己的作品，就可以挂一个装有便利贴和笔的小篮子，这样其他学生可以把自己的想法写在便利贴上并贴在作品旁边（Ayers and Overman，2013）。

制作餐具垫

将学生的作品（一般是好几页的文章）平铺在一大张彩色硬纸板上，让学生在纸板的四周画些装饰花边，再用覆膜机给纸板覆膜。之后，学生可以把这张纸板放在家里的餐桌上，供家人在早餐时间阅读。

范文的力量

将学生的作品和影响其写作的范文放在一起对比。学生可以邀请同学找一找自己尝试过的写作技巧，并让他们说说自己的读后感，看看自己的作品受到了范文的何种影响（Ayers and Overman，2013）。

家庭写作小组

让家庭成员参与到写作教学活动中，让学生当老师，让家长体验一下学生所经历的写作过程。学生可以给家长讲授写作策略，还可以用自己的文章做范文（Ayers and Overman，2013）。

送礼物

学生可以把自己的作品作为礼物送给父母、祖父母和兄弟姐妹，他们会很喜欢的。让学生把包装纸、丝带、蝴蝶结等带到教室里，把自己的作品包装一下，然后当作礼物送出去（Ayers and Overman，2013）。

图书装帧

邀请社区里的手工艺人到教室里举办一次图书装帧活动，或上网找一找制作精美图书的装帧方法。例如，带有折页的书从制作工艺上来说比较简单，但是制作起来十分有趣（Bonney，2013）。

参考文献

Allen, Susan, and Jane Lindaman. 2006. *Written Anything Good Lately?* Minneapolis, MN: Millbrook Press.

Anderson, Carl. 2000. *How's It Going? A Practical Guide to Conferring with Student Writers*. Portsmouth, NH: Heinemann.

———. 2005. *Assessing Writers*. Portsmouth, NH: Heinemann.

———. 2008. *Strategic Writing Conferences: Smart Conversations That Move Young Writers Forward*. Portsmouth, NH: Heinemann.

———. 2009. *Strategic Writing Conferences: Finished Projects*. Portsmouth, NH: Heinemann.

Anderson, Jeff. 2005. *Mechanically Inclined: Building Grammar, Usage, and Style into Writer's Workshop*. Portland, ME: Stenhouse.

Anderson, Jeff, and Deborah Dean. 2014. *Revisions Decisions: Talking Through Sentences and Beyond*. Portland, ME: Stenhouse.

Angelillo, Janet. 2002. *A Fresh Approach to Teaching Punctuation: Helping Young Writers Use Conventions with Precision and Purpose*. New York: Scholastic.

Applegate, Katherine. 2007. *Home of the Brave*. New York: Square Fish.

———. 2012. *The One and Only Ivan*. New York: HarperCollins Children's Books.

Aston, Dianna. 2011. *A Butterfly Is Patient*. San Francisco: Chronicle Books.

Atwell, Nancie. 2014. *In the Middle, Third Edition: A Lifetime of Learning About Writing, Reading, and Adolescents*. Portsmouth, NH: Heinemann.

Ayers, Ruth, and Christi Overman. 2013. *Celebrating Writers: From Possibilities Through Publication*. Portland, ME: Stenhouse.

Barker, Clive. 1993. *The Thief of Always*. New York: Harper Collins.

Barnett, Mac. 2009. *Billy Twitters and His Blue Whale Problem*. New York: Hyperion Books.

Barretta, Gene. 2007. *Dear Deer: A Book of Homophones*. New York: Henry Holt and Company.

Baum, L. Frank. 1900. *The Wonderful Wizard of Oz*. Chicago, IL: George M. Hill Company.

Bear, Donald R., Marcia Invernizzi, Shane Templeton, and Francine Johnston. 2015. *Words Their Way: Word Study for Phonics, Vocabulary, and Spelling Instruction*. 6th ed. London: Pearson.

Becker, Aaron. 2013. *Journey*. Cambridge, MA: Candlewick Press.

Becker, Bonny. 2008. *A Visitor for Bear*. Cambridge, MA: Candlewick Press.

Benjamin, Amy, and Barbara Golub. 2015. *Infusing Grammar into the Writer's Workshop: A Guide for K–6 Teachers*. New York: Routledge.

Berne, Jennifer. 2013. *On a Beam of Light: A Story of Albert Einstein*. San Francisco: Chronicle Books.

Bhanshaly, Viraj. "Blue Whale." www.poemhunter.com/poem/blue-whale. Last accessed May 7, 2016.

Bomer, Katherine. 2005. *Writing a Life: Teaching Memoir to Sharpen Insight, Shape Meaning—and Triumph Over Tests*. Portsmouth, NH: Heinemann.

———. 2016. *The Journey Is Everything: Teaching Essays That Students Want to Write for People Who Want to Read Them*. Portsmouth, NH: Heinemann.

Bomer, Randy. 1995. *Time for Meaning: Crafting Literate Lives in Middle & High School*. Portsmouth, NH: Heinemann.

Bomer, Randy, and Katherine Bomer. 2001. *For a Better World: Reading and Writing for Social Action*. Don Mills, ON: Pearson Education Canada.

Bonney, Grace. 2013. "Bookbinding 101: Accordion Book." www.designsponge. com/2013/03/bookbinding-101-accordion-book.html. Last accessed September 8, 2016.

Booth, Wayne C., Gregory G. Colomb, and Joseph Williams. 2008. *The Craft of Research*. 3rd ed. Chicago: University of Chicago Press.

Boswell, Addie. 2008. *The Rain Stomper*. Tarrytown, NY: Marshall Cavendish.

Bouchard, David. 1993. *If You're Not from the Prairie*. Vancouver, BC: Raincoast Books.

Bridges, Shirin Yim. 2002. *Ruby's Wish*. San Francisco: Chronicle Books.

Brinkloe, Julie. 1986. *Fireflies*. New York: Aladdin Paperbacks.

Brooks, Gwendolyn. 1999. "We Real Cool." In *Selected Poems*. New York: Harper Perennial Modern Classics.

Bruno, Elsa Knight. 2012. *Punctuation Celebration*. New York: Henry Holt and Company.

Bryant, Jen. 2014. *The Right Word: Roget and His Thesaurus*. Grand Rapids, MI: Eerdmans Books for Young Readers.

Burleigh, Robert. 2001. *Hoops*. Orlando, FL: Voyager Books.

Burroway, Janet, and Elizabeth Stuckey-French. 2014. *Writing Fiction: A Guide to Narrative Craft*. 9th ed. London: Pearson.

Burton, Virginia Lee. 1939. *Mike Mulligan and His Steam Shovel*. New York: Houghton Mifflin.

Cali, Kathleen. 2013. "Support and Elaboration." www.learnnc.org/lp/editions/few/685. Last accessed May 7, 2016.

Calkins, Lucy. 1994. *The Art of Teaching Writing*. Portsmouth, NH: Heinemann.

———. 2010. *Launch a Primary Writing Workshop: Getting Started with Units of Study for Primary Writing, Grades K–2*. Portsmouth, NH: Heinemann.

———. 2013. *If . . . Then . . . Curriculum: Assessment-Based Instruction*. In *Units of Study in Opinion, Information, and Narrative Writing, Grade 4* by Lucy Calkins and colleagues.

———. 2014. *Writing Pathways: Performance Assessments and Learning Progressions, Grades K–8*. Portsmouth, NH: Heinemann.

Calkins, Lucy, and Pat Bleichman. 2003. *The Craft of Revision*. In *Units of Study for Primary Writing: A Yearlong Curriculum* by Lucy Calkins and colleagues. Portsmouth, NH: Heinemann.

Calkins, Lucy and colleagues. 2006. *Units of Study for Teaching Writing, Grades 3–5*. Portsmouth, NH: Heinemann.

———. 2013. *Units of Study in Opinion, Information, and Narrative Writing, Grade 1*. Portsmouth, NH: Heinemann.

Calkins, Lucy, and Colleen M. Cruz. 2006. *Writing Fiction: Big Dreams, Tall Ambitions*. In *Units of Study for Teaching Writing, Grades 3–5* by Lucy Calkins and colleagues. Portsmouth, NH: Heinemann.

Calkins, Lucy, and Cory Gillette. 2006. *Breathing Life Into Essays*. In *Units of Study for Teaching Writing, Grades 3–5* by Lucy Calkins and colleagues. Portsmouth, NH: Heinemann.

Calkins, Lucy, Amanda Hartman, and Zoë White. 2005. *One to One: The Art of Conferring with Young Writers*. Portsmouth, NH: Heinemann.

Calkins, Lucy, and Ted Kesler. 2006. *Raising the Quality of Narrative Writing*. In *Units of Study for Teaching Writing, Grades 3–5* by Lucy Calkins and colleagues. Portsmouth, NH: Heinemann.

Calkins, Lucy, and Natalie Louis. 2003. *Writing for Readers: Teaching Skills and Strategies*. In *Units of Study for Primary Writing: A Yearlong Curriculum* by Lucy Calkins and colleagues. Portsmouth, NH: Heinemann.

Calkins, Lucy, and Marjorie Martinelli. 2006. *Launching the Writing Workshop*. In *Units of Study for Teaching Writing, Grades 3–5* by Lucy Calkins and colleagues. Portsmouth, NH: Heinemann.

Calkins, Lucy, and Stephanie Parsons. 2003. *Poetry: Powerful Thoughts in Tiny Packages*. In *Units of Study for Primary Writing: A Yearlong Curriculum* by Lucy Calkins and colleagues. Portsmouth, NH: Heinemann.

Calkins, Lucy, and Laurie Pessah. 2003. *Nonfiction Writing: Procedures and Reports*. In *Units of Study for Primary Writing: A Yearlong Curriculum* by Lucy Calkins and colleagues. Portsmouth, NH: Heinemann.

Calkins, Lucy, Abby Oxenhorn Smith, and Rachel Rothman. 2013. *Small Moments: Writing with Focus, Detail, and Dialogue*. In *Units of Study for Primary Writing: A Yearlong Curriculum* by Lucy Calkins and colleagues. Portsmouth, NH: Heinemann.

Cannon, Janell. 1993. *Stellaluna*. Orlando, FL: Harcourt.

Carlson, Nancy. 1997. *How to Lose All Your Friends*. New York: Penguin Books.

Carroll, Lewis. 1871. "Jabberwocky." In *Through the Looking-Glass, and What Alice Found There*. London: Macmillan.

Cisneros, Sandra. 2013. *Eleven*. St. Louis, MO: Booksource.

Clark, Brian. 2012. "10 Steps to Becoming a Better Writer." www.copyblogger. com /become-a-better-writer/. Last accessed September 8, 2016.

Clark, Roy Peter. 2011. *Help! for Writers: 210 Solutions to the Problems Every Writer Faces*. New York: Little, Brown and Company.

Clay, Marie M. 2000. *Concepts About Print: What Have Children Learned About the Way We Print Language?* Portsmouth, NH: Heinemann.

Collins, Kathleen, and Matt Glover. 2015. *I Am Reading: Nurturing Young Children's Meaning Making and Joyful Engagement with Any Book*. Portsmouth, NH: Heinemann.

Coman, Carolyn. 2012. *What Jamie Saw*. South Hampton, NH: Namelos.

Creech, Sharon. 2001. *Love That Dog*. New York: HarperCollins Children's Books.

Crews, Donald. 1996. *Shortcut*. New York: Greenwillow Books.

Cronin, Doreen. 2000. *Click, Clack, Moo: Cows That Type*. Jacksonville, IL: Perma-Bound Books.

Cruz, Maria Colleen. 2003. *Border Crossing*. Houston, TX: Arte Publico Press.

Cruz, M. Colleen. 2004. *Independent Writing: One Teacher—Thirty-Two Needs, Topics, and Plans*. Portsmouth, NH: Heinemann.

———. 2008. *A Quick Guide to Reaching Struggling Writers, K–5*. Portsmouth, NH: Heinemann.

Culham, Ruth. 2003. *6+1 Traits of Writing: The Complete Guide, Grades 3 and Up*. New York: Scholastic.

———. 2005. *6+1 Traits of Writing: The Complete Guide for the Primary Grades*. New York: Scholastic.

———. 2014. *The Writing Thief: Using Mentor Texts to Teach the Craft of Writing*. Newark, DE: International Reading Association.

———. Traits Writing Program. New York: Scholastic.

Dahl, Roald. 2007. *Charlie and the Chocolate Factory*. London: Puffin Books.

———. 2007. *The Twits*. London: Puffin Books.

———. 2007. *The Witches*. London: Puffin Books.

———. 2016. *James and the Giant Peach*. London: Puffin Books.

———. 2016. *Matilda*. London: Puffin Books.

Davies, Nicola. 2000. *Big Blue Whale*. Cambridge, MA: Candlewick Press.

———. 2005. *Surprising Sharks: Read and Wonder*. Cambridge, MA: Candlewick Press.

———. 2009. *What's Eating You? Parasites—The Inside Story*. Reprint ed. Cambridge, MA: Candlewick Press.

———. 2014. *Tiny Creatures: The World of Microbes*. Cambridge, MA: Candlewick Press.

De La Peña, Matt. 2015. *Last Stop on Market Street*. New York: G.P. Putnam's Sons Books for Young Readers.

Deedy, Carmen Agra. 2007. *Martina, the Beautiful Cockroach: A Cuban Folktale*. Atlanta, GA: Peachtree.

Delpit, Lisa. 2002. *The Skin That We Speak: Thoughts on Language and Culture in the Classroom*. New York: New Press.

———. 2006. *Other People's Children: Cultural Conflict in the Classroom*. New York: New Press.

DiCamillo, Kate. 2000. *Because of Winn-Dixie*. Cambridge, MA: Candlewick Press.

———. 2001. *The Tiger Rising*. Cambridge, MA: Candlewick Press.

———. 2003. *The Tale of Despereaux*. Cambridge, MA: Candlewick Press.

Dierking, Connie, and Sherra Jones. 2014. *Oral Mentor Texts: A Powerful Tool for Teaching Reading, Writing, Speaking, and Listening*. Portsmouth, NH: Heinemann.

Dorfman, Lynne R., and Rose Cappelli. 2007. *Mentor Texts: Teaching Writing Through Children's Literature, K–6.* Portland, ME: Stenhouse.

———. 2009. *Nonfiction Mentor Texts: Teaching Informational Writing Through Children's Literature, K–8.* Portland, ME: Stenhouse.

Dubowski, Cathy East. 2009. *Shark Attack!* London: Dorling Kindersley.

Duke, Nell. 2014. *Inside Information: Developing Powerful Readers and Writers of Information Text Through Project-Based Instruction.* New York: Scholastic.

Dussling, Jennifer. 1998. *Bugs Bugs Bugs!* 1st American ed. New York: DK Publishing.

Ehrenworth, Mary, and Vicki Vinton. 2005. *The Power of Grammar: Unconventional Approaches to the Conventions of Language.* Portsmouth, NH: Heinemann.

Engle, Margarita. 2015. *Drum Dream Girl: How One Girl's Courage Changed Music.* New York: HMH Books for Young Readers.

Feigelson, Dan. 2008. *Practical Punctuation: Lessons on Rule Making and Rule Breaking in Elementary Writing.* Portsmouth, NH: Heinemann.

Ferry, Beth. 2015. *Stick and Stone.* New York: Houghton Mifflin Harcourt.

Fig, Joe. 2009. *Inside the Painter's Studio.* New York: Princeton Architectural Press.

Fisher, Douglas, and Nancy Frey. 2008. *Word Wise and Content Rich, Grades 7–12: Five Essential Steps to Teaching Academic Vocabulary.* Portsmouth, NH: Heinemann.

Fleischman, Paul. 1988. *Joyful Noise: Poems for Two Voices.* New York: Harper-Trophy.

Fletcher, Ralph. 1993. *What a Writer Needs.* Portsmouth, NH: Heinemann.

———. 1996. *Breathing In, Breathing Out: Keeping a Writer's Notebook.* Portsmouth, NH: Heinemann.

———. 1999. *Live Writing: Breathing Life into Your Words.* New York: Avon Books.

———. 2003. *A Writer's Notebook: Unlocking the Writer Within You.* Reissue ed. New York: HarperCollins.

———. 2010. *Pyrotechnics on the Page: Playful Craft That Sparks Writing.* Portland, ME: Stenhouse.

———. 2012. *Marshfield Dreams: When I Was a Kid.* Reprint ed. New York: Square Fish.

Fletcher, Ralph, and JoAnn Portalupi. Craft Lessons series. Portland, ME: Stenhouse

———. 2007. *Craft Lessons: Teaching Writing K–8*. 2nd ed. Portland, ME: Stenhouse.

Floca, Brian. 2013. *Locomotive*. New York: Atheneum Books for Young Readers.

Florian, Douglas. 1998. *Insectlopedia*. Orlando, FL: Harcourt.

———. 2001. "The Cobra." In *Lizards, Frogs, and Polliwogs*. San Diego, CA: Harcourt Books.

Fox, Karen C. 2010. *Older Than the Stars*. Watertown, MA: Charlesbridge.

Fox, Mem. 1988. *Koala Lou*. Chicago: Houghton Mifflin Harcourt.

———. 1989. *Wilfrid Gordon McDonald Partridge*. Madison, WI: Demco Media.

———. 1998. *Tough Boris*. Orlando, FL: Voyager Books.

Francois, Chantal, and Elisa Zonana. 2009. *Catching Up on Conventions: Grammar Lessons for Middle School Writers*. Portsmouth, NH: Heinemann.

Frazee, Marla. 2003. *Roller Coaster*. San Diego, CA: Harcourt Books.

Gantos, Jack. 2002–2014. Joey Pigza series. New York: Macmillan.

Gardiner, John Reynolds. 1980. *Stone Fox*. New York: HarperCollins Children's Books.

Garland, Sherry. 1993. *The Lotus Seed*. Orlando, FL: Harcourt Brace & Company.

Gibbons, Gail. 2010. *Coral Reefs*. Reprint ed. New York: Holiday House.

Glover, Matt. 2009. *Engaging Young Writers, Preschool–Grade 1*. Portsmouth, NH: Heinemann.

Graham, Steve, Debra McKeown, Sharlene Kiuhara, and Karen R. Harris. 2012. "Meta-Analysis of Writing Instruction for Students in Elementary Grades." *Journal of Educational Psychology* 104 (4): 896.

Graves, Donald H. 1983. *Writing: Teachers and Children at Work*. Portsmouth, NH: Heinemann.

———. 1989. *Experiment with Fiction*. Portsmouth, NH: Heinemann.

———. 1992. *Explore Poetry*. Portsmouth, NH: Heinemann.

Graves, Donald H., and Penny Kittle. 2005. *Inside Writing: How to Teach the Details of Craft*. Portsmouth, NH: Heinemann.

Gray, Libba Moore. 1995. *My Mama Had a Dancing Heart*. New York: Orchard Books.

Greenfield, Eloise. 1992. *Koya Delaney and the Good Girls Blues*. New York: Scholastic.

———. 1995. *Honey I Love*. New York: HarperFestival.

Greenfield, Eloise, and Lessie Jones Little. 1979. *Childtimes: A Three-Generation Memoir*. New York: HarperCollins Children's Books.

Hattie, John. 2009. *Visible Learning. A Synthesis of Over 800 Meta-Analyses Relating to Achievement*. New York: Routledge.

Heard, Georgia. 1997. "Song of the Dolphin." In *Creatures of Earth, Sea, and Sky*. Honesdale, PA: Boyds Mills Press.

———. 1999. *Awakening the Heart: Exploring Poetry in Elementary and Middle School*. Portsmouth, NH: Heinemann.

———. 2002. *The Revision Toolbox: Teaching Techniques That Work*. Portsmouth, NH: Heinemann.

———. 2013. *Finding the Heart of Nonfiction: Teaching 7 Essential Craft Tools with Mentor Texts*. Portsmouth, NH: Heinemann.

———. 2016. *Heart Maps: Helping Students Create and Craft Authentic Writing*. Portsmouth, NH: Heinemann.

Hemingway, Ernest. 1958. "The Art of Fiction No. 21." The Paris Review. Spring, No. 18. New York: The Paris Review.

Henkes, Kevin. 1995. *Julius, Baby of the World*. Reprint ed. New York: Greenwillow Books.

Hesse, Karen. 1997. *Out of the Dust*. New York: Scholastic.

———. 1999. *Come On, Rain!* New York: Scholastic.

———. "Karen Hesse Interview Transcript." www.scholastic.com/teachers/article/karen-hesse-interview-transcript. Last accessed May 7, 2016.

Hjemboe, Karen. 2000. *Laundry Day*. New York: Bebop Books.

Howe, James. 2012. *Addie on the Inside*. New York: Atheneum Books for Young Readers.

Hoyt, Linda. 1999. *Revisit, Reflect, Retell: Time-Tested Strategies for Teaching Reading Comprehension*. Portsmouth, NH: Heinemann.

———. 2012. *Crafting Nonfiction, Intermediate*. Portsmouth, NH: Heinemann.

Huget, Jennifer. 2013. *The Beginner's Guide to Running Away from Home*. New York: Schwartz & Wade Books.

Hughes, Langston. 2003. "Poem." In *The Collected Works of Langston Hughes, Volume 11: Works for Children and Young Adults: Poetry, Fiction, and Other Writing*. Columbia, MO: University of Missouri Press.

If You . . . series. New York: Scholastic.

Ishida, Sanae. 2015. *Little Kunoichi: The Ninja Girl*. Seattle, WA: Little Bigfoot.

Janeczko, Paul B. 2006. *Seeing the Blue Between: Advice and Inspiration for Young Poets*. Reprint ed. Cambridge, MA: Candlewick Press.

Jenkins, Steve, and Robin Page. 2014. *Creature Features: Twenty-Five Animals Explain Why They Look the Way They Do*. New York: Houghton Mifflin Harcourt.

Johnson, Angela. 2000. *The Leaving Morning*. Boston, MA: Houghton Muffin.

———. 2007. *A Sweet Smell of Roses*. New York: Aladdin Paperbacks.

Kalman, Bobbie, and Heather Levigne. 1998. *What Is a Bat?* St. Catharines, ON: Crabtree Publishing.

———. 1999. *What Is a Primate?* St. Katharines, ON: Crabtree Publishing.

KC and the Sunshine Band. "(Shake, Shake, Shake) Shake Your Booty." *Part 3*. TK Records. Recorded 1976.

King, Martin Luther, Jr. August 1963. "I Have a Dream." www.archives.gov/press/exhibits/dream-speech.pdf. Last accessed May 7, 2016.

King, Stephen. 2000. *On Writing: A Memoir of the Craft*. New York: Scribner.

Lai, Thanhha. 2011. *Inside Out and Back Again*. New York: HarperCollins.

Laminack, Lester L. 1998. *The Sunsets of Miss Olivia Wiggins*. Atlanta, GA: Peachtree.

———. 2004. *Saturdays and Teacakes*. Atlanta, GA: Peachtree.

———. 2010. *Snow Day*. Atlanta, GA: Peachtree.

Lamott, Anne. 1994. *Bird by Bird: Some Instructions on Writing and Life*. New York: Pantheon Books.

Lane, Barry. 1993. *After "The End": Teaching and Learning Creative Revision*. Portsmouth, NH: Heinemann.

Lehman, Christopher. 2011. *A Quick Guide to Reviving Disengaged Writers, 5–8*. Portsmouth, NH: Heinemann.

———. 2012. *Energize Research Reading and Writing: Fresh Strategies to Spark Interest, Develop Independence, and Meet Key Common Core Standards*. Portsmouth, NH: Heinemann.

Lillegard, Dee. 1994. *Frog's Lunch*. New York: Scholastic.

Linder, Rozlyn. 2016. *Big Book of Details: 46 Moves for Teaching Writers to Elaborate*. Portsmouth, NH: Heinemann.

Loeper, John J. 1984. *Going to School in 1876*. New York: Atheneum Books for Young Readers.

Loewen, Nancy. 2011. *You're Toast and Other Metaphors We Adore*. Mankato, MN: Picture Window Books.

Lowry, Louis. 2009. *Crow Call*. New York: Scholastic.

Lukeman, Noah. 2002. *The Plot Thickens: 8 Ways to Bring Fiction to Life*. New York: St. Martin's Press.

———. 2007. *A Dash of Style: The Art and Mastery of Punctuation*. New York: W.W. Norton & Company.

Lyon, George Ella. 1993. "Where I'm From." www.georgeellalyon.com/where.html. Last accessed May 7, 2016.

Lyons, Bill. 1981. "The PQP Method of Responding to Writing." *The English Journal* 70 (3): 42–43.

———. 2011. *All the Water in the World*. New York: Atheneum Books for Young Readers.

MacLachlan, Patricia. 1985. *Sarah, Plain and Tall*. New York: HarperCollins Children's Books.

———. 1994. *Skylark*. New York: HarperCollins Children's Books.

Macmillan Childrens. "Laura Vaccaro talks about her picture book *Bully*." www.youtube.com/watch?v=QU_lRytwREs. Last accessed June 3, 2016.

Martin, Ann M. 2016. *How to Look for a Lost Dog*. London, United Kingdom: Usborne Publishing.

Martinelli, Marjorie, and Kristine Mraz. 2012. *Smarter Charts, K–2: Optimizing an Instructional Staple to Create Independent Readers and Writers*. Portsmouth, NH: Heinemann.

———. 2014. *Smarter Charts for Math, Science & Social Studies: Making Learning Visible in the Content Areas, K–2*. Portsmouth, NH: Heinemann.

———. Digital Campus Course. Portsmouth, NH: Heinemann.

———. 2016. "chartchums: Smarter Charts from Majorie Martinelli & Kristine Mraz." https://chartchums.wordpress.com. Last accessed May 7, 2016.

Mayer, Kelly. January. 2007. "Research in Review: Emerging Knowledge About Emergent Writing." *Young Children* 62 (1): 34–40.

Mayo Clinic Staff. 2014. "Organic Foods: Are They Safer? More Nutritious?" www.mayoclinic.org/healthy-lifestyle/nutrition-and-healthy-eating/in-depth/organic-food/art-20043880. Last accessed November 17, 2016.

McCarrier, Andrea, Gay Su Pinnell, and Irene Fountas. 1999. *Interactive Writing: How Language & Literacy Come Together, K–2*. Portsmouth, NH: Heinemann.

McDonald, Megan. 2007. *The Judy Moody Totally Awesome Collection: Books 1–6*. Box ed. Cambridge, MA: Candlewick Press.

McReynolds, Linda. 2012. *Eight Days Gone*. Watertown, MA: Charlesbridge.

Messner, Kate. 2011. *Over and Under the Snow*. San Francisco: Chronicle Books.

———. 2015a. *How to Read a Story*. San Francisco: Chronicle Books.

———. 2015b. NCTE Workshop. November 21, Minneapolis, MN.

———. 2015c. *Up in the Garden and Down in the Dirt*. San Francisco: Chronicle Books.

Moore, Elizabeth. 2013a. "Pump Up the Volume." https://twowritingteachers .wordpress.com/2013/10/19/pump-up-the-volume. Last accessed May 7, 2016.

———. 2013b. "It's That Time of Year: Publishing Parties." https://twowritingteach-ers.wordpress.com/2013/09/24/pubparties/. Last accessed September 8, 2016.

Moore, Michael. "10 Things They Won't Tell You about The Flint Water Tragedy: But I Will." http://michaelmoore.com/10FactsOnFlint. Last accessed May 7, 2016.

Munson, Derek. 2000. *Enemy Pie*. San Francisco: Chronicle Books.

Murray, Don. 1985. *A Writer Teaches Writing*. 2nd sub ed. Chicago: Houghton Mifflin Harcourt.

———. 2009. *The Essential Don Murray: Lessons from America's Greatest Writing Teacher*. Portsmouth, NH: Boynton/Cook Publishers.

Noble, Trinka Hakes. 2004. *The Scarlet Stockings Spy*. Ann Arbor, MI: Sleeping Bear Press.

Obama, Barack. 2016a. "Remarks by the President on Common-Sense Gun Safety Reform." https://obamawhitehouse.archives.gov/the-press-office/ 2016/01/05 /remarks-president-common-sense-gun-safety-reform. Last accessed January 23, 2017.

———. 2016b. "Remarks of President Barack Obama—State of the Union Address as Delivered." https://obamawhitehouse.archives.gov/the-press-office/2016/ 01/12/remarks-president-barack-obama-%E2%80%93-prepared-delivery-state-union-address. Last accessed January 23, 2017.

Orme, Helen. 2006. *Polar Bears in Danger*. New York: Bearport Publishing.

Parsley, Elise. 2015. *If You Ever Want to Bring an Alligator to School, Don't!* New York: Little, Brown and Company.

Partridge, Elizabeth. 2003. *Whistling*. New York: Greenwillow Books.

Patricelli, Leslie. 2008. *No No Yes Yes*. Cambridge, MA: Candlewick Press.

Paulsen, Gary. 1987. *Hatchet*. New York: Simon Pulse.

Pennypacker, Sara. 2015. *Meet the Dullards*. New York: Balzer + Bray.

Petri, Alexandra. December 2015. "'Said' is not dead. Save boring words!" *Washington Post*. www.washingtonpost.com/blogs/compost/wp/2015/ 12/03 /said-is-not-dead-save-boring-words/. Last accessed May 7, 2016.

Pilkey, Dav. 1996. *The Paperboy*. New York: Orchard Books.

Pink, Daniel. 2011. *Drive: The Surprising Truth About What Motivates Us*. New York: Riverhead Books.

Pitts, Leonard Jr. January. 2016. "Hey, Star Wars Toymakers, Where's Rey?" www. miamiherald.com/opinion/op-ed/article56732473.html. Last accessed May 7, 2016.

Poe, Edgar Allen. 1845. "The Raven." *The New York Evening Mirror*. January 29.

Polacco, Patricia. 1998. *Chicken Sunday*. New York: Philomel Books.

———. 1998. *My Rotten Redheaded Older Brother*. New York: Aladdin Paperbacks.

———. 1998. *Thank You, Mr. Falker*. New York: Philomel Books.

Portalupi, JoAnn, and Ralph Fletcher. 2001. *Nonfiction Craft Lessons: Teaching Information Writing K–8*. Portland, ME: Stenhouse.

Pulver, Robin. 2011. *Happy Endings: A Story About Suffixes*. New York: Holiday House.

Raschka, Chris. 1993. *Yo! Yes?* New York: Orchard Books.

Ray, Katie Wood. 1999. *Wondrous Words: Writers and Writing in the Elementary Classroom*. Urbana, IL: National Council of Teachers of English.

———. 2002. *What You Know by Heart: How to Develop Curriculum for Your Writing Workshop*. Portsmouth, NH: Heinemann.

———. 2010. *In Pictures and in Words: Teaching the Qualities of Good Writing Through Illustration Study*. Portsmouth, NH: Heinemann.

Ray, Katie Wood, and Matt Glover. 2008. *Already Ready: Nurturing Writers in Preschool and Kindergarten*. Portsmouth, NH: Heinemann.

Ray, Katie Wood, and Lisa Cleveland. 2004. *About the Authors*. Portsmouth, NH: Heinemann.

Reynolds, Peter H. 2004. *Ish*. Cambridge, MA: Candlewick Press.

Roberts, Kate, and Maggie Beattie Roberts. 2016. *DIY Literacy: Teaching Tools for Differentiation, Rigor, and Independence.* Portsmouth, NH: Heinemann.

Rockliff, Mara. 2014. *The Grudge Keeper.* Atlanta, GA: Peachtree.

Routman, Regie. 2000. *Conversations: Strategies for Teaching, Learning, and Evaluating.* Portsmouth, NH: Heinemann.

———. 2005. *Writing Essentials: Raising Expectations and Results While Simplifying Teaching.* Portsmouth, NH: Heinemann.

Rubin, Adam. 2015. *Robo-Sauce.* New York: Dial Books for Young Readers.

Rylant, Cynthia. 1982. *When I Was Young in the Mountains.* New York: Puffin Books.

———. 1988. *Every Living Thing.* New York: Aladdin Paperbacks.

———. 1992. *Missing May.* New York: Orchard Books.

———. 1993. *The Relatives Came.* New York: Aladdin Paperbacks.

———. 1995. *Dog Heaven.* New York: The Blue Sky Press.

———. 1996. *The Whales.* New York: The Blue Sky Press.

Schotter, Roni. 1999. *Nothing Ever Happens On 90th Street.* New York: Orchard Books.

Scieszka, Jon. 1996. *The True Story of the Three Little Pigs.* New York: Puffin Books.

Seeger, Laura Vaccaro. 2013. *Bully.* New York: Roaring Book Press.

Serravallo, Jennifer. 2010. *Teaching Reading in Small Groups.* Portsmouth, NH: Heinemann.

———. 2012. *Independent Reading Assessment: Fiction.* New York: Scholastic.

———. 2013a. *Independent Reading Assessment: Nonfiction.* New York: Scholastic.

———. 2013b. *The Literacy Teacher's Playbook, Grades K–2.* Portsmouth, NH: Heinemann.

———. 2014. *The Literacy Teacher's Playbook, Grades 3–6.* Portsmouth, NH: Heinemann.

———. 2015a. *The Reading Strategies Book: Your Everything Guide to Developing Skilled Readers.* Portsmouth, NH: Heinemann.

———. 2015b. "Try This! Outline, Re-Outline, Re-Outline Again." www.sharingournotebooks.amylv.com/p/outline-re-outline-re-outline-again-by.html. Last accessed October 3, 2016.

Settel, Joanne. 1999. *Exploding Ants: Amazing Facts About How Animals Adapt.* New York: Atheneum Books for Young Readers.

Shanahan, Kerrie. 2010. *Amazing Salamanders.* South Yarra, VIC. Victoria Eleanor Curtain.

Shapiro, Ari. June. 2014. "Speechwriters Deliberately Use Rhythm To Help Make Their Point." www.npr.org/2014/06/19/323510652/speechwriters-deliberately-use-rhythm-to-help-make-their-point. Last accessed May 7, 2016.

Sloan, Holly Goldberg. *Counting by 7s.* Reprint ed. New York: Puffin Books.

Smith, Frank. 1988. *Insult to Intelligence: The Bureaucratic Invasion of Our Classrooms.* Portsmouth, NH: Heinemann.

Smith, Lane. 2011. *Grandpa Green.* New York: Roaring Book Press.

Snowball, Diane, and Faye Bolton. 1999. *Spelling K–8: Planning and Teaching.* Portland, ME: Stenhouse.

Spinelli, Jerry. 1990. *Maniac Magee.* New York: Little, Brown Books for Young Readers.

———. 1996. *Crash.* New York: Dell Yearling.

Steig, William. 1986. *Brave Irene.* New York: Farrar, Straus and Giroux.

Stein, Sol. 1995. *Stein on Writing: A Master Editor of Some of the Most Successful Writers of Our Century Shares His Craft Techniques and Strategies.* New York: St. Martin's Press.

Strong, William. 1999. "Coaching Writing Development: Syntax Revisited, Options Explored." In *Evaluating Writing: The Role of Teachers' Knowledge About Text, Learning, and Culture,* edited by Charles R. Cooper and Lee Odell, 72–92. Urbana, IL: NCTE.

Strunk, William Jr., and E. B. White. 1999. *The Elements of Style.* 4th ed. London: Pearson.

Swados, Elizabeth. 2002. "Me." In *Hey You! C'Mere a Poetry Slam.* New York: Arthur A. Levine Books.

Taylor, Sarah Picard. 2008. *A Quick Guide to Teaching Persuasive Writing, K–2.* Portsmouth, NH: Heinemann.

Terban, Marvin. 1993. *It Figures! Fun Figures of Speech.* New York: Clarion Books.

Thimmesh, Catherine. 2006. *Team Moon: How 400,000 People Landed Apollo 11 on the Moon.* New York: Houghton Mifflin.

Thomas, P. L. 2016. "Student Choice, Engagement Keys to Higher Quality Writing." https://radicalscholarship.wordpress.com/2016/02/16/student-choice-engagement-keys-to-higher-quality-writing. Last accessed May 7, 2016.

Truss, Lynne. 2006. *Eats, Shoots & Leaves: Why, Commas Really Do Make a Difference!* New York: G.P. Putnam's Sons.

Twain, Mark. 1999. *The Wit and Wisdom of Mark Twain: A Book of Quotations.* Mineola, NY: Dover.

Vernali, Stephanie. 2000. *Eat It, Print It.* Oxford: Rigby Heinemann.

Vopat, Jim. 2007a. *Micro Lessons in Writing: Big Ideas for Getting Started.* Portsmouth, NH: Heinemann.

———. 2007b. *Micro Lessons in Writing: Big Ideas for Ideas for Revising.* Portsmouth, NH: Heinemann.

———. 2007c. *Micro Lessons in Writing: Big Ideas for Ideas for Editing and Publishing.* Portsmouth, NH: Heinemann.

Weeks, Sarah. 2008. *Oggie Cooder.* New York: Scholastic.

White, E. B. 1945. *Stuart Little.* New York: HarperCollins.

Wiggins, Grant, and Jay McTighe. 2011. *Understanding by Design, Expanded 2nd Edition.* Upper Saddle River, NJ: Pearson.

Willems, Mo. 2004. *Knuffle Bunny: A Cautionary Tale.* New York: Hyperion Books for Children.

———. Pigeon series. New York: Hyperion.

———. Piggy and Elephant series. New York: Hyperion.

Williams, William Carlos. 1962. "The Red Wheelbarrow." In *Spring and All.* New York: New Directions.

Wilson, N. D. 2015. *Boys of Blur.* New York: Yearling.

Woodson, Jacqueline. 2001. *The Other Side.* New York: G.P. Putnam's Sons.

———. 2012. *Each Kindness.* New York. Penguin.

Worth, Valerie. 1996. *All the Small Poems and Fourteen More.* Sunburst ed. Melbourne, FL: Sunburst Books.

Yamada, Kobi. 2014. *What Do You Do with an Idea?* Seattle, WA: Compendium.

Yolen, Jane. 1987. *Owl Moon.* New York: Putnam.

———. 1995. *Water Music: Poems for Children.* Honesdale, PA: Boyds Mills Press.

———. 1997. *Nocturne.* San Diego, CA: Harcourt Books.

Zagarenski, Pamela. 2015. *The Whisper.* New York: Houghton Mifflin Harcourt.

Zimmerman, Alicia. 2013. "Beyond the Publishing Party: Ten Ways to Celebrate Learning." www.scholastic.com/teachers/top-teaching/2013/03/beyond-publishing-party-ten-ways-celebrate-learning. Last accessed September 8, 2016.

Zinsser, William. 2001. *On Writing Well: The Classic Guide to Writing Nonfiction.* 25th Anniversary Edition. New York: HarperCollins.

前书写（emergent writing）：学前儿童在未接受正式的书写教育之前，根据环境中习得的书面语言知识，借助于涂鸦、图画、像字而非字的符号、有一些错误但接近正规的"字"等形式进行的书写。琼·布鲁克斯（Joan Brooks）在"读写萌发"（emergent literacy）理论的基础上，进一步提出了"前书写"的概念。

轶事记录法（anecdotal record method）：直接观察记录法中最容易使用的一种方法。观察者不受时间或情境的限制，无须事先设计好表格，无须对所要观察的行为下定义，只要认为是重要的或觉得有兴趣的幼儿行为，在观察之后就都可以记录下来。

萌发阶段的阅读者（emergent reader）：吉布森（Gibscn, 1989）将儿童作为阅读者的发展分为3个阶段，分别是萌发阶段的阅读者、早期的阅读者（early reader）和流畅的阅读者（fluent reader）。

语音意识（phonological awareness）：个体对于词语的声音结构的认识程度和操纵词语内部语音结构的能力。通俗地说，语音意识指的是个体认识到词语是由更小的单元构成的能力。语音意识的形成是根据字母和读音的对应关系拼写单词的基础。

字母名称和字母读音（letter names and letter sounds）：字母名称指字母本身的读法；字母读音指字母在具体单词中的读法。

单词墙（word wall）：国外教师经常使用的一种单词教学工具，也就是在教室里贴的一些单词列表。教师可以根据不同班级学生的能力水平，展示不同的词汇，比如高频词表、科学类单词表、季节天气类单词表、演讲用词表等等。

改编诗（found poem）：用散文体文字重新编排而成的诗。

电梯演讲（elevator speech）：麦肯锡认为，一般情况下人们最多能记住"一二三"，记不住"四五六"，所以凡事要归纳在3条以内。这就是如今在商界流传甚广的"30秒电梯理论"，或称"电梯演讲"。

元认知（metacognition）：由美国心理学家弗拉维尔（Flavell）提出，主要指对个体的认知活动中知识、体验及行为进行调节和监控的过程，是人类对认知的自我认知。对学习者来说，元认知主要指学习者对各自的学习活动进行的自我意识、评价与调控。它是帮助学习者自我调节各自学习、养成自学习惯的理论，能够培养学习者的创新思维和自主学习能力，促进学习者自主学习效果的优化和完善。

图书分级系统（Leveled Literacy Intervention）：本书采用的是由凡塔斯（Fountas）和皮内尔（Pinnell）两位儿童阅读领域的专家所开发的 A 级至 Z 级图书分级系统。该系统将图书按照 A 至 Z 进行分级，共26级，从 A 级到 Z 级难度递增。这是一个在美国乃至全球均获得广泛应用的分级系统，很多数据库都采用其分级作为检索项或标注图书级别。

行为动词（action verb）：实义动词，表示动作的动词。它分为及物动词和不及物动词两种。

均衡阅读教学（balanced reading instruction）：一种源于美国的阅读教学理念，于21世纪初提出，具体参见徐虹的《美国均衡阅读教学理念及其启示》（载于《教学与管理》，2014年第23期）。

词界意识（concept of word）：作为词意识发展研究的重要层面之一，指将词作为独立单位并加以划分的意识。典型的测量方法是以词为单位划分句子，计算句中的词数，或对词下定义，以此了解儿童对于词的边界的认知（Bialystok，2001）。